“十四五”职业教育国家规划教材

CIVIL AFFAIRS WORK

民政工作

（第二版）

周良才　主编

天津大学出版社
TIANJIN UNIVERSITY PRESS

内 容 简 介

本书是为适应我国民政事业发展和民政社会工作类专业教育的需要，组织教学一线教师共同编写而成的。主要内容包括五篇：第一篇为民政工作导论，对民政工作的基础知识，如民政工作的概念、特点、任务以及民政工作与社会工作的区别和联系进行了介绍；第二篇为社会福利体系，介绍了社会福利事业、最低生活保障、救助管理、福利彩票的销售与管理的相关理论与操作；第三篇为灾害救助体系，对灾害、灾害评估及灾害救助等知识进行了介绍；第四篇为公共事务管理体系，介绍了婚姻管理、殡葬管理和地名管理的相关知识；第五篇为社会组织管理体系，介绍了社会组织管理、基层政权组织建设、社区建设、行政区划管理方面的知识。

本书适合作为高等院校民政管理、社会工作等相关专业的教材，也可作为民政部门各类人员的参考书或培训用教材。

图书在版编目(CIP)数据

民政工作 / 周良才主编. — 二版. — 天津 : 天津大学出版社, 2018.12（2025.1重印）
“十四五”职业教育国家规划教材
ISBN 978-7-5618-6262-9

Ⅰ. ①民… Ⅱ. ①周… Ⅲ. ①民政工作－中国－高等职业教育－教材 Ⅳ. ①D632

中国版本图书馆CIP数据核字(2018)第234750号

MINZHENG GONGZUO（Di-er Ban）

出版发行 天津大学出版社
地　　址 天津市卫津路92号天津大学内(邮编:300072)
电　　话 发行部:022-27403647
网　　址 www.tjupress.com.cn
印　　刷 天津泰宇印务有限公司
经　　销 全国各地新华书店
开　　本 185mm×260mm
印　　张 19
字　　数 474千
版　　次 2018年12月第2版
印　　次 2025年1月第6次
定　　价 57.00元

《民政工作》(第二版)
编 写 人 员

主　编　周良才

参　编　何　静　胡柏翠　李飞虎　蒋新红
　　　　　　魏加登　赵淑兰　江文波

前言

民政工作是社会事业的重要内容和组成部分，是政府的基本职能，也是衡量社会发展水平的重要标志。民政工作承担着社会治理和公共服务领域的大量基础性工作，历来是党和政府的一项重要工作。习近平总书记在党的二十大报告中指出："为民造福是立党为公、执政为民的本质要求。必须坚持在发展中保障和改善民生，鼓励共同奋斗创造美好生活，不断实现人民对美好生活的向往。"党的二十大报告作出的一系列重要谋划和部署，充分彰显了我们党坚定的人民立场和在新征程上不断把人民对美好生活的向往变为现实的坚强决心，对于激励全党全军全国各族人民为全面建设社会主义现代化国家、全面推进中华民族伟大复兴而团结奋斗具有重要指导意义，同时也对新时代民政工作提出新的更高的要求，并将对民政工作和民政事业发展产生重大而深刻的影响。

为了满足民政行业从业人员以及高校民政专业师生的需要，我们于2010年编写了本书第1版。在我们坚持以中国式现代化全面推进中华民族伟大复兴的背景下，民政工作引起了各行各业人士的关注，为了给大家提供一些最新的知识与信息，我们在第2版的基础上对本书进行了修订，形成了本书第2版的修订版。

本书共五篇，分别对民政工作基础知识和主要民政业务进行了详细、系统的介绍，并在重要知识点后面增添了相应的小资料，增加了阅读本书的趣味性。本书第一篇为民政工作导论，对民政工作的基础知识，如民政工作的概念、特点、任务以及民政工作与社会工作的区别和联系进行了介绍；第二篇为社会福利体系，介绍了社会福利事业、最低生活保障、救助管理、福利彩票的销售与管理的相关理论与操作；第三篇为灾害救助体系，对灾害、灾害评估及灾害救助等知识进行了介绍；第四篇为公共事务管理体系，介绍了婚姻管理、殡葬管理和地名管理的相关知识；第五篇为社会组织管理体系，介绍了社会组织管理、基层政权组织建设、社区建设、行政区划管理方面的知识。

本书由重庆城市管理职业学院社会工作学院院长周良才教授担任主编，参编人员均系社会工作学院教学科研经验丰富的一线教师。主编周良才教授负责全书总体框架及编写提纲的设计，并对各参编人员的初稿在文字和内容上进行了适当的修改。重庆市民政局规划财务处江文波处长与重庆城市管理职业学院刘慧玲老师为本书编写提供了部分素材，充实了本书的教学内容。编写工作的具体分工如下：周良才，第 1、4、8、9、14、15 章；周良才、赵淑兰，第 2、3 章；胡柏翠，第 10、16 章；何静，第 5、12 章；李飞虎，第 6、13 章；蒋新红，第 7 章；魏加登，第 11 章。

在编写过程中，我们参考与引用了众多专家学者及高校同行的研究成果与观点，我们列出的只是其中部分主要参考文献，在此对所有专家和学者表示衷心的感谢，并向各位专家和学者致以崇高的敬意。同时，也要感谢天津大学出版社赵宏志老师的关心与支持。由于水平有限，书中难免出现疏漏，敬请读者批评指正！

编　者

2023 年 6 月

目　　录

Contents

第一篇　民政工作导论

1　民政工作概述 …… 3

1.1　民政工作的内涵 …… 3

1.2　民政工作的定位 …… 14

1.3　民政工作与基层社会治理 …… 17

2　民政工作与社会工作 …… 28

2.1　民政工作与社会工作的联系 …… 28

2.2　民政工作与社会工作的区别 …… 30

2.3　民政工作与社会工作的相互借鉴 …… 31

3　民政工作的改革与发展 …… 34

3.1　新时代民政工作面临的挑战 …… 34

3.2　新时代民政工作的改革与发展 …… 37

3.3　新时代民政信息化建设 …… 41

第二篇　社会福利体系

4　社会福利事业 …… 49

4.1　社会福利及其特征 …… 49

4.2　我国社会福利事业体系的构成 …… 51

4.3　我国社会福利事业体系建设 …… 57

4.4　全面放开养老服务市场,提升养老服务质量 …… 61

5　最低生活保障制度 …… 66

5.1　最低生活保障制度概述 …… 67

5.2　《城市居民最低生活保障条例》解读 …… 70

5.3　城市居民最低生活保障的办理程序 …… 73

5.4　农村最低生活保障制度 …… 77

5.5　城乡低保统筹发展 …… 79

6　城市流浪乞讨人员救助制度 …… 83

6.1　城市流浪乞讨人员救助的特点与原则 …… 83

6.2　城市流浪乞讨人员救助的对象与内容 …… 85

6.3　城市流浪乞讨人员救助的程序 …… 86

6.4 城市流浪乞讨人员救助的工作体制 …… 87
6.5 城市流浪乞讨人员救助制度实施情况 …… 88
7 福利彩票的销售与管理 …… 96
7.1 中国福利彩票发行和销售的原则 …… 96
7.2 中国福利彩票的发行和销售管理 …… 100
7.3 中国福利彩票的资金管理 …… 104

第三篇 灾害救助体系

8 灾害与灾害评估 …… 115
8.1 灾害及其分类 …… 115
8.2 灾害评估 …… 121
8.3 灾害与社会发展 …… 130
9 灾害救助 …… 139
9.1 灾害救助的概述 …… 139
9.2 我国灾害救助体系建设 …… 141
9.3 加强社区环境建设,创建综合减灾示范社区 …… 148
9.4 提升减灾救灾能力,保障人民生命财产安全 …… 152

第四篇 公共事务管理体系

10 婚姻登记 …… 159
10.1 婚姻与婚姻家庭制度 …… 159
10.2 婚姻立法与婚姻登记制度 …… 162
10.3 结婚登记 …… 168
10.4 离婚登记 …… 173
10.5 撤销婚姻登记 …… 176
10.6 补领婚姻登记证 …… 177
11 殡葬管理 …… 179
11.1 殡葬管理的概念 …… 179
11.2 殡葬改革 …… 183
11.3 殡葬事务管理 …… 189
12 地名管理 …… 200
12.1 地名管理概述 …… 200
12.2 地名的命名和更名 …… 202
12.3 地名的标准化和信息化管理 …… 207
12.4 地名的现代化管理 …… 211

第五篇　社会组织管理体系

13　社会组织管理 ………… 217
13.1　社会组织概述 ………… 217
13.2　社会组织管理制度 ………… 222
14　基层政权组织建设 ………… 231
14.1　街道办事处组织建设 ………… 231
14.2　居民委员会组织建设 ………… 234
14.3　村民委员会组织建设 ………… 236
14.4　村民委员会选举 ………… 240
15　社区建设 ………… 249
15.1　社区建设概述 ………… 250
15.2　社区建设实务 ………… 259
15.3　社区治理职业技能等级证书 ………… 271
16　行政区划管理 ………… 274
16.1　行政区划管理概述 ………… 274
16.2　行政区划的变更 ………… 282
参考文献 ………… 293

第一篇

民政工作导论

1　民政工作概述

引言

民政工作是一项以民为本、为民解困、为民服务的工作。它面向全体社会成员，服务于广大人民群众。民政工作的核心地位和作用是铸造社会平衡稳定机制，发挥维护稳定、促进和谐的基础性作用。在新时代，我们一定要深入贯彻落实党的十九大精神，必须牢固树立“民政为民、民政爱民”的工作理念，进一步强化“解决民生、落实民权、维护民利”的核心职责，把为民解困和服务的各项工作做细、做实、做好。

学习目标

1. 了解民政的概念与由来。
2. 了解民政工作的概念及其历史发展。
3. 掌握民政工作的特点与对象。
4. 掌握民政工作的整合思路及其意义。
5. 掌握民政工作的科学定位及其社会功能。
6. 学会分析民政工作在社会治理中的作用。

1.1　民政工作的内涵

1.1.1　民政与民政工作

1.1.1.1　民政的概念

关于民政的概念，现在社会上有些人对民政的理解是不全面的，如有的人认为民政就是慈善机构，就是给钱给物、救灾救济，这是非常片面的。为此，让我们首先讨论一下“民政”一词的含义。

在《民政词典》中，对“民政”条目阐释为：民政一词，最早见于北宋时期（公元 960—1127 年）。民政的含义颇为广泛，在特定的历史阶段往往有特定的内容。广义地说，民政是泛指政府机关以人民群众为对象，与人民群众切身权益有关的一些社会性、政治性的国内社会行政管理工作。

中华人民共和国建立之初，随着国家机构的确立和完善，民政工作内容有很大调整，这个时期民政工作包括：地方行政人员任免、调动等干部管理事项，指导地方政权建设和行政区划调整，户籍、人口调查登记，国籍取得与丧失，社团和宗教团体登记，禁烟禁毒，救灾救济，社会福利，遣俘，遣游民，娼妓改造及移民安置，婚姻登记，殡葬改革，战勤服务，民工动员，地政和国家建设占用土地管理，城市房地产管理，名胜古迹管理，烈、军、工属和革命伤残军人优待，复员转业军人安置，烈士褒扬，老革命根据地建设等。当时尚未设置机构管理的民族、华侨、宗教等事务亦属民政工作范围。

进入社会主义改造时期，部分民政工作完成了其历史使命，一部分业务作了相应调整，另设专门机构，民政开始转向以优抚安置、救灾救济为重点，同时还承担有基层政权建设中的具体事务、行政区划、收容遣送、婚姻登记和殡葬改革等项工作。国家进入经济建设时期以后，民政工作还增加了社会福利、政府机关人事管理等业务。

1978 年民政机构重构，民政的含义和民政工作的具体内容又有了新的发展。民政工作发展到现在，主要涉及基层民主政治建设、婚姻登记、地名管理、殡葬管理、社会救助、社会福利、“低保”制度、慈善事业、优抚安置、双拥工作、老龄工作、减灾防灾、社会组织管理等工作。

在漫长的岁月中，民政的内容虽然随着经济社会的发展有所不同，但其本质没有变，都与人民群众的切身利益密切相关，都是为民施政。所以，“民政”就是“民之政事”，就是办理与老百姓息息相关的各种事情，是真正的“为民之政”。可以说，在强调社会治理的今天，民政工作在我国社会治理中发挥着越来越重要的作用。我们要跳出民政看民政，注重民政发展空间的提升，不断丰富民政的内涵，以人民群众最关心、最直接、最现实的利益问题为重点，用先进的理念和超前的意识谋划民政，努力实现我国民政事业的跨越式发展。

1.1.1.2 民政工作的内涵

民政工作是指具体的民政业务，是国家对社会事务行政管理的一个重要方面。纵观历史，民政工作始终承担着解决社会问题、调整社会关系、稳定社会秩序的重要任务。其作用是服务于国家经济发展，促进社会进步，尤其是在基层社会治理和建设中发挥着调解、稳定与助力作用。

在不同的历史时期，民政工作的内容有所不同。但变中有恒，一些基本的民政工作内容却始终相承，从未间断。比如救灾救济、优抚安置等。现阶段，民政工作主要包括救灾救济、最低生活保障、福利服务与社会福利事业单位管理、社会组织管理、基层政权建设和社区建设、婚姻登记管理、区划地名管理、殡葬管理、老年人和儿童福利服务等多项工作。

正确理解民政工作的内涵，可以从以下三个方面入手。

1. 民政工作是党和政府的为民之政

长期以来，民政部门在解决民生、维护民权、落实民利、体现民意、促进社会公平正义、维护困难群众合法权益等方面发挥着重要作用，其根本出发点就是“为民”，全部职责也是“为民”。在某种程度上说，民政工作是我们党和政府代表最广大人民群众根本利益的最直接、最具体的体现，是我们党和政府落实以人为本科学发展观的最本质、最实际的体现。党和政府的爱民之情、利民之意、惠民之举，很多都要通过民政工作来实现。可以说，在广大民政工作者的共同努力下，通过民政工作把党和政府的温暖传递到了千家万户。

2. 民政工作是社会和谐的稳定之基

民政工作与社会主义和谐社会的构建有着密切联系，它在协调社会各方利益关系、促进社会公平方面有着不可替代的作用。如通过搭建城乡社区建设平台，完善基层服务和治理网络，开展社区服务，从而促进基层社会和谐；通过加强基层社会组织建设和管理，增强服务社会功能，从而促进社会服务发展；通过城乡“低保”制度，解决城乡困难群众基本生活问题，调整社会各方利益关系，促进社会公平，从而促进基层社会稳定；通过大力发展老年福利事业，增进老年福祉，从而促进社会代际关系的和谐；通过推动慈善事业发展，促进人际关系和谐。

3. 民政工作是社会发展的进步之需

民政工作是推进经济和社会全面发展的一项基础性工作，随着市场经济的快速深入发展，许多深层次的矛盾和问题日益显现，加强民政工作，积极化解社会矛盾，可为经济社会发展创造一个长期安定有序的环境。同时，在服务经济社会发展中，民政部门有许多优势。例如，在培育和发展农村专业经济协会、带动农业产业结构调整、提高农业的市场化程度和参与市场的竞争能力方面；在加强和改善新形势下对农村的社会救助、社会管理和服务群众工作中 倡导精神文明、改变陈规陋习方面；在加强农村基层民主政治建设、健全村民自治组织、保障广大农民的民主权利、激发基层发展活力方面，民政部门直接担负着许多重要的职责和任务。

总之，民政工作是一项以民为本、为民解困、为民服务的工作。中华人民共和国成立以来，我国的民政工作始终秉承“上为政府分忧，下为百姓解愁”的理念，面向全体社会成员，服务于广大人民群众，以救灾救济、五保户供养、重点优抚对象补助为重点，全面履行了特殊社会保障、社会行政事务管理、基层自治组织建设的职能，保障了“困难群体、特殊群体、优抚群体”的切身利益，为经济发展、社会进步、政治稳定作出了重要贡献。新时代，民政工作的核心地位和作用是铸造社会平衡稳定机制，发挥维护稳定、促进和谐的基础性作用。

1.1.1.3 民政机构

1. 我国民政机构的历史演变

民政作为国家和社会一项必不可少的事务，从原始社会开始一直延续下来。原始社会不可能有国家机构管理民政。进入阶级社会，古代中国实行家天下的统治，国家事务与皇家事务混为一体，管理民政非为“利民”，意在“治民”，为统治阶级服务。同时，政府机构较少，分工粗疏。这些原因决定了古代中国不可能产生专职民政机构。西周的地官司徒，秦汉及其以后的民曹、民部、户部，虽然掌管不少民政事务，并非专职民政机构，只是在部分意义上充当了后来民政机构的角色。

中国民政机构是随着近代资产阶级民权民主思想的输入和传播而产生的。1840 年鸦片战争爆发，中国逐渐沦为半封建半殖民地社会，民族危机日益加深。严峻的事实促使中国思想界进行反思，资产阶级思想家对封建专制主义的认识从不满到怀疑，最终认识到它的反动和腐败。中国要富强，必须学习西方先进制度，改良封建专制，实行君主立宪制度。“甲午”战败后，民族危机更加严重，康有为、梁启超、谭嗣同等人把资产阶级改良思潮变为政治改革运动，于 1898 年发动了“戊戌变法”。康有为在变法中首次提出在地方设民政局和民政分局。变法虽失败，设立民政机构的设想却被保留下来。政府于 1901 年宣布实行“新政”，改革管制，中央设立巡警部等机构。但直到 1905 年仍未见实效。1906 年宣布“预备立宪”，再次改革管制，认为“巡警为民政之一端，著改为民政部”。民政机构在中国第一次出现。

新中国成立后，中央设立内务部管理全国民政工作，各大行政区设立民政部，各省、自治区有民政厅，城市设民政局，专署和县设立民政处或民政科。从中央到地方各级政府，形成了完整的民政工作管理体系。

十年动乱结束后，民政工作出现新的转机。1978 年 3 月五届人大一次会议决定成立中华人民共和国民政部，直接接受国务院领导。根据党中央指示，民政工作的主要任务是优抚、复员退伍军人安置、生产救灾、社会救济、社会福利、行政区划、婚姻登记、殡葬改革、收容遣送等，为此，设立了办公厅、政治部、优抚局、农村生活救济司、城市社会福利司、民政司、政府机关人事局等机构。

1998 年 6 月 17 日经国务院批准，国务院办公厅印发了《民政部职能配置、内设机构和人员编制规定》[国办发(1998)60 号]。新的“三定”规定与原有方案相比有了较大的变化：内设机构由原来的 13 个司压缩为 10 个司局，即社团与民办非企业单位管理司更名为民间组织管理局；优抚司与安置司合并为优抚安置局；社会福利司与社会事务司合并为社会福利和社会事务司，并将五保供养和敬老院工作划入该司；将社区服务和婚姻管理工作划入基层政权司后，该司更名为基层政权和社区建设司；将部机关服务中心的行政职能划入计划财务司后，该司更名为财务和机关事务司；国际合作司更名为外事司；保留办公厅、救灾救济司、区划地名司、人事教育司。同时，内部业务处室大幅度减少，由原来的 69 个处级单位压缩为 34 个处。

2. 民政部现行组织机构的设置与职能

民政部现行组织机构的设置是：办公厅、政策法规司、社会组织管理局、社会救助司、基层政权和社区建设司、区划地名司、社会福利和慈善事业促进司、社会事务司、规划财务司、国际合作司、人事司、离退休干部局等 12 个职能司(厅、局)。

民政部的主要职责如下。

(1)拟订民政事业发展规划和方针政策，起草有关法律法规草案，制定部门规章，并组织实施和监督检查。

(2)承担依法对社会团体、基金会、民办非企业单位进行登记管理和监察责任。

(3)拟订优抚政策、标准和办法，拟订退役士兵、复员干部、军队离退休干部和军队无军籍退休退职职工安置政策及计划，拟订烈士褒扬办法，组织和指导拥军优属工作，承担全国拥军优属拥政爱民工作领导小组的有关具体工作。

(4)拟订救灾工作政策，负责组织、协调救灾工作，组织自然灾害救助应急体系建设，负责组织核查并统一发布灾情，管理、分配中央救灾款物并监督使用，组织、指导救灾捐赠，承担国家减灾委员会具体工作。

(5)牵头拟订社会救助规划、政策和标准，健全城乡社会救助体系，负责城乡居民最低生活保障、医疗救助、临时救助、生活无着人员救助工作。

(6)拟订行政区划管理政策和行政区域界线、地名管理办法，负责县级以上行政区域的设立、命名、变更和政府驻地迁移的审核工作，组织、指导省县级行政区域界线的勘定和管理工作，负责重要自然地理实体以及国际公有领域、天体地理实体的命名、更名的审核工作。

(7)拟订城乡基层群众自治建设和社区建设政策，指导社区服务体系建设，提出加强和改进城乡基层政权建设的建议，推动基层民主政治建设。

（8）拟订社会福利事业发展规划、政策和标准，拟订社会福利机构管理办法和福利彩票发行管理办法，组织拟订促进慈善事业的政策，组织、指导社会捐助工作，指导老年人、孤儿和残疾人等特殊群体权益保障工作。

（9）拟订婚姻管理、殡葬管理和儿童收养的政策，负责推进婚俗和殡葬改革，指导婚姻、殡葬、收养、救助服务机构管理工作。

（10）会同有关部门按规定拟订社会工作发展规划、政策和职业规范，推进社会工作人才队伍建设和相关志愿者队伍建设。

（11）负责相关国际交流与合作工作，参与拟订在华国际难民管理办法，会同有关部门负责在华国际难民的临时安置和遣返事宜。

（12）承办国务院交办的其他事项。

1.1.2 我国当代民政工作的历史发展

1.1.2.1 当代民政的创建时期

当代中国民政的开始，始于中央民政机构的建立。1949 年 9 月 27 日，中国人民政治协商会议第一次通过的《中华人民共和国中央人民政府组织法》中第十八条规定，设立内务部，主管民政工作。同年 10 月 19 日，中央人民政府委员会第三次会议任命谢觉哉为内务部长。同年 11 月 7 日，中央人民政府内务部正式成立，下设办公厅、干部司、民政司、社会司、地政司、优抚司。内务部受中央人民政府政务院领导和政务院政治法律委员会指导，负责管理全国民政工作。这一时期的民政工作主要是抓了救灾和建政两项中心工作。同时，主动与有关部门配合，为荡涤旧社会的污泥浊水进行了大量工作。一是资遣国民党散兵游勇，二是取缔妓女，三是禁烟禁毒，四是改造游民。

1950 年 7 月，内务部在北京召开了第一次全国民政会议；1953 年 10 月内务部在北京召开第二次全国民政会议。

1.1.2.2 民政工作重点的调整时期

1954 年 11 月，内务部召开第三次全国民政会议。随着第三次全国民政会议精神的贯彻实施，内务部和各级民政部门把工作重点转移到优抚、复员、救灾和社会救济上来，相应做好其他各项民政工作。

从 1957 年开始，急于求成、急于过渡的“左”倾思想逐步发展成为占主导地位的指导思想。民政工作在这种形势下，不可避免地受到影响，它集中反映在内务部 1958 年、1959 年、1960 年先后召开的第四次、第五次、第六次全国民政会议的精神及其在各地的贯彻之中，突出表现在：一是提出了一系列超越现实可能的民政工作的方针政策；二是脱离经济基础，大搞福利生产和福利事业；三是对政权建设工作中的错误思想和批判扩大化。这一时期的民政工作虽然在“左”的思想影响下出现了一系列偏差和错误，但是由于国家和人民的需要，由于社会的需要，民政工作是有发展的，民政工作在这一时期做出的成就，更为深刻地表明其本身具有的社会性所赋予的旺盛的生命力。

1.1.2.3 民政工作遭受严重挫折时期

1966 年 5 月到 1976 年 10 月的“文化大革命”，使民政工作受到严重的负面影响。

1968 年 12 月 21 日，最高人民检察院、最高人民法院、内务部的军代表和公安部领导小组向中共中央和"中央文革小组"写了《关于撤销高检院、内务部、内务办三个单位，公安部、高法院留下少数人的请示报告》。内务部的撤销波及全国。从省、自治区、直辖市民政厅、局到基层民政组织，都受到冲击，有的被撤销，有的与其他部门合并。1970 年 6 月 22 日内务部撤销。

1.1.2.4 民政工作的恢复与重建时期

1976 年 10 月粉碎"四人帮"，"文化大革命"宣告结束。1978 年 3 月 5 日，第五届全国人民代表大会第一次会议通过了新宪法。在 3 月 5 日的会议上，决定设置中华人民共和国民政部，作为国务院的一个职能部门，指导全国民政工作。同时任命程子华为民政部部长。

重建时期的民政工作基本恢复了"文化大革命"前内务部时期的业务内容和范围，即：优抚安置、救灾救济、社会福利、行政区划、婚姻登记、殡葬改革和政府机关人事工作等。

1978 年 9 月，第七次全国民政会议在北京召开。

1.1.2.5 开创民政工作新局面时期

民政部于 1983 年 4 月召开第八次全国民政会议，会议解决了民政工作中一些根本性的问题。这次会议进一步明确了在新的历史时期民政工作的性质、任务和作用，提出了民政工作改革和开创新局面的方向和途径，并将民政工作归纳为"三个一部分"，即：政权建设的一部分，社会保障的一部分，行政管理的一部分。

各级民政部门在贯彻第八次全国民政会议精神的过程中，适应客观形势变化的需要，在积极做好各项民政工作的基础上，进一步开拓了一些新的工作领域。主要有：探索建立农村基层社会保障制度，开展城市社区服务工作，探索农村救灾合作保险，开展社会福利有奖募捐。

为了深化民政工作的改革，民政部于 1988 年 12 月召开了第九次全国民政会议。会议总结了过去五年民政工作的成就和经验，部署了把民政工作推向新的发展阶段的任务。为了使民政工作更好地适应建立社会主义市场经济体制的需要，为国家改革、发展、稳定的大局服务，民政部于 1994 年 5 月召开了第十次全国民政会议，提出了维护人民群众基本生活权益。2002 年 5 月 26 日民政部召开了第十一次全国民政会议，这次会议对民政工作内涵作了新概括，"民政事业是社会事业的重要组成部分"，"民政工作是社会管理的重要组成部分"。对民政工作外延作了"四个方面"的新解说：社会救助和社会福利方面的工作，基层民主政治建设方面的工作，服务军队和国防建设方面的工作，专项社会事务管理方面的工作。2006 年 11 月 23 日，民政部召开了第十二次全国民政会议，这次会议主要是规划部署"十一五"民政工作，提出新时期民政工作的核心理念是"以民为本、为民解困、为民服务"，核心作用是"维护稳定、促进和谐"。

2017 年 1 月 14 日至 15 日，2017 年全国民政工作会议在北京召开。会议总结了 2016 年民政工作，指出在党中央国务院正确领导下，各级民政部门认真抓好中央决策部署的落实，全国城乡低保补助标准、农村特困人员供养标准、临时救助户数和医疗救助人次等得到了不同程度的增长，残疾人两项补贴制度全面实施，农村留守儿童完成摸底排查并加强了监护，有序应对各类自然灾害，保障了各类困难群体、特殊群体基本生活。启动居家和社区养老服务改革试点、医养结合试点，社区养老机构和设施同比有了较大幅度增长。稳步推进基层群众自治、社区建设、社会组织管理、社会工作等社会治理创新。顺利交接第三批在韩志愿军烈士遗骸，公布第六批国家级烈士纪念设施，完成退役士兵和军休干部安置任务，继续提高优抚安置对象抚恤补助标准，支持了国防和军队建设。各地民政部门在党委和政府领导下，深化改革、完善制度、破解难题、推动工作。广大基层民政干部职工勤勉履职、努力工作，将党和政府的惠民政策落实到服务对象身上，得到了人民群众尤其是服务对象的肯定。

会议提出，面对新问题、新挑战，各级民政部门要树立新理念、打开新思路、寻找新办法，大力推进民政事业改革创新。要健全民政工作的领导体制和工作机制，强化部门协作配合机制，支持社会力量参与，运用市场机制，构建政府、部门、社会、市场共同推进民政事业发展的格局，不断激发民政事业发展的活力。加快推进重点领域改革，对中央明确的防灾减灾救灾体制机制改革、退役士兵安置制度改革、养老服务市场化改革、社会组织管理制度改革、基层社会治理改革等重大部署，要加快研究制定切实可行的实施方案和推进措施，推动改革举措有效落地。要进一步推进"放管服"改革，建立健全社会组织综合监管机制，加快建立社会救助申请家庭经济状况信息核对平台，推动养老、殡葬等民政服务机构管办分离，提高服务质量，推动慈善事业发展。

会议要求各级民政部门深入学习贯彻党的十八届六中全会精神和习近平总书记系列重要讲话精神，尤其是关于民生民政方面的重要指示精神，牢固树立"民政为民、民政爱民"理念，始终恪守为民之责、深怀爱民之心，维护好、发展好、保障好服务对象的基本权益。要把总书记系列重要讲话特别是关于民政工作的要求，变成民政部门的工作动力、工作意见、工作措施，变成人民群众看得见、摸得着的惠民事项。

1.1.3 民政工作的特点

1.1.3.1 政治性

政治性是民政工作最主要的特征。长期以来，民政工作以"上为政府分忧，下为百姓解愁"为宗旨，牢固树立"民政为民、民政爱民"工作理念，大力推进改革创新，切实加强民政基础工作和基层工作，同心协力开创民政事业改革发展新局面。民政工作的政治性是通过帮助具体的人、办理具体的事体现出来的。如：优抚安置关系到军队建设和国防巩固；"低保"工作、救灾救济直接保障困难群体的基本生活；基层政权建设关系到广大人民群众选举权和被选举权，关系到基层民主政治建设；社区建设、社会福利保障老年人、残疾人、孤儿等弱势群体基本权益；行政区划调整关系到区域经济发展和社会进步；救助管理站涉及流浪乞讨人员权益保障。总之，从本质上来看，民政工作实实在在地保障了人民群众的生存权、政治权、经济权和社会权利等基本人权，维护了社会稳定，具有极强的政治性。

1.1.3.2 多元性

多元性是民政工作的门类结构特征。目前，按照本书的划分标准，我国民政工作可以分为五大体系，二十多个大项，一百多个小项。同时，相互之间的业务联系还不太紧密，许多工作可以自成体系，各为一体，独立运行。虽说民政工作的头绪多、范围广，各项工作之间没有紧密的内在联系，但每项工作都很重要，都必须做好。这就要求广大民政干部必须努力学习，不断学习，研究和把握各项工作的多元性特征。

1.1.3.3 社会性

民政工作的每一件事都是与人民群众相联系的，而人民群众既是社会构成的主体，也是社会建设与治理的主体,社会治理需要全社会成员的共同参与,民政部门在其中承担着动员社会力量,协调、管理社会组织机构,共同努力把民政工作推向新高度的历史使命。这是民政人的重要责任,同时也是民政人搞好社会建设与治理的前提。

1.1.3.4 群众性

民政工作面对的是千家万户,民政工作者要恪守为民之责、怀爱民之情,心里时刻想着群众,全力帮助广大人民群众,特别是为困难群众排忧解难,才能体现出民政工作的社会价值。群众性的理想境界,应该表现在两个方面,服务对象是全社会群众,服务主体也是全社会的群众。在推进基层社会治理过程中,不断提高广大群众参与社会事务的主动性和积极性,特别是要加强社会组织的培育与发展,提高社会组织的承接能力,重点做好社会力量参与优抚双拥服务和防灾减灾救灾工作。在解决各类社会问题的思路和方法上,不能老停留在以往的政府管百姓、百姓找政府的局面。要通过民政人有成效的工作,建立起政府主导、群众参与的基层社会治理机制,构建政府、市场、社会协同发力促进民政工作发展的良好局面。

1.1.3.5 服务性

服务是民政部门的重要特征之一,具体业务工作体现了民政部门与民政工作的服务性。长期以来,民政部门及广大民政工作者通过提供优质服务,特别是通过提供便民利民服务,民政工作得到各级政府和社会各界的广泛认可,民政工作的地位和作用进一步提升。为充分体现民政工作的服务性,民政部门及广大民政干部必须进一步加强工作作风建设,牢固树立全心全意为人民服务、为民政对象服务的理念,牢牢抓住保持党同人民群众血肉联系这一核心问题,改进服务方式,增强服务效能,提高服务质量,努力营造办事程序最简、办事速度最快、办事效率最高、办事成本最低的一流环境,努力为民办实事、办好事。只有这样,才能促使民政工作与时俱进、不断创新,成为党和政府"为民"理念的有效载体;才能得到党和政府、社会各界、人民群众的信任和支持。

1.1.4 民政工作的对象

民政工作是以人为对象、以人为中心、保障人的基本生存权利、促进人全面发展的工作。所以,在中华人民共和国成立初期毛泽东同志就叮嘱广大民政干部说,"民政工作是做人的工作,不要怕麻烦"。毛主席提出的这一要求正是突出强调了民政工作以人为中心的特点。民政工作者必须做到全心全意为人民群众服务,因为国家行政管理的大量工作都要涉及人,民政工作则是直接面对千家万户,直接为广大人民群众服务,民政工作做好了,在某种程度上说,就实现了为人民服务的宗旨。尽管民政工作面向全体社会成员,服务于广大人民群众,但传统民政工作最直接的服务对象主要是三类群体:一是受灾群众、贫困人口、流浪乞讨人员等困难群体;二是老年人、残疾人、孤儿等特殊群体;三是烈军属、在乡老红军、复员退伍军人、伤残军人、军队离退休干部等重点优抚群体。(2018 年 3 月 17 日第十三届全国人大一次会议通过的《国务院机构改革方案》将退役军人优抚安置职责调整至新组建的退役军人事务部。)

随着社会的进步与发展,民政工作领域的不断拓展,民政工作对象也已由过去传统的特困群体转为全体人民群众,民政部门的许多业务面向的是千家万户和亿万人民群众。如在民政工作中，婚姻登记、殡葬改革、村（居）委会建设、村民自治、社区建设、社区服务、行政区划、地名管理、社会组织管理等，都是以全民为对象的。做好民政工作，民政干部就必须进一步树立为人民谋利益的思想，深怀爱民之心，多做利民之事，恪守为民之责，说真话，办实事，讲公平，讲原则，讲党性，急群众所急，想群众所想，帮群众所需，解群众所难。

1.1.5 民政工作的整合

为了更好、更准确地认识民政工作，尤其是认识民政工作对于保障广大人民群众的基本生活权益、调解社会矛盾、促进社会公平、维护社会稳定的重要意义，有必要对民政工作进行科学系统的分类。需要说明的是：站的角度不同，对民政工作分类的结果也会不一样；对民政工作进行科学的分类，其目的是为了更好地认识民政工作。

1.1.5.1 "三个一部分"说

1983年，时任民政部部长崔乃夫同志提出了"三个一部分"的说法。崔乃夫同志在上下古今、纵横中外的基础上，对民政工作提出了一整套看法：关于民政工作的历史，他认为"民政作为一种思想和一些工作（如优抚、救灾），历史是很长的；但作为一个独立行政机构，历史是短暂的，是近代产生的"；关于民政工作的任务，他认为"民政部的任务有九类，十几个方面"，"可以说基本上是社会行政工作"，如果把这些方面进行一次归纳，可以划分为"三个一部分"，即政权建设的一部分，社会保障的一部分，行政管理的一部分（包括行政区划、社会团体、婚姻登记、殡葬改革）。所谓一部分就是指不是这些方面工作的全部。关于民政工作的性质，他否定了"社会行政工作"的说法，但没有明确提出自己的看法；关于民政工作的特点，他认为主要是多元性、群众性和社会性。关子民政工作的对象，他认为"从工作来分，有两大类：一类是以全民为对象的工作，如基层政权、殡葬改革、行政区划、婚姻登记等；另一类是以一部分人为对象的工作，如优抚安置、救灾救济、社会福利等。对我们来说，稳定的工作对象一般是指后者。所以，也可以说民政工作的对象有两类——最可爱的人和最困难的人。有多少呢？大约是两亿人，占全国人口的20%"。此后，第八、第九次全国民政会议都把"三个一部分"的说法确定成了民政工作的基本说法，而且成为长期影响民政工作的权威观点，至今在民政部门内外特别是广大民政干部中有着十分重要的影响。目前关于民政工作整合问题的不少说法，明显是继承了"三个一部分"的观点。

1.1.5.2 "四个方面"说

1998年国务院机构改革以后，民政部部长多吉才让同志首次提出"四个方面"的说法，并系统地回答了关于民政工作的职能定位等一系列重要理论问题。他说："民政部作为中央政府的一个行政管理机构，其历史可以追溯到清朝光绪三十二年，即1906年。至于赈济灾民等带有民政性质的工作，历史就更久远，可以追溯到周秦以前。说到民政工作的职能，尽管中华人民共和国成立以来，民政部的名称有过变化，业务范围也曾几经调整，但其基本职能没有变。在具体工作范围上，将农村社会养老保险划出后，民政部的主要业务工作仍然有二十多项。如果归纳一下，大致可以分为四个方面：一是以行政区划管理、省县边界管理、地名管理、社团管理、民办非企业单位管理、婚姻管理、殡葬管理、收养管理、收容遣送管理等为主要内容的社会事务管理方面的工作；二是以乡镇、街道政权的规范化建设和村委会、居委会群众性自治组织建设为主要内容的基层民主政治建设方面的工作；三是以拥军优属、优待抚恤、烈士褒扬、安置退伍战士和军队离退休干部等为主要内容的为军队和国防建设服务方面的工作；四是为城乡贫困户、鳏寡孤独、老弱病残、灾民难民、流浪乞讨人员实施救助以及为老年人、残疾人等社会群体提供福利服务为主要内容的社会救助和社会福利方面的工作。”几年以后，他进一步解释说：“这样进行概括的理由主要有以下几点：第一，为了更加明确民政工作是做什么的，不宜继续用社会保障来概括民政的部分业务。由于社会保障范畴在我国外延很广，有些重要的社会保障业务已不属于民政部门主管的范围，用社会保障来概括救灾救济、社会福利、优抚安置和社会互助会使民政的职能范围显得比较笼统，用社会救助和社会福利来概括就更为直接明了，更有利于社会各界对民政工作的了解。第二，拥军和优抚安置单列为服务国防建设的工作，一方面是因为新时期的拥军和优抚安置工作日趋重要，为了突出这种重要性而分列出来；另一方面是因为拥军和优抚安置工作本身特殊性。过去，我们曾把优抚安置工作作为社会保障的内容，从属性上讲是对的，但拥军优属、烈士褒扬和管理烈士纪念建筑物等工作又不完全是社会保障的内容。因此，大家认为，用服务国防建设来概括这方面的工作更加准确一些。第三，我们将民间组织、区划地名、社会收养、收容遣送等管理概括为社会事务的管理工作，而不是沿用过去‘行政管理’的说法，是因为整个民政工作都是行政管理工作……为了避免与整体工作性质混同，选择‘管理社会事务’比选择‘行政管理’的概括要好一些。”

同时，多吉才让同志还就一些重大民政理论问题发表了很有开拓意义的观点。首先，在1994年第十次全国民政会议上，他发表了对民政工作职能任务的见解，认为：“民政部门是政府进行社会管理的重要职能部门之一，其基本职责是依据国家赋予的职能，解决社会问题，调节社会矛盾，促进社会公平，依法维护和保障人民群众的基本生活权益，维护社会稳定，为党的中心任务服务。”在这里，他首次正式、响亮地提出了“维护和保障人民群众基本生活权益”的命题，首次系统、明确地把民政工作与社会发展紧密地联系起来。这些思想，在以后的实践中逐步成为整个民政工作的灵魂，也成为渗透到各项民政工作之中的指导思想，被社会各方面所广泛认可，标志着民政理论工作的重大突破。其次，针对许多人对民政工作职能定位提出的异议，他指出，民政部门的职能定位就是社会行政事务管理，这一点在历次国务院对民政部的“三定”方案中都很明确，而且自新中国成立到现在从来都没有变过。他还认为，不能把职能定位问题与民政工作的任务问题和民政工作的重点等混淆起来，有变化、有增减的只是民政业务工作和不同时代民政工作的重点。再次，关于工作的特点，他也提出了新的看法：“民政工作从本质上看，社会性是最基本的；从社会作用上看，政治性非常鲜明；从包括的内容来看，多元性很突出。建议用社会性、政治性、多元性来概括民政工作的主要特征。”最后，作为“四个方面”说的一部分，他也对民政工作的发展目标提出了不同以往的看法，即“规范的行政管理、有效的社会救助、广泛的基层民主、密切的军民关系、优质的福利服务、过硬的干部队伍”。

1.1.5.3 “大民政”说

20世纪末，上海市委、市政府提出了建立“大民政”管理格局的理念。与此同时，又提出了以人的全面发展为社会发展的根本目标，以社区建设推动社会发展的城市发展战略。所谓“大民政”，实质上就是以社区为载体，全面整合各项与人的发展和社会发展相关的政府、社会、个人的所有行政性、服务性、自助性社会工作，建构一张既包括传统民政业务又协调各部门相关工作，既覆盖全体市民又连接家庭、单位和社会保障，既符合中国文化和中国人的心理特征又具有鲜明时代特征的社会安全网络。“大民政”管理格局，主要指适应形势发展，转变民政部门的职能，拓展民政工作的范围，强化民政部门的管理、服务和保障功能。它的基本特征如下：一是社会事务管理的统一性，即使民政部门代表政府在社会事务管理中的主体作用更加充分地发挥；二是以人为本服务的一致性，就是既注重解决社会结构中特殊人群的急、难、愁和社会发展中的天灾人祸，又注重加强社会公益事业的发展；三是管理和服务的整体性，即从适应国际化大都市的城市管理和服务的要求出发，整合原有的社会事务管理和服务体系，使服务水平在管理中提高，使管理工作在服务过程中得到健全；四是社会保障方面的托底性，即注重依托市、区（县）两级政府，市、区（县）、街道（乡镇）三级救助机构，市、区（县）、街道（乡镇）、居委会四级社会救助服务网络，克服当前社会救助工作中存在的多头救助，真正做到社会救助对象不重复、不遗漏。“大民政”管理的框架主要包括五个方面，即社区创新、福利发展、中介培育、健全保障和居民自治，其运作机制为“民政主导、各方配合、依托社区、中介运作、群众参与”。

1.1.5.4 “五个体系”说

浙江省民政厅和浙江大学经过一年时间的联合攻关，形成了《民政事业现代化研究》（以下简称《研究》）的系列报告。该报告从现代化的视角对民政工作的许多理论问题包括整合问题提出了很多新的见解。

关于民政工作的职能定位，《研究》认为，“民政部门必须逐步成为政府序列中主要从事社会发展的综合性协调管理部门”，因为民政业务具有综合性特点，政府序列中尚未明确执掌社会发展的职能部门，中共中央、国务院已经认识到并逐步赋予民政部门各项综合协调的职能。

关于民政工作的职责范围，《研究》认为，“可从三个角度定位民政工作。一是民政工作从属社会发展。民政工作承担着维护公民基本的生存权和发展权的职责，一直起着稳定器和安全阀的作用……二是民政工作追求社会公平。无论从起点、过程到结果，民政工作都有追求公平的内容……三是民政工作提供公共产品。社会组织管理、优抚安置、救灾救济、公共事务管理等工作属典型的公共产品或服务，都具有效用的不可分割性、受益的非排他性、消费的非竞争性等公共产品的特点。社会福利设施总体属于公共产品，但也有成为半公共产品的可能……上述民政工作的三个范围，即构成了民政工作的职责所在。如果以社会发展和经济发展、公平和效率、私人产品和公共产品为三个圆，三个圆的交集部分必然是民政职责；两个圆的交集大部分应该是民政工作的职责，或以民政为主、其他部门配合的工作；在一个圆中，或以民政为主，其他部门配合，或以其他部门为主，民政部门配合”。关于民政业务体系，《研究》认为，“按照目前民政部门的职能，考虑今后的社会发展趋势，根据对全省民政工作的调查报告，我们对五个体系进行了重组，即为社会福利、优抚安置、灾害救助、社会组织管理、公共事务管理五个业务体系”，但“这五个体系还会进一步分合，可能进一步形成高于社会保障层面的社会福利制度”。

1.2 民政工作的定位

1.2.1 民政工作的本质及其定位

国家机关的行政序列和编制中明确规定:民政部门是国务院的重要职能部门,其基本职能定位是社会福利服务与社会行政事务管理,具体负责社会救助,最低生活保障,福利服务与社会福利事业单位管理,社会组织管理,基层政权建设和社区建设,婚姻登记管理,儿童、老年人和残疾人福利服务等多项工作。承担了中国现行社会保障制度框架中“社会保险”“社会救助”“社会福利”“慈善事业”四大部分中,除“社会保险”以外的其他三大部分,其工作范围和服务是典型的“公共服务、社会服务与社会福利事业”,集中体现了现代“服务政府”的职能定位和民政部门“以民为本”“为民解困、为民服务”的传统职业道德。具体来说,可以从以下三个方面认识民政工作的本质属性。

1.2.1.1 民政工作是党和政府的一项行政管理工作

党和政府历来都十分重视民政工作,把民政工作列为重要的行政工作之一。中华人民共和国诞生后,从中央到地方基层政权,分级设置了民政专管机构——民政部门(主管民政工作),形成了系统的民政行政管理。面对新问题、新挑战,各级民政部门树立工作新理念、打开工作新思路、寻找解决问题新办法,大力推进民政事业改革创新,制定颁布了各项民政工作的政策法规,并不断充实、完善,现已形成了比较完整、鲜明、具有中国特色的民政行政法规体系。由此可见,从人民政府管理社会行政,对民政工作实行职能部门行政管理来说,民政工作是社会行政管理的一种,具有社会行政管理的属性。

1.2.1.2 民政工作是党和政府的一项行政性社会工作

我国的社会主义性质决定,民政工作虽具有社会行政管理属性,但它不同于公安、司法等其他行政管理,不是单一的行政管理,而是依靠群众、依靠社会力量、以行政为后盾、组织群众、动员群众、同人民群众紧密结合的行政管理。这种行政管理是连接党和政府同人民群众的纽带。更重要的是,民政工作是党和政府关心群众疾苦、为群众排忧解难、为广大人民群众谋利益的社会工作,历来是党的群众工作的组成部分。它既有动员群众、组织群众的工作要求,又有宣传群众、教育群众的工作要求。民政工作中的社会救助、社会福利、社会保障、社区服务等有相当一部分均属社会工作。但它又不同于一般群众团体的社会工作,而是在政府行政直接领导、干预下的社会工作。因而,也可以说,民政工作是我国的一种行政性社会工作,具有行政性社会工作的属性。

1.2.1.3 民政工作是党和政府的一项社会性管理工作

民政工作是直接反映社会主义制度优越性、体现人民群众的社会主义主人翁地位及其权利与义务的工作。民政工作中的村(居)民委员会建设、社会救济、社会福利事业、社会福利生产、农村社会保障、社区服务、婚姻管理、殡葬管理、社会福利募捐等大部分工作,都是社会性管理工作。这些工作,从人民群众民主自治的角度看,人民群众既是工作的对象,又是工作的主体,因而,民政工作也就是一种群众自我管理、自我服务、自我教育并充分调动人们积极性的民主自治工作,或者说就是一种以群众民主自治为中心与基础的社会管理(或称社会性管理)工作。据此,说民政工作具有社会管理属性,也是客观存在的切实反映。

1.2.2 民政工作的任务

民政工作的任务有三个层次。

第一个层次就是提供作为生物人所必需的维持生存的基本物质保障。“基本物质保障”是一个相对概念，至少有三个含义：在贫困状态之下，它与温饱水平相同，满足最低生存需要；消除贫困以后，指当时当地人普遍认同的、足以“体面”生活的水平，满足最低生活需要；对国家优待对象，则指不同程度地高于当时当地人均生活水平的水平，满足公平生活需要。“基本物质保障”还是一个弹性的概念，它与经济发展的水平之间存在必然的正相关关系。民政部门的职责，就是动员一切力量、采取一切方式，以社会再分配为手段，尽最大努力去保障群众基本的物质生活需要。

第二个层次就是提供作为自然人所必需的正常生活的基本服务保障。正常生活即个人不因自身残疾或照顾家人严重影响正常的生活、工作、学习秩序和个人一生的发展。正常生活的维持，只有物质保障，不能完全达到目的。这取决于两方面的原因。一是人的需求多种多样，而个人所能满足的部分极为有限，任何人非得有他人、家庭、邻里、社区以至社会的服务与帮助，便不能正常生活。二是部分有特殊困难的人如残疾人、老人、儿童、病人等，即使有基本的物质保障，没有别人和社会的服务，也不能有正常甚至基本的生活。但是，民政主管的服务保障在服务水平和服务项目上仅限于维持正常生活。只要达到这一目的，至于这些服务如何命名、采取何种方式、动员什么力量、是否收费等，都应视具体情况而定，本身无关紧要。超出这一标准的服务，民政虽然都应该积极参与以壮大自身经济实力，但明显已不可能是独家领地。

第三个层次就是提供作为社会人所必需的参与社会的基本权益保障。个人参与社会的权益可以划分为不同的等级。保障个人参与社会的基本权益，指个人通过与自己联系最紧密的社会组织如家庭、群众自治组织、社区、社会中介组织的互动，掌握最一般的社会知识，从而具备正常生存和与他人正常交往的起码能力。民政工作在这方面的任务，就是通过狠抓与老百姓关系最为密切的社会自组织及其体系的建设，使其在教给人们以必要的谋生技能、社会规范和生活知识中发挥应有的功能。

以上三个层次的任务中，物质保障与服务保障构成的生存权保障是基础，参与社会的权益保障是生存权保障的进一步发展。当然，从理论上甚至部门分工上，可以明确区分三个层次的任务，但实践中，三者是紧密相连、难以割裂的。比如对灾民的救助，除了基本的物质保障以外，对因灾造成的孤儿、无依无靠的老人、失去亲人或遇到各种困难的家庭，邻里、社区、自治组织、社会中介组织、基层政权组织在要求成员遵守其组织规范的同时，必须首先关注他们的生存状态。尽管物质保障不一定是这些组织的基本职能，但它们要实现其奋斗目标，却不得不这样去做。从整个民政工作来说，以救助为特征的人民群众基本生活权益保障部门与婚姻家庭、社区建设、群众自治组织、民间非营利性组织等社会自组织管理部门原本就应该在职能划分和工作任务上体现整体性、相关性和层次性，而不应各自独立、互不相关。

总之，民政工作直接为人民群众服务、为人民群众排忧解难，是党和国家一项非常重要的工作，是政府履行公共服务和社会治理职能的重要方面，在全面深化改革与全面推进依法治国的背景下发挥着十分重要的作用。

为切实发挥民政工作在全面深化改革与全面推进依法治国的背景下的作用，当前和今后一个时期民政工作的主要任务有如下几个方面。

一是搞好困难群体救助。帮助农村的五保户和低收入群体，城市的低保户和失业人员，特别要关心失去生活能力的残疾人摆脱困境。

二是加强城市社区工作。社区是整个社会的细胞，社区要为群众提供生活、医疗、文化、体育、就业、学习等方面的服务，搞好城市社区工作是基础。

三是推进农村基层民主建设。搞好村级直接选举、实行村民自治、保障农民的民主权利是推进农村基层民主建设的前提。

1.2.3 民政工作的社会功能

简单说来，民政工作的社会功能主要体现在以下几个方面。

1.2.3.1 保障基本人权

人权是资产阶级同封建神权和封建特权进行斗争的武器，无产阶级一般不侈谈人权，而是讲消灭资本主义私有制。邓小平理论以发展生产力、增强综合国力和提高人民群众的生活水平作为社会主义的奋斗目标。毛泽东思想把推翻帝国主义、封建主义、官僚资本主义统治，建立和平、民主、富强的新中国作为其首要目标。从人权的角度理解，十九大报告是一份新的“中国人权宣言”。习近平总书记关于人权的重要论述，是习近平新时代中国特色社会主义思想的重要组成部分，蕴含着深刻的人权理论，从理论和实践的结合上系统回答了新时代坚持和发展什么样的中国特色社会主义人权道路，怎样坚持和发展中国特色社会主义人权事业的根本性问题，对新时代中国人权事业发展提出了新的更高要求，为坚持中国特色人权发展道路、全面推进我国人权事业提供了根本遵循，是对人权理论的新发展。

民政工作通过社会再分配使人民群众拥有了基本的物质条件，通过社会自组织建设使人民群众具备了进入社会的起码条件，本质上就是为这些目标的实现准备条件，也是将这些目标落到了实处，是不折不扣的人权保障工作。再从民政工作的出发点来说，满足人的基本需求即生存需求和进入社会的需求是它全部工作的目的。而生存是人的本能需求，是进入社会的前提和条件；拥有最低限度的进入社会的技能和条件则是人之为人的根本标志。民政工作到位，“人”就立了起来；民政工作不到位，人就不能成其为“人”，甚至连一般的生物状态也难以维持。因此，民政部门的全部职能就是保障基本人权。

1.2.3.2 维护社会公平

一般来说，民政工作的对象都是社会弱者。凡纳入民政工作对象的人，应该说不是有基本物质生活上的困难，就是在适应社会、进入社会的问题上需要帮助。既然基本物质生活和基本社会化方面不能自我保障，对他们的帮助自然就成了最符合社会利益、最能体现社会公平的工作。因此，通过转移支付的社会再分配手段保障所有人民群众的基本物质生活需求，通过强有力的社会自组织建设使所有人拥有步入社会的最低限度的规范知识，本身就是在维护社会公平。

1.2.3.3 维护社会稳定

稳定的工作就是满足需求的工作，因为不满是不安定、不稳定的唯一原因。从整个社会来讲，维护社会稳定的最主要手段是发展生产力，是最大限度地满足人民群众对美好生活向往的保障。但是,生产力的发展毕竟是一个渐进的过程,短缺是任何社会的常态。在这种情况下,满足人民群众最基本、最急迫的需求就成了稳定工作中边际效益最大的项目。因此,民政工作把人的最基本的自然需求和社会需求置于全部工作的核心位置,就使它也具有了维护社会稳定的基本功能。更何况,社会自组织的建设也是在维护社会结构的正常运行,同样是在维护社会的稳定。但需要强调指出的是,稳定机制的作用虽然是政府关心的焦点,是从国家角度来看民政部门最主要的社会功能,但它却是以保障基本人权为前提条件的。也就是说,民政工作的出发点和归宿是人民群众最基本的自然和社会需求,只要满足了这些最基本的需求,民政工作的目的就达到了,稳定社会的作用只是它的间接结果。

1.2.3.4 促进社会经济的发展

民政部门在促进社会经济发展方面的作用有二:一是通过保障人民群众的基本需求达到稳定社会的目的,也就间接地起到了促进社会经济发展的作用;二是通过直接参与经济建设,发挥促进经济社会发展的作用。这方面,效果最明显的应当是行政区划管理,因为合理的城市化速度和经济空间布局是中国社会全面进步的必然要求和主要标志。其他方面诸如产业性社团、福利企业等,属于直接介入经济主战场的组织,当然有促进经济发展的基本功能。但是,两种作用中,以前者为主,后者居于次要地位。

1.2.3.5 促进社会主义精神文明建设

民政部门成为社会主义精神文明建设的职能部门之一,是由它的任务决定的。前已述及,通过社会自组织的建设使人民群众具备进入社会的基本资格,是民政部门的一项主要任务。显然,通过家庭、群众性自治组织、社会中介组织、基层政权组织向人们传授什么样的道德规范,使这些群体与组织的成员具备怎样的价值观、人生观和世界观,是主管这些组织内部建设的民政部门应该首先考虑和选择的,应当说,最有持久力、最能促成所有人人生辉煌的社会知识必然是那些正面的、积极的、经过中外文化传统铸造而留传下来的公认的道德规范、生活技能和生活知识。民政部门有责任在使人民群众掌握基本社会规范时,发挥其社会主义精神文明建设的职能作用。在这一点上,民政部门与文化、教育部门有着同等重要的责任和义务。当然,在保障人民群众基本物质生活水平的工作中,提倡互助友爱、艰苦奋斗、自尊自强等,也是精神文明建设的重要方面。

以上五项只是民政工作的基本功能。随着社会的发展和人们认识水平的提高,对于民政工作的社会功能肯定还会有新的认识。但是,就民政工作的职能而言,保障基本人权是它的立足点,其他功能均只可能是这一职能的派生和延伸。

1.3 民政工作与基层社会治理

1.3.1 基层社会治理的内涵

基层社会治理是指国家基层政权机关与基层群众自治性组织、基层社会群体、个人一道,共同商量、讨论、处理所辖行政区域内的基本公共事务的社会活动。

人类社会活动不断发展,经济不断走向现代化,特别是社会政治制度的进步和人民群众文化素养的普遍提高,基层社会治理的主体逐渐由单一的基层国家政权组织变为基层的国家政权机关和基层群众自治组织、基层社会群体、个人。社会基层治理的主体虽然表现出多样化，但都具有规划、组织、协调、监督的职能，目的是统一的。它们是治理基层行政区和处理基层社区公共事务的主体。在实际基层社会治理过程中，不同主体所面临的治理对象有所不同。基层国家政权机关侧重管理本行政区内的基本公共事务，主要有本地区经济、政治、文化、社会等基本社会领域中带方向性的重要事务，或与国家大政方针有紧密联系的、直接关系到国家整体利益的个别事务。基层国家政权机关的管理活动受上级国家政权机关的领导。基层群众自治性组织及个人处理的是与本社区群众利益和公共利益最直接的各项具体的公共事务。

基层政权机关处理社会基层公共事务的方式和手段主要有行政命令、政策指导、法律规范、经济计划。群众自治组织处理社会基层公共事务的方式和手段主要有以下两种。

群众自治。根据国家的宪法和法律，由本居住地或本社区范围内的群众自愿组成团体，参与管理本居住地或本社区的公共事务，调解各种矛盾，协调各种关系，商定公共事务，办理公益事业。它的基本特征和要求是：必须接受法律的约束和政策指导，群众必须组织起来，在宪法和法律的范围内独立地开展活动；代表公共利益和表达群众的意志；实现公共事务的自我管理。

直接民主。基层群众不经过任何中间途径和不采取任何间接方式，有组织地参与本地政务及其他公共事务，自主地行使法律所赋予的权利，履行应尽的义务。具体表现在：根据个人的意愿直接选举群众自治组织的负责人和基层政权中的公职人员，就本地区的政务和其他公共事务向基层政权机关、群众自治组织直接反映意见等。

中国历来重视基层社会治理。自秦至清的历代封建王朝大都把县级以下的乡政权作为基层政权组织。封建王朝的政权机构委派乡级小吏负责课税、徭役、社会治安等基层政务，在乡以下建立严密的、多层次的群众自治组织体系，以辅助乡政权进行基层社会管理。秦代设亭、里，唐代设里、村、保。元代规定“社”为掌管地方自治事务的自治组织，与办理基层政务的里分开。明代在基层政权组织之下，出现了职能单一的民间自治团体（教化组织、救济组织、祭祀组织），负责管理基层社会生活中某一方面的公共事务。以上各种组织主要负责办学校、设义仓、兴水利、植树木、垦荒地、倡副业、调解民事纠纷等民间事务，同时协助办理乡政，由官府指定乡民（多为地主豪绅）总管。历代没有独立从事社会基层管理的群众自治组织。

中华人民共和国成立后，基层社会治理是通过由宪法和有关的法律规定、保护的各种代表基层人民群众利益的管理主体实现的。基层政权机关和群众自治组织共同组成了社会基层管理体系。基层政权机关，在城市地区是指那些不设区的市、市辖区的人民代表大会和人民政府及其派出机构——街道办事处；在农村地区是指乡、民族乡的人民代表大会和人民政府，以及农村居民集中、非农产业和非农业人口较多的集镇设立的镇人民代表大会和镇人民政府。基层政权机关是实现人民群众直接参与民主管理国家事务的重要环节，是中国共产党和国家联系群众的纽带，是国家各项工作的重要基点。这主要表现在基层权力机关（人民代表大会）和基层行政机关（人民政府）的职权上。前者是在基层行政区内，保证宪法、法律和行政法规的实施，规划本地的经济、文化建设和公共事业，选举和罢免本级人民政府的组成人员，对本级人民政府的工作实行领导和监督,有权改变和撤销本级人民政府不适当的决议和命令,在不与宪法、法律、行政法规相抵触的前提下,制定和颁布地方性法规;后者是执行基层权力机关和上级国家行政机关的决定和命令,管理本行政区域内的各项建设事业和行政事务,任免、培训和奖惩行政工作人员。

"管理"与"治理"虽然只有一字之差,但有着本质的区别。"管理"偏重于动用政府行政资源与手段去解决社会需求和问题。而"治理"则是运用政府、社会、市场等资源,协同解决问题。社会治理体系中,基层是社会的单元细胞,是感知社会需求最敏感的触角,也是许多社会矛盾的源头。同时,基层还是我们党的执政之基、力量之源。社会治理的关键在于夯实基层基础,搞好基层社会治理。在新的历史时期,我们应站在新的发展起点上,通过加强和创新基层社会治理,让经济发展的成果更好地为百姓所共享,有效应对社会转型时期基层出现的各类问题和矛盾,推动社会不断发展。

实现基层社会的有效治理,准确定位基层政府的职能是关键。尤其是全面取消农业税后,准确定位乡镇政府的职能,是搞好农村基层社会治理的关键。笔者认为全面取消农业税之后乡镇政府职能应定位在促进经济发展、实施社会公共管理、提供高效公共服务和有效公共产品、指导村民依法搞好村民自治等四个方面。

(1)促进经济发展。全面取消农业税后,促进当地经济发展仍是乡镇政府的重要职能之一。具体来说,乡镇政府要履行好该项职能必须做好以下几方面的工作:一是引导农民立足自身资源和区位条件,发挥比较优势,因地制宜,大力发展本地特色农业;二是充分发挥村党支部、村民委员会及农村专业经济协会的组织、协调作用,提高农民进入市场的组织化程度,使农业向产业化、现代化方向发展;三是积极开展招商引资,为当地经济发展提供强有力的经济支撑;四是把握机遇,加快小城镇建设;五是搞好农业产业结构调整,搞好优质农产品的加工与销售,实现农民的增产与增收。

(2)实施社会公共管理。全面取消农业税后,乡镇政府在实施社会公共管理方面应主要在以下几方面有所为。

一是为农村发展创造一个稳定的社会环境。目前,我国农村的大局是基本稳定的,广大农民群众生活祥和,安居乐业。但稳定之中也有不稳定的因素存在,作为农村基层政权的乡镇政府就应借助国家机器对一切破坏农村稳定的行为进行惩罚和镇压,发挥确保农村稳定的作用。同时,还要针对辖区内的具体情况,开展社会治安综合治理工作。通过这种手段来保障广大农民群众的切身利益,来为农村的发展创造稳定的社会环境。

二是为农村发展创造一个公平的社会环境。农村相对城市来说,经济较落后,弱势群体较多,乡镇政府应想办法,搞好对弱势群体的社会救助工作,逐步建立以生活救助、医疗救助、教育救助、住房救助等为主要内容的社会救助体系。当务之急是要搞好农村"五保"工作及农村特殊困难户的救助工作。通过这些具体工作的实施,来实现维护社会公平与正义的目的。

三是为农村发展创造一个可持续发展的社会环境。可持续发展包括人、自然的可持续发展。像我国这样的人口大国,首先应搞好人口管理,要合理控制人口数量,提高人口素质,同时要搞好对流动人口的管理工作。其次要保护好各类自然资源。自然资源是实现人类可持续发展的物质基础，不仅数量有限，而且其中的不可再生资源在一定的时间里难以再生。所以，我们要想办法提高资源的利用效率，减少资源浪费。

（3）提供高效公共服务和有效公共产品。在农业税取消之前，相当多的乡镇政府把自己的工作重点放在上级派下来的硬指标工作上，如催粮、派款、计划生育等，不少乡镇为迎合上级要求，还大搞“形象工程”“政绩工程”。这样导致乡镇政府很少有精力为农村提供公共服务。农业税取消后，催粮、派款等消耗乡镇政府精力和时间的差事大大减少，这为乡镇政府集中时间与精力为农村公共服务的保障提供了契机。乡镇政府可趁全面取消农业税的大好时机，彻底改变“对上服务、向下要钱”的职能错位现象，为老百姓多做实事。供给公共产品是政府不可推卸的责任。20世纪80年代推行的以家庭联产承包责任制为核心的农村非集体化经济改革，瓦解了原来的公共产品供给体系，使得农村公共产品的供给成了空白。全面取消农业税后，乡镇政府应发挥其应有的职能，为农村提供有效的公共产品。

（4）指导村民依法搞好村民自治。目前，乡镇政府应把指导村民自治的重点放在如下几个方面：指导村党支部与村民委员会搞好自身建设，包括理顺二者的关系，健全完善村民委员会自治组织，建立健全村党支部与村民委员会工作制度，培训村党支部与村民委员会干部等；指导村民委员会换届选举工作，尊重群众的民主意愿，保证把那些政治素质好、组织能力强又热心为村民服务的人选入村民委员会班子里来；坚决打击宗族势力、宗教势力及“黑社会”势力对选举的操纵；指导村民委员会开好村民会议与村民代表会议，保证村民行使民主决策的权利，确保凡涉及村民利益的重要事项都由村民会议或村民会议授权村民代表会议讨论决定；指导村民委员会搞好村务公开，实现民主管理；指导村民委员会制定好村民自治章程和村规民约等。

为农村发展提供制度及人员保障。首先要为农村发展提供制度保障。实现农村发展光靠一个《村民委员会组织法》及几个文件还远远不够，还必须有一系列的其他配套制度。如每个村都必须结合本村的实际情况，制定村民代表大会制度、村民自治章程、村规民约、财务管理制度、村务公开制度等。要制定上述制度，有些村特别是一些经济、文化相对落后的村还有“心有余而力不足”之感。为了切实解决这个问题，乡镇政府应采取下派工作指导小组或乡镇干部包村的做法，帮助村民制定相关制度，为农村发展提供制度保障。其次要为农村发展提供人员保障。乡镇政府为农村发展提供人员保障的途径有两条：一是采取上述提到的乡镇干部包村的做法。二是有针对性地对村干部进行培训，如培训村会计、培训村治保委员等。通过培训，能大大提高村民尤其是村干部的自治能力，从而推动农村各项工作的发展。

总之，重新定位乡镇政府职能的目的在于：通过重新定位职能来摆正乡镇政府的位置，并结合精简机构和人员分流等措施，建立精干高效的行政管理体制和运行机制，把乡镇政权建设成为真正能为农民提供高效公共服务和有效公共产品的一级政权，真正变“管理”为“治理”，从而实现基层社会的平稳发展。

1.3.2 民政工作是社会发展的“稳定器”

民政为民，民政爱民。在新的历史时期，各级民政部门要着力落实好扶贫攻坚、兜底保障的部署，全面提高防灾、减灾、救灾能力，加快发展养老服务业，推进基层社会治理创新，加强社会组织管理，大力支持国防和军队改革，积极推进区划地名管理和相关公共服务。

民政工作作为政府一项重要的行政管理工作，覆盖全体民众，涉及千家万户，其服务的对象是广大人民群众，很多方面的工作都直接关系着群众的切身利益，其工作成效对全社会形成直接影响。与其他政府部门相比，其工作成效显得更接近老百姓的各种利益。正因如此，民政工作在调节社会关系、化解社会矛盾、维护社会稳定、促进社会发展进步方面肩负着重要职责，对社会进步起着重要的保障和推动作用。把民政工作搞好了，人民就会有安全感、归属感和公平感。为此，面对新问题、新挑战，各级民政部门要树立新理念、打开新思路、寻找新办法，大力推进民政事业改革创新。要健全民政工作的领导体制和工作机制，强化部门协作配合机制，支持社会力量参与，运用市场机制，构建政府、部门、社会、市场共同推进民政事业发展的格局，不断激发民政事业发展的活力。

基层民政工作是党和政府的重要工作，承担着开展灾民救助、五保供养、农村低保、城乡大病医疗救助等多项职能任务，而且很多业务政策性、时效性强。同时，基层民政工作也是最直接的群众工作，与人民群众切身利益息息相关，在加强以改善民生为重点的社会建设中，承担着十分重要的责任和非常繁重的任务。当前，我国正处于经济社会转型的关键时期，人民群众对基本民生保障和社会公共服务的需求不断增长，期盼和要求越来越高。为此，我们应加强乡镇民政工作机构及队伍建设，建设人民满意的服务型民政，把问题处理在萌芽状态，确保基层社会的稳定。

1.3.3 充分发挥民政工作在基层社会治理中的作用

1.3.3.1 创新基层民政工作理念，变基层社会管理为基层社会治理

“治理”一词，自 20 世纪 90 年代以来就被广泛应用于公共管理和社会管理领域，按照全球治理委员会对“治理”（governance）的界定，治理是指各种公共的或私人的个人和机构管理其共同事务的诸多方式的总和。它是使相互冲突的或不同的利益得以调和并且采取联合行动的持续互动过程[①]。而所谓基层社会治理，就是指在一定的地域范围内由政府与基层社会自治组织、非营利非政府组织、辖区单位以及社区居民共同管理基层社会公共事务、推动基层社会持续发展的活动。与传统的基层社会管理体制不同，基层社会治理主要强调基层社会组织、社区居民以及政府在基层社会管理与建设中的互助协同与责任分担。从基层社会管理走向基层社会治理，其变化表现在以下几个方面。

第一，主体由单一变为多元。现行的基层社会管理体制也要求发挥多元主体的作用，但政府却是实质上的行为主体。而在社会治理中，主体的多元化是必然要求，除了政府之外，其他基层社会利益的相关者，包括社区居民、基层社会自治组织、非营利组织、业主委员会等都是基层社会治理的主体。各个主体都可以并且有渠道参与基层社会事务的管理与决策，政府与其他基层社会治理主体之间是合作与协同的关系，共同的目标是实现基层社会公共利益的最大化。

第二，在基层社会事务的决策与管理上由以行政指导为主转变为以民主协商为主。“管理”体制下的基层社会居民委员会大多数时候是政府的“派出机构”，代行政府的社会管理职能，居民代表大会多数时候也只是居委会代表政府向居民布置工作、传达精神和要求的“听政程序”。但在“治理”体制下，小到基层社区的公共卫生的清洁，大到基层社区发展的各项规

① 俞可平，等：《中国公民社会的兴起与治理的变迁》，第 1 版，193 页，北京，社会科学文献出版社，2002。

划、基层社区建设的具体方案等，都必须有广泛的代表各方利益的主体参与，以民主协商的方式来真正实现基层社会的“自治”。

第三，在基层社区公共服务、福利服务的供给上，由基层社区居委会提供为主转变为各类基层社会中介组织、服务组织和其他非营利组织竞相参与。在“管理模式”下，基层社会的许多公共服务，比如基层社区公共设施的维护管理、基层社区卫生与计划生育、基层社区教育、文化科普以及基层社区老年人服务、残疾人服务等基层社会福利性服务，都主要由基层社区居委会来提供，从而形成“基层社区是个筐，什么都能装”的局面。但仅凭基层社区仅有的几名工作人员，根本无法推动这么多基层社会公共服务有效运转，从而使许多服务形同虚设。而“治理模式”则要求将基层社区公共服务、福利服务交给包括基层社区居委会以及各类基层社会中介组织、服务组织、非营利组织甚至市场主体来供给。通过各个服务主体的竞争，既充分保障基层社区公共服务的供给，又提高服务供给的效率。

要实现基层社会管理走向基层社会治理，首先要实现社区管理走向社区治理。实现社区治理必须在以下方面下功夫。

（1）科学处理好基层社区党委、居委会、工作站三者之间的关系。实施“三位一体”基层社区治理运行模式，社区党委、居委会、工作站，三块牌子一套班子，党委书记、居委会主任、社工站长由一人兼任，在此基础上思考人员进一步明确分工。一般情况下：社区党委设一名专职副书记和一名专职委员负责党委日常工作；社区居委会设一名专职副主任及2~3名委员负责居委会法定事务；社区工作站设一名专职副主任及4~5名专业社工，共同完成政府延伸到社区的公共服务管理。

（2）培育发展基层社会组织。一是充分发挥工会、共青团、妇联等社区群团组织作用，广泛开展各类便民利民活动，提高社区服务水平和工作覆盖面；二是制定专门的政策，培育发展社区民间组织，围绕社区居民物质文化需求，因地制宜成立社区养老、社区卫生、社区文化、社区体育、社区志愿服务、社区治安、社区救助等各类社区公益性民间（志愿）组织，同时加强对社区公益性组织的引导和管理；三是建立健全社区与驻区单位议事协商机制和双向互动共建机制，共同推进社区建设的发展。

（3）探索建立公益行为激励机制。鼓励社区居民积极参与社区公益活动，凡对社区服务与建设作出贡献者将受到区、街、社区的表彰与优待，充分调动社区居民参与社区服务和自治活动的热情，营造“社区是我家，建设靠大家”的浓厚氛围。

（4）加强基层社区专职工作者队伍建设。一是探索社区工作者如何建立劳动关系，建立社区专职工作者劳动报酬的正常增长机制；二是强化社区专职工作者培训工作，可与高等院校联合建立定期培训机制，以培养国家认可的社会工作师为目标，不断提升社区专职工作者的综合素质；三是以居民满意度为重要指标，不断完善星级社区考核办法，形成公平、公开、公正的社区工作评价体系；四是加大社区专职工作者的宣传和表彰力度，努力在社会上形成尊重、关爱社区专职工作者的良好氛围。

（5）推进基层社区规范化建设。一是多渠道实现社区办公用房达标，规范阵地功能设置，统一标识，建设标准化社区；二是规范社区管理制度，建立社区工作经费支撑体系，并通过上墙公布、网络发布等形式向社区群众公开，深化居务公开工作；三是加快社区信息化建设，完成社区到街道信息网络联通，实现在网络环境下信息的上传下达，对社区现有信息网络资源进行整合、开发和利用，建立覆盖整个社区的综合信息管理和服务平台。

1.3.3.2 创新基层民政工作思路，构建社区治理新机制

1. 探索多元主体参与的社区治理结构，厘清各个主体间关系

社区治理，不仅是居民的自治，更是政府以及社区内外的各种组织，包括社区自治组织、民间组织、社区中介组织、驻社区单位（包括企业和事业单位）以及居民个体互动参与、共同推进社区发展的过程。构建社区治理机制，首先要探索并形成合理的、多元主体参与的社区治理结构，以充分调动社区内外各种组织参与社区建设的积极性和创造性。这就需要厘清各个主体间的关系，包括政府与社区自治组织的关系、社区自治组织与社区民间组织的关系。

一要厘清政府与社区自治组织的关系。首先要明确政府和社区自治组织各自在社区治理机构中的职能与定位。政府的作用主要是宏观的引导，包括：制定社区建设与治理的相关法律法规和扶持政策；制定社区建设与治理的宏观规划；负责对社区建设与治理进行监督管理；指导社区自治组织自主管理社区公共事务和发展社区公益事业；对社区建设与治理给予必要的财政支持；培育发展社区民间组织和社区中介组织，以及综合协调各种社会力量参与社区建设与治理等。而社区自治组织的职能则是接受社区居民的委托和监督，对社区资源和社区公共事务进行执行和管理，发展社区公益事业，提供居民所需的社区公共服务。其次，要明确政府与社区自治组织之间不是行政隶属关系，而是协同与合作的关系，其共同的基点为实现社区的善治和良性运转。政府为社区自治组织提供必要的帮助和指导，但社区自治组织则必须坚守独立性，避免对政府的过度依赖和"行政化"倾向。

二要厘清社区自治组织与社区民间组织、社区中介组织的关系。社区自治组织承担着社区建设、社区管理的主导责任，但不应当也不可能包办一切。社区居民多样性、多层次和不断变化的社会需求单靠社区自治组织无法得到满足，各类社区民间组织、中介组织甚至市场主体的加入，既可以扩大社区公共服务的覆盖面，也能够提升社区治理能力。通过社区自治组织与社区民间组织、社区中介组织的广泛互动与合作，可以集结更多的优势资源和吸纳更多优秀的专业人才加入到社区建设和治理中来，提升社区公共事务管理的效能和社区公共服务的层次和专业水平。

2. 完善相关政策和法律，推进社区治理制度化

社区治理作为一种创新的基层社会管理探索，它是在居民自治制度基础上的拓展和深化，需要加紧研究和完善有关的政策和法律，逐步将社区治理纳入法治化、制度化的框架范围内。

一要促进不同参与主体权责结构的制度化。依据权责对应的原则，分清政府、社区自治组织、社区民间组织、各种社区中介组织的责任和作为，推动各自工作职责和运作行为制度化。尤其是对政府在社区治理中的作用，要强化政府在统筹规划、公共财政投入以及综合协调方面的职能，避免政府对社区事务的过度干预和行政指导的盲目性和随意性；同时用制度来约束政府权力，实现政府行政管理和社区自治的有机衔接和良性互动。而各类市场主体和社区民间组织、社区中介组织则要在政府"购买服务"、补贴、奖励等机制的引导下支持或参与社区公共

事务和社区服务，明确权责，以实现制度化的社区事务参与和社区服务供给。

二要深化完善社区居民自治的各项制度。继续推进民主选举、民主决策、民主管理、民主监督的制度化、规范化和程序化，健全社区居民代表大会、社区事务公开、重要事项民主议事协商、民主理财和财务审计监督、社区干部工作民主评议等各项制度。因地制宜，要按照“权事相称、权责对应”的原则，妥善处理好居民自治和社区自治的关系。总之，要着眼于发挥居民群众的主体作用，建立和完善社区居民自治的各项制度，通过“恳谈会”“议事会”“说事”等制度或公共活动，畅通社区居民参与社区治理的空间和渠道，培育居民公民意识，促进社区的和谐治理。

1.3.3.3 创新基层民政工作方式，服务基层百姓

创新基层民政工作方式的途径很多，但对于基层百姓来说，创新民政工作方式，搞好社区服务是最实惠的，同时也是最重要的。

在发展社区服务的过程中，应把满足社区弱势群体在生活照料方面的需要作为发展社区服务的基本目标。人的需要是人的本性，是多方面的，也是有层次性的，可分为生存需要、享受需要、发展需要等三个层次。这里所说的“生活照料方面”需要，主要是指上述层次中的生存需要。对于社区弱势群体来说，生存需要主要表现在两个方面：一是对基本生活资料的需求；二是对生活照料方面的需求。现行的城市居民最低生活保障制度，较好地解决了社区弱势群体对基本生活资料的需求。满足社区弱势群体对生活照料方面的需要，则要靠发展社区服务。

把让所有社区成员都能享受社区服务、为构建和谐社会作贡献作为最高目标。发展社区服务的最终目标，并不局限于为老年人、儿童、残疾人、下岗失业工人等弱势群体提供福利，而要着眼于所有社区成员，最终让所有社区成员都能享受社区福利服务。到那时，社区服务便是一种社区成员之间互帮互助的互助性服务，每个社区成员既是社区服务的参与者，同时又是受益者。社区福利服务的互助性，能缩短人与人之间的距离，通过互助，人与人之间会多一些理解、多一份宽容；通过互助，能大大增强社区的凝聚力和向心力；通过互助，在社区就会形成“我为人人，人人为我”的良好社会氛围。由此可以看出，发展社区福利服务能调节个人、家庭与社区的关系，能为构建和谐社会发挥极大的推动作用。社区是一个小社会，是构建和谐社会的基础，没有和谐社区，就谈不上和谐社会。所以，在全国人民齐心协力构建和谐社会的今天，我们更应该重视社区服务的发展，把让所有社区成员都能享受社区服务、构建和谐社区作为发展社区服务的最高目标。

1.3.3.4 创新基层民政工作方法，实现基层社会治理创新

从国际经验看，运用社会工作理念方法来解决由于社会转型带来的社会问题已经颇为成熟。在实际工作中，可以用社会工作的方法推动社会治理创新。社会工作是以助人为宗旨，通过运用专业知识、理论和方法，协调社会关系、预防和解决社会问题、促进社会公正的专门工作。它以人道主义和人类普遍追求的社会福利作为基本价值观念，并由此延伸出诸多相关的价值理念，对解决当前各种社会问题，保障转型社会的良性运行与和谐发展具有重要的实践价值和现实意义。因此，有学者就认为，社会工作是社会转型期化解社会矛盾、平衡利益关系的“减震器”和“润滑剂”。

从价值取向和目标来看，社会工作的价值理念和目标与创新社会管理的目标要求比较一致，也与解决社会转型期不断凸现的一系列社会问题具有契合之处。具体表现在以下几个方面。

第一，社会工作以实现社会公正为核心价值理念，以实现尊重个人“生活自由与追求幸福”的民主权利为目标。

这与我们社会管理创新的理念不谋而合。前面提到我们现在面临的很多社会问题都是由于经济社会转型所带来的，比如收入差距的增大、人口流动的频繁、社会矛盾的复杂化等，这些问题的积累，不仅会影响到人们对社会公正的心理感受，而且也不利于公正社会的建立。社会工作的民主观遵循平等、尊重、助人自助、和谐互动的专业理念，并具有助人、救难、解困、发展的专业功能，对于保障社会成员权益、协调社会利益关系、维护社会公正具有重要作用。社会工作强调的“权利”民主观，就是从社会工作事务层面协助政府解决和谐社会建设中由于资源差异产生的权利缺失问题，帮助国家建立一个公正、民主的社会体系。

第二，社会工作的专业关系是建立在尊重人的价值和尊严的基础之上的，通过相互交往、认同、信任以及负责任地处理矛盾与冲突，能使这种关系得到进一步的加强。

社会工作要求在解决问题的同时，要和案主（帮助对象）建立一种平等、友爱的关系，这与我们社会管理创新的目标、建设和谐社会不谋而和。只有在解决困扰个人和社会发展的问题时，同各种帮助对象确立一种融洽的、自然的关系，才能够使案主（帮助对象）觉得自己活得有尊严，感受到生活的意义与价值，充满激情地去面对生活，并乐意表述自己面临的问题，这样才能够及时发现问题、解决问题，调整案主（帮助对象）因社会变革而产生的社会心理失衡，帮助他们增强自立自强的决心和信心，从根本上破解制约自我发展的各种困境。

第三，社会工作有助于预防、化解社会矛盾。

一方面，社会工作可以发挥自身的专业技术优势，通过个案工作、小组工作与社区工作方法解决个人、社会面临的各种具体问题；另一方面，社会工作者可以通过对社区各种资源的充分利用，帮助越轨个人回归到正常生活轨道，促进社会稳定。社会工作在干预的同时也强调社会问题的预防性，通过及时发现问题（社会矛盾）介入社会政策的制定，在宏观层面和社会政策层面为社会提供整体全面的服务，防患于未然。尤其对于一些突发性事件而言，由于社会工作的方法是来自群众又用于群众的，因此，很容易得到群众认同并接近群众，真实地了解问题，从而有助于恢复社会秩序和保持社会稳定①。从社会工作的发展历程来看，社会工作在西方社会已经体系化并成为社会发展不可或缺的一部分，为解决社会问题，提高普通民众的社会参与积极性，在协调、平衡人与社会的关系等方面作出了巨大贡献。与国外相比，我国仅用几十年的时间，走完了西方国家上百年才走过的路。高度浓缩的发展历程，急剧变迁的社会环境，深刻变动的利益格局，致使许多社会问题呈现个体化、异质化特征，在这种背景下，如果仍然固守我们原有的社会管理方式和手段显然难以满足社会现实需求。因此，为有效地解决社会问题，使全体人民共享社会发展的成果，保持良好的社会生活秩序，实现社会和谐，就需要充分发挥社会工作的独特作用，并践行社会工作的价值观念②。

社会治理的重点即落脚点和着力点在社区，同样社会工作的主要活动平台也是在社区。

---

① 赵君：《社会工作价值理念促进和谐社会建设》，载《光明日报》，2009-10-23（11）。

② 同上。

因此用社会工作的方法来推动社会治理创新，基本的方法就是建立以社区为平台的多领域、全覆盖的社会工作服务网络，运用人性化服务、柔性化管理、社会化运作为特色的社会工作服务方法，培育和发展一批扎根社区、面向家庭、服务居民的社会工作服务组织和社会工作人才队伍。具体办法如下。

一是要建立和完善以社区为平台的多领域、全覆盖的社会工作服务网络。首先要建立并完善社会工作服务网络的领导协调机构。建立党委负责、政府主导、社会参与的推进社区社会工作服务网络发育发展的领导协调机制，整合各方力量，形成推进合力。其次要设立社区社会工作的行政管理部门。在街道办事处（镇、乡人民政府）设立社会工作行政管理部门（或社会工作的专职行政管理人员），对社区内社会工作发展行使宏观规划、管理协调、指导监督等职能。最后要培育社会工作的专业组织。成立社区社会工作者协会，加强社区社会工作者的自我管理、自我服务，规范社会工作人员的职业道德，提高他们的专业技能和服务水平，维护服务对象的权益。

二是要在社会治理过程中引入社会工作理念，运用社会工作方法管理社区事务。首先是要发展培育各类专业社会工作服务组织。通过政策引导、资金支持、税收优惠和项目转让等措施，大力培育和发展各类面向社区的专业社会工作服务组织，在社区范围内，为个人、家庭、群体、组织提供高质量、专业化、人性化的社会服务，满足社区居民多元化服务需求，真正在社区内实现“民有所呼，我有所应”。其次是各社会工作服务组织必须牢固树立“以人为本”的社会工作理念和社会工作专业价值观，强化职业意识和专业素养，提高社会服务能力，及时发现社会问题和排解社会矛盾。

三是要加强社会工作专业人才队伍的建设。经过专业训练的社会工作者，一方面可以帮助政府实施已制定的社会政策和社会计划，另一方面通过其深入民众开展工作，他们可以密切接触社会的弱势群体、边缘群体，了解他们的实际状况和需求，可以及时发现社会矛盾和潜在问题，为政府改进社会管理政策献言献策，从而实现“寓管理于服务”的创新社会管理的理念。因此，未来社会管理的重要任务之一就是要建设一支规模宏大、结构合理、素质优良的社会工作人才队伍。具体可以考虑由民政部门牵头，在摸清底数、掌握现状的同时，制定社会工作人才队伍发展规划和发展目标，建立包括资格认证、从业规范、登记管理、考核评估在内的一系列职业制度，出台岗位开发与设置、人才使用与待遇等一系列相关政策措施来为社会工作人才健立健全保障激励机制。

对开设有社会工作、社会学等对口专业的高等院校要鼓励其突破理论研究的局限，加强与行业的联系，提高专业的实践性和操作性，同时强化对在校学生的职业培训和提升学生的社会实践能力。对于已经在有关部门、组织长期从事社会工作的人员，也要开展职业技能培训的继续教育，通过培训提高其社会工作意识和专业化水平，实现社会工作从行政化向专业化转变。此外，还要强化社会工作人员的职业道德教育，实现社会工作从岗位化向职业化转变。合格的社会工作人才不仅需要扎实的专业知识和丰富的实践经验，更需要过硬的职业素养。通过职业道德培训，引导从业人员树立牢固的社会工作理念和社会工作专业价值观，培养他们关注社会公平、关怀弱势群体、致力于解决社会问题的能力。同时还要提高他们的职业意识，培养他们的职业认同感和自豪感。

最后，还要强化社工服务的督导机制。聘请来自高校的权威专家和来自专业社工机构的具有丰富实务经验的行业专家，对社会工作者进行督导，强化社会工作理念，提升实务能力，提高其服务水平。

案例分享

民政部："十四五"时期民政工作将围绕三大方面进行谋划

在国新办举行的新闻发布会上，民政部部长李纪恒介绍，"十三五"以来，我国民政领域各项事业不断发展，但对照中央部署和人民期待，民生兜底保障还有短板，基层社会治理还有弱项，民政事业发展不平衡、不充分的问题还比较突出。

"十四五"期间，民政部将重点谋划做好三方面工作。

一是全面履行基本民生保障职责，确保共同富裕的大路上"一个不掉队"。巩固拓展兜底脱贫成果，保持政策的连续性、稳定性，做好与乡村振兴战略的衔接。进一步完善兜底保障制度，在保障对象上，适度扩大兜底保障和社会福利范围，将更多低收入人群和更多有需要的老年人、残疾人、未成年人纳入政策保障；在保障内容上，从资金物质为主，逐步向精神慰藉、能力提升拓展；在手段方式上，充分运用大数据比对机制，提高精准保障和便民服务水平；在保障水平上，科学合理地调整完善各类救助保障标准，发挥慈善事业第三次分配作用，帮助特殊困难群众共享改革发展成果。

二是全面加强基层社会治理，推动建设人人有责、人人尽责、人人享有的社会治理共同体。编制实施城乡社区服务体系建设"十四五"规划，因地制宜完善社区基本公共服务、志愿互助服务、便民利民服务，不断增强社区居民的获得感、幸福感、安全感。健全社区协商制度，加强智慧社区建设，拓宽民意表达和沟通渠道，发挥居民的主人翁作用。加强社会组织政治建设，健全管理体制和监管机制，引导社会组织更好地服务经济社会发展，成为社会主义现代化建设的重要力量。规范行政区划和地名管理。推进婚丧礼俗改革，减轻群众负担。

三是全面提升养老服务水平，为实施积极应对人口老龄化国家战略提供支撑。大力发展居家社区养老服务，让所有老年人能够享有"身边、床边、周边"的居家社区养老服务，提高服务的可及性、多样化水平。优化机构养老，优先发展护理型床位，加强医养康养相结合，尽可能满足老年人最迫切的失能照护刚需。大力发展"养老+"新业态，推进养老事业产业协同发展，满足不同层级的养老服务需求。加强养老服务监管，保障养老服务质量。

（案例来源：央视新闻客户端，2021年2月23日）

技能实战

将全班分成两大组，以"民政为民，民政爱民"为主题开展讨论，每组派两个代表汇报对"民政为民，民政爱民"理解与认识，并进行评析。要求：紧扣主题，理论联系实际，观点正确，每个代表的汇报时间控制在3—5分钟。

自我测试

1. 简述民政工作的性质与特点。
2. 简述民政工作的功能。
3. 理论联系实际，谈谈民政工作与保障民生的关系。
4. 简述民政工作在基层社会治理中的作用。

2 民政工作与社会工作

引言

民政工作与社会工作二者之间既存在密切的联系,也存在明显的区别。在中国,没有哪一个政府部门像民政部门那样兼容社会工作。正因为这样,我们更需要弄清二者之间的关系。

学习目标

1. 掌握民政工作与社会工作的联系。
2. 掌握民政工作与社会工作的区别。

2.1 民政工作与社会工作的联系

民政工作和社会工作在价值理念、服务对象、工作内容、服务功能、社会意义与政治功能等许多方面都存在着不同程度的交叉关系。

第一,从价值理念来看,民政工作和社会工作有着基本相同的价值观。民政工作坚持民本思想,把“民政为民、民政爱民”作为其核心理念,并在中国“孺子牛”精神的指引下,从事“亲民、利民、为民”的实践活动,为“解决民生、落实民权、维护民利、满足民需”做出不懈的努力。社会工作则在人道主义旗帜的引领之下,坚持“以人为本”,把人视为一个独特的主体,承认人与生俱来的价值,关注并通过专业服务尽可能满足其基本需要,恢复与发展人的自信心,提升人的能力,促进个体潜能的发挥,以使个体能够更好地适应社会生活,增进民生福祉。

第二,从服务对象来看,民政工作和社会工作都把社会弱势群体以及有特殊需要的群体作为重点服务对象,为其提供社会救助与社会福利服务。

第三,从工作内容来看,民政工作和社会工作都重视以服务为手段开展助人活动。民政工作通过创办福利机构,为老年人、失依儿童、残疾人等特殊群体提供福利服务,通过开展社会救济以及最低生活保障救助等活动,为由于种种原因而陷入困境的人提供及时的援助。社会工作则通过专业知识与专业技能,为身处困境、有服务需求的人提供有针对性的专业化助人服务。

第四,从服务功能来看,民政工作和社会工作都能够在一定程度上满足人的基本需要,帮助人走出困境,甚至走向自立。简言之,两者都具有助人功能。

第五,从社会意义与政治功能来看,民政工作和社会工作都在一定程度上缓和与解决社会问题,化解社会矛盾,消除社会排斥,促进社会融合,维护社会与政局稳定,有助于社会主义和谐社会的构建。因此,二者都是社会稳定机制。

拓展训练

民政工作与社会工作

民政工作是有中国特色的社会工作,这是对中国民政工作与社会工作关系的基本概括。所谓民政工作,是指以国家行政权力作为后盾,由政府主管部门依法组织和实施的解决社会问题、调解社会矛盾、维护社会公平、发展社会民主、保持社会稳定、维护人民群众基本生活权益的社会行政管理工作。它包括社会保障、政权建设、行政管理三方面的内容,具体而言,有基层政权建设、社会救济、社会福利事业等,具有政治性、社会性、群众性和多元性的特点,发挥着社会稳定机制的基本功能。而社会工作,则指的是以受助人的需要为中心、以利他主义为指导、以科学的助人技巧为手段的助人服务活动。它的本质是一种科学的助人活动。其特征是充分考虑受助者的需要及其主体性,运用有效的方法向受助人提供需要,帮助其摆脱困境;其功能是救助有困难的人,使其解困并得到发展。

当前我国对于社会工作的理解有两种:一种是专业社会工作;另一种是实际社会工作。专业社会工作是指受过社会工作专业培训的人员,遵照社会工作的价值观,采用社会工作的专业方法进行的服务活动。实际社会工作则是指在我国的政府部门和群众组织中,有一些是以专门进行福利服务活动为己任的职业或岗位。在我国实际社会工作一般由民政部门来实施。

从上面的论述中我们能够得到这样的认识:民政工作与社会工作既不能简单地等同,也不能绝对地分离。在我国的具体国情下两者的结合更加紧密,具体表现在如下几个方面。

(一)从功能上看,民政工作和社会工作是整体和部分的关系,即民政工作的功能包括社会工作的功能,而社会工作又在发挥民政工作的部分功能。

(二)从层次上来看,民政工作属于宏观管理规划层次,是在宏观上对具体社会工作进行管理、规划和指导;而社会工作属于具体操作层次,是对具体的服务对象提供其需要的社会服务。

(三)从工作内容上看,社会工作要比民政工作的涵盖内容广。一般来讲,民政工作的工作内容往往是侧重事后的补救性工作,而社会工作还包括事前的防范性工作。

(四)从价值观来看,民政工作和社会工作都具有以人为本、助人自助的价值观。无论是在民政工作中还是在社会工作中,都充分注重人的价值和需要的可肯定性,并在具体的助人过程中给受助者以充分的尊重。

在我国,社会工作成为国家社会福利制度的主要手段,民政部门则是政府推行福利制度和社会工作实务的行政管理部门。而在具体的社会工作实务中则是贯彻我国社会工作的"民政模式",这一特征具体体现在以下几个方面。

首先,民政部门一直是以行政手段推行社会工作的政府职能部门,在发挥社会机制作用过程中实施的具体工作内容在性质上属于社会工作,因此民政从业人员本身也在扮演社会工作人员的角色。

其次,民政工作中广泛应用社会工作理论,如社会主义人道主义、社会福利社会化理论;广泛运用社会工作的方法技巧,如社会政策方法技巧、小组工作方法技巧、个案工作方法技巧等。

最后,民政部门的组织机构、职能机构也都与社会工作有着直接和间接的关系。民政部门以政府行政性手段实施的社会工作有社会福利服务、社会救济等。

从我国社会发展和民政工作的要求来看，建立和不断完善社会主义社会工作体制，把民政工作纳入社会工作系统，运用科学化、现代化、法制化的管理和运作方式来提高社会工作的社会效益，是民政工作和社会工作发展的大趋势。

（资料来源：李国渝，《重庆日报》，转引自 http://www.gxut.edu.cn/xbsz/shkxx/show.asp?id=420。）

仔细阅读以上资料，回答以下问题：

1. 民政工作具有哪些特点？

2. 为什么说“民政工作是有中国特色的社会工作”？

2.2 民政工作与社会工作的区别

尽管民政工作和社会工作在价值理念、服务对象、工作内容、服务功能、社会意义与政治功能等许多方面都存在着不同程度的交叉关系，但二者在性质、服务领域、工作组织方式、主体与应用的关系等方面的区别也是显而易见的。

第一，从性质上看，民政工作是各级民政部门及其主管的服务机构根据党和政府赋予的职责，运用行政手段和服务方法所进行的社会管理和社会服务。民政工作以国家行政权力作为后盾，由政府主管部门依法组织和实施，以达到解决社会问题、调解社会矛盾、维护社会公平、发展社会民主、保持社会稳定、维护人民群众基本生活权益的目的。社会工作则是以“助人自助”为宗旨，遵循专业伦理守则，综合运用个案工作、小组工作、社区工作、社会福利行政等专业方法，帮助有需要的个人、家庭、群体、组织、社区解决社会问题和困难，恢复社会功能的专门职业。社会工作以受助人的需要为中心，以利他主义为指导，在充分考虑受助者主体性的基础上，运用科学的专业化的知识与技术，通过有效的服务技巧，达到助人目的。

第二，从服务领域上看，民政工作的服务领域可概括为以下三个方面：一是社会救助和社会福利；二是基层民主政权建设；三是管理专项社会事务。具体而言，包括社会救济、社会福利事业、基层政权建设等，其服务领域具有多元性、社会性、群众性和政治性等显著特点。社会工作的主要服务领域则只是在社会救助和社会福利以及社区发展方面，其服务领域具有单元性、社会性和民间非政治性等显著特点。

第三，从工作组织方式上看，民政工作主要是通过政府力量和官办机构来推动并组织实施的，具有明显的自上而下的行政性特点，其所提供的服务带有普适性而缺乏灵活性；而社会工作则主要通过民间力量和民办机构来推动并组织提供服务，具有自下而上的自发性特点，其所提供的服务具有个别化特征且颇具灵活性，能够满足不同服务对象的个性化需要。

第四，从“主体”与“应用”的关系上看，民政工作是主体，是业务领域，当我们说民政工作的时候，首先想到的是社会福利、社会救助、社区建设等业务领域；而社会工作是一门专业，是人们从长期社会服务实践中总结提炼并不断丰富发展的专业操守、理论和方法，是一门实务性很强的专业技术，当我们说社会工作时，首先想到的是个案工作、小组工作、社区工作等专业理论和方法，而不是主要工作领域[①]。

2.3 民政工作与社会工作的相互借鉴

在当今中国，民政工作是社会工作人才储备的主要领域，民政部门是中国社会工作发展的主要推动者和积极实践者。社会工作主动向民政工作靠近，在民政实务领域中吸收新的营养，将有利于增加专业的本土性，提高专业适应能力。民政工作积极吸收与运用社会工作的专业知识和技术，对促进民政工作自身的发展具有重要意义。

在民政工作领域，日益强调以人为本，强调以民生、民利、民权为出发点。但要实现以上的社会目标，就必须有一整套专业化的服务体系去具体实施、具体操作，而民政工作与社会工作之间的一致性更是引起了广泛关注。在构建社会主义和谐社会的征程中，出于转变政府职能的需要，出于社会发展和解决社会问题的需要，出于民政工作自身发展的需要，建设社会工作人才队伍会促使民政部门从传统的、单一的管理型民政向现代的、多元的服务型民政转变，从被动的补救型民政向积极的发展型民政转变，从容易被边缘化的民政向在公共管理中跻身于主流地位的民政转变。

根据建立和谐社会的要求，按照十二次民政工作会议的整体发展思路，民政系统作为中国社会工作重要的实务领域，建立和完善专业化的社会服务体系是一项具有重要意义的紧迫任务。

从工作理念上，社会工作的专业服务理念，可以使宏观的“以人为本”的民政工作理念落实到在服务提供者与服务对象之间建立能够规范统一、共同奉行的专业理念转变，这些理念包括相互尊重、诚实信任、讲求公平、帮助维权等。

从工作关系上，社会工作强调的专业关系，可以通过设立专业岗位、调整与整合工作内容、明确工作程序、突出专业权威，将现有的行政关系向专业服务关系转变。从工作形式上，社会工作强调以家庭为本、以社区为本，注重个人全面发展的工作视角，这样可以促进民政工作从现行以资金服务为主，向对人的全面服务发展转变。

从工作方法上，社会工作在实践中有完备的理论支持，既关注最终对于社会政策的推进，又注重微观层面的具体实施和全面的过程规划与技术运用，这可以推动民政工作从朴素的经验性思维方式向本土经验与专业理论相结合的思维方式转变[②]。

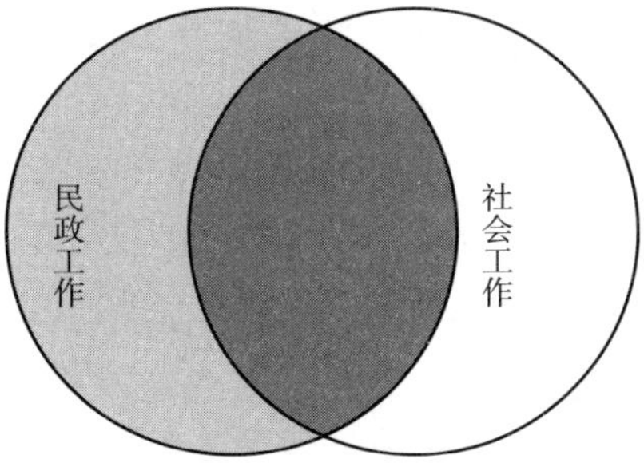

图 2.1 民政工作与社会工作关系图

① 甄炳亮：《民政工作与社会工作的关系及其相互借鉴》，载《社会工作》，2007(9)。

② 王婴：《社会工作与民政工作》，载《社会福利》，2007(10)，36~38 页。

案例分享

民政部召开民政领域社会工作推进视频会议

为深入贯彻习近平新时代中国特色社会主义思想和党的十九大精神，全面落实中央对社会工作的决策部署，加快推进民政领域社会工作发展，2018年12月12日，民政部召开了民政领域社会工作推进视频会议。民政部党组书记、部长黄树贤出席会议并讲话。民政部党组成员、副部长、社会组织管理局局长詹成付主持会议。

黄树贤指出，推进民政领域社会工作是贯彻落实党中央决策部署的政治任务，是提升民政工作质量水平的重要举措，是解决社会工作发展短板的必然要求。各级民政部门要强化政治意识和责任意识，采取有力措施贯彻落实党中央决策部署，引导社会工作服务国家、服务社会、服务广大民政服务对象。要正确认识社会工作对民政事业发展的促进作用，自觉将社会工作纳入民政工作全局，强化决策部署。要从民政领域做起，采取有效措施破除制约社会工作发展的短板，从而带动各领域社会工作发展，加快培养造就一支政治过硬、数量充足、结构合理、素质优良、作用明显的社会工作人才队伍。

黄树贤强调，要以习近平新时代中国特色社会主义思想为指引，聚焦民政主责主业，更好地发挥社会工作对民政事业改革发展的重要推动作用。一是主动参与脱贫攻坚，将助力脱贫攻坚作为推进社会工作的重中之重，引导社会工作资源和人才向贫困地区特别是深度贫困地区倾斜，帮助贫困地区加强社会工作人才队伍建设，继续实施好社会工作参与脱贫攻坚的一揽子项目，提高项目实施的针对性、精准性，有效发挥社会工作在人才扶贫、社会力量扶贫中的积极作用。二是积极服务特殊困难群体，充分发挥社会工作直接服务群众的优势特点，帮助服务对象特别是生活困难群众树立生活信心，解决实际问题，修复社会功能，改善生活品质，积极回应他们对美好生活的需要，着力做好老年人、困境儿童、农村留守人员和低收入家庭的服务工作。三是推进基层社会治理创新，将社会工作理论和方法有机融入社区治理之中，发挥社会工作在提升居民参与能力、拓宽参与平台等方面的作用，进一步引导居民和社会力量有序参与社区治理，激发社区活力。四是增强基层民政工作力量，推进乡镇、街道社会工作站（室）建设，配备社会工作专业团队，充实基层民政工作力量。推动城乡社区、各级老年人服务机构、社会福利机构、收养服务机构、社会救助服务机构、未成年人保护机构等开发设置社会工作专业岗位，配备使用社会工作人才，进一步优化民政服务机构人员结构，壮大民政管理服务人才队伍。

黄树贤要求，各级民政部门要将社会工作纳入民政工作总体部署，进一步落实领导责任、完善政策制度、鼓励探索创新、强化保障措施，全面提升民政领域社会工作水平，带动各领域社会工作，奋力开创新时代社会工作发展新局面。

（案例来源：民政部门户网站，2018年12月12日）

技能实战

将全班分成若干小组，到当地民政部门或者街道办事处、社区居委会开展调查，了解民政工作主要由哪些工作组成？做好民政工作有何重要意义？在认真调查的基础上，每个同学以“我对民政工作的认识”为主题撰写调研报告。要求：紧扣主题，理论联系实际，字数在500字以上。

自我测试

1. 简述民政工作与社会工作的联系。
2. 简述民政工作与社会工作的区别。
3. 试比较民政工作的价值观与社会工作的价值观。
4. 试比较民政工作的业务范围与社会工作的实务领域。

3 民政工作的改革与发展

引言

在四十年的改革与发展中，我国民政工作已经形成了相对稳定的业务范围，但随着社会主义市场经济体制的建立，民政工作也面临着一系列新的机遇和挑战。为了进一步做好新时代的民政工作，充分发挥民政工作在社会治理中的协调和稳定机制作用，需要加强新时代民政工作的改革。

学习目标

1. 掌握新时代民政工作所面临的挑战。
2. 掌握新时代民政工作改革的基本思路。
3. 掌握新时代民政工作改革的目标。
4. 掌握新时代民政工作改革的措施。

3.1 新时代民政工作面临的挑战

随着市场经济体制逐渐完善，政府职能逐渐从经济领域淡出，重点转向社会管理和公共服务。民政工作是社会事业的重要内容和组成部分，是政府的基本职能，承担社会管理和公共服务领域的大量基础性工作。民政工作作为政府工作部门在经济发展全局和改革发展稳定中的地位和作用日益凸显。在市场经济体制逐渐完善的过程中，由于经济生活中存在不协调因素，尤其当前农村经济面临农产品价格波动隐患的存在，形势不容乐观。社会利益关系复杂，新问题、新矛盾不断涌出，这些都给民政工作提出了新的课题。政府职能转变，一部分社会福利和社会事务从政府和单位剥离出来，使民政工作领域不断拓展，服务范围不断扩大，工作对象由特定性向公众性转变，工作领域由以农村为主向城乡并举转变，这就要求民政工作全方位参与社会发展工作。

现在，我国正处在发展模式转型、体制深层次转轨和全方位对外开放的关键时期，从民政工作的发展趋势来看，民政工作已进入一个大有可为的黄金时期，地位和作用更加凸显，舞台更加宽阔，内容更加丰富，前景更加明显。在这样一个剧烈变革的时期，民政工作将面临着前所未有的挑战。

3.1.1 民政工作面临加强和创新社会治理的政治性挑战

加强和创新社会治理是中共中央、国务院站在历史和全局的高度，审时度势作出的重大战略部署，是我国社会主义社会发展规律的客观要求，是人民安居乐业、社会安定有序、国家长治久安的重要保障。在加强和创新社会治理的伟大进程中，民政具有不可替代的重要基础作用，同时，民政工作面临前所未有的社会压力。民政工作的好坏直接关系到加强和创新社会治理的进程和成败，也直接关系到民政地位和作用的巩固和提升，搞得不好，民政职能有可能会被削弱或分解，民政部门有可能被边缘化。

3.1.2 民政工作面临社会主义市场经济体制的适应性挑战

现行的许多民政法规和政策是计划经济体制下形成的，远远不能适应市场经济体制的要求，许多民政工作的开展由于受计划经济的影响和束缚而难以打开局面，如民政资源配置的市场化、民政服务的社会化、民政福利机构的企业化等涉及体制、机制创新的工作，都要求从法律上、制度上加快与市场经济体制接轨的步伐。然而，民政工作要真正适应市场经济体制的要求，实现经济与社会的协调发展，还需要一个相当长的适应过程，这是对民政适应能力的考验。

3.1.3 民政工作面临职责任务越来越繁重，工作强度、难度日益加大的挑战

随着经济发展和社会进步特别是人口老龄化、家庭小型化、农村城市化进程的加快，人民群众对民政工作的需求和要求都在增长，各种社会关系和社会活动不断增多，利益矛盾与冲突日益复杂化，社会问题层出不穷，民政部门的职能不断拓展，工作任务越来越重，民政工作面临着许多新的问题和挑战。例如，流浪乞讨人员救助管理、基金会管理等工作是民政部门近年来新增的业务，没有模式和经验可以借鉴，需要积极探索和实践。为适应构建社会主义和谐社会的要求，社会救助、社区建设以及社会组织管理等工作需要以新的理念、新的方式开创新的工作局面。在经济社会的发展过程中，一些传统的民政业务工作，如农村五保供养、殡葬管理、社会福利等也遇到了许多新情况，需要改革创新。

3.1.4 民政工作面临环境冲突的挑战

从计划经济向市场经济转轨的过程中，民政部门是政府应对社会问题、解决社会矛盾的应急部门，可以说是社会问题的一个“回收站”或“加工厂”。民政部门既要解决计划经济时期遗留的问题，又要应对市场经济带来的新的社会矛盾。这样必然导致民政工作的环境充满不同政策或法律的冲突、不同社会群体之间的利益冲突、政府与市场的冲突以及不同部门之间的利益冲突。同时，民政工作的法制不健全、法律滞后，具体表现为民政工作立法滞后以及现有法规操作性不强，影响依法行政，导致民政工作有时处于无法可依或有法难依的状态，必然影响工作效果。

3.1.5 民政工作面临社会福利、社会服务社会化的社会性挑战

在构建和谐社会的进程中，如何推进覆盖城乡、制度健全、相互衔接的新型社会救助体系建设，有效保障困难群众的基本生活权益，给我们提出了更高的要求。“公办民营”“民办公助”等社会福利社会化形式，还没有健全和完善；在村（居）民自治和社区建设工作中，还没有充分发挥城乡基层自治组织协调利益、化解矛盾、排忧解难的作用；民间组织发展格局还没有达到布局合理、结构优化、种类齐全，民间组织提供服务、反映诉求、规范行为的作用还有待于进一步提高。

3.1.6 民政工作面临理论研究滞后的挑战

民政工作缺乏社会科学理论的支持。民政工作的实质是助人工作，主要是为公众提供各种服务，需要专业知识和技术的支持。但我们目前在这些方面普遍缺乏植根于本土经验的理论和技术的支持，这使一些工作长期处于粗放式的传统行政管理水平。因为中国改革的特殊

性，使得国外的理论或模式在中国的适用性非常有限，当前我们民政系统的很多工作方法和措施都不可避免地带有探索性。在这样的背景下，理论的成长必然是滞后的。理论研究滞后的一个直接后果是管理水平低。我们的很多政策在设计上是不完整的，缺乏一些基本的政策构件，如政策目标、指标、监控和评估体系等。例如，目前的低保管理缺乏科学的、客观的核查资产和收入的方法，只能依靠邻里反映，依靠居委会干部的主观判断，这就会导致工作中出现漏洞。

3.1.7 民政工作面临实践工作模式转换的挑战

以往政府依靠行政手段调配资源，以“民之父母”的姿态、“施恩者”的身份制定政策，根据统一的政策对符合条件者进行统一安排，而较少关注这种服务能否切中服务对象最真实的需要。长期以来，民政工作对服务对象自身改变的关注不足，服务对象仅仅被动地接受服务，并没有参与到问题解决的过程之中，这种“事本主义”的做法背离了“以人为本”的原则，其结果常常是治标不治本，民政部门的工作效能面临越来越多的质疑。如何在政策的刚性与服务对象的个性化需要之间找到恰当的平衡点是当代民政实践工作面临的新课题。

3.1.8 民政工作面临与国际惯例接轨的国际性挑战

随着国际政治多元化、经济全球化趋势的加快，随着我国国际地位的不断提高，民政代表政府所行使的事务管理职能的国际化趋势越来越明显，社会服务市场的对外开放进一步扩大，涉外婚姻、涉外收养更加频繁，境外非政府组织在华设立机构不断增多，外国居民在华工作、生活要求享受社会服务、社会福利、社会保障等方面的国民待遇，这是国际惯例所允许的社会权利。迎接国际性挑战必然要求民政工作不仅要做到与时俱进，还必须做到与世俱进。

拓展训练

当前民政工作面临的五大挑战

赵义在《理论前沿》2007 年第 4 期撰文指出，随着经济社会发展和改革的不断深入，各种社会关系和社会活动不断增多，利益矛盾与冲突日益复杂化，社会问题层出不穷，民政部门的职能不断拓展，工作任务越来越重，民政工作面临着许多新的问题和挑战。

一是民政工作的职责任务越来越繁重。

二是民政工作对环境资源的依赖性大。做好民政工作，必须加强部门协作，争取社会各方面的理解和支持，为民政事业发展赢得更多的资源和更好的环境。

三是民政法制建设相对滞后。不能完全满足工作的需要，许多现行法规政策需要调整和完善，有的业务工作甚至无法可依。

四是我国社会政策缺失，政府的社会管理能力亟待加强。为此，要在大力发展经济的同时，更加注重社会事业的发展，促进经济与社会协调发展，进一步建立和完善社会政策，切实履行好政府社会管理和公共服务的职能。

五是民政工作缺乏社会科学理论的支持。民政工作的实质是助人工作，主要是为公众提供各种服务，需要专业知识和技术的支持。但我们目前在这方面普遍缺乏植根于本土经验的理论和技术的支持，这使一些工作长期处于粗放式的传统行政管理模式中。

（资料来源：赵义，《新华文摘》，http://www.xinhuawz.com/detail.asp? mailid=3269。）

仔细阅读以上资料，回答以下问题：

1. 民政工作面临的主要挑战有哪些？

2. 民政工作的实质是助人工作，请举例说明。

3.2 新时代民政工作的改革与发展

3.2.1 新时代民政工作改革与发展的指导思想

党的十八大以来，以习近平同志为核心的党中央形成的一系列治国理政新理念、新思想、新战略，为在新的历史条件下深化民政事业改革发展提供了科学理论指导和行动指南。"十三五"时期，我国全面建成小康社会进入决胜阶段，国家治理体系和治理能力现代化建设将取得重大进展，"五位一体"总体布局纵深展开，"四个全面"战略布局协调推进，对民政切实兜住民生底线、深度参与社会治理、广泛提供均等化社会服务，提出了新的更高的要求。

党的十八届五中全会提出了"创新、协调、绿色、开放、共享"五大发展理念，"十三五"时期，民政部门自觉贯彻这五大发展理念，推动事业发展。

贯彻创新发展理念。推进民政事业理论创新、制度创新、机制创新、方法创新，不断增强民政理论与政策研究的前瞻性和适用性，着力深化民政事业改革和加强顶层设计，大力支持社会力量参与社会服务提供和基层社会治理，加快发展老年福祉、康复辅具、殡葬服务等民政科技，让民政事业在改革创新中提质增效。

贯彻协调发展理念。着力解决民政事业发展城乡不平衡、区域差距大、同类民政对象保障不平衡等问题，整体设计民政公共服务内容、标准，统筹推进民政公共服务软硬件建设，加大向重要领域、特殊区域倾斜，努力缩小城乡之间、区域之间和不同民政对象之间的民政社会服务差距，不断提升民政公共服务均等化水平。

贯彻绿色发展理念。推动形成绿色惠民、绿色民政的事业发展方式，在民政机构的运转中注重环境友好，在民政公共服务设施建设和管理中突出资源能源的节约和集约利用，提高土地节约、生态环保、污染物减排等方面的要求，促进资源整合和高效利用，杜绝低水平重复建设，最大限度减轻对群众健康和环境质量的负面影响。

贯彻开放发展理念。扩大民政事业对外开放程度，"引进来"和"走出去"相结合，积极引进国外社会建设和民生保障的先进理念、管理经验和实用技术，全面放开养老服务市场，引导外资积极参与公益慈善等领域，对外讲好民政领域的"中国故事"，将社会救助、防灾减灾、社会福利、专业社会工作等有益经验向世界介绍和推广。

贯彻共享发展理念。将群众利益贯穿民政事业发展的各领域和各环节，稳步提升基本社会服务供给的质量和效率，促进城乡居民共同参与民政事业、共同享有民政发展成果，重点发挥民政工作的兜底保障作用，着力增进社会弱势群体的基本权益和发展能力，在共享事业发展成果和维护社会公平正义中不断增强全体人民的获得感。

3.2.2 新时代民政工作改革与发展的目标

"十三五"时期民政工作改革与发展的总体目标是：民生保障能力明显增强，社会治理水平显著提高，提供专项社会服务更加有效，形成分工明确、相互支撑、协同发展的有效机制，构建制度更加完备、体系更加健全、覆盖更加广泛、功能更加强大，与经济社会发展水平相适应的现代化民政事业发展格局，使人民群众有更多获得感。

基本民生保障能力明显增强。城乡统筹、制度健全、标准科学、相互衔接、运行有效的社会救助体系建设取得明显进展，救助对象满意度逐步提高。以居家为基础、社区为依托、机构为补充、医养相结合的多层次养老服务体系不断完善。残疾人基本福利制度更加健全。儿童福利保障范围进一步拓展、水平进一步提升。慈善事业在促进社会发展和共享发展成果中的作用日益显著。

相关社会治理水平显著提高。统一登记、各司其职、协调配合、分级负责、依法监管的社会组织管理制度全面建立，政社分开、权责明确、依法自治的现代社会组织体制加快形成。党组织领导的基层群众自治机制更有活力，城市社区建设提档升级，农村社区建设提质扩面，社区治理服务水平不断提升。推动形成具有中国特色的跨城乡、广领域、多人群的专业社会工作服务体系。营造人人愿为、人人能为、时时可为的志愿服务发展环境。

提供专项社会服务更加有效。与依法行政、城镇化进程、区域发展战略相适应的行政区划管理体制、机制基本形成。内容丰富、标准规范、便捷有效的地名和界线公共服务体系逐步建成。家庭、社会、政府三位一体的未成年人保护工作格局初步形成。覆盖城乡的基本殡葬公共服务体系更加完善。布局合理、功能齐全、管理有序、方便可及的民政公共服务设施网络更加健全。

3.2.3 新时代民政工作改革与发展的措施

一是依靠和发挥党的领导核心作用。紧密团结在以习近平同志为核心的党中央周围，在党中央、国务院和地方各级党委、政府领导下，民政系统各级党组（党委）要牢固树立政治意识、大局意识、核心意识、看齐意识，始终保持正确政治方向，不断提高领导能力和水平，为实现本规划提供坚强保证。加强民政系统各级领导班子和干部队伍建设，做好干部选拔任用、考核评价、教育管理等工作，调动广大民政干部干事创业的积极性、主动性、创造性。加强民政系统基层党组织建设，强化基层党组织整体功能，推进党的建设与民政业务融合发展，发挥基层党组织战斗堡垒作用和党员先锋模范作用。贯彻落实全面从严治党要求，严明党的纪律和规矩，落实党风廉政建设主体责任和监督责任，加大对重点领域和重要环节监督检查，健全改进作风的长效机制，为民政事业改革发展营造风清气正的良好环境。

二是加强民政法制和标准化建设。深入贯彻依法治国基本方略，全面贯彻落实《法治政府建设实施纲要（2015—2020年）》，更好发挥法治的引领和规范作用，切实加强民政法制建设。推动民政法律制度严格实施，做到严格执法。建立职权法定工作机制，全面推进民政权力依法设置和公开透明运行机制建设，严守权力边界，按照法定权限行使权力。建立健全权力清单、责任清单制度。完善重大行政决策程序制度。坚持严格规范公正文明执法，完善行政执法程序，全面落实行政执法责任制，健全行政执法人员管理制度。加强行政复议工作。构建完备的民政法律制度体系，推动《中华人民共和国社会救助法》《中华人民共和国城市居民委员会组织法》《行政区划管理条例》《志愿服务条例》《社会团体登记管理条例》《基金会管理条例》

《民办非企业单位登记管理暂行条例》《中国公民收养子女登记办法》《殡葬管理条例》《地名管理条例》《行政区域界线管理条例》等法律和行政法规立法工作。加大部门规章特别是部门联合规章制定力度。指导有立法权的地方民政部门加强立法调研申报工作。制定实施全国民政系统“七五”普法规划。深化行政审批制度改革，强化简政放权，继续论证取消部本级行政审批事项和中央指定地方实施审批事项，推广“双随机”抽查，规范事中、事后监管。规范和改进审批行为，简化审批程序，方便群众办事创业。研究清理行政审批中介服务事项，规范行政审批中介服务。落实国家标准化改革要求，推动实施国家标准化战略，编制民政标准化发展规划，完善民政标准化体制、机制，优化标准体系结构，强化标准实施与监督，夯实标准化基础，增强标准化服务支撑能力。

三是加大资金资源投入。积极争取加大民政事业发展各级财政投入，为民政事业发展提供资金保障。优化民政资金转移支付，促进地区间、城乡间民政事业均衡发展，重点加大对中西部地区、贫困地区、农村地区的资金投入。积极稳妥推广政府与社会资本合作模式，扩大社会力量参与，吸引更多资金投入民政事业。稳步扩大福利彩票发行规模和彩票公益金筹集额度，提升福利彩票公益金使用效率。加强资金监管和内部审计，防范资金风险，确保民政资金合理高效使用。积极引导国有企业、民营企业、慈善组织、有关人士等社会力量参与民政公共服务设施建设，争取加大中央预算内投资力度，建设一批基础性和示范性的重大项目。协调完善土地供应政策，将民政公共服务设施建设用地纳入土地利用总体规划和年度用地计划，采取划拨、协议出让、优惠招拍挂、租赁等多种方式优先保证用地。加强民政服务机构安全管理，建立健全规章制度，提高安全运行管理水平。协调实施财政补助、税费减免及用水、用电、用气等优惠政策，支持社会力量参与社会服务。

四是提升民政队伍和基层能力。以建立专业化、职业化的民政队伍为目标，培养造就政治坚定、业务精通、作风优良、公正廉洁的民政行政管理人才队伍，具有现代管理理念、高度社会责任感、较强经营能力的民政企事业单位管理人才队伍，学术品德好、专业素质高、服务能力强、团队结构优的民政专业技术人才队伍，门类齐全、技能合格的技能人才队伍，数量充足、结构合理、素质优良的社会工作专业人才队伍。继续加大对基层投入倾斜力度，把人、财、物更多引向基层。积极争取地方党委政府和编制、财政等部门的支持，采取适当措施为基层民政工作充实力量、完善条件。采取设置基层民政公益性岗位、政府购买服务等方式，充实基层民政工作队伍。完善继续教育体系，健全专业人才的职称评定制度。创新基层政府与社会组织合作模式，培育优秀社会组织，提供优质专业化的社会服务。

五是推进民政信息化建设。以国家信息化战略为指引，树立“一盘棋”思想，加强民政信息化顶层设计，统筹规划、整合资源，推进信息化与民政业务紧密融合。加强信息资源规划和标准规范体系建设，实现数据采集、存储、应用的规范化标准化。利用大数据、云计算等新技术，整合各业务领域独立运行、相互隔离的信息基础设施和数据资源。构建设施共用、内容共享、互联互通、安全可靠的统一基础平台，强化民政大数据应用。依托国家数据共享交换平台体系，推动民政业务数据共享与交换，促进与相关部门数据资源共享共用。积极探索“互联网+民政”等服务管理新方式，以民政门户网站、公益服务热线、社区综合信息服务平台等为载体，依法向社会开放民政数据资源，提升服务人民群众和政府决策的精准性和有效性。加快实施"金民工程"、国家法人库（民政部分）项目，推动建设政务管理信息系统和社会组织及其信用信息管理服务、社会救助家庭经济状况核对、全国救助管理信息系统、志愿服务、区划地名界线管理服务等业务信息系统建设。建设、完善国家区划地名数据库，与有关方面合作构建国外地名数据库。推进民政部与各地民政业务信息系统建设与应用的上下协同。鼓励社会力量基于民政业务数据信息，开发促进行业发展的应用服务产品。

六是扩大民政国际及涉港澳台交流与合作。服从服务于国家整体外交大局，围绕国家"一带一路"战略布局，"引进来""走出去"并重，推进民政领域多双边合作机制下的国际交流与合作。积极开展社会组织、社区发展、社会救助、社会福利、养老服务、未成年人保护、慈善事业、社会事务、社会工作等领域的多双边合作项目，切实推广合作成果。积极参与中非合作论坛、中拉合作论坛、中美战略和经济对话等政府间合作机制。继续落实《2030 可持续发展议程》《中欧合作 2020 战略规划》等文件中涉民政领域的内容，稳妥做好《区域全面经济伙伴关系》等国家对外谈判协定中涉民政领域的工作。参与拟订在华国际难民管理办法，积极推动实现在华印支难民问题的永久解决。

深化和拓展与港澳台地区民政领域的合作，积极推动与香港、澳门特别行政区政府相关部门、非政府组织在社会福利、公益慈善、专业社会工作等领域的交流合作。加强海峡两岸在婚姻家庭、社区治理、社会福利和慈善发展、老龄服务、殡葬服务等领域的交流合作。充分利用两岸婚姻家庭论坛、两岸社区治理论坛等平台，推动两岸民政对口业务的深度交流。

拓展训练

加快民政事业改革发展　不断夯实建设国家中心城市的民生保障基础

"开展对标管理工作，是为了更好地深入贯彻落实中共中央和省委、省政府的部署要求，更快地推进国家中心城市建设，更有力地应对激烈城市竞争，更有效地改进工作方法、提升精神区位，是一项具有战略意义的长期性工作。"在对标管理动员会召开后，成都市民政局局长张孝军接受记者采访时表示，在全市上下奋力建设国家中心城市之际，市委、市政府决定在全市范围内开展对标管理工作，是经过深入研究和审慎考虑的，体现了自我审视、取长补短、敢想善为的工作态度，展示了成都面对激烈城市竞争，快马加鞭、奋勇争先，改进工作方法、提升精神区位，直面问题、比学赶超的决心和信心。全市民政系统将紧紧围绕建设国家中心城市目标，深入贯彻市委"157"总体思路和市委、市政府重大决策部署，坚持纵向、横向对标并举，全面、单项对标并重，务实、跳高对标并行，阶段、动态对标相结合的原则，主动作为、跳起摸高，全面启动、持续深入推进民政系统对标工作。

就如何在民政系统深入开展对标工作，据张孝军介绍，成都市民政局将把对标管理作为加快民政事业改革发展、助推国家中心城市建设的重要抓手，从社会救助、养老服务、民政领域基层治理、民政专项社会事务等多项业务工作着手，以新发展理念为指引，以改革创新为动力，以建设"五讲""四专"民政队伍为保障，科学对标、找准差距、明确方向、制定目标，分阶段缩小发展差距和实现追赶目标，努力实现全市社会救助更公平公正、养老服务供给方式和服务管理水平全面提升、"三社互动"社区营造助力社区治理成效更显著、社会组织管理制度机制更健全、专业社会工作独立的职业体系全面建成、婚姻及殡仪服务建设和信息化建设全部达标、行政区划调整科学推进、民政综合执法水平进一步提升，不断夯实建设国家中心城市的民生保障基础。

（资料来源：http://cd.newssc.org/system/20170315/002131472.htm。）

仔细阅读以上资料，回答以下问题：

1. 民政工作主要包括哪些工作？

2. 举例说明做好民政工作的重要性。

3.3 新时代民政信息化建设

3.3.1 新时代民政信息化建设面临的形势

习近平总书记多次强调，建设网络强国的战略部署要与实现"两个一百年"奋斗目标同步推进。从信息化发展趋势看，当今世界，科技创新正推动经济和社会格局加速重构，数字与实体深入交融，信息化技术发展进入全面渗透、跨界融合、加速创新的新阶段，物联网、云计算、大数据、人工智能、区块链、5G 通信等新技术正广泛深入地渗透到经济社会各个领域。数字化、网络化、智能化持续深化，成为重塑国家竞争优势的重要力量。特别是国家全面加强网络安全和信息化工作的顶层设计，国家"十四五"规划和 2035 年远景目标纲要提出"加快建设数字经济、数字社会、数字政府，以数字化转型整体驱动生产方式、生活方式和治理方式变革"，我国网络空间治理将更加高效，网络安全保障将更加有力，信息化驱动引领经济社会发展将更加强劲。

从民政事业发展形势看，全国民政系统坚持以习近平新时代中国特色社会主义思想为指导，认真贯彻落实党中央、国务院决策部署，全面践行以人民为中心的发展思想，革弊鼎新、攻坚克难，凝神聚力兜底线、保稳定、促发展，有力服务了改革发展稳定大局。"十三五"规划确定的主要目标任务全面完成，民政法规制度体系不断健全，基本民生保障兜底工作提质增效，基层社会治理新格局加快形成，基本社会服务和专项行政管理水平持续提升，信息化对民政工作的支撑和驱动作用更加凸显和不可或缺。进入新发展阶段，信息化将全面赋能基本民生保障、基层社会治理、基本社会服务，成为推动民政事业高质量发展的"新引擎"和"加速器"。

3.3.2 新时代民政信息化建设的基本原则

坚持党的领导。坚持和加强党对民政信息化工作的全面领导，始终把习近平总书记重要指示精神作为根本遵循，贯彻党管网络、党管媒体、党管数据的要求，确保民政信息化工作始终保持正确政治方向。

坚持人民至上。坚持把增进人民福祉作为民政信息化发展的出发点和落脚点，聚焦人民对美好生活的向往和全体人民共同富裕的目标，打造人民满意的政务服务数字化体验，有效提升民政领域数字服务供给水平，利用信息化手段将党和政府的惠民利民政策精准送到群众身边，让人民群众在共享互联网发展成果上有更多获得感、幸福感、安全感。

坚持一盘棋布局。坚持系统观念，从民政事业高质量发展全局出发，加强前瞻性思考、战略性布局、整体性推进，优化完善顶层规划设计，持续深化政务系统集成、整合、融合，统筹利用数据、系统、网络、平台等各类资源，全面形成纵向全贯通、横向全覆盖的信息化发展格局。

坚持一张网建设。实现电子政务外网、互联网、民政广域网和卫星网等多网融合，形成动态感知、贯通各级的“一张网”；统筹衔接部统建政务系统和地方自建政务系统，形成业务协同、数据共享的“一张网”；以民政一体化政务服务平台为“总枢纽”，与各地区平台互联互通，形成纵横联动、政民互动的“一张网”。

坚持一体化发展。坚持系统集成、协同高效，积极顺应信息化发展规律和趋势，科学把握一体化与多样化关系，推进技术融合、业务融合、数据融合。坚持政务服务一体化，规范民政服务事项，优化政务服务流程，推进线上线下服务协同。加强数据“聚、通、融、用”，充分释放数据资源的要素价值。强化统一技术框架、统一标准规范、统一支撑平台、统一数据交换，推进政务服务公共支撑一体化。

坚持安全可控。全面落实总体国家安全观，严格落实网络和数据安全各项法律法规制度，统筹民政信息化发展与网络安全保障，全面提升网络安全防护和应急处置能力，筑牢网络安全防线，化解网络安全风险，加强数据安全保障，确保民政政务系统安全和数据安全，依法保护个人信息。

3.3.3 新时代民政信息化建设的主要任务

3.3.3.1 提升政务服务水平

深化“互联网＋民政服务”，将数字技术广泛应用于民政领域治理和服务，全面推进政务服务数字化改革，统筹整合全国政务服务资源，优化业务流程，强化业务协同，提高标准化、规范化、便利化服务水平，推动更多政务服务事项“一网通办”“跨省通办”“就近可办”。

信息化助力基本民生保障精准化。建设完善覆盖全国、统筹城乡、分层分级、上下联动、部门协同、定期更新的低收入人口动态监测信息平台，加强线下主动发现、线上信息共享，实现对低收入人口的信息汇聚、常态监测、快速预警，做到即时干预、精准救助、综合帮扶，强化社会救助家庭经济状况核对机制建设，不断推进全国联网的一体化核对工作。全面深化残疾人两项补贴资格认定“跨省通办”，简化受理环节，变“群众跑腿”为“数据跑路”“算法跑路”。推进全国儿童福利管理信息系统升级完善，迭代完善未成年人保护功能，形成全生命周期管理机制。建立健全未成年人统计调查制度，开展未成年人健康、受教育等状况的统计、调查，深化儿童福利和未成年人保护领域大数据分析，强化展示功能，为科学决策提供数据支持。推进建设儿童福利领域慈善行为导向信息化平台，搭建慈善力量和儿童需求对接桥梁，支撑企业、公益慈善等社会力量参与未成年人保护、困境儿童保障和农村留守儿童关爱。持续完善救助管理信息系统和全国救助寻亲网，建立易流浪走失人员信息库，提升流浪乞讨人员救助管理数字化水平。

信息化助力基层社会治理精细化。依托一体化政务服务平台等已有资源，集约建设智慧社区综合信息平台，依法向社区下放政务服务事项，拓展社区养老、家政、卫生、医疗等网上服务项目应用。健全网上民情反馈、风险研判、应急响应、舆情应对机制，提升社区全周期管理水平。探索推进网上选民登记、社区协商、村（居）务公开等，拓展村（居）自治功能。深化全国基层政权建设和社区治理信息系统应用，共建全国基层治理数据库，推动基层治理数据资源共享，根据服务群众需要向村（社区）开放数据资源，支撑社会组织、社会工作者、志愿者等提供专业化、特色化、个性化服务，扩展数字化支撑下的线下服务功能，扩大服务半径。实现地名命名更名备案公告网上办理，提升地名管理信息化水平。推进平安边界系统建设，提升行政区域界线信息化、智慧化、精细化管理水平。加强社会组织信息化支撑和服务能力建设，支持社会组织自觉承担社会责任、强化服务功能、提升服务质量。加强“慈善中国”信息平台建设，加大互联网慈善支持引导力度，激励互联网慈善模式创新、业态创新、管理创新、技术创新。

信息化助力基本社会服务便捷化。坚持以人民为中心，紧跟数字政府和数字社会建设步伐，不断提升基本社会服务的均等化、便捷化水平。积极推动婚姻登记智慧化服务集成，加快实现婚姻登记在全国范围“跨省通办”，积极推进婚姻电子证照的社会化场景应用和推广。积极应用“互联网 +”促进婚姻家庭辅导服务，通过线下服务和线上服务相结合、婚姻登记机关驻点服务和进社区服务相结合，不断扩大婚姻家庭辅导服务的覆盖面。构建全国一体的殡葬管理服务信息平台，建设国家基础殡葬信息数据库，提升殡葬管理服务信息化水平。推动互联网与殡葬服务融合发展，探索开展远程告别、网上祭扫等新模式，为群众提供更加便捷的殡葬服务。加强“互联网 + 区划地名”标准规范建设和应用，升级完善中国·国家地名信息库，构建“上下贯通、横向联通、资源共享、优势互补、线上线下整体联动”的国家地名信息服务平台，创新区划地名信息服务方式，服务群众生活、社会治理、科学研究、国防建设等方面需要。发挥全国养老服务信息系统作用，加强养老机构风险监测和防控。建设全国养老服务数据库，提升养老服务工作智能化水平。提升政务服务适老化水平，保留对老年人等特殊群体的线下窗口和服务渠道。免费开展低收入群体、老年人、残疾人、孤儿、留守儿童、困境儿童等信息弱势群体的常态化数字技能帮扶，有效提升数字设备使用、在线服务获取等方面的素养水平。加快普及智慧服务，消除数字鸿沟。

3.3.3.2 增强业务应用能力

围绕民政事业高质量发展需要，围绕“大平台、大系统、大数据”发展路径，加强信息技术与民政业务深度融合，体系化推进民政政务系统迭代升级，在更高水平上实现系统集成和协同高效。

推进民政业务应用一体化建设。加强民政全流程一体化在线政务服务平台建设，强化与国家一体化政务服务平台互联互通互动。建立健全全国统一、规范高效的民政业务协同机制，统一数据标准、业务服务接口和业务流程等，迭代升级各类政务系统，实现部级统建政务系统与省级自建政务系统间有效集成、无缝衔接，形成统筹集约、互联互通、共享共用、业务协同、上下联动的民政业务“大系统”。加强民政领域信用平台建设，对失信对象进行联合惩戒。建立健全一体化在线监管体系，提升“互联网 + 监管”精准化、智能化水平。

推动新技术与民政业务深度融合。积极推进大数据智能化应用，探索建设提供数据分析、知识图谱、算法训练等共性服务的人工智能学习平台，为各级民政部门提供数据赋能、算法赋能、知识赋能。全面运用电子地图、北斗导航、视频图像、遥感影像以及智能感知等技术，搭建时空大数据平台，为民政全业务提供地理信息时空服务。开发建设民政统一的区块链支撑服务平台，有序部署、开放接口，实现多方对接互认，稳妥审慎推进民政领域电子证照、慈善捐赠信息等数据上链，开展社会救助、养老服务、儿童福利、公益慈善、婚姻管理、殡葬服务等典型应用。加强“民政通”统一服务平台建设，构建“民政码”，实现民政服务对象“一码管理”、应用服务“一码贯通”，更多服务事项“移动办”“掌上办”。

完善民政全业务应用支撑平台。围绕民政政务信息系统的开发、测试、部署、运行等环节，建设一体化应用集成质量管理体系，推动民政政务信息系统规范开发、高效集成、稳定运行。基于“大平台＋微应用”架构，以业务敏捷性为目标，深度融合信息化新理念、新技术、新模式、新应用，优化升级集功能中心、业务中心、智能中心于一体的全业务应用支撑平台，规范各级民政全业务应用支撑平台建设，提供身份认证、电子印章、电子档案、电子证照、语音识别、语义识别、人脸识别等通用服务，有效支撑业务重构、流程再造、数据融合、应用整合，提升补贴发放、身份核验、登记注册、备案审批等业务的智能化、便捷化水平，不断提高用户体验。

推动信息化标准体系建设。按照“急用先行，循序渐进”原则，在“金民工程”标准体系基础上，编制一批支撑数据共享、业务协同、应用支撑、数据安全所需的基础性、通用性民政信息化行业标准规范。全面梳理民政政务服务事项，形成全国统一规范的目录清单，加快实现同一事项名称、编码、依据、类型等基本要素在国家、省、市、县四级统一。加强民政业务流程梳理，建立与信息化管理相适应的业务模型，形成统一的民政业务流程规范。强化标准的应用、实施和监督，以统一标准约束和规范民政信息化建设，确保数据标准一致、应用接口规范、业务流程统一，为一体化民政政务服务提供技术支撑和服务保障。

3.3.3.3　释放数据要素价值

以数据赋能民政事业高质量发展为目标，健全数据资源的全口径、全量、全要素、全生命周期管理运行机制，构建民政信息资源“一张图”。有效拓展数据采集广度和深度，完善数据标准、提升数据质量、挖掘数据价值、创新数据应用，推进数据资源普遍共享、综合应用。

深化民政数据资源汇聚共享。有效汇聚管理各级民政数据资源，构建以行政区划代码、社会组织和村（居）委会统一社会信用代码、地名信息等为基础，涵盖“自然人”“法人”“机构”“资金”等要素的民政数据资源“一张图”。完善数据汇集渠道，巩固并拓展与公安、教育、人力资源社会保障、卫生健康、金融、税务、乡村振兴等部门间的数据共享，完善数据共享交换平台，做好部省统建政务系统的数据回流工作，健全数据向上汇聚和向下服务相互促进的工作机制，实现民政信息资源跨地区、跨层级、跨部门信息共享、高效利用。建设低收入人口动态监测数据库和信息平台，全面形成“一网、一库、一平台”的监测预警体系，有力支撑救助帮扶工作。

强化民政数据资源治理。健全数据治理体系和技术防护体系，加强数据标准规范建设，逐步形成一套覆盖数据采集、存储、加工、共享、利用等全生命周期的标准规范体系。聚焦数据管理、共享开放、数据应用、安全和隐私保护、风险管控等，探索协同治理机制。开展数据血源关系梳理工作，明确数据源头，为数据溯源、数据确权、质量评估、价值评估奠定基础。加强档案信息化工作，提升各类档案电子化收集、标准化管理、智能化利用水平。加强民政数据资源的集中统一管控，构建一套涵盖数据标准管理、模型管理、质量管理、安全管理、生命周期管理等功能的数据治理平台，打通数据治理各个环节，从源头保证数据质量，持续提升数据的一致性、可用性、可得性、安全性。

推动民政数据社会化服务。进一步完善民政信息资源开放目录，推动民政政务数据与社会数据良性互动和融合应用，应用大数据和人工智能等技术手段，精准定位服务对象，促进民政数据资源的二次开发利用。依托国家地名信息库，整合民政公共服务资源，应用电子地图、北斗导航等技术手段,为社会提供高效、优质、便捷的信息服务。鼓励社会力量参与开发面向民政行业的数据服务和智能服务产品,创新地名、婚姻、养老、儿童福利、慈善等信息服务方式,丰富服务内容。积极推动社会组织及相关数据资源开放,拓展社会监督渠道。

3.3.3.4 夯实信息化发展底座

依托国家电子政务内网、外网和互联网,构建多网融合、稳定运行、安全可信的民政信息基础设施大平台,提供统一云服务和安全保障。

优化完善信息基础设施。提高电子政务网络接入能力和安全保障能力,推进 IPv6 部署应用。构建系统完备、高效实用、智能绿色、安全可靠的民政信息基础设施和算力、算法、数据、应用资源协同的民政一体化大数据中心,充分集成优化网络、计算、存储等资源,加快高可靠、高性能、高安全、智能化升级。全面提升民政政务云中心、大数据中心、异地灾备中心的网力、算力和承载力,完善灾备体系和能力建设。

加大安全可靠技术产品应用。稳步推进关键软硬件系统国产化替代进程,适配改造现有民政政务信息系统,基于安全可靠技术产品和国产技术平台开展新一代民政信息系统建设,增强系统集成能力,提升稳定可靠运行水平。全面开展国产商用密码应用,构建民政统一的密码应用基础服务平台,提供统一的数据传输、存储加密和身份认证管理等相关服务,提升密码使用和管理水平。

强化网络安全保障能力。健全网络安全管理机制,加强运维保障能力建设,落实安全保障责任制度,优化和动态调整应急预案,提升网络安全态势感知、智能防御、监测预警、应急处置等能力。健全新型可信网络安全综合防控体系,构建民政网络安全综合防控一体化运维管控和监测预警平台,提高动态、主动、纵深、精准防御能力,提升规范化、自动化、智能化水平。完善数据安全保障机制,提高敏感数据防窃密、防篡改、防泄露、加密认证、攻击溯源等科技能力。积极探索运维服务外包新模式,培育本地化的运维技术队伍,加强绩效评估,建立服务外包退出机制。

案例分享

鄞州区民政局:深入推进民政工作改革创新

鄞州新闻网讯(记者 胡鸽,通讯员 白佳)“今年是‘十四五’规划开局之年和关键之年,我们将围绕区委、区政府中心工作,以‘四先’精神为引领,深入推进民政工作改革创新,在基本民生保障、基层社会治理、基本社会服务等方面发力,为民政事业高质量发展注入强大动能和持久活力。”昨天,区民政局党委书记、局长邱爱民在接受记者采访时表示,今年民政部门将加快推进新时代全区民政事业高质量发展,推动我区在全省、全市打造精准保障标杆区、和谐自治标杆区、幸福颐养标杆区、暖心服务标杆区建设中持续走在前列。

构建“积极主动、精准高效”的社会救助体系。“我们将建立健全‘1+8+X’大救助体系,构建救助对象发现、核对、认定、救助、管控全链条闭环服务,实现社会救助精准暖心。”邱爱民说,民政部门将发挥社会救助在扶贫攻坚中的兜底保障作用,统筹推进低保、特困、受灾、医疗、教育、住房、就业、临时救助等 8 项基本救助,通过“救助公益网络直播”等创新形式和社会组织等爱心力量,推动救助对象由户籍人口向常住人口拓展,救助内容由基本生活保障向基本生活帮扶服务延伸。

完善“幸福养老、鄞州更好”的优质养老服务。立足国家级智慧健康养老应用试点示范基地创建，该局将深化科技赋能智慧养老，以提升老年人幸福感和获得感为切入点，实施居家养老服务升级工程、机构养老供给优化工程、基本养老服务暖心工程、养老服务质量提升工程、养老服务市场促进工程等，做大做强家院互融、社会化养老、家庭病床等重点工作。

实施“和谐共治、精密智治”的基层治理模式。鄞州今年将迎来省级社区治理和服务创新实验区验收，同时将争创全国社区治理和服务创新实验区，该局将深化“共识共为共享”社区协商工作法，依托宁波（鄞州）社会组织创新园等枢纽，提高城乡基层自治组织能力、优化城乡社区服务功能、激发社会组织创新活力、打响社会组织创新园品牌、拓宽社会工作发展空间、发展慈善事业与志愿服务，推动形成德治、法治、自治有机融合的治理体系。

（案例来源：鄞州新闻网，2021 年 2 月 25 日）

技能实战

在认真学习“民政工作的改革与发展”一章的基础上，开展“我为民政事业发展献计献策”活动，并在全班评出“金点子”三个、“银点子”五个。要求：各个同学在认真调查思考的基础上，理论联系实际，提出促进民政事业高质量发展的建议或者意见一条。

自我测试

1. 简述新时代民政工作面临的挑战。
2. 简述新时代民政工作改革的背景。
3. 理论联系实际，谈谈“十三五”期间我国民政工作改革与发展的目标。
4. 理论联系实际，谈谈“十三五”期间我国民政工作改革与发展的主要措施。

第二篇

社会福利体系

4　社会福利事业

引言

在我国，各级民政部门是社会福利事业的主管部门。民政社会福利主要包括老年人社会福利、残疾人社会福利和儿童社会福利。

学习目标

1. 了解社会福利的概念及其特征。
2. 掌握我国社会福利体系的构成。
3. 理解我国社会福利体系建设存在的问题及改革发展思路。
4. 掌握全面放开养老服务市场、提升养老服务质量的背景及措施。

4.1　社会福利及其特征

4.1.1　社会福利的内涵

关于福利的内涵人们有不同的理解，同时，在不同的历史时期，人们的理解也不尽相同。在汉语中，福利有“幸福和利益”的意思。在英语中，福利的英文单词为“welfare”，字面意思是指“美好的生活”“令人满意的生活”或“令人满意的进展”。由此可见，无论是在西方国家还是我国，福利都包括“幸福、舒适”之意。在我们今天的话语中，“福利”成为致力于改善全体社会成员物质文化生活、提高人们生活质量的代名词。

社会福利是一个与福利有着紧密联系的社会学名词，可以将它看成是“社会”与“福利”的合成词。至于什么是社会福利，对此有多种不同回答，可以说在不同国家、不同时代、不同场合，有不同答案。从现有的资料看，各方面对“社会福利”一词的理解主要有五种不同的看法。

一是“社会政策”研究中的社会福利概念，大致与社会资源同义，它包括一切有形无形的收入、财产、安全、地位、权利等。而所谓社会政策是“将我们在社会福利的生产、分配与消费中的社会的、政治思想的和制度的内容，放入到一个我们所期望达到的具有活力的道德与政治结合的标准框架中进行的探索”。这种对社会福利的界定是各种看法中意义最为宽泛的一种。

二是针对市场经济带来的不公正采取的一切维护社会公平的制度和措施，大致与我们目前使用的“社会保障”一词同义。按照这种理解，“社会保障”是社会福利的一部分而不是相反。“社会保障”是实现“社会福利”的一种手段。

三是一切形式的由政府、社会、单位和他人提供的高于基本生活水平的经济、政策和服务保障，在词义上与社会救助、社会保险相对应，指享受型而非生存型的社会利益。我国理论界所谓的“现代社会保障体系”，在含义上正是指这个意义上的社会福利和社会救助、社会保险等三大部分或三大支柱。

四是由政府和社会提供的一切低于或高于基本生活水平的经济收入、政策扶持和服务保障等。以我国目前的政策为例，除了指通过民政部门提供的针对老年人、残疾人、孤儿、优抚对象的收入保障、政策优惠、福利服务以外，也包括建设、教育、卫生、司法部门提供的住房、教育、医疗、司法方面的救助，以及工会、妇联、共青团等社会团体采取的保护弱势群体的各种措施和服务等。

五是民政部门代表国家针对弱势老人、残疾人、孤儿和优抚对象提供的收入和服务保障，保障标准主要是基本生活，近年来随着社会福利社会化的推进，也提供高出基本生活水平以上的个人付费的服务保障。这种社会福利定义在含义上最为狭隘，因此也有人直接称这个意义上的社会福利为民政社会福利。

本书所说的“社会福利”，是指上述第五种理解上的社会福利。

4.1.2 社会福利的特征

一是保障内容的福利性。社会福利是由国家和社会团体为改善国民的物质和文化生活条件、提高国民生活质量而提供的公共福利设施、社会津贴、社区服务等，这些形式的福利是由国家或社会免费或优惠提供的，具有明显的福利性。正因如此，社会福利有“社会工资”的美称，特别是在英国及北欧等福利型国家里，社会福利已成为人们生活中不可或缺的“工资”的重要组成部分。

二是水平的不可逆性。社会福利是工业化与都市化的产物，是现代社会对贫困等社会问题的制度性回应，基本功能是通过满足变迁中的社会需要与人类需要，达到缓解社会冲突与解决社会问题的目的。一般说来，社会福利的水平具有不可逆性。也就是说，社会福利的水平只能随着社会的发展逐渐提高，不能降低。如果出现降低的情况，就要遭到人们的普遍反对，甚至影响整个社会的稳定与发展。

三是权利与义务的不对等性。一般来说，社会福利表现出权利与义务的不对等性，也就是说人们在享受社会福利时无需贡献什么，限制性条件也非常少，最多是规定必须是该国或该团体的成员。在这一点上，社会福利与社会保险有较大的区别。社会保险的享受条件是先参保且满一定的期限，达到一定的年龄或其他规定条件后，方能得到保险给付，权利和义务在社会保险中基本上是对等的。

四是实现方式的多样性。人们的生活需求是多方面的，不仅需要经济收入保障，而且需要各种社会服务，这就决定了社会福利的实现方式也应是多种多样的。特别是对社会上的老、弱、病、残等弱势群体来说，经济收入保障固然重要，而服务保障同样是不可缺少的。如果没有福利服务保障，他们即使有了钱，也有可能陷入生活困境之中。因此社会福利不仅要注重资金保障，还要特别注重发展各种形式的福利性服务保障，并通过动员社会成员的广泛参与，使自助——互助式的社会福利服务成为提高社会生活质量的有效手段。社会福利服务既能改善人们的生活条件，又能改善人们的人际关系，它有利于健康和谐生活方式的建立，从而从根本上提高人们的社会生活质量。

4.2 我国社会福利事业体系的构成

4.2.1 老年人社会福利事业

4.2.1.1 老年人社会福利事业的概念

老年人社会福利是指国家和社会根据老年人特殊需要和老年人自身特点提供给老年人的帮助和服务。其目的是安定老人基本物质生活,充实老人精神文化生活,维护老人健康。

从层次上看,我国老年人社会福利包括:满足基本生存需求的福利,如住房福利、生活照顾福利、医疗护理福利、福利服务;满足精神生活需求的福利,如建立适合老年人生活和活动的配套设施、开展适合老年人的群众性文化体育娱乐活动,丰富老年人的精神生活;在参观、游览、乘坐公共交通工具等方面为老年人提供优待和照顾;同时,国家发展老年教育事业,为老年人继续受教育提供方便,为老年人参与社会主义物质文明和精神文明建设创造条件,发挥老年人的专长和作用,进一步满足老年人的精神生活追求。

本书只从民政工作的角度谈谈有关老年人福利服务的内容。

4.2.1.2 老年人社会福利事业体系的构成

新中国成立以来,我国已建立了目的在于保障"三无"老人基本生活权益的福利服务体系,为社会的稳定和经济的发展做出了应有的贡献。但在我国经济体制改革不断深入和人口老龄化加速的新形势下,必须调整发展老年人社会福利事业的战略目标,国家和社会对老年人承担的责任应当由"三无"对象逐步扩大到有特殊困难和需要的社会老人,需要建立一种新的、以满足整个有需求的老年群体的社会福利服务体系。根据老年人的需要和身体状况,应对生活不能自理和半自理且家庭无力照顾的老年人提供设施齐全的机构养老服务;对生活不能自理和半自理但家庭能够提供部分照顾的老年人以及健康老人,在家庭照顾的基础上提供系列化的社区服务。所以,从我国国情出发,建立以居家养老为基础、社区养老服务为依托、机构养老服务为补充的老年人社会福利服务网络将是我们的必然选择。

从内容上看,我国老年人社会福利主要包括老年人生活收入性福利、老年人福利服务以及老年人医疗保健、老年人教育与老年人优待等。

老年人生活收入性福利。老年人由于劳动收入中断,生活来源就成了老年人社会福利最为核心而且牵涉面最广的问题。在传统社会,老年人的生活来源主要依靠子女,子女直接为老年人提供全部生活资料。而在商品经济条件下,老年人有可能通过劳动期间收入的储蓄而为老年期间积累生活资源。老年人的收入充分与否,取决于它是否能够支付老年人必须购买的物品和所需服务的费用。收入来源的局限使相当一部分老年人没有能力购买所需物品和享受服务,特别是随着年龄的增高、身体功能的下降、对医疗保健服务需求的增加以及个人积蓄的减少,老年人的生活极容易陷入贫困状态。在理想的情况下,老年人晚年生活收入的来源主要应该有这样几个渠道:有酬工作,退休养老金,与退休前工资有关的津贴和社会保险金。

老年人福利服务,这主要包括机构养老服务与社区养老服务。机构养老是一种让老年人离开自己的家到各种养老机构生活,其生活照料和护理由养老机构负责提供的养老方式。社会福利院、老年公寓、养老院、敬老院、光荣院等养老机构为老年人提供的其所需要的各种生活照料、护理与康复服务,叫机构养老服务。所谓社区养老,是指老人住在自己家庭或自己长期生活的社区里,在继续得到家人照顾的同时,由社区的养老机构或相关组织承担养老工作或托老服务的养老方式。社区承担养老工作或托老服务通常有如下形式:社区办老年饭桌、送餐上门、家庭病床、料理家务和"急救铃"等。社区为老年人提供的其所需要的各种生活照料、护理与康复服务,叫社区养老服务。社区养老服务是在我国社会经济发展过程中产生的一种新型养老服务模式。社区养老服务的目的是为了满足特殊困难人群的需求和解决老年人生活中的困难,公益性和福利性应是它的本质属性。社区养老服务要以社会效益为重,而不应以盈利为目的。

老年人优待包括如下几方面的内容:养老优待、医疗保健优待、生活服务优待、文体休闲优待与维权服务优待。老年人优待工作要坚持从老年人的实际需求出发;坚持发挥党政主导作用,广泛动员社会力量;坚持立足于城乡和地区的经济社会发展实际,考虑不同老年人群的特点,因地制宜,分类指导;坚持依法履行职责与思想道德建设相结合,在落实优待政策的同时,积极营造尊重、关心和照顾老年人的社会氛围。

4.2.2 儿童社会福利事业

4.2.2.1 儿童社会福利事业的概念

从广义上说,一切针对全体儿童的,促进儿童生理、心理及社会潜能最佳发展的各种方式和设计都属儿童福利范畴。正如联合国在 1959 年公布的《儿童权利宣言》中所指出的那样,"凡是以促进儿童身心健全发展与正常生活为目的的各种努力、事业及制度等均称为儿童福利"。在社会工作领域,儿童福利被认为是一种服务。美国的《社会工作年鉴》把儿童福利定义为:"旨在谋求儿童愉快生活、健全发展并有效地发掘其潜能,它包括了对儿童提供直接福利服务以及与促进儿童健全发展有关的家庭和社区的福利服务。"狭义的儿童福利,是指面向特定儿童和家庭的服务,特别是在家庭或其他社会机构中未能满足其需求的儿童。这种意义上的儿童福利的对象,一般为遭遇各种不幸情境的儿童,如孤儿、残疾儿童、流浪儿、被遗弃的儿童、被虐待或被忽视的儿童、家庭破碎的儿童、行为偏差或情绪困扰的儿童等等,这些特殊困难环境中的儿童往往需要予以特别的救助、保护、矫治,以解决其面临的各种问题。

根据我国现行的儿童社会福利制度,儿童社会福利事业专指以社会福利为保障手段的社会收养、社会服务机构和设施,向处于特殊困境下的儿童提供的社会福利型服务。处于特殊困境下的儿童在我国主要指残疾儿童、孤儿、弃婴和流浪儿童,对他们提供保护是我国儿童工作的重要组成部分。这说明我国是从狭义的角度来定义儿童社会福利的。

4.2.2.2 儿童社会福利事业体系的构成

儿童社会福利是社会福利的重要组成部分,是社会福利在儿童这个特殊群体中的体现。联合国的《儿童权利宣言》指出:"凡是以促进儿童身心健全发展与正常生活为目的的各种努力、事业及制度等均称之为儿童福利。"在通常情况下,我国则是从狭义的角度来定义儿童社会福利的。具体说:儿童社会福利是指由社会福利机构向特殊儿童群体——孤儿与弃婴提供的一种福利服务。在我国,儿童社会福利的享受对象主要是处于不幸境地的儿童,这类儿童包括残疾儿童、孤儿、弃婴和流浪儿童等。从内容看,儿童社会福利主要包括儿童福利机构养育、儿童收养与家庭寄养、流浪儿童救助保护等。

儿童福利机构养育。儿童福利机构是政府、社会组织或个人举办的集中收养孤儿、弃婴的设施,是目前我国儿童福利事业的主要载体。民政部先后制定了《社会福利机构管理暂行办法》和《儿童福利机构基本规范》,对儿童福利机构的规划、设立、日常管理和服务等方面提出了具体的要求,推动了儿童福利机构的健康发展。儿童福利机构养育是指各类、各种所有制形式的儿童社会福利服务机构为孤、弃、残儿童提供的养护、康复、医疗、教育、托管等服务,是我国儿童福利事业的主要组成部分。目前,提供儿童机构养育服务的主要有儿童福利院、社会福利院、SOS 儿童村、孤儿学校、残疾康复中心、社区特教班等。

儿童收养是指我国公民或者外国人根据法定的条件和程序领养他人子女,并与该他人子女建立父母子女关系的民事法律行为。收养的目的是使没有父母子女关系的人们之间在法律上产生拟制父母子女关系,当这种拟制父母子女关系形成以后,便会产生自然血亲一样的法律后果。收养将使未成年人的抚养教育、老年人的赡养扶助以及财产继承等一系列法律关系发生改变。收养涉及三方当事人,即收养人、被收养人和送养人,不仅有身份关系的变化,也会对财产和其他权益产生重大的影响。因此,从保护收养当事人各方的利益出发,收养必须严格按照法律法规的有关规定进行。

实行收养具有非常重要的意义。首先,收养是我国婚姻家庭制度不可缺少的组成部分。在我国,实行公民间收养,不仅有利于完善家庭关系,使"幼有所育、老有所养",从而实现家庭相互扶助的社会职能,而且能够发扬扶弱济残的社会主义道德风尚,促进社会的安定团结和精神文明建设。其次,收养是解决社会问题的重要途径。对于因天灾人祸及其他原因而出现的弃婴、孤儿现象,尽管国家已建立了社会福利机构,使他们得到社会的"公养公育"。但是,这些机构尚无法取代家庭的地位,儿童健康成长的条件之一就是要有一个完整的家。因此,对于弃婴、孤儿来说,由公民收养是很有必要的。最后,收养更能适应人们心理上、生活上和精神上的需求,更有利于子女的健康成长,也使无子女家庭因收养而得到补充、完善,使养父母在晚年时实现老有所养。

儿童家庭寄养是指通过法定的程序将民政部门监护的儿童委托到家庭中去养育的儿童照料模式。儿童家庭寄养不同于收养,二者最根本的区别是:收养建立了法定的亲子关系,而家庭寄养没有建立法定的亲子关系,只是一种委托关系,被寄养的孤残儿童的法定监护者仍是民政部门。目前,我国儿童家庭寄养主要采取"委托协议"的运作模式,即寄养家庭开展儿童家庭寄养是受民政部门的委托而进行,且寄养家庭必须达到一定的条件才能开展儿童家庭寄养;同时寄养家庭要与民政部门签订寄养协议。具体的运作程序是:有意参加孤残儿童家庭寄养的家庭向家庭寄养服务机构(一般设在儿童福利院)提交家庭寄养申请;家庭寄养服务机构指派家庭寄养监督员考察寄养家庭,家庭考察的主要内容包括家庭人员、经济来源及收入情况、住房条件、入学条件等;寄养家庭审查合格后,再填写"儿童寄养登记表",登记表的内容包括寄养家庭基本情况、寄养儿童基本情况等,然后与家庭寄养服务机构签订家庭寄养协议书,协议书的内容包括寄养期限、寄养儿童数额、对寄养家庭的要求、寄养期间双方的责任等。

儿童家庭寄养是实现儿童社会福利社会化的有效途径。

第一,儿童家庭寄养有利于儿童社会福利管理模式的社会化。在我国,享受儿童福利的主要对象是残疾儿童、孤儿、弃婴和其他处于特殊困境下的儿童。各类儿童福利机构提供的集中式供养服务是我国儿童福利的重要内容。长期以来,儿童福利机构为生活失去依靠的孤残儿童提供了一个安全、稳定的生活环境,使他们享受到了良好的照顾,得到了生存、发展和参与社会生活的机会和权利。随着社会经济的发展与人们生活水平的提高,人们在关注孤残儿童的生理需要之外,也更加关注儿童的精神需求。儿童福利机构作为家庭的替代形式能为儿童提供生活照料,但无法满足儿童成长时的情感需求。长期生活在社会福利机构中的儿童往往会出现性格孤僻、心理封闭、社会适应能力差、缺乏自制力和上进心等方面的问题。这就要求我们改变过去儿童社会福利的管理模式,尽量给孤残儿童一个较完整的社会化成长环境,从而弥补集中式供养服务给儿童造成的心理伤害和缺陷,实质上就是要实现儿童社会福利管理模式的社会化。实践证明,开展家庭寄养是使孤儿、弃婴回归社会和家庭,促进儿童身心健康成长的有效办法,是实现儿童社会福利管理模式的社会化的有效途径。

第二。儿童家庭寄养有利于儿童社会福利服务队伍的社会化。加强家庭寄养的工作队伍建设,实现儿童社会福利服务队伍的社会化是家庭寄养发展中重要的基础工作之一。就本质而言,儿童社会福利服务队伍的社会化就是要让更多的人参与儿童社会福利服务,将专业化服务队伍与志愿者结合起来;就是要壮大社会福利的服务队伍,提高服务人员素质。就我国目前的情况而言,儿童社会福利服务队伍的社会化就是要建立一支由教育、医务及管理等工作人员和寄养家长为主体的儿童社会福利工作队伍。开展儿童家庭寄养,能使更多的有爱心的且符合寄养家庭条件的人士成为儿童社会福利工作队伍的一员,在很大程度上促进了儿童社会福利服务队伍的社会化进程。

第三,儿童家庭寄养有利于儿童社会福利责任主体的社会化。儿童福利事业的责任主体应是政府,也就是说必须政府主导。因为对孤儿实施保障,是维护社会公平、保障困难群体基本生活权益、体现社会主义制度优越性的重要标志,应是人民政府义不容辞的责任。但政府主导并不意味着政府包揽一切,为了提高儿童福利水平,促进孤残儿童的人格发育和健康成长,还应广泛动员社会力量提供儿童福利服务,不断壮大儿童福利事业的资源;同时要加大对社会参与的政策支持,加强对社会力量提供儿童福利服务的指导,实现政府主导与社会参与的良性互动,最终实现儿童福利事业的责任主体的社会化,即政府主导与社会参与相结合。开展儿童家庭寄养,在儿童社会福利责任主体方面,较好地实现了政府主导与社会参与的良性互动,即有效地实现了儿童社会福利责任主体的社会化。

流浪儿童救助保护主要是通过流浪儿童救助保护中心来实施的。流浪儿童救助保护中心属于儿童福利事业单位,具有以下五个功能。

一是救助功能。救助保护中心对流浪儿童的救助功能主要表现在三个方面:生活救助、教育救助和医疗救助。救助保护中心的生活救助功能主要是通过给流浪儿童提供衣食及其他日常生活必需品的途径来实现的。大家知道,很大一部分儿童之所以外出流浪,其中一个重要的原因是因生活得不到保障。所以救助保护中心应从保护未成年人合法权益的角度出发,搞好生活救助工作。接受九年义务教育是每个儿童应享受的权利,救助保护中心应为流浪儿童接受义务教育提供教科书及其他学习用品。让他们也能像社会上的正常孩子一样接受九年义务教育。流浪儿童因长期流浪在外,很容易传染上某些疾病,如果不对他们进行及时的治疗,就会影响他们健康成长。医疗救助就是救助保护中心对患有疾病的流浪儿童进行免费诊断、用药和治疗,使他们早日康复、回归社会。

二是预防功能。救助保护中心对流浪儿童的预防功能主要体现在两个方面:疾病预防和防止青少年犯罪。大家知道,流浪儿童没有稳定的生活来源和固定住所,车站候车室、废弃建筑物及立交桥下面成为了他们的栖息场所。他们的基本生活得不到保证,经常挨饿、挨冻,并且容易感染上各种疾病。救助保护中心把社会上的流浪儿童收容起来,给他们创造必要的生活、学习条件。这样,流浪儿童不仅在救助保护中心能吃饱、穿暖,使他们的基本生活得到了保障,同时也能有效预防某些疾病的产生,达到保护未成年人身体健康的目的。救助保护中心也发挥防止青少年犯罪的功能。过去,许多流浪儿童由于年幼无知很容易被拐卖,被犯罪团伙教唆、利用,成为严重刑事犯罪和"黑社会"的奴役工具,有的甚至走上违法犯罪的道路,危害社会,危害人民。正因为这样,所以有人曾把流浪儿童形象地比喻为"嘀嗒作响的定时炸弹"。救助保护中心建立后,政府把保护流浪儿童作为自己义不容辞的责任。这样,不仅流浪儿童的人身安全得到了保障,而且还能有效地防止青少年犯罪。

三是管理功能。流浪儿童救助保护中心的管理功能体现在三个方面:对流浪儿童进行日常生活管理、教育管理和医护管理。日常生活管理是流浪儿童救助保护中心在管理上的中心内容。要确保流浪儿童能吃饱吃好,并保证儿童的营养供应;同时要搞好寝室及衣服被褥管理,给流浪儿童一个舒适的就寝环境。教育管理是流浪儿童救助保护中心在管理上的一个重要内容。救助保护中心首先应配备足额的教师,提供合适的教学场所,其次要针对流浪儿童特点确定适当的教育内容与教育途径。医护管理是流浪儿童救助保护中心在管理上另一个重要内容。部分流浪儿童由于长期流浪在外,没有注意好饮食及穿着卫生,传染上了某些疾病。为了对患有疾病的流浪儿童进行有效医治,救助保护中心应建立健全卫生保健制度,配备医务人员,完善医疗保健设施;同时也应积极做好疾病的预防工作。

四是教育功能。根据联合国《儿童权利公约》及我国法律的有关规定,接受九年义务教育是儿童应享有的权利,国家有保证儿童接受九年义务教育的义务。流浪儿童是我国少年儿童中的一个特殊弱势群体,国家更要采取有效措施使其接受九年义务教育。作为儿童福利事业重要组成部分的流浪儿童救助保护中心理应发挥保障流浪儿童接受九年义务教育的功能。为了提高教育效果,救助保护中心应积极组织流浪少年儿童开展多种多样的劳动技能培训;同时,还应开展一些有意义的娱乐活动。通过上述途径,就能寓教于乐;就能达到陶冶情操、丰富生活、净化心灵的目的;就能使流浪儿童(特别是初次流浪的儿童)变为好学上进、热爱劳动、热爱生活的好孩子。在教育内容上应包括三个方面,即思想品德教育、文化知识教育和劳动技能培养。

五是矫治功能。流浪儿童由于受不良因素和恶劣环境的影响,大多数孩子具有冷漠、孤独、自卑、胆怯、恐惧、冲动、固执、自私、逆反、报复、自暴自弃等心理特征及消极的人格特征。同时,流浪儿童的行为偏差也比较严重。例如:有的流浪儿童爱说谎;有的沾染了吸烟、喝酒、偷摸等恶习;有的甚至被坏人唆使,走上了犯罪道路。这就要求流浪儿童救助保护中心必须承担起矫治其不良习惯与行为的责任，能运用国际、国内社会学、心理学、伦理学、医学、行为学等多学科的科研成果，对流浪少年儿童进行心理障碍矫治和行为偏差纠正，帮助他们克服不良习惯和不良行为方式。

4.2.3 残疾人社会福利事业

4.2.3.1 残疾人社会福利事业的概念

一般来说，残疾人社会福利是指国家或社会为了使残疾人享有与正常人同等的社会经济生活条件而提供的系列照顾和服务，它涵盖了残疾人的基本生活、医疗康复、劳动就业、文化教育以及环境建设等内容。《中华人民共和国残疾人保障法》规定："残疾人在政治、经济、文化、社会和家庭生活等方面享有同其他公民平等的权利。"《残疾人权利公约》规定："各缔约国应采取适当措施保障和促进残疾人获得教育、健康、康复、就业、社会保障、参与文化体育生活等权利；各缔约国应当采取适当措施，确保残疾人在与其他人平等的基础上，无障碍地使用交通工具，利用信息、通信技术和系统以及其他设施和服务。" 2007 年，中国批准了这一公约。以上法律或公约的规定都充分体现了残疾人社会福利的基本内容。

4.2.3.2 残疾人社会福利事业体系的构成

残疾人社会福利事业体系包括残疾人生活收入性福利、劳动就业、福利服务、医疗康复、文化教育以及环境建设等内容。

残疾人生活收入性福利主要体现在以下两个方面。

一是供养与救济。即国家和社会对无劳动能力、无法定扶养人、无生活来源的"三无"残疾人实行供养、救济。各级地方人民政府、社会举办福利院和其他安置收养机构，按照规定安置收养残疾人并逐步改善其生活。各级政府也鼓励社会各界采取多种形式，发展福利安置收养机构，对残疾人实行社会供养，使老幼孤寡和丧失部分劳动能力的残疾人皆有所养。

二是伤残抚恤。伤残抚恤是国家对现役军人因战、因公负伤致残，根据其丧失劳动能力及影响生活能力的程度，以现金津贴形式给予的抚慰保障。国家对革命残疾军人实行终身抚恤。

劳动就业是公民的基本权利，残疾人与健全人一样享有法律赋予的平等就业和选择职业的权利。做好残疾人的就业工作，不仅关系到残疾人劳动权利的实现，使他们实现自食其力，而且还能够解除其亲属的后顾之忧，对解放生产力和促进经济发展、社会进步、精神文明建设以及社会稳定都具有重要作用。中国政府历来十分重视残疾人就业问题，将残疾人就业纳入全国就业工作的总体安排。1991 年施行的《中华人民共和国残疾人保障法》明确规定了残疾人就业权利、义务和政策措施。2007 年施行了《残疾人就业条例》，条例根据残疾人保障法关于"机关、团体、企业事业组织、城乡集体经济组织，应当按一定比例安排残疾人就业"的规定，在总结用人单位安排残疾人就业的实践经验的基础上，对用人单位在残疾人就业方面的责任作了相关规定。

搞好残疾人福利服务是切实保障残疾人利益得以实现的重要保证。残疾人福利服务主要包括基本物质生活服务、医疗康复服务、教育培训服务、就业安置服务、文化生活服务、环境设施服务。

提高残疾人受教育水平是残疾人全面实现自身价值的基本条件。20 世纪 90 年代以来，国家制定的一系列教育法规都对残疾人教育做了明确规定，并将残疾人教育纳入国家教育改革和发展的总体规划。残疾人教育已成为我国教育事业的一个重要组成部分。

康复是帮助残疾人恢复或者补偿功能、增强生活自理和社会适应能力、平等参与社会生活的基础。《中华人民共和国残疾人保障法》规定：国家和社会有责任采取康复措施，帮助残疾人恢复或者补偿功能，增强其参与社会生活的能力。

无障碍建设包括物质环境、信息和交流的无障碍建设。随着经济发展和社会进步，我国的无障碍设施建设取得了一定的成绩。

4.3 我国社会福利事业体系建设

4.3.1 西方国家社会福利制度的基本结构及社会福利运作体系

4.3.1.1 西方国家社会福利制度的基本结构

西方国家的社会福利是广义的社会福利，也就是说包含社会保障在内。从内容上看，广义的社会福利制度既包括正式的社会福利制度，即国家的社会福利制度，也包括非正式的社会福利制度。就其内容来看，主要包括以下几个方面。

1. 社会保险制度

社会保险是西方各国社会福利制度的主要组成部分，是社会福利制度的“第一大支柱”。绝大部分西方国家的社会保险是强制性的，即必须根据国家和各级政府的立法规定，由劳动者、企业或社区、国家三方共同筹资来开展社会保险。社会保险的种类包括老年保险、生育保险、疾病保险、伤残保险、失业保险、死亡保险等。社会保险的主要目的是为劳动者及其家属在遇到年老、疾病、伤残、失业、生育、死亡或丧偶等风险导致收入减少、中断或丧失时，提供收入补充，以满足其基本生活需求。一般认为现代社会保险制度最早出现在德国，以 1889 年的有关社会保险立法为标志。

2. 社会救助制度

社会救助主要面向特殊困难群体，是解决现实贫困问题的重要措施。社会救济与社会救助的实际工作并没有本质的区别，但社会救助的覆盖面比社会救济更广泛，不仅包括政府的救济，也包括社会的支持和帮助。享受社会救助不需缴纳捐税，不论男女老幼，也不论就业与否，只要生活不能维持下去，都是社会救助的对象。社会救助的资金由国家财政支付，但领取救助的人需要经过严格的资格审查。如目前英国社会救济的对象主要可以分成四类：一是无法享受到社会保险计划保障的穷人与社会游民等，这些人由于生活极端困难而无法投保，不具备从社会保险中获益的资格；二是领取失业津贴期满后仍无法找到工作的人；三是低收入者及其家庭成员，在需要治疗牙科疾病、外科手术以及配置眼镜的时候，可以申请救济；四是 65 岁以上居民中收入不足以满足最低生活水平的人。社会救助强调最低基本生活的保障以及国家和社会对需要救助成员的单方责任和义务。

3. 社会补助制度

社会补助与社会救助不同，社会救助强调针对性和个案性，社会补助则包含“普遍性”的意义。西方国家社会补助项目较多，如在英国，主要包括子女津贴、住房补贴、家庭补贴、病残看护补助等。在法国，家庭及儿童补贴就包括多子女补贴、家庭收入补贴、单亲补贴、孤儿补贴和最低家庭收入补贴等。在德国,有培训补助金、子女补贴、教育津贴等。

4. 社会服务制度

社会服务制度也是社会福利制度的重要组成部分。目前,美国的社会服务项目主要可以分成“政府提供”和“政府购买”两种形式。由政府直接负责提供的社会服务项目主要包括收养服务、培训与教育项目。政府负责购买的社会服务项目主要包括:个案管理服务、家政服务、社区整和服务、集体膳食服务、成人/儿童日间照料、残疾康复服务、送饭到家、运输服务、面向儿童/家庭与盲人的支持性服务、监管性生活服务。在英国,社会服务主要包括老年人社会服务、残疾人社会服务和儿童社会服务。英国大部分地区的社会服务需要交费,如果受益者负担不起,政府可根据其实际情况进行减免。

5. 社会融入计划制度

在西方,绝大部分国家有社会融入计划。虽不同国家社会融入计划的内容不同,目的也不同,但社会融入计划的功能是相同的,那就是为了解决其国内最突出的社会问题。如德国是个高失业率的国家,其社会融入计划的重点就使长期失业的人重新融入社会,所以德国对失业者发放失业救济。其实,失业救济的目的在于使那些无权享受或不能继续享受失业保险待遇的失业者得到失业保护,失业救济对失业保险起补充作用。在法国,1988 年就开始实行“社会融入最低收入”制度,其目的是为因失业等原因处于贫困状态的低收入家庭提供基本生活保障,并鼓励他们就业,从而缓解越来越严重的贫困化和社会排斥现象。

6. 教育、培训、住房、医疗等福利制度

公共教育是一项比较重要的福利制度,西方国家一般都实行有年限规定的免费义务教育。如美国,初级、中级公共教育都是作为市民权益的基础部分而由政府免费提供。美国相关法律规定父母必须将其 5~16 岁的子女送到学校读书。在德国,免费教育是人人在青少年时期可以享受的社会福利。德国从小学到大学的各类学校绝大多数都是公立学校,学生(包括外国留学生)上学免交学费。同时,一些国家也通过培训来满足劳动者长期共存社会成员的需求,如在丹麦,教育经费的很大一部分用于成人教育,每年有 100 多万成人接受某种形式的教育或培训。

住房福利是社会福利制度的基本内容之一,其目的是借助国家和社会力量来解决低收入居民的住房问题。一般是通过发放住房补贴来实现。如瑞典,对那些处于工作阶段的有孩子的低收入群体,就以发放住房补贴的形式予以救助。住房补贴的资金全部来源于中央政策。也有建造公房并以低价租给穷人居住的,在此方面最有代表性意义的国家是美国。

医疗卫生福利制度,在大部分西方国家是作为医疗保险制度的重要补充而存在的。如法国,从 2000 年开始,就实行了“普遍医疗保障”制度,实行该制度主要是为处于社会保险之外的人提供基本医疗保障。在英国,则实行国民医疗保健制度,该制度规定,凡居住在英国的人都可以免费(或缴纳很少费用)到国民保健系统属下的医疗机构就医,并且,英国绝大部分医院都加入了这一系统。

4.3.1.2　西方国家社会福利运作体系

社会福利制度本身是一个庞大的系统,它同经济制度、政治制度和教育制度等一起构成维系社会正常运转的机制。建设现代化社会福利运作体系，对提高社会福利水平、优化福利服务质量至关重要。那么，什么是现代化社会福利运作体系？简单地说，就是有效实施社会福利的各组成部门。它是由三个具有密切联系的基本层次所组成（见以下示意图）。从示意图可以看出，现代社会福利运作体系的三个基本层次是服务层（服务提供者）、管理层（行政管理者）、决策层（政策规划者）。决策层是整个社会福利运作体系中的最高层，主要由政府来充当，在社会福利的运作过程中，主要从事有关社会福利的规划及与社会福利有关的法律、法规的制定，这是任何一个国家的政府不可推卸的职责。只有这样，才能保证社会福利真正发挥其社会功能——保证超越某种利益集团的利益，对公共利益需要做出及时的回应。这里所说的政府不是指政府的某个特定部门，而是在层次上比政府的某个特定部门要高的政府层次。管理层是指在社会福利运作体系中承担社会福利工作行政管理的各级政府部门，他们的工作不是去制定政策和规划，而是根据政府所制定的政策和规划，通过多方面的行政管理活动加以具体落实，并保证该领域的各种行为与方式符合政策及规划的界限与目标。如在法国，中央政府负责制定有关社会福利方面的法律、法规，对各社会保障机构实施监督和管理，它相当于决策层。“就业与社会互助部”则是法国社会福利事业的主管机关，该部下设不同的管理部门：“家庭补贴管理处”负责家庭、生育福利补贴和住房补助等；“移民融入基金管理处”负责移民家庭补助等；“残疾人指导与就业技术委员会”负责残疾人福利。在地区一级设有“地区保健与社会事务署”（DRASS），省一级设有“保健与社会行动署”（DDASS），市镇一级为“市镇社会行动中心”（CCAS）。这些机构负责管理本地区的社会福利事务。上述机构就是法国社会福利运作体系中的管理层。在不同国家或在同一国家的不同时期，管理层有所不同。服务层是整个社会福利工作体系中的最基层，它的主要功能是把社会福利政策转化为具体的社会福利方案，把福利送达到受益者手中。在西方国家，随着“福利国家”改革的推进，绝大部分提供具体福利服务的机构不再是政府机构，而是非政府机构，甚至是私营机构。社会福利服务提供领域主要活跃的专业就是与人的服务有关的那些专业，如社会工作专业及其他社会福利服务专业。如在法国，从事社会福利事业的非政府组织不下十万个，国家承认并给予资助的各类慈善和社会救助团体有上千个，其中最重要的有：“法国人民救助协会”“天主教救助会”“救世军”“法国红十字协会”“爱心食堂”“抗癌同盟”“无国界医生”“救助艾滋病患者行动协会”等。西方国家的福利服务工作主要由具有社会工作专业背景的人员来承担。

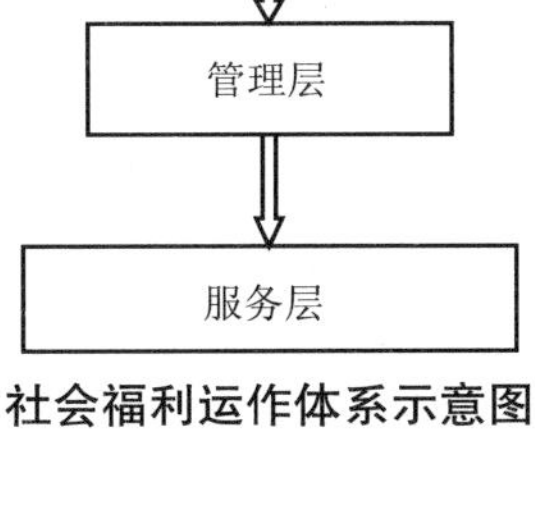

社会福利运作体系示意图

4.3.2 加强我国社会福利事业体系建设的目标与途径

4.3.2.1 加强我国社会福利事业体系建设的目标

加强我国社会福利事业体系建设的目标是:大力发展养老事业,实现老有所养;不断开拓儿童福利事业,实现幼有所依;稳步推进精神病人和残疾人福利事业,实现残有所助;积极推动社会福利社会化,继续发展以老年人、孤残儿童、精神病人为主的补缺型福利事业,兼顾发展面向社会公众的适度普惠型福利事业,不断提高社会福利水平。

4.3.2.2 加强我国社会福利事业体系建设的途径

大力推进基本养老服务体系建设。完善以居家养老为基础、社区养老为依托、机构养老为补充的基本养老服务体系。加快推进居家养老服务工作,满足居家养老的老年人服务需求。加大国办福利机构建设力度,改善孤寡老人集中供养条件。按照"一所一院一中心"的格局,加快建设社区托老所和日间照料所,搭建社区养老服务工作平台,通过新建和改扩建社区托老所,使每个社区有一个托老所;加快乡镇敬老院的建设和改造,拓展其社会养老服务功能,每个乡镇建成一个功能齐全的敬老院;在各区(县)城区都建设一个区(县)福利中心。研究制定社会办养老机构的支持政策,鼓励社会力量参与养老服务事业发展,增加社会养老服务供给能力。

不断拓展儿童福利事业。做好孤残儿童的救助和监护工作,提高社会福利机构中收养儿童的生活费标准,参照当地居民平均生活水平确定孤残儿童生活费标准,并根据情况进行适时调整。改进孤儿和弃婴的养育方式,在集中供养的基础上,发展推广分散代养、社会领养、义务助养、家庭寄养等多种养育形式,推进城乡一体化的养育服务,促进孤残儿童养育社会化。落实孤儿养育标准和康复、技能培训,做好孤残儿童成年后的就业安置工作,规范家庭寄养和贫困家庭儿童手术康复。改善儿童福利机构的内部管理,落实管理制度,规范工作程序,提高服务水平,确保孤残儿童幸福、健康成长。进一步拓展儿童福利事业,完善困境儿童的保障服务体系。加快儿童福利机构建设,逐步建设以医带养,集养育、康复、医疗于一体的儿童福利机构。

稳步推进精神病人福利事业。提高"三无"精神病人救助标准,建立精神病防治网络,建设一批精神卫生福利机构,改善精神病人福利院设施与条件,满足患者的治疗康复需求,稳步推进精神病人福利事业,实现"人人享有精神康复"。

加强对福利企业的指导、监督和管理。健全集中与分散相结合的残疾人安置就业机制,认真落实国家对福利企业的优惠扶持政策,严格执行残疾人按比例就业规定,基本保证有劳动能力的残疾人就业。以发展为目标,抓住西部开发的机遇,积极兴办一批投入小、科技含量高、市场前景好、后劲足的福利企业。推进福利企业产业结构调整,提高福利企业的社会效益和经济效益,切实维护残疾职工的合法权益。

积极推动社会福利社会化。开展养老服务社会化示范活动,进一步完善资助社会力量兴办社会福利机构的各项优惠扶持政策,建立规范、灵活的"民办公助"长效激励机制,引导和鼓励民间资本兴办福利事业。推行"公办民营"改革试点工作,深化国有社会福利机构的改革,逐步实现社会福利机构投资主体和经营主体的多元化。建立政府投入、社会力量兴办、福利机构自主经营的社会福利事业运行机制。基本形成以国办社会福利机构为示范、其他所有制形式社会福利机构为骨干、社区福利服务为依托、居家为基础的社会福利服务格局。

积极发展慈善事业。积极推动慈善事业发展，形成政府大力倡导、社会广泛支持、群众踊跃参与的慈善事业发展机制。大力培育基层慈善组织，形成依托基层、分工协作的慈善组织体系。加强对各类慈善组织的监管力度，引导慈善组织健康快速发展。完善经常性社会捐助网络，加强各类经常性捐赠接收点的建设和规范管理。积极营造慈善事业发展的社会氛围，大力弘扬慈善精神，鼓励群众参与慈善公益活动。加大慈善事业的宣传力度，充分发挥慈善总会、红十字会、稻草基金援助等慈善组织的示范作用。

做好福利彩票发行与销售工作。进一步理顺彩票发行体制，不断加强发行网点建设和队伍建设，拓展发行空间，积极探索新的发行方式，推动福利彩票销售市场化、产业化发展。不断扩大福利彩票发行规模，加大福利彩票销售力度。进一步加强对福利彩票公益金管理使用的监督，提高资金使用效益。

4.4 全面放开养老服务市场，提升养老服务质量

4.4.1 全面放开养老服务市场，提升养老服务质量的背景

养老服务业既是涉及亿万群众福祉的民生事业，也是具有巨大发展潜力的朝阳产业。近年来，我国养老服务业快速发展，产业规模不断扩大，服务体系逐步完善，但仍面临供给结构不尽合理、市场潜力未充分释放、服务质量有待提高等问题。随着人口老龄化程度不断加深和人民生活水平逐步提高，老年群体多层次、多样化的服务需求持续增长，对扩大养老服务有效供给提出了更高要求。

4.4.2 指导思想

全面贯彻党的二十大精神，深入学习贯彻习近平总书记系列重要讲话精神和治国理政新理念、新思想、新战略，特别是习近平新时代中国特色社会主义思想，认真落实中共中央、国务院决策部署，坚持以中国式现代化全面推进中华民族伟大复兴，统筹推进“五位一体”总体布局，协调推进“四个全面”战略布局，坚持以新发展理念引领经济发展新常态，坚持中国特色卫生与健康发展道路，持续深化简政放权、放管结合、优化服务改革，实施积极应对人口老龄化国家战略，发展养老事业和养老产业，优化孤寡老人服务，推动实现全体老年人享有基本养老服务。培育健康养老意识，加快推进养老服务业供给侧结构性改革，保障基本需求，繁荣养老市场，提升服务质量，让广大老年群体享受优质养老服务，切实增强人民群众获得感。

4.4.3 基本原则

深化改革，放开市场。进一步降低准入门槛，营造公平竞争环境，积极引导社会资本进入养老服务业，推动公办养老机构改革，充分激发各类市场主体活力。

改善结构，突出重点。补齐短板，将养老资源向居家社区服务倾斜，向农村倾斜，向失能、半失能老年人倾斜。进一步扩大护理型服务资源，大力培育发展小型化、连锁化、专业化服务机构。

鼓励创新，提质增效。树立健康养老理念，注重管理创新、产品创新和品牌创新，积极运用新技术，培育发展新业态，促进老年产品用品丰富多样、养老服务方便可及。

强化监管，优化环境。完善监督机制，健全评估制度，推动行业标准化和行业信用建设，加

强行业自律，促进规范发展，维护老年人合法权益。

4.4.4 全面放开养老服务市场

1. 进一步放宽准入条件

降低准入门槛。设立营利性养老机构，执行“先照后证”的简化程序，在工商行政管理部门办理登记后，在辖区县级以上人民政府民政部门申请设立许可。在民政部门登记的非营利性养老机构，可以依法在其登记管理机关管辖范围内设立多个不具备法人资格的服务网点。非本地投资者举办养老服务项目与当地投资者享受同等政策待遇，当地不得以任何名目对此加以限制。

放宽外资准入。在鼓励境外投资者在华设立营利性养老机构的基础上，进一步放开市场，鼓励境外投资者在华设立非营利性养老机构，其设立的非营利性养老机构与境内投资者设立的非营利性养老机构享受同等优惠政策。

精简行政审批环节。全面清理、取消申办养老机构的不合理前置审批事项，优化审批程序，简化审批流程。申请设立养老服务类社会组织，符合直接登记条件的可以直接向民政部门依法申请登记，不再经由业务主管单位审查同意。支持新兴养老业态发展，对于养老机构以外的其他提供养老服务的主体，鼓励其依法办理法人登记并享受相关优惠政策。

2. 优化市场环境

进一步改进政府服务。举办养老机构审批过程中涉及的各有关部门，都要主动公开审批程序和审批时限，推进行政审批标准化，加强对筹建养老机构的指导服务。加快推行养老机构申办一站式服务，建立“一门受理、一并办理”的网上并联审批平台，进一步提高审批效率。根据消防法和有关规定，制定既保障安全、又方便合理的养老机构设立和管理配套办法。

完善价格形成机制。加快建立以市场形成价格为主的养老机构服务收费管理机制。对于民办营利性养老机构，服务收费项目和标准由经营者自主确定。对于民办非营利性养老机构，服务收费标准由经营者合理确定，有关部门对其财务收支状况、收费项目和调价频次进行必要监管，同时加强对价格水平的监测分析。对于政府运营的养老机构，以扣除政府投入、社会捐赠后的实际服务成本为依据，按照非营利原则，实行政府定价或政府指导价；对于以公建民营等方式运营的养老机构，采用招投标、委托运营等竞争性方式确定运营方，具体服务收费标准由运营方依据委托协议合理确定。

加快公办养老机构改革。各地要因地制宜设置改革过渡期，加快推进具备向社会提供养老服务条件的公办养老机构转制成为企业或开展公建民营，到 2020 年政府运营的养老床位数占当地养老床位总数的比例应不超过 50%。鼓励社会力量通过独资、合资、合作、联营、参股、租赁等方式，参与公办养老机构改革。完善公建民营养老机构管理办法，政府投资建设和购置的养老设施、新建居民区按规定配建并移交给民政部门的养老设施、国有单位培训疗养机构等改建的养老设施，均可实施公建民营。改革公办养老机构运营方式，鼓励实行服务外包。

加强行业信用建设。建立覆盖养老服务行业法人、从业人员和服务对象的行业信用体系。建立健全信用信息记录和归集机制，加强与全国信用信息共享平台的信息交换和共享，通过企业信用信息公示系统向社会公示相关企业的行政许可、行政处罚等信息。引入第三方征信机构，参与养老行业信用建设和信用监管。建立多部门、跨地区的联合奖惩机制，将信用信息作为各项支持政策的重要衡量因素，对诚实守信者在政府购买服务、债券发行等方面实行优先办理、简化程序等绿色通道支持激励政策，建立养老服务行业黑名单制度和市场退出机制，加强行业自律和监管。

4.4.5 全力建设优质养老服务供给体系

1. 推进“互联网+”养老服务创新

发展智慧养老服务新业态，开发和运用智能硬件，推动移动互联网、云计算、物联网、大数据等与养老服务业结合，创新居家养老服务模式，重点推进老年人健康管理、紧急救援、精神慰藉、服务预约、物品代购等服务，开发更加多元、精准的私人订制服务。支持适合老年人的智能化产品、健康监测可穿戴设备、健康养老移动应用软件（APP）等设计开发。打通养老服务信息共享渠道，推进社区综合服务信息平台与户籍、医疗、社会保障等信息资源对接，促进养老服务公共信息资源向各类养老服务机构开放。

2. 建立医养结合绿色通道

建立医疗卫生机构设置审批绿色通道，支持养老机构开办老年病院、康复院、医务室等医疗卫生机构，将符合条件的养老机构内设医疗卫生机构按规定纳入城乡基本医疗保险定点范围。鼓励符合条件的执业医师到养老机构、社区老年照料机构内设的医疗卫生机构多点执业。开通预约就诊绿色通道，推进养老服务机构、社区老年照料机构与医疗机构对接，为老年人提供便捷医疗服务。提升医保经办服务能力，切实解决老年人异地就医直接结算问题。探索建立长期护理保险制度，形成多元化的保险筹资模式，推动解决失能人员基本生活照料和相关医疗护理等所需费用问题。

3. 促进老年产品用品升级

支持企业利用新技术、新工艺、新材料和新装备开发为老年人服务的产品用品，研发老年人乐于接受和方便使用的智能科技产品，丰富产品品种，提高产品安全性、可靠性和实用性。上述企业经认定为高新技术企业的，按规定享受企业所得税优惠。及时更新康复辅助器具配置目录，重点支持自主研发和生产康复辅助器具。

4. 发展适老金融服务

规范和引导商业银行、保险公司等金融机构开发适合老年人的理财、保险产品，满足老年人金融服务需求，鼓励金融机构建设老年人无障碍设施，开辟服务绿色通道。强化老年人金融安全意识，加大金融消费权益保护力度。稳步推进养老金管理公司试点，按照国家有关规定，积极参与养老金管理相关业务，做好相关受托管理、投资管理和账户管理等服务工作。

4.4.6 大力提升居家社区养老生活品质

1. 推进居家社区养老服务全覆盖

开展老年人养老需求评估，加快建设社区综合服务信息平台，对接供求信息，提供助餐、助洁、助行、助浴、助医等上门服务，提升居家养老服务覆盖率和服务水平。依托社区服务中心（站）、社区日间照料中心、卫生服务中心等资源，为老年人提供健康、文化、体育、法律援助等服务。鼓励建设小型社区养老院，满足老年人就近养老需求，方便亲属照护探视。

2. 提升农村养老服务能力和水平

依托农村社区综合服务设施，拓展养老服务功能。鼓励各地建设农村幸福院等自助式、互助式养老服务设施，加强与农村危房改造等涉农基本住房保障政策的衔接。农村集体经济、农村土地流转等收益分配应充分考虑解决本村老年人的养老问题。加强农村敬老院建设和改造，推动服务设施达标，满足农村特困人员集中供养需求，为农村低收入老年人和失能、半失能老年人提供便捷可及的养老服务。鼓励专业社会工作者、社区工作者、志愿服务者加强对农村留守、困难、鳏寡、独居老年人的关爱保护和心理疏导、咨询等服务。充分依托农村基层党组织、自治组织和社会组织等，开展基层联络人登记，建立应急处置和评估帮扶机制，关注老年人的心理、安全等问题。

3. 提高老年人生活便捷化水平

通过政府补贴、产业引导和业主众筹等方式，加快推进老旧居住小区和老年人家庭的无障碍改造，重点做好居住区缘石坡道、轮椅坡道、公共出入口、走道、楼梯、电梯候梯厅及轿厢等设施和部位的无障碍改造，优先安排贫困、高龄、失能等老年人家庭设施改造，组织开展多层老旧住宅电梯加装。支持开发老年宜居住宅和代际亲情住宅。各地在推进易地扶贫搬迁以及城镇棚户区、城乡危房改造和配套基础设施建设等保障性安居工程中，要统筹考虑适老化设施配套建设。

案例分享

聚焦"一老一小" 织密织牢民生保障网

"市党代会明确提出今后五年的奋斗目标，描绘了未来五年佛山发展的宏伟蓝图。作为重要民生部门之一，全市卫生健康系统要当好'施工队'，制定贯彻落实市党代会精神任务清单，细化责任分工。"练凌东表示，市卫生健康局要把市党代会的"规划图"变成具体的"施工图"，一项一项狠抓落实，做好保障和改善民生工作。

"一老一小"关系到千家万户，做好服务保障彰显民生温度。未来五年，锚定"515"战略目标，佛山将聚焦"一老一小"，让老有所养、幼有所育，织密织牢民生服务保障网。

聚焦"老"的方面，随着城市老龄人口数量的增加，如何实现老有所养？练凌东指出，2015年至2020年，全市人均期望寿命从80.47岁提高到82.35岁，居民主要健康指标基本达到发达国家和地区水平，居全省前列。因此，全市卫生健康系统要贯彻实施老人康养工程，大力推广"家门口医养结合"服务模式，让养老"离家近""养得起"。

落实到行动上，佛山将推动将医养结合床位建设纳入绩效考核指标，开展示范性/星级医养结合机构评比，力争2022年全市新增医养结合床位1 500张。同时，大力推进老年服务能力和服务保障建设，推动市级示范性老年友好型社区创建工作，持续推进老年友善医疗机构创建工作，落实便利老年人就医"十项举措"，2022年力争创建老年友好型社区不少于50个、老年友善医疗机构不少于40家。

围绕"小"的方面，练凌东介绍，目前全市各类提供托育服务的机构（含开设托班的幼儿园、托儿所）可提供托位约3.46万个，大部分托育机构基本上以民营为主，还不能满足群众的多层次需求。

针对这个问题，全市卫生健康系统将贯彻实施养育成本减负工程，推动强化政策指引和财政保障，推进普惠性托育服务多元发展，鼓励和引导社会力量兴办托育机构，协同建立托幼一体化服务模式，支持幼儿园开设托班，通过改扩建等方式增加托班资源或开办独立的托育机构。

与此同时，着力开展示范性托育机构创建和星级评定，加强对托育机构的卫生保健监管，促进婴幼儿照护服务规范健康发展，2022 年计划建设 6 家示范性 / 星级托育机构，新增托位不少于 3 000 个，努力满足群众对幼有所育的美好期盼。

（案例来源：《佛山日报》，2022 年 1 月 8 日，部门访谈 佛山市卫生健康局党组书记练凌东）

技能实战

将全班分成若干小组，利用周末或者课余时间走访校园附近社会福利机构或者社区养老服务中心（站），并为老年人开展一次志愿服务活动。要求：在认真学习“社会福利服务”的基础上，分小组撰写志愿服务活动方案，注意活动安全。

自我测试

1. 什么是老年人社会福利？简述我国老年人社会福利服务体系。
2. 什么是儿童社会福利？简述我国儿童社会福利的基本内容。
3. 什么是儿童家庭寄养？寄养家庭应履行哪些义务？
4. 什么是残疾人社会福利？简述我国残疾人社会福利的基本内容。
5. 理论联系实际，谈谈要全面放开养老服务市场。

5 最低生活保障制度

引言

最低生活保障制度是我国社会救助最核心的内容。社会救助是在公民因各种原因不能维持最低限度的生活水平时，由国家和社会按照法定的程序给予款物接济和服务，使其生活得到基本保障。社会救助制度和社会保险制度是社会保障制度最重要的组成部分，给人们提供切实的安全网。

学习目标

1. 了解最低生活保障制度的概念、特点和历史沿革。
2. 掌握城市居民最低生活保障的对象、救济范围和保障标准。
3. 掌握城市居民最低生活保障的办理程序。
4. 掌握农村最低生活保障制度的概念、对象范围和标准。
5. 掌握城乡低保统筹发展的概念和思路。

导入案例

新年之际，又有好消息：从上月起，我市最低月工资标准提高到 1 800 元。今天起，我市最低生活保障标准也随之从现行的 664 元 /(人·月)提高到 720 元 /(人·月)。

记者从市人社局了解到，为保障劳动者基本生活和合法权益，根据《中华人民共和国劳动法》和省政府相关文件精神，结合我市实际，市政府决定从 2017 年 12 月 1 日起，将我市最低月工资标准从 1 660 元调整为 1 800 元，非全日制工作的最低小时工资标准从 15.2 元调整为 16.5 元。

据介绍，这次最低工资调整对我市低工资水平职工的收入和企业生产都会产生直接和间接影响。市人社局劳动关系处相关负责人介绍，最低工资标准提高使我市低收入人群的收入基础也随之提高，并提高了企业发放相关工资的基数。比如加班费，一些企业就是根据最低工资标准计算的，标准提高，加班费或随之提高。

市人社局要求，全市各企业单位要按照调整后的最低工资标准发放职工工资，若是存在少发的情况，要及时补发差额。

最低工资标准提高，我市最低生活保障标准也随之提高。记者从市民政局了解到，今天起，我市城乡居民最低生活保障标准从现行的 664 元 /(人·月)提高到 720 元 /(人·月)，较原低保标准提高了 56 元，增幅 8.43%。

这是自 2015 年统一城乡最低生活保障制度以来，我市第二次提高低保标准，此前 2015 年从每人每月 588 元调整为 664 元。

据统计，截至 2017 年 12 月底，我市共有城乡低保对象 11 064 户、13 069 人，低保对象户籍占比达 1.34%，共支出低保资金 8 959.8 万元。预计此次提标将惠及我市困难家庭近 1.5 万户、困难群众近 2 万人，2018 年预计新增低保经费支出 800 万元左右。

（资料来源：浙江新闻，http://zjnews.zjol.com.cn/zjnews/zsnews/201801/t20180101_6229917.shtml。）

5.1 最低生活保障制度概述

5.1.1 最低生活保障制度的概念和特点

1. 最低生活保障制度的概念

最低生活保障是指国家对家庭人均收入低于当地政府公告的最低生活标准的人口给予一定现金资助，以保证该家庭成员基本生活所需的社会保障制度，对达到低保线的人口给予相应补助以保证其基本生活的做法。它是国家社会保障体系的重要组成部分，是从制度上保障城乡贫困人口基本生活的重要途径。

城市居民最低生活保障制度是国家为解决城市居民的生活困难而建立的一种社会救济制度，是目前条件下有中国特色社会保障体系的一项重要内容。

农村最低生活保障制度是指由地方政府为家庭人均纯收入低于当地最低生活保障标准的农村贫困群众，按最低生活保障标准提供维持其基本生活的物质帮助。该制度是在农村特困群众定期定量生活救济制度的基础上逐步发展和完善的一项规范化的社会救助制度。

2. 最低生活保障制度的特点

（1）保证基本生活的生活费用补贴。即最低生活保障的标准是收入低于最低生活保障标准的，由当地人民政府给予基本生活物质帮助，目的是为了保证基本生活，而不是其他方面的更高层次的需求。

（2）为贫困人口提供一种救济。即最低生活保障的对象具有特定性，不是所有人都可以享受这种救济，只有根据一定标准达到一定程度贫困的人群才能享有这种救济。

（3）具有临时性。曾经享受最低生活保障的人口或家庭，如果收入有所增加，超过了规定的救济标准，则不再享受最低生活保障救济。

5.1.2 最低生活保障制度的历史沿革

1. 城市居民最低生活保障制度的历史演进

试点阶段（1993—1996 年）。1993 年 6 月上海市民政局率先下发了《关于本市城镇居民最低生活保障线的通知》，在中国最早建立了城市居民最低生活保障制度。1994 年召开的第十次全国民政工作会议提出，要对城市社会救济对象逐步实行按当地最低生活保障线标准进行救济。随后，部分沿海城市，如青岛、厦门、大连、广州、无锡、海口等开始试点。到 1996 年底，全国有 101 个城市建立了这项制度。

全面推进阶段（1997—1999 年）。1997 年 9 月下发《国务院关于在全国建立城市居民最低生活保障制度的通知》，要求 1997 年底以前，已建立这项制度的城市要逐步完善，尚未建立这项制度的要抓紧做好准备工作；1998年底以前，地级以上城市要建立起这项制度；1999年底以前，县级市和县政府所在地的镇要建立起这项制度。1999年10月，国务院颁行《城市居民最低生活保障条例》，标志着城市低保走向规范化、法制化。

扩大保障面阶段（2000—2002年）。尽管各地如期建立了城市低保制度，但由于地方财政投入不足，没有做到应保尽保。针对这种情况，2001年国务院办公厅下发《关于进一步加强城市居民最低生活保障工作的通知》，要求增加投人，将符合条件的对象全部纳人保障范围。全国城市低保对象从2000年的402.6万人，迅速增长到2002年的2 064.5万人，增长512%。

稳步发展阶段（2003—2006）。2003年以来，城市低保对象的人数稳定在2 200万人左右，中央与地方财政的投入均有大幅增加，低保支出占国内生产总值的0.1%以上，占财政支出的比重始终在0.55%以上。全国低保标准与平均补差水平有了较大提升，城市低保制度基本实现分类施保，并配合以各种专项救助，使制度建设更加完善。

如图5.1所示，截至2010年11月，城市低保保障对象2 307.8万人，标准为人均月收入240元，同比提高7.1%；人均补助水平168元，同比提高15.9%，一直到2014年底，全国共有城市低保对象1 026.1万户、1 877.0万人。全年各级财政共支出城市低保资金721.7亿元，其中中央财政补助资金518.88亿元，占总支出的71.9%。2014年全国城市低保平均标准411元/(人·月)，比上年增长10.1%；全国城市低保月人均补助水平286元，比上年增长8.3%。截至2016年底，全国有城市低保对象855.3万户、1 480.2万人。全年各级财政共支出城市低保资金687.9亿元。2016年全国城市低保平均标准494.6元/(人·月)，比上年增长9.6%。

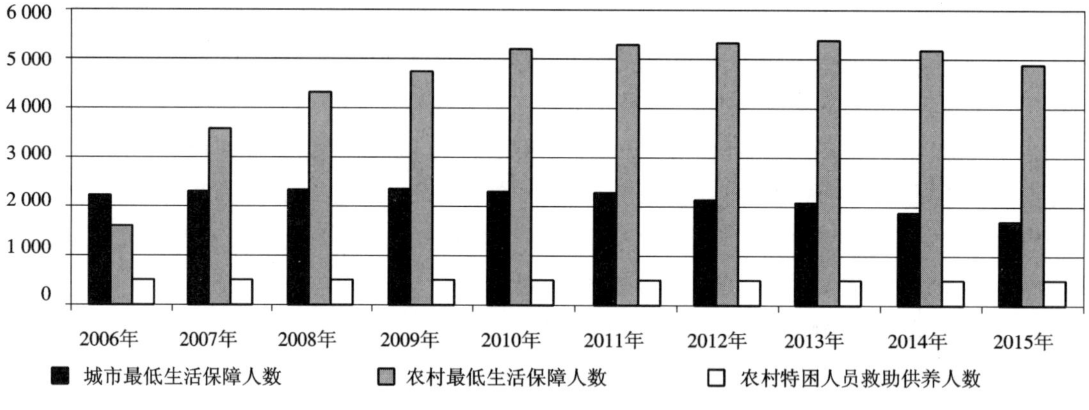

图5.1 2006年至2015年低保数据

2. 农村最低生活保障制度的建立和发展

1）农村低保试点阶段

农村最低生活保障制度是对传统社会救济制度进行改革的产物。鉴于传统社会救济制度存在救济范围有限、救济标准低、救济资金没有保障、救济工作比较随意等弊端，20世纪80年代，一些地区开始了对农村救济制度的改革，尝试救济经费由乡镇统筹，并开展定期定量救济活动，这其中就包含了农村救济制度建设的思想。1992年山西省左云县在总结定期定量救济经验的基础上，率先在全国开展了建立农村最低生活保障制度试点工作，拉开了正式建立农村最低生活保障制度的序幕。

1996年1月，全国民政厅局长会议将改革农村社会救济制度、积极探索农村低保制度列入当年的工作重点。会后，民政部开始开展农村社会保障的试点，并确定三种不同类型的试点县。江苏等地也自行开展了农村最低生活保障制度的试点工作。在各地试点的基础上，以贯彻落实《国民经济和社会发展"九五"计划和2010年远景目标纲要》提出的要形成比较完善的社会保障体系目标为契机，1996年民政部印发了《关于加快农村社会保障体系建设的意见》和《农村社会保障制度建设指导方案》，认真总结了各地的试点经验，并对建立农村低保制度正式提出了原则要求与基本意见。这两个文件的出台，正式宣告农村最低生活保障制度建设已走过了试点探索期，大面积推广时期已经来临。

2）农村最低生活保障制度的推广阶段

1996年至2001年是农村最低生活保障制度的推广阶段。各地通过几年的探索，在制度建设方面积累了不少经验。为贯彻落实民政部《关于加快农村社会保障体系建设的意见》和《农村社会保障制度建设指导方案》两个文件精神，大部分省（自治区、直辖市）开始了农村低保的建制工作。到1997年底，绝大部分省份不同程度地开展了农村最低生活保障试点，大部分县级政府出台了农村最低生活保障制度；到2001年底，农村最低生活保障制度建制县（市、区）达2 037个，占应建制县市总数的81%，保障农村困难居民304.6万人，占农业人口的0.4%，年支出保障资金9.1亿元，年人均补助154.08元，相当于当年农民人均纯收入2 366.4元的6.51%。

3）农村低保制度的调整阶段

2001年至2006年6月，农村最低生活保障制度建设在调整中发展，在发展中不断调整。导致农村最低生活保障制度建设调整的主要原因有两个：一是农村的税费改革；二是农村社会救助政策思路调整。2005年12月中共中央、国务院下发《关于推进社会主义新农村建设的若干意见》，要求有条件的地区要积极探索建立农村最低生活保障制度。特别是十六届六中全会决定逐步建立农村最低生活保障制度以后，各地进一步加快了建制步伐。截至2006年底，部署农村低保建制的省份已达22个，其余各省也在完善定期定量救助制度的前提下，抓紧制定农村低保制度。

4）2007年以来农村最低生活保障制度的发展

中共中央、国务院下发的《关于积极发展现代农业、扎实推进社会主义新农村建设的若干意见》进一步要求，在全国范围建立农村最低生活保障制度，各地应根据经济发展水平和财力状况，确定最低生活保障对象范围、标准，鼓励已建立制度的地区完善制度，支持未建立制度的地区建立制度，中央财政给予财政困难地区适当补助。2007年6月，国务院在北京召开农村最低生活保障工作会议，并于7月下发了《国务院关于在全国建立农村最低生活保障制度的通知》，对农村低保标准、保障对象、规范管理、资金落实等内容做出明确规定，要求在年内全面建立农村低保制度，并保证低保金按时足额发放。农村最低生活保障制度的建立标志着我国政府全面介入农村社会保障，几千年来广大农民生有所靠的梦想正在逐步实现。截至2007年

11 月底,全国 31 个省(自治区、直辖市)全部出台了农村最低生活保障政策,2 777 个县(市、区)全部建立。

截至 2016 年底,全国有农村低保对象 2 635.3 万户、4 586.5 万人。全年各级财政共支出农村低保资金 1 014.5 亿元,全国农村低保平均标准每人每年 3 744.0 元,比上年增长 17.8%。

2016 年 9 月,国务院办公厅转发了民政部、国务院扶贫办、中央农办、财政部、国家统计局、中国残联《关于做好农村最低生活保障制度与扶贫开发政策有效衔接的指导意见》,《意见》指出,要坚持精准扶贫、精准脱贫基本方略,坚持应扶尽扶、应保尽保、动态管理、资源统筹等原则,通过农村低保制度与扶贫开发政策的有效衔接,形成脱贫攻坚合力,对符合低保标准的农村贫困人口实行政策性保障兜底,确保到 2020 年现行扶贫标准下农村贫困人口全部脱贫。

2017 年 10 月,习近平同志在党的十九大报告中提出,提高保障和改善民生水平,加强和创新社会治理。全面建成覆盖全民、城乡统筹、权责清晰、保障适度、可持续的多层次社会保障体系。全面实施全民参保计划。建立全国统一的社会保险公共服务平台。统筹城乡社会救助体系,完善最低生活保障制度。

5.2 《城市居民最低生活保障条例》解读

5.2.1 城市居民最低生活保障对象

《国务院关于在全国建立城市居民最低生活保障制度的通知》(国发 [1997]29 号)规定,城市居民最低生活保障制度的保障对象是家庭人均收入低于当地最低生活保障标准的持有非农业户口的城市居民,主要包括三类人员:一是无生活来源、无劳动能力、无法定赡养人或抚养人的居民;二是领取失业救济金期间或失业救济期满仍未能重新就业,家庭人均收入低于最低生活保障标准的居民;三是在职人员和下岗人员在领取工资或最低工资、基本生活费后以及退休人员领取退休金后,其家庭人均收入仍低于最低生活保障标准的居民。根据这一规定,失业人员在享受失业保险待遇期间,只要家庭人均收入低于最低生活保障标准的,可以同时申请城市居民最低生活保障待遇;失业人员享受失业保险待遇的期限届满后,不管其是否重新就业,只要家庭人均收入低于最低生活保障标准的,均可申请享受城市居民最低生活保障待遇。

5.2.2 城市居民最低生活保障制度的救济范围

城市居民最低生活保障制度救济的范围是城市有常住户口的居民,包括所有家庭人均收入低于"最低生活保障线"的贫困对象。这些对象或由于先天或后天的因素失去劳动能力;或虽有劳动能力但因客观环境限制以致失业、无法获得收入,或收入中断、收入减少,而且又无法获得社会保险给付;或因受到天灾、人祸等因素的突然打击,如果不接受紧急救助就无法维持生活。这些原因使他们成为无劳动能力者,或虽有谋生能力但一时遭遇困难的不幸者。对于前者,如贫穷的鳏寡孤独、残疾者,应给予长期救济,以保障其生活。而对于后者,即一般人遭遇意外灾难或一时生活困难,无法维持生活而需援助者,则给予短期救济,以帮助他们渡过难关并恢复正常生活。

《城市居民最低生活保障条例》规定，持有非农业户口的城市居民，凡共同生活的家庭成员人均收入低于当地城市居民最低生活保障标准的，均有从当地人民政府获得基本生活物质帮助的权利。这里的“收入”是指共同生活的家庭成员的全部货币收入和实物收入，包括法定赡养人、扶养人或者抚养人应当给付的赡养费、扶养费或者抚养费，不包括优抚对象按照国家规定享受的抚恤金、补助金。

2004 年 12 月，民政部又发布了《关于做好普通高等学校困难毕业生救助工作的通知》，要求高度重视高校困难毕业生救助工作，按照有关政策和规定做到“应救尽救，应救即救”，高校毕业生因短期无法就业或就业后发生生活困难的，户籍迁入地民政部门要及时按照有关规定为其提供最低生活保障或临时救助，积极鼓励享受低保待遇的高校困难毕业生通过各种途径就业，为高校困难毕业生就业创造条件。

5.2.3 城市居民最低生活保障标准

城市居民最低生活保障标准，又称为城市居民最低生活保障线，是国家为救济社会成员收入难以维持其基本生活需求的人口而制定的一种社会救济标准。最低生活保障标准是城市居民最低生活保障制度中最基本的内容，也是区别于传统社会救济制度的重要标志。《城市居民最低生活保障条例》第六条规定，城市居民最低生活保障标准，按照当地维持城市居民基本生活所必需的衣、食、住费用，并适当考虑水电燃煤（燃气）费用以及未成年人的义务教育费用确定。直辖市、设区的市的城市居民最低生活保障标准，由市人民政府民政部门会同财政、统计、物价等部门制定，报本级人民政府批准并公布执行；县（县级市）的城市居民最低生活保障标准，由县（县级市）人民政府民政部门会同财政、统计、物价等部门制定，报本级人民政府批准并报上一级人民政府备案后公布执行。2003—2013 年城市低保平均标准变化见图 5.2。

2014 年施行的《社会救助暂行办法》第十条规定：“最低生活保障标准，由省、自治区、直辖市或者设区的市级人民政府按照当地居民生活必需的费用确定、公布，并根据当地经济社会发展水平和物价变动情况适时调整。”2022 年 1 季度各地城乡居民最低生活保障标准见表 5.1。

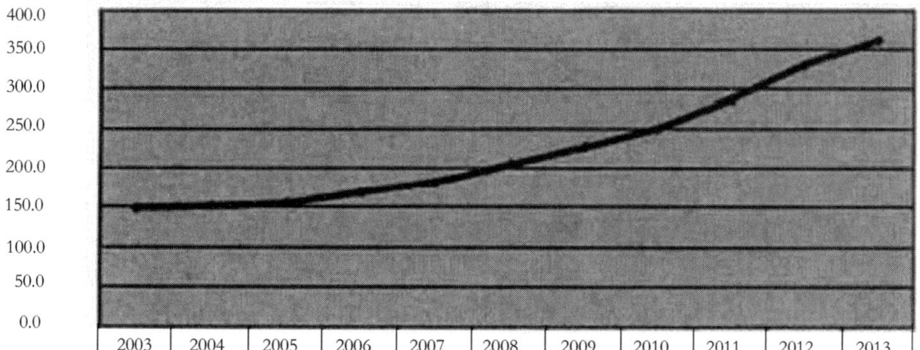

	2003年	2004年	2005年	2006年	2007年	2008年	2009年	2010年	2011年	2012年	2013年
——系列1	149.0	152.0	156.0	169.6	182.4	205.3	227.8	251.2	287.6	330.1	362.0

图 5.2 2003—2013 年城市低保平均标准

表 5.1　2022 年 1 季度各地城乡居民最低生活保障标准　（单位：元）

地区	城市低保标准	农村低保标准	
	（元 / 人·月）	（元 / 人·月）	（元 / 人·年）
北京市	1245.0	1245.0	14940.0
天津市	1010.0	1010.0	12120.0
河北省	710.6	463.4	5561.0
山西省	615.3	476.0	5711.7
内蒙古自治区	764.9	556.7	6680.7
辽宁省	707.3	505.7	6068.5
吉林省	612.4	444.6	5335.1
黑龙江省	655.2	441.1	5293.8
上海市	1330.0	1330.0	15960.0
江苏省	803.9	791.2	9494.4
浙江省	948.5	948.5	11381.7
安徽省	686.3	684.9	8219.0
福建省	714.6	711.3	8535.4
江西省	830.7	626.1	7513.2
山东省	898.6	721.1	8652.9
河南省	618.5	414.4	4972.8
湖北省	674.2	504.8	6057.6
湖南省	596.7	450.6	5406.8
广东省	917.0	735.1	8821.4
广西壮族自治区	767.4	449.9	5398.4
海南省	576.8	504.0	6048.0
重庆市	636.0	524.1	6288.9
四川省	633.4	452.6	5430.9
贵州省	655.6	402.0	4824.3
云南省	667.9	411.3	4935.8
西藏自治区	987.8	430.0	5160.0
陕西省	651.6	446.5	5357.7
甘肃省	658.4	415.2	4983.0
青海省	669.0	418.8	5025.2
宁夏回族自治区	647.4	487.6	5851.3
新疆维吾尔自治区	586.2	456.4	5476.5

5.3 城市居民最低生活保障的办理程序

5.3.1 城市居民最低生活保障的申请

《城市居民最低生活保障条例》第七条规定："申请享受城市居民最低生活保障待遇，由户主向户籍所在地的街道办事处或者镇人民政府提出书面申请，并出具有关证明材料，填写《城市居民最低生活保障待遇审批表》。城市居民最低生活保障待遇由其所在地的街道办事处或者镇人民政府初审，并将有关材料和初审意见报送县级人民政府民政部门审批。"按属地管理的原则，申请对象向户口所在地的办事处或乡镇提出申请，并将申请书连同所有材料一并向所属居委会递交。

户口与居住地不一致的向户口所在地或常年居住地申报，一家多户口的向家庭经常居住地申报。户主向当地社区居委会提出书面申请，并提供申请人和所有家庭共同生活成员的户口簿和身份证复印件以及家庭成员月收入状况的证件和相关证明。收入情况包括：申请人本人、共同生活家庭成员及已婚子女家庭收入的工资、奖金、补贴、离退休费、社会养老金、下岗职工生活费、失业金、赡养费、抚（扶）养费收入、各种劳务收入、出租或者变卖家产收入、储蓄存款等其他收入等。此外还应提供家庭财产情况，包括：房产（套数、建筑面积）、车辆、注册企业（含个体工商户）、钢琴、电脑、空调、冰箱、名贵宠物、其他高档电器。具体材料包括：

（1）申请书、居民户口簿、居民身份证、户主照片；

（2）结婚证或离婚证（法院判决书等）；

（3）户主及家庭成员从事工作的有关证件及证明材料（在职职工提供近6个月工资收入的单位证明）、近期无收入的人员提供近3个月家庭电费和电话费缴费单等资料；

（4）下岗证、养老保险证明、失业保险证明、离（退）休证、下岗职工基本生活费证明、按有关政策领取一次性补助费的数额及用途证明；

（5）劳动能力状况证明、伤残证等；

（6）符合就业条件而未就业人员，需首先到有关部门进行求职登记，并由有关部门提供求职登记证明。

（7）民政部门认为需要提供的其他材料等。

5.3.2 低保调查与审核

《城市居民最低生活保障条例》第七条规定："城市居民最低生活保障待遇由其所在地的街道办事处或者镇人民政府初审，并将有关材料和初审意见报送县级人民政府民政部门审批。管理审批机关为审批城市居民最低生活保障待遇的需要，可以通过入户调查、邻里访问以及信函索证等方式对申请人的家庭经济状况和实际生活水平进行调查核实。申请人及有关单位、组织或者个人应当接受调查，如实提供有关情况。"

2012年12月12日，民政部以民发[2012]220号印发的《最低生活保障审核审批办法（试行）》对低保申请资格条件、申请及受理、家庭经济状况调查、民主评议、审核审批、资金发放、动态管理等作出了明确规定，并规定申请低保不仅要查收入，存款、股息、证券、房产等家庭财产也会纳入核查范围，而这类家庭财产将可实行多部门联动核查。同时，低保家庭的信息将实行长期公示，以便公众查询监督。

1. 调查方式

《最低生活保障审核审批办法(试行)》第十八条规定:“乡镇人民政府(街道办事处)应当自受理低保申请之日起 10 个工作日内,在村(居)民委员会协助下,组织驻村干部、社区低保专干等工作人员对申请人家庭经济状况和实际生活情况逐一进行调查核实。每组调查人员不得少于 2 人。”《最低生活保障审核审批办法(试行)》第十九条规定,调查申请人家庭经济状况和实际生活情况,可以采取以下方式。

(1)信息核对。乡镇人民政府(街道办事处)通过县级以上人民政府民政部门与公安、人力资源社会保障、住房城乡建设、税务、金融、工商等部门和机构,对低保申请家庭的户籍、车辆、住房、社会保险、养老金、存款、证券、个体经营、住房公积金等收入和财产信息进行核对,并根据信息核对情况,对申请人家庭经济状况声明的真实性和完整性提出意见。

(2)入户调查。调查人员到申请人家中了解其家庭收入、财产情况和吃、穿、住、用等实际生活状况;根据申请人声明的家庭收入和财产状况,了解其真实性和完整性。入户调查结束后,调查人员应当填写家庭经济状况核查表,并由调查人员和申请人(被调查人)分别签字。

(3)邻里访问。调查人员到申请人所在村(居)民委员会和社区,走访了解其家庭收入、财产和实际生活状况。

(4)信函索证。调查人员以信函方式向相关单位和部门索取有关证明材料。

(5)其他调查方式。

2. 调查内容

《最低生活保障审核审批办法(试行)》第四条规定:“户籍状况、家庭收入和家庭财产是认定低保对象的三个基本要件。持有当地常住户口的居民,凡共同生活的家庭成员人均收入低于当地低保标准,且家庭财产状况符合当地人民政府规定条件的,可以申请低保。”

《最低生活保障审核审批办法(试行)》第五条规定,共同生活的家庭成员包括:

(1)配偶;

(2)父母和未成年子女;

(3)已成年但不能独立生活的子女,包括在校接受本科及其以下学历教育的成年子女;

(4)其他具有法定赡养、扶养、抚养义务关系并长期共同居住的人员。

下列人员不计入共同生活的家庭成员:

(1)连续三年以上(含三年)脱离家庭独立生活的宗教教职人员;

(2)在监狱、劳动教养场所内服刑、劳动教养的人员;

(3)省级人民政府民政部门根据本条原则和有关程序认定的其他人员。

《最低生活保障审核审批办法(试行)》第十六条规定:“家庭可支配收入是指扣除缴纳的个人所得税及个人按规定缴纳的社会保障性支出后的收入。”主要包括如下收入。

(1)工资性收入。指因任职或者受雇而取得的工资、薪金、奖金、劳动分红、津贴、补贴以及与任职或者受雇有关的其他所得等。

(2)家庭经营净(纯)收入。指从事生产、经营及有偿服务活动所得。包括从事种植、养殖、采集及加工等农林牧渔业的生产收入,从事工业、建筑业、手工业、交通运输业、批发和零售贸易业、餐饮业、文教卫生业和社会服务业等经营及有偿服务活动的收入等。

（3）财产性收入。包括动产收入和不动产收入。动产收入是指出让无形资产、特许权等收入，储蓄存款利息、有价证券红利、储蓄性保险投资以及其他股息和红利等收入，集体财产收入分红和其他动产收入等。不动产收入是指转租承包土地经营权、出租或者出让房产以及其他不动产收入等。

（4）转移性收入。指国家、单位、社会团体对居民家庭的各种转移支付和居民家庭间的收入转移。包括赡养费、扶养费、抚养费，离退休金、失业保险金，社会救济金、遗属补助金、赔偿收入，接受遗产收入、接受捐赠（赠送）收入等。

（5）其他应当计入家庭收入的项目。

《最低生活保障审核审批办法（试行）》第十七条规定，家庭财产主要包括：

（1）银行存款和有价证券；

（2）机动车辆（残疾人功能性补偿代步机动车辆除外）、船舶；

（3）房屋；

（4）债权；

（5）其他财产。

5.3.3 低保民主评议

《最低生活保障审核审批办法（试行）》第二十一条规定：“家庭经济状况调查结束后，乡镇人民政府（街道办事处）应当在5个工作日内，在村（居）民委员会的协助下，以村（居）为单位对申请人家庭经济状况调查结果的客观性、真实性进行民主评议。

1. 评议参与人

《最低生活保障审核审批办法（试行）》第二十二条规定：“民主评议由乡镇人民政府（街道办事处）工作人员、村（居）党组织和村（居）民委员会成员、熟悉村（居）民情况的党员代表、村（居）民代表等参加。村（居）民代表人数不得少于参加评议总人数的三分之二。有条件的地方，县级人民政府民政部门可以派人参加民主评议。

2. 评议程序

《最低生活保障审核审批办法（试行）》第二十三条规定，民主评议应当遵循以下程序。

（1）宣讲政策。乡镇人民政府（街道办事处）工作人员宣讲低保资格条件、补差发放、动态管理等政策规定，宣布评议规则和会议纪律。

（2）介绍情况。申请人或者代理人陈述家庭基本情况，入户调查人员介绍申请家庭经济状况调查情况。

（3）现场评议。民主评议人员对申请人家庭经济状况调查情况进行评议，对调查结果的真实性和完整性进行评价。

（4）形成结论。乡镇人民政府（街道办事处）工作人员根据现场评议情况，对申请人家庭经济状况调查结果的真实有效性作出结论。

（5）签字确认。民主评议应当有详细的评议记录。所有参加评议人员应当签字确认评议结果。

《最低生活保障审核审批办法（试行）》第二十四条规定：“对民主评议争议较大的低保申请，乡镇人民政府（街道办事处）应当重新组织家庭经济状况调查核实。”

5.3.4　审核审批

《最低生活保障审核审批办法（试行）》规定："乡镇人民政府（街道办事处）应当根据家庭经济状况信息核对、入户调查、民主评议等情况，对申请家庭是否给予低保提出建议意见，并及时在村（居）民委员会设置的村（居）务公开栏公示入户调查、民主评议和审核结果。公示期为 7 天。公示结束后，乡镇人民政府（街道办事处）应当将申请材料、家庭经济状况调查结果、民主评议情况等相关材料报送县级人民政府民政部门审批。"

县级人民政府民政部门应当自收到乡镇人民政府（街道办事处）审核意见和相关材料 5 个工作日内提出审批意见。拟批准给予低保的，应当同时确定拟保障金额。不符合条件、不予批准的，应当在作出审批决定 3 日内，通过乡镇人民政府（街道办事处）书面告知申请人或者其代理人并说明理由。

县级人民政府民政部门在提出审批意见前，应当全面审查乡镇人民政府（街道办事处）上报的申请材料、调查材料和审核意见，并按照不低于 30% 的比例入户抽查。对单独登记的低保经办人员和村（居）民委员会成员近亲属的低保申请，以及有疑问、有举报或者其他需要重点调查的低保申请，县级人民政府民政部门应当全部入户调查。不得将不经过调查核实的任何群体或者个人直接审批为低保对象。

有条件的地方，县级人民政府民政部门可以邀请申请人户籍所在地乡镇人民政府（街道办事处）、村（居）民委员会派人参与低保审批，对申请家庭是否符合低保条件提出审批意见。

《最低生活保障审核审批办法（试行）》第二十七条规定："保障金额应当按照核定的申请人家庭人均收入与当地低保标准的差额乘以共同生活的家庭成员人数计算。"

《最低生活保障审核审批办法（试行）》第二十八条规定，对低保家庭中的下列人员，可以采取多种措施提高救助水平。

（1）老年人；

（2）未成年人；

（3）重度残疾人；

（4）重病患者；

（5）县级以上地方人民政府确定的其他生活困难人员。

《最低生活保障审核审批办法（试行）》第二十九条规定："县级人民政府民政部门应当对拟批准的低保家庭通过乡镇人民政府（街道办事处）、村（居）民委员会固定的政务公开栏、村（居）务公开栏以及政务大厅设置的电子屏等场所和地点进行公示。公示内容包括申请人姓名、家庭成员、拟保障金额等。公示期为 7 天。"

公示期满无异议的，县级人民政府民政部门应当在 3 个工作日内作出审批决定，对批准给予低保的，发给低保证，并从批准之日下月起发放低保金。对公示有异议的，县级人民政府民政部门应当重新组织调查核实，在 20 个工作日内作出审批决定，并对拟批准的申请重新公示。

5.3.5　资金发放

《最低生活保障审核审批办法（试行）》第三十条规定："低保金原则上实行社会化发放，通过银行、信用社等代理金融机构，直接支付到低保家庭的账户。低保金应当按月发放，每月 10 日前发放到户。金融服务不发达的农村地区，低保金可以按季发放，每季度初 10 日前发放到户。”

5.3.6 动态管理

《最低生活保障审核审批办法(试行)》第三十二条规定:“县级人民政府民政部门应当根据低保对象的年龄、健康状况、劳动能力以及家庭收入来源等情况对低保家庭实行分类管理。乡镇人民政府(街道办事处)应当根据低保家庭成员和其家庭经济状况的变化情况进行分类复核,并根据复核情况及时报请县级人民政府民政部门办理低保金停发、减发或者增发手续。低保家庭应当向乡镇人民政府(街道办事处)定期报告家庭人口、收入和财产状况的变化情况。”

《最低生活保障审核审批办法(试行)》第三十三条规定:“对城市‘三无’人员和家庭成员中有重病、重残人员且收入基本无变化的低保家庭,可每年复核一次。对短期内家庭经济状况和家庭成员基本情况相对稳定的低保家庭,可每半年复核一次。对收入来源不固定、有劳动能力和劳动条件的低保家庭,原则上城市按月、农村按季复核。”

《最低生活保障审核审批办法(试行)》第三十四条规定:“县级人民政府民政部门应当对低保家庭实行长期公示,并完善面向公众的低保对象信息查询机制。公示中应当保护低保对象个人隐私,不得公开与低保无关的信息。”

《最低生活保障审核审批办法(试行)》还规定:“县级以上地方人民政府民政部门和乡镇人民政府(街道办事处)应当公开低保监督咨询电话,主动接受社会和群众对低保审核审批工作的监督、投诉和举报。有条件的地方可以省为单位设置统一的举报投诉电话。县级以上地方人民政府民政部门和乡镇人民政府(街道办事处)应当健全完善举报核查制度,对接到的实名举报,应当逐一核查,并及时向举报人反馈核查处理结果。”

5.4 农村最低生活保障制度

为切实保障农村贫困居民基本生活权益,促进农村经济社会协调发展,维护社会稳定,国务院先后颁布了《国务院关于在全国建立农村最低生活保障制度的通知》(国发〔2007〕19号)和《国务院关于进一步加强和改进最低生活保障工作的意见》(国发〔2012〕45号)。

5.4.1 农村最低生活保障制度的概念

农村最低生活保障制度是指由地方政府为家庭人均纯收入低于当地最低生活保障标准的农村贫困群众,按最低生活保障标准提供维持其基本生活的物质帮助。该制度是在农村特困群众定期定量生活救济制度的基础上逐步发展和完善的一项规范化的社会救助制度。

5.4.2 农村最低生活保障标准和对象范围

农村最低生活保障标准由县级以上地方人民政府按照能够维持当地农村居民全年基本生活所必需的吃饭、穿衣、用水、用电等费用确定,并报上一级地方人民政府备案后公布执行。农村最低生活保障标准随着当地生活必需品价格变化和人民生活水平提高适时进行调整。

农村最低生活保障对象是家庭年人均纯收入低于当地最低生活保障标准的农村居民,主要是因病残、年老体弱、丧失劳动能力以及生存条件恶劣等原因造成生活常年困难的农村居民。

5.4.3 农村最低生活保障的管理

1. 申请、审核和审批

申请农村最低生活保障，一般由户主本人向户籍所在地的乡（镇）人民政府提出申请；村民委员会受乡（镇）人民政府委托，也可受理申请。受乡（镇）人民政府委托，在村党组织的领导下，村民委员会对申请人开展家庭经济状况调查、组织村民会议或村民代表会议民主评议后提出初步意见，报乡（镇）人民政府；乡（镇）人民政府审核后，报县级人民政府民政部门审批。乡（镇）人民政府和县级人民政府民政部门要核查申请人的家庭收入，了解其家庭财产、劳动力状况和实际生活水平，并结合村民民主评议，提出审核、审批意见。在核算申请人家庭收入时，申请人家庭按国家规定所获得的优待抚恤金、计划生育奖励与扶助金以及教育、见义勇为等方面的奖励性补助，一般不计入家庭收入，具体核算办法由地方人民政府确定。

凡认为符合条件的城乡居民都有权直接向其户籍所在地的乡镇人民政府（街道办事处）提出最低生活保障申请；乡镇人民政府（街道办事处）无正当理由，不得拒绝受理。受最低生活保障申请人委托，村（居）民委员会可以代为提交申请。申请最低生活保障要以家庭为单位，按规定提交相关材料，书面声明家庭收入和财产状况，并由申请人签字确认。乡镇人民政府（街道办事处）是审核最低生活保障申请的责任主体，在村（居）民委员会协助下，应当对最低生活保障申请家庭逐一入户调查，详细核查申请材料以及各项声明事项的真实性和完整性，并由调查人员和申请人签字确认。县级人民政府民政部门是最低生活保障审批的责任主体，在作出审批决定前，应当全面审查乡镇人民政府（街道办事处）上报的调查材料和审核意见（含民主评议结果），并按照不低于30%的比例入户抽查。有条件的地方，县级人民政府民政部门可邀请乡镇人民政府（街道办事处）、村（居）民委员会参与审批，促进审批过程的公开透明。严禁不经调查直接将任何群体或个人纳入最低生活保障范围。

2. 民主公示

村民委员会、乡（镇）人民政府以及县级人民政府民政部门要及时向社会公布有关信息，接受群众监督。公示的内容重点为：最低生活保障对象的申请情况和对最低生活保障对象的民主评议意见，审核、审批意见，实际补助水平等情况。对公示没有异议的，要按程序及时落实申请人的最低生活保障待遇；对公示有异议的，要进行调查核实，认真处理。

各地要严格执行最低生活保障审核审批公示制度，规范公示内容、公示形式和公示时限等。社区要设置统一的固定公示栏；乡镇人民政府（街道办事处）要及时公示入户调查、民主评议和审核结果，并确保公示的真实性和准确性；县级人民政府民政部门应当就最低生活保障对象的家庭成员、收入情况、保障金额等在其居住地长期公示，逐步完善面向公众的最低生活保障对象信息查询机制，并完善异议复核制度。公示中要注意保护最低生活保障对象的个人隐私，严禁公开与享受最低生活保障待遇无关的信息。

3. 资金发放

最低生活保障金原则上按照申请人家庭年人均纯收入与保障标准的差额发放，也可以在核查申请人家庭收入的基础上,按照其家庭的困难程度和类别,分档发放。要加快推行国库集中支付方式,通过代理金融机构直接、及时地将最低生活保障金支付到最低生活保障对象账户。

各地要全面推行最低生活保障金社会化发放,按照财政国库管理制度将最低生活保障金直接支付到保障家庭账户,确保最低生活保障金足额、及时发放到位。

4. 动态管理

对已经纳入最低生活保障范围的救助对象,要采取多种方式加强管理服务,定期跟踪保障对象家庭变化情况,形成最低生活保障对象有进有出、补助水平有升有降的动态管理机制。各地要建立最低生活保障家庭人口、收入和财产状况定期报告制度,并根据报告情况分类、定期开展核查,将不再符合条件的家庭及时退出保障范围。对于无生活来源、无劳动能力又无法定赡养、抚养、扶养义务人的“三无人员”,可每年核查一次;对于短期内收入变化不大的家庭,可每半年核查一次;对于收入来源不固定、成员有劳动能力和劳动条件的最低生活保障家庭,原则上实行城市按月、农村按季核查。

5. 制度衔接

加快推进低收入家庭认定工作,为医疗救助、教育救助、住房保障等社会救助政策向低收入家庭拓展提供支撑;全面建立临时救助制度,有效解决低收入群众的突发性、临时性基本生活困难;做好最低生活保障与养老、医疗等社会保险制度的衔接工作。对最低生活保障家庭中的老年人、未成年人、重度残疾人、重病患者等重点救助对象,要采取多种措施提高其救助水平。鼓励机关、企事业单位、社会组织和个人积极开展扶贫帮困活动,形成慈善事业与社会救助的有效衔接。

完善城市最低生活保障与就业联动、农村最低生活保障与扶贫开发衔接机制,鼓励积极就业,加大对有劳动能力最低生活保障对象的就业扶持力度。劳动年龄内、有劳动能力、失业的城市困难群众,在申请最低生活保障时,应当先到当地公共就业服务机构办理失业登记;公共就业服务机构应当向登记失业的最低生活保障对象提供及时的就业服务和重点帮助;对实现就业的最低生活保障对象,在核算其家庭收入时,可以扣减必要的就业成本。

5.5 城乡低保统筹发展

5.5.1 城乡低保统筹的概念

城乡低保统筹,也可以称为城乡低保一体化,是指在同一部法律、法规或规章中对城乡居民的最低生活保障做出统筹规划,国家对城乡居民的最低生活承担同样的国家义务,向不能满足自身或家庭基本生活需要的城乡居民提供最低生活保障。

2011 年,我国开始推行城乡低保制度一体化建设,在北京、上海、浙江、江苏、广东、天津等省、自治区、直辖市都已经探索出一条城乡低保制度的一体化道路,并取得了积极成果。

5.5.2 城乡低保统筹思路

1. 统一机构

在县一级应设立城乡低保管理办公室,作为统一审批城乡低保申请的办事机构,配齐配强工作人员，加强业务法律法规学习，对符合条件的在规定时间内进行审批，不符合条件的讲明缺项。同时，加强对现有低保户和申请低保人员家庭收入、人口情况的监察，做到严格入口，畅通出口。

2. 完善程序

在实现低保城乡一体化后，要完善申请、调查、审核、救助、监察等程序。为增加科学性、减少工作量，确保公平、公正、公开，城乡低保程序应当对应，实行"两会、两公、两抽查"。"两会"即是，低保救助申请人是否符合救助条件，首先由村（居）委会进行入户调查，实行初审，然后召开村（居）民代表大会，将拟上报申请、调整救助标准、退保等的低保对象情况作为一项重要内容进行公开讨论，经村（居）民评议同意后再上报镇（街）民政办。"两公"即是，对上报进行低保申请、调整标准、退保的低保对象家庭人员、收入等情况，分别在居住地、当地政府或民政网站进行一定期限的公示。"两抽查"即是，对新申请、调整标准、退保的低保对象分别由镇（街）民政办、县级低保管理办公室进行抽查，对抽查不符合救助标准的低保对象说明原因，驳回申请；对有明显骗保行为的申请对象所在村（居），对该村（居）所有低保对象进行全面普查，该村（居）主要负责人不能评先树优。

3. 渐进式统一救助标准

目前，大多地区的城乡低保救助标准都有差异，这是由于低保是保障困难群众基本生活权益的，而城市与农村的基本生活资料，如粮、油、水、电、煤、暖气等需求是不同的。随着城乡一体化进程的加快，新农村建设向深层次推进，农村社区的普及和推广，更多的公共服务向农村延伸，农村群众越来越多地享受到改革发展的成果，农村群众的生活消费也在日益增长，这都对提高农村低保救助标准提出了要求。为更好地让城乡困难群众享受改革发展成果，对城乡低保救助标准应实行渐进式统一，不宜一刀切，否则会急剧增加财政负担，影响低保和经济社会的持续健康发展。下一步，可以探索实行将城乡低保救助标准与城乡居民收入相挂钩的机制，将年城乡居民收入标准的一定比例作为城乡低保救助标准。

4. 协调相关工作的配合

城乡低保救助工作的开展离不开党和政府的领导，离不开社会群众的认可和关注，也离不开相关部门、单位的配合。做好与这些部门、单位的协调配合，可以促进低保与相关工作共同促进、共同提高。与城乡社区建设相配合，在社区建设中充分考虑低保群众的需求，制定符合他们需求的管理和服务。与村务公开、民主管理相配合，在民主公开日和村（居）民代表会议时，通盘讨论包括低保在内的社会救助工作，让群众了解、参与、监督各项救助金的发放工作。与移风易俗工作相配合，大力宣传通过辛勤劳动脱贫致富的低保对象典型，让群众关心低保对象，也使低保对象面对生活，融入社会，增进相互间的了解。与社工工作相配合，根据低保对象家庭实际情况，有针对性地介绍社工帮助低保对象解决家庭、心理、就业等实际困难。与劳动部门相配合，对有劳动能力的低保对象进行再就业培训，消除有劳动能力的低保家庭零就业现象，使他们逐步脱贫致富。

拓展训练

北京首次实现城乡低保标准并轨：14 万困难人群同享每月 710 元低保

北京市 5 万多名农村低保对象，全部享受了和城区低保对象一样的保障标准。去年 7 月

1 日起，延庆开始实施城乡低保标准统一，农村低保标准由家庭月人均 670 元调整为 710 元。这标志着，北京市 13 个涉农区全部实现城乡低保标准一体化。延续多年的城乡低保二元化在北京正式走向终点。

2005 年以来，本市多次提高城乡低保标准，城市低保标准由月人均 480 元调整至 710 元，农村低保标准逐步接近城市低保标准。截至 2014 年 12 月，本市城乡低保群体共有 8.57 万户、14.31 万人，其中城市低保对象 8.76 万人，农村低保对象 5.55 万人。

市民政局有关负责人介绍，受城乡低保二元化结构影响，本市社会救助制度在建立之初，存在着制度设计、标准设定等方面的城乡差异。近年来，按照城乡统筹等理念，本市将工作侧重点放在了农村，注重加大农村低保标准的调整幅度，缩小城乡差距。比如，从 2011 年到 2015 年，城市低保标准由月人均 480 元调整至 710 元，年均增幅约 8.14%；农村低保标准从月人均 300 元提高到 710 元，年均增幅约 18.8%。仅用 4 年时间，农村低保标准和城市低保标准的差距就缩小到了零。

北京市民政局社会救助处处长吕海燕介绍，统一城乡低保标准考虑了北京市经济发展和城乡统筹的实际情况。“一些农村地区的困难群体，他们与城市低保对象在生活上的支出差距并不大。”吕海燕解释。

另外，根据财政部、民政部等部委对规范城乡低保标准制定和调整工作联合发布指导的意见，北京市近年也相继出台了对城市和农村低保标准的测算、调整办法。主要以统计部门提供的居民基本食品费用支出和其他生活必需品费用支出为基础进行测算，并综合考虑了公共交通价格、生活必需品价格等因素。

“通过统计部门提供的数据，民政部门可以直观地根据维持低收入基本生活所必需的食品支出及适当的恩格尔系数，计算出城乡低保家庭维持家庭基本生活所必需的费用。”吕海燕介绍。

除了实现城乡低保标准并轨，本市在全国率先实行与物价联动调整的低保标准制度，也更好地保障了低保人群的生活。

（资料来源：http://news.cqnews.net/html/2016-01/03/content_36122253.htm。）

仔细阅读以上资料，回答以下问题：

1. 城乡低保并轨有什么好处？

2. 理论联系实际，谈谈你对我国最低生活保障制度重要性的认识。

案例分享

淮南市再次提高最低生活保障和特困人员救助供养标准

近日，记者从市民政局获悉，经市政府第 111 次常务会议研究同意，我市再次提高最低生活保障和特困人员救助供养标准，进一步兜住兜牢基本民生保障底线，巩固拓展脱贫攻坚成果。新标准从 2021 年 7 月 1 日起执行。据介绍，此次最低生活保障标准首次实现市域内统筹，市辖区和凤台县、寿县分别由每人每月 642 元、600 元，统一提高到 671 元，市辖区和凤台县增幅 4.5%，寿县增幅 11.83%。市辖区和凤台县城市特困人员年财政补助标准由 13 200 元提高到 13 680 元；农村特困人员年基本生活标准由 10 000 元提高到 10 468 元，其中农村集中供养人员财政补助标准由 8 400 元提高到 8 880 元，农村分散供养人员财政补助标准由 7 200

元提高到 7 560 元,寿县结合实际制定。市辖区集中供养特困人员中部分丧失生活自理能力的护理补贴由每人每月 100 元提高到每人每月 200 元,完全丧失生活自理能力的护理补贴由每人每月 200 元提高到每人每月 400 元,增幅 100%,寿县、凤台县结合实际制定。近年来,市委、市政府深入践行以人民为中心的发展思想,逐步改革完善社会救助制度,持续加大财政投入力度,连续六年提高困难群众基本生活保障标准,人民群众的获得感、幸福感、安全感不断增强。

(案例来源:《淮南日报》,2021 年 7 月 19 日,记者 朱庆磊)

技能实战

将全班分成两个小组,在认真学习"最低生活保障制度"一章的基础上,分别绘制城市居民最低生活保障办理程序示意图和农村村民最低生活保障办理程序示意图。要求:程序正确,清晰美观。

自我测试

1. 请回答城市居民最低生活保障的对象、救济范围和保障标准是什么?
2. 请说出城市居民最低生活保障的办理程序。
3. 请谈谈城乡低保统筹发展的概念和思路。

6　城市流浪乞讨人员救助制度

引言

城市流浪乞讨人员救助是对在城市中生活无着的流浪乞讨人员实施救济和帮助，保障其基本生活权益而提供的一项社会救助制度。长期以来，我国对因各种原因流入城市的流浪乞讨人员采取的是收容遣送制度。在特定的历史条件下，收容遣送制度为保障流浪乞讨人员的基本生活权益、维护城市社会秩序曾经产生过积极的作用。但是，随着社会的发展和民主法制建设的不断加强，传统的收容遣送制度已经不能适应时代的需要。2003 年 6 月 20 日，国务院颁布《城市生活无着的流浪乞讨人员救助管理办法》，将强制性收容遣送改为关爱性救助管理，反映了时代的进步、社会的发展，体现了党和政府对弱势群体的关怀和"以人为本、执政为民"的理念。

学习目标

1. 了解城市流浪乞讨人员救助制度出台的历史背景。
2. 了解城市流浪乞讨人员救助的特点与原则。
3. 掌握城市流浪乞讨人员救助的对象与内容。
4. 掌握城市流浪乞讨人员救助的流程。
5. 会分析城市流浪乞讨人员救助制度的实施情况。

6.1　城市流浪乞讨人员救助的特点与原则

2003 年 6 月 20 日，国务院颁布《城市生活无着的流浪乞讨人员救助管理办法》（以下简称《救助管理办法》），民政部也发布了《城市生活无着的流浪乞讨人员救助管理办法实施细则》（以下简称《实施细则》），《城市流浪乞讨人员收容遣送办法》随即被废止，自此带有强制性特点的收容遣送制度变为关爱性的救助管理，城市流浪乞讨人员救助制度正式建立。

6.1.1　城市流浪乞讨人员救助的特点

《救助管理办法》的颁布，反应了时代的进步、社会的发展，跟传统的收容遣送制度相比，真正体现了救助的特点。

6.1.1.1　以救助为宗旨

《救助管理办法》第一条明确规定，其目的是"为了对在城市生活无着的流浪、乞讨人员实行救助，保障其基本生活权益，完善社会救助制度"。这一宗旨表明了《救助管理办法》是我国目前保障流浪乞讨人员这一特殊人群的临时性救助法规，它与城市最低生活保障制度一样，属于我国社会救助法规体系中的重要组成部分。

6.1.1.2 以自愿求助为原则

《救助管理办法》规定受助者是自愿的，既不是“强制救助”，也不是“收费性救助”。这是区别于旧的收容遣送制度的重要标志，所谓自愿求助即指被救助人员向救助站提出救助申请，经审查符合救助条件，救助站应该给予救助。同时，受助人员也可以放弃救助，被救助人员在告知救助站以后，可以自愿离站，救助管理站不得限制。

6.1.1.3 以人为本的人文关怀

传统的收容遣送工作实行的是一种公安参与、行政管理色彩浓厚的封闭式“监所”模式，缺乏人道主义色彩。而《救助管理办法》实行的是一种重服务、重救助的“全开放”服务模式，这一模式使社会弱势群体“不能因为政府行为而受到伤害”。对于流浪乞讨者，是告知其“求助”；对于残疾人、未成年人、老年人和行动不便者，是引导、护送其“求助”。充分体现了以人为本的人文关怀。

6.1.1.4 强调了社会力量参与

《救助管理办法》强调了政府、社会、家庭三者责任的有机结合。政府承担救助管理机制的设施建设、经费保障，以及查不到家庭及其亲属，同时也找不到户籍所在地的老年人、未成年人、残疾人的安置等责任；社会的责任表现在“国家鼓励、支持社会组织和个人救助流浪乞讨人员”，社会组织及个人可以采取捐款、义工等方式支持救助管理站的工作；此外，家庭成员也有依法赡养、抚养的责任，避免老年人、残疾人、未成年人生活无着外出流浪乞讨现象的产生。

6.1.2 城市流浪乞讨人员救助的原则

对城市生活无着的流浪乞讨人员进行救助管理，其本质是一种社会救助制度，必须坚持自愿受助、无偿救助原则，临时性救助原则，政府、社会、家庭责任有机结合的原则。

6.1.2.1 自愿受助、无偿救助原则

自愿受助、无偿救助是新型救助制度区别于收容遣送制度的重要标志，是救助管理工作必须遵循的原则。所谓自愿受助，指求助人向救助管理站自愿求助，经询问符合救助对象的范围，救助管理站应给予救助；同时，受助人可以放弃救助，告知救助管理站后自愿离站，救助管理站不得限制。所谓无偿救助，指救助管理站不得向受助人及其家属和单位收取费用，也不得组织受助人从事生产劳动以自挣生活费及返家所需费用。

6.1.2.2 临时性救助原则

《救助管理办法》)规定，救助管理站对流浪乞讨人员的救助是一项临时性社会救助措施，这与城市最低生活保障和其他社会保障制度在救助内容、方式上都有重大区别。救助管理站对救助对象实施的救助，主要是解决其临时的生活困难，并使其返回家庭或所在单位。这一临时性救助制度的建立，考虑到新的历史条件下流浪乞讨人员的特点，考虑到我国经济和社会发展水平，坚持了临时性救助与家庭保障和其他社会保障制度的衔接，从而避免养懒汉。另外，《实施细则》明确规定了救助管理站对受助人员的救助时限不超过 10 天。受助人员在接受救助或生活无着情形消除后必须离站，不能长时间滞留站内。对于无正当理由拒绝离站的，应终止救助。决不应把救助管理站办成“收养院”“福利院”。

6.1.2.3 政府、社会和家庭责任相结合的原则

扶贫济困是政府的责任，也是全社会的义务。各区、县（市）政府、社会各方面和相关家庭、单位都要切实履行各自的责任和义务。对流入的符合救助条件的流浪乞讨人员，要给予临时性救助，解决他们暂时的基本生活困难，并帮助其返回当地、回归家庭。对流出的流浪乞讨人员，在接到流入地的通知后，要设法及时接回，并帮助解决具体困难，避免他们再次外出流浪乞讨。同时，要教育受助人员的亲属或其他监护人履行应尽的义务，对遗弃抚养、赡养对象且屡教不改的人员，要依法予以严肃处理。对无家可归的残疾人、未成年人、老年人，各区、县（市）政府要妥善安置。总之，在政府救助的同时，国家鼓励、支持社会组织和个人救助流浪乞讨人员。

6.2 城市流浪乞讨人员救助的对象与内容

新的城市生活无着的流浪乞讨人员救助制度建立以后，界定救助对象是开展社会救助的关键，也是城市生活无着的流浪乞讨人员救助工作的难点。

6.2.1 城市流浪乞讨人员救助的对象

根据《救助管理办法》和《实施细则》的有关规定，"城市生活无着的流浪乞讨人员"是指因自身无力解决食宿，无亲友投靠，又不享受城市最低生活保障或者农村"五保"供养，正在城市流浪乞讨度日的人员。救助对象必须自愿提出受助要求，经救助管理站查核，符合救助条件的，救助管理站应无偿提供救助；凡不符合条件的不予救助。受助人员放弃救助、自愿离站的，救助管理站不得限制。因此，受助人员必须具备以下四个条件。

（1）自身无力解决食宿。主要指因贫、因灾或因其他原因造成流浪、乞讨；因打工不着、旅游或办事失窃、逃学、投亲不遇等造成流浪、乞讨，暂时无法解决自身吃饭、住宿的受助人员。

（2）无亲友投靠。主要指经救助站核实，在流入城市无亲属、朋友可以提供食宿且身无分文的受助人员。

（3）不享受城市居民最低生活保障或者农村"五保"供养。主要指受助人员在原籍不享受城市居民最低生活保障或者农村"五保"供养的受助人员。

（4）正在城市流浪乞讨度日。主要指来救助管理站时正在流浪或乞讨的受助人员。

此外，因偶遇被抢、失窃、务工不着、无亲友投靠而食宿等发生临时困难的，救助管理站可以在调查核实情况、履行必要手续的前提下给予适当救助。

6.2.2 城市流浪乞讨人员救助的内容

根据《救助管理办法》规定，救助站对受助人员主要提供五项基本救助：一是提供符合卫生标准的食物；二是提供符合基本条件的住处；三是对在站内突发急病的，及时送医院救治；四是帮助与其亲属或者所在单位联系；五是对无力支付交通费的受助人员提供其回居住地或所在单位的乘车（船）凭证。

6.2.2.1 免费提供符合卫生标准的食物

城市生活无着的流浪乞讨人员属于社会的弱势群体，容易受到社会的歧视。在食物供给上也容易受到忽视。因此，《救助管理办法》和《实施细则》特别提出食物必须符合卫生要求。

救助站在具体操作过程中,应该严格按照《中华人民共和国食品卫生法》的有关规定,向受助者提供干净、卫生、无毒、无害、符合营养要求的食品和饮用水;所用餐具、饮水具要严格消毒;使用符合要求、对人体无害的消毒剂、洗涤剂;严格禁止使用腐烂变质和超过使用期限的食品。

6.2.2.2 免费提供符合基本条件的住处

《救助管理办法》规定,救助站要向受助者提供符合基本条件的住处。所谓"基本条件"可以理解为根据国家有关城镇居民住宅装修标准的规定,按照一般居家住房的标准要求,向受助者提供安全、保暖、舒适的住所,配备卫生间和马桶、洗脸盆、沐浴喷头等设施和必要的洗涤用品。

6.2.2.3 在站内突发急病的,及时送医院救治

《救助管理办法》规定,对在站内突发急病的受助人员,要及时送医院抢救和治疗,免费提供急发病救治。不得延误时间,以免发生死亡事件。

6.2.2.4 帮助与其亲属或者所在单位联系

帮助与其亲属或者所在单位联系的目的是帮助受助者返回原籍或单位妥善安置。这方面的工作主要包括:一是做好劝导返回的思想工作,在工作中可以视情况运用专业知识和技能,如个案工作方法,培育其生活价值信念,增强其自食其力的信心和勇气,使其早日回归社会。二是查明地址,联系其亲属和单位,要求尽快来站接人。三是对无家可归的流浪乞讨人员,联系其户籍所在地的政府来站接人,做好安置工作。

6.2.2.5 对生活困难的,免费提供返回乘车(船)凭证

《救助管理办法》规定,救助站有义务为受助人员免费提供返回乘车(船)凭证。但救助站对受助人员必须认真做好审查工作,防止"骗票"现象发生,保证救助资金切实用于最需要的受助者。如在"救助票"上加盖"政府救助、禁退禁卖"字样,向受助人员发放"乘车证明信"等。

此外,民政部颁布的《实施细则》还对有关规定进行了细化。规定救助管理站在对受助人员实施救助时,应以受助人员的救助需求确定救助内容和救助方式,而不能以满足受助人员的主观愿望为尺度。对于受助人员提出的无理要求,要予以拒绝。对特殊困难群体实施特别的救助。对于残疾人、未成年人、老年人,救助管理站要在生活上给予照顾,并给予必要的保护。对于受助人员既要救助,又要管理,救助、管理要并重,这是实施《救助管理办法》和《实施细则》过程中必须正确处理的问题。救助是第一位的,管理则是保障救助工作正常进行的重要手段,也是至关重要的。救助管理站对受助人员的伙食标准、住宿条件及其他救助标准,全国无法统一作出规定。由各级民政部门根据当地财政状况、物价水平及居民生活水平的状况提出意见,由财政部门合理确定。

6.3 城市流浪乞讨人员救助的程序

根据《救助管理办法》和《实施细则》的有关规定,可以将救助管理的程序概括为询问、告知、登记和救助四个过程。

6.3.1 询问

救助站对前来求助的对象,在正式入站之前要完成询问。一般情况下,在24小时内完成身份核实、登记和建档工作。询问内容主要包括:受助人姓名、年龄、性别、居民身份证或者能够证明其身份的其他证件、本人户口所在地、住所地;是否享受城市最低生活保障或农村五保供养;流浪乞讨的原因、时间和经过;本地有无亲友;近亲属及其他关系密切亲属的姓名、地址及联系方式。

6.3.2 告知

在询问后,救助站要向求助者讲清楚救助站救助的范围和救助的内容以及有关的政策规定。对于符合救助条件的,填写《求助人员申请救助登记表》,及时安排救助;对于不符合救助条件的,不予救助并告知理由。

6.3.3 登记

在自愿受助的前提下,救助站工作人员必须详细登记受助者的下列情况:

(1)本人姓名、年龄、性别、居民身份证或者能够证明其身份的其他证件、本人户口所在地、住所地;

(2)是否享受城市最低生活保障或农村"五保"供养;

(3)流浪乞讨的原因、时间和经过;

(4)近亲属及其他关系密切亲属的姓名、地址及联系方式;

(5)随身物品情况;

(6)被盗、被抢、被骗人员求助时,必须凭公安部门出具的报案证明。

6.3.4 救助

根据《实施细则》规定,对于符合救助条件的,救助站应当根据受助人员的情况确定救助期限,一般不超过10天;因特殊情况需要延长的,报上级民政主管部门备案。救助的内容为《救助管理办法》规定的五个方面,前面已经列出。对于因年幼、年老、残疾等原因无法提供个人情况的,救助站应该先提供救助,再查明情况,对拒不如实提供个人情况的不予救助;对精神病人、传染病人或危重病人,应先送指定医院救治,待病情得到控制、符合入站条件后,再入站接受救助。

6.4 城市流浪乞讨人员救助的工作体制

城市流浪乞讨人员救助是一项复杂的系统工程,健全、合理、有效的工作体制是做好救助管理的重要条件。在我国,城市流浪乞讨人员救助工作主要由民政部门牵头负责,救助管理站是专门执行机构,其他有关部门协调配合,各司其职,共同来做好救助管理工作。

6.4.1 救助管理站

救助管理站是开展城市生活无着的流浪乞讨人员救助管理工作的专门机构。按照《救助管理办法》的规定,"县级以上城市人民政府应根据需要设立流浪乞讨人员救助站。救助站对流浪乞讨人员的救助是一项临时性的社会救助措施"。根据财政部、民政部、中央机构编制委员会办公室下发的《关于实施城市生活无着的流浪乞讨人员救助管理办法有关机构编制和经费问题的通知》规定,救助站为财政补助事业单位。救助管理站依照《救助管理办法》及《实施细则》的具体规定为城市生活无着的流浪乞讨人员提供服务。

6.4.2 民政部门

民政部门是负责救助工作的政府职能部门,民政部门与救助管理站是领导与被领导的关系。《救助管理办法》规定:“县级以上人民政府民政部门负责流浪乞讨人员的救助工作,并对救助站进行指导、监督。”在《实施细则》中进一步细化了民政部门的职能,规定“县级以上人民政府民政部门应当加强对救助站的领导和监督管理”,并明确了五项具体职责。

(1)监督救助站落实救助措施和规章制度。包括对工作人员行为规范、上岗执法纪律、救助管理工作程序、奖惩条例、站内管理条例、救助者登记制度、公共财物使用制度等的落实情况。

(2)指导检查救助工作情况,规范管理,依法行政。为了保护流浪乞讨人员这一弱势群体的基本权利,对于执法的工作人员加强监督,是《救助管理办法》赋予民政部门的一项重要职责。

(3)对救助站工作人员进行教育、培训。组织救助站工作人员学习宪法、法律,树立法制观念,明确公民的基本权利;学习《救助管理办法》,转变工作思路、改进工作方法;学习专业知识,如社会工作方法、社会心理学、特殊教育等理论知识,提高业务能力。

(4)调查、处理救助站及其工作人员违法违纪问题。具体内容包括日常监督,定期检查工作,召开受助人员座谈会,接受受助人员举报,对违纪、违法者依法处理等。

(5)帮助救助站解决困难,提供工作条件。《救助管理办法》规定,“将救助工作所需经费列入财政预算,予以保障”。民政部门应科学核算救助站所需经费,主动、及时地向当地政府反映情况,取得政府支持,并建立动态管理制度和保障经费的自然增长机制。

6.4.3 其他部门

城市流浪乞讨人员救助工作涉及面广,是一项复杂的社会系统工程,决不是民政部门自身可以做好的,需要有关部门的紧密协作配合。为此,《救助管理办法》规定:“公安、卫生、交通、铁道、城管等部门应当在各自的职责范围内做好相关工作。”如卫生部门协助做好受助者的救治工作;交通铁路部门协助做好受助者返回乘车(船)服务工作;公安、城管部门协助做好求助的服务工作,发现流浪乞讨者,告知其向救助站求助,对残、幼、老和行动困难者提供引导、护送服务。

此外,社会组织和个人在救助管理工作中发挥着积极的作用。《救助管理办法》规定:“国家鼓励、支持社会组织和个人救助流浪乞讨人员。”

6.5 城市流浪乞讨人员救助制度实施情况

6.5.1 实施成效

《救助管理办法》自 2003 年 8 月 1 日实施以来,各级政府本着“自愿受助、无偿救助”原则,为城市生活无着的流浪乞讨人员提供饮食、住宿、通讯、医疗救治和返乡车(船)票等救助服务,补充和完善了我国社会救助体系,对维护社会稳定、和谐发展发挥了重要的作用。具体来说,主要体现在以下几个方面。

6.5.1.1 工作机制逐步健全

自2003年以来，各地认真贯彻《救助管理办法》和《实施细则》等法规，结合实际工作需要，明确了部门分工、工作原则和具体要求，建立了政府领导、民政主管、部门协同、社会参与的工作机制。北京、天津、辽宁、上海、江苏、福建等地成立了由政府主管领导任组长、相关部门参加的救助管理工作领导协调小组，统筹救助管理工作的开展。北京、上海、郑州、成都等城市还形成了社会救助与社会管理紧密衔接的街头流浪乞讨现象治理机制，为改善城市环境、维护社会治安发挥了重要作用。

6.5.1.2 救助网络初步形成

目前，全国共有救助管理站1 189个、流浪未成年人救助保护中心130个、跨省救助管理站176个、定点医院1 133个。各地普遍建立了由固定救助点、流动救助车和专群结合的救助队伍组成的救助服务网络，为及时发现和帮助困难群众创造了条件。北京、上海、郑州、成都、大连、盘锦、南京等14个城市通过设立街边救助点、社区联络员、街头服务小分队，发动志愿者、社区群众共同参与，实现救助服务网络全覆盖，及时救助流落街头的困难群众，特别是危重病人、精神病人和无法求助的特殊困难群众，形成全社会共同关怀、帮助困难群众的浓厚氛围。

6.5.1.3 工作方式不断创新

各地在救助管理实践中不断探索、不断创新，采取主动救助、积极救助、分类救助等方式。北京市创新了网络化管理新模式，将所辖地区划分为若干个1万平方米的网络，每个网络配有专职监督管理人员，负责日常巡查，及时发现、及时救助遭遇临时困难的流浪乞讨人员。上海市通过政府购买服务，利用民间组织开展街头流浪乞讨人员的劝导、救助工作，在站内引入社工，运用个案工作、小组工作等专业方法对受助人员实施干预。郑州市积极探索"类家庭""家庭寄养"等家庭教育保护模式，设立来去自由的"全天候街头儿童活动中心"，综合运用社会工作、心理辅导、技能培训、文化教育等专业化的工作方法，帮助流浪未成年人早日回归家庭、回归社会，形成具有国际影响力的"郑州模式"。本溪市政府向分布各社区的350个零就业家庭购买救助服务公益岗位，使他们参与到救助工作中，既保障了困难家庭的基本生活，又扩大了救助服务网络覆盖范围，收到良好的社会效果。

6.5.1.4 服务功能广泛拓展

各地救助管理站坚持"以人为本"，拓展救助管理工作的内涵和外延，为受助人员提供更多的服务，取得了很好的社会效果。北京、大连、深圳、成都等城市救助管理站为受助人员提供就业指导，帮助他们实现就业，结束流浪生活；南京、盘锦等城市救助管理站帮助遭受不法侵害的受助人员维权；上海、大连、天津、徐州等五十多个城市救助管理站为遭受家庭暴力侵害人员提供临时庇护；重庆、珠海、厦门等城市救助管理站为受灾群众提供临时庇护。这些工作既拓展了救助管理站的职能，又切实解决了处于困境群众的实际困难，为促进社会建设发挥了积极作用。

6.5.1.5 救助工作日益规范

建立规范化管理长效机制是救助管理的基础性工作。各地救助管理站按照民政部制定的《救助管理机构基本规范》和《流浪未成年人救助保护机构基本规范》要求，在改善设施环境、强化内部管理、改进救助服务等方面取得了积极进展。南京市救助管理站十分重视规范化管理，率先通过 IS09001：2000 国际质量管理体系认证。各地充分运用覆盖全国的救助管理信息系统开展业务工作，北京等城市还根据工作需要，在全国救助信息系统基础上又单独开发了指纹识别、一托一工作流程等软件模块，进一步完善了信息管理系统。2005 年救助管理信息系统投入使用以来，救助管理站的甄别核查、护送返乡和内部管理效能大大提高，实现了全国互联、信息共享和实时监管。目前，已经为 180 万名流浪乞讨人员和 27 万名受助未成年人建立了电子档案。救助工作向人性化、专业化、规范化、标准化的方向发展。

小资料

救助管理机构基本规范

2014 年 6 月 22 日，民政部以民发〔2014〕132 号印发《生活无着的流浪乞讨人员救助管理机构工作规程》。该《工作规程》分总则、接待服务、在站服务、离站服务、机构管理、附则 6 章、89 条，由民政部负责解释，自 2014 年 8 月 1 日起实施。《民政部关于印发〈救助管理机构基本规范〉和〈流浪未成年人救助保护机构基本规范〉的通知》（民发〔2006〕118 号）自本规程实施之日起废止。下面为摘选《工作规程》中的机构管理部分。

5.1　人力资源配置

5.1.1　救助管理工作人员任职和职务调整应当符合相应的岗位资质要求，暂时不具备相应资质的，应当经过培训并考核合格后任职。

5.1.2　地级以上城市的救助管理机构的行政管理人员应当具备大专以上学历，熟练掌握从事工作的知识和技能；领导班子成员中至少有 1 名具备社会工作专业知识。

5.1.3　地级以上城市的救助管理机构应当有医疗护理、法律事务、社会工作、信息化管理等专业技术岗位，在岗人员应当具有大专以上学历，能够熟练运用专业知识开展业务工作；暂时不具备条件的，可以利用社会力量开展工作。

5.1.4　直接为受助人员提供生活照料的服务人员，经培训考核合格后方可上岗。

5.1.5　从事餐饮、水电暖运行维护、机动车驾驶等后勤保障工作的人员，应当具备相应执业资格。

5.2　制度建设

5.2.1　救助管理机构应当明确岗位职责，建立完善内部管理制度；应当严格执行外事、财务、人事、捐赠、新闻宣传等方面的规定；应当制定机构中长期发展规划和年度计划，定期进行绩效评估。

5.2.2　救助管理机构应当与定点医院商定救治工作程序，建立、完善与公安、城管等有关部门的协作、配合机制。

5.2.3　定期组织工作人员参加业务培训。

5.2.4　定期组织工作人员进行健康检查。

5.2.5　建立对食物中毒、重大人员伤亡事件、群体性事件、受助人员失踪、紧急情况下的人员疏散等突发事件处置机制，制定应急预案并定期组织演练。

5.2.6　按照政务公开要求，公布工作流程、岗位职责、工作依据、投诉申诉途径，工作人员佩证上岗。

5.2.7　宣传并引导社会公众、社会组织、志愿者参与救助管理工作。

6.5.2 存在的问题

6.5.2.1 求助对象身份甄别难

《救助管理办法》界定了救助标准和条件,但实际上难以操作。在救助工作中,相当一部分救助对象不能提供有效的身份证明。究其原因:一是临时求助人不想暴露身份,怕影响名声;二是职业乞讨人员,他们经常流动于全国各地乞讨,登记后怕被当地民政部门接回;三是目前正在实施微机联网,进入微机后,怕今后不被予以救助。为此,给救助管理部门工作带来许多不便,甚至无法核实被救助人员的真实情况,无法实施救助。对这部分人,目前基本上是由他们自述,工作人员凭感觉和经验判断是否救助,对一些不符合条件的掺杂人员更是难以应对。

6.5.2.2 流浪乞讨人员劝导难

《救助管理办法》明确规定流浪乞讨人员救助条件:无力解决食宿、无亲友投靠、既不享受城市最低生活保障者又不享有农村"五保"供养、正在城市流浪乞讨的人员。在自愿求助后,救助管理部门应给予无偿救助。而目前流浪乞讨人员大多属于职业乞讨者,他们靠展示残疾肢体换取社会同情心,收入比较可观。正所谓"城里磕上三年头,回去盖个小洋楼"。他们不愿意接受救助站救助,加之自愿求助政策与职业乞讨之间矛盾,流浪乞讨人员劝导难,致使流浪乞讨人员数量呈递增趋势。

6.5.2.3 受助人员中弱势群体返家难

在救助对象中,盲聋哑、痴呆傻、精神病人和无家可归者占大多数。他们是救助工作中的难点和重点。由于他们不能提供准确的家庭住址和联系人的相关信息,无法同其家人和亲属联系,即使找到了他们的亲人和亲属,他们当中相当一部分人也不愿意把他们从救助站接走。有的接走了,不久又流落社会,救助站便成了他们的栖身之地。

6.5.2.4 危重病人医疗、流浪儿童权益等问题保障难

《救助管理办法》第二条规定:救助站对流浪乞讨人员的救助是一项临时性社会救助措施。救助站一般只提供流浪乞讨人员基本食宿,流浪乞讨人员中老弱病残、精神病患者医疗康复、失学儿童求学、妇女权益保护等问题成为流浪乞讨人员救助管理盲区,急需社会关注与解决。此外,《实施细则》第十二条规定:救助站应当根据受助人员的情况确定救助期限,一般不超过 10 天;因特殊情况需要延长的,报上级民政主管部门备案。这种临时性的救助,根本谈不上为流浪儿童提供教育或行为治疗。

6.5.3 完善救助管理制度的对策

6.5.3.1 建立健全农村社会保障制度体系,从根本上减少流浪乞讨人员数量

决定一个国家乞讨人员数量的不是乞讨人员自己,而主要是政府的治理能力与社会经济的发展水平。从流浪乞讨人员的来源看,绝大部分来自于农村,其主要原因是我国广大农村地区的社会保障是我国整个社会保障制度的最薄弱环节,绝大多数农民在出现贫困或者因故返贫的状况下没有其他的保障途径,不得不以"尊严换取生存"。因此,在流浪乞讨相关法律制度建设上首先应当完善农村社会保障制度体系建设,确立农村社会保险、社会救济、社会福利、优抚安置等制度,特别是应当加快农村养老保险、医疗保险和最低生活保障制度建设。最大程度地改善社会低层公众与弱势群体的生存状况,从根本上避免贫弱群体因生活无着而流浪

乞讨。

6.5.3.2 建立健全救助管理联动机制，开展标准化、规范化管理

城市流浪乞讨人员的救助管理具有紧迫性、复杂性、扩散性等特征，是一项复杂的社会系统工程，绝不是仅靠民政部门自身可以做好的，需要有关部门的紧密协作配合。目前，城市流浪乞讨人员救助管理工作中，民政部门发挥了主导作用，但是部门联动机制尚未完全建立，部门资源也没有有效整合。这是《救助管理办法》颁布以来存在的普遍问题。解决这一问题，需要在现在行体制基础上建立和完善协调统一的管理体制和合作机制。

首先，明确有关部门职责，明确执法主体，切实履行各自职责。公安部门按照职责要对街头发现的流浪乞讨人员进行告知、引导和护送。对乞讨过程中妨害公共秩序、侵害公私财物、违反交通管理、利用流浪乞讨作掩护进行盗窃、诈骗、抢夺等违法犯罪活动，依法及时打击处理。有条件的地区要在救助管理站内派驻民警，协助站内工作人员核查求助人员的真实身份，维护站内治安秩序。城管部门也需承担告知、引导和护送任务，并负责对违反城市管理法规的流浪乞讨人员依法实施行政处罚。卫生部门为救助管理站设立定点医院，配备医护人员，对突发急病的受助人员及时进行治疗。对救助管理站防疫工作进行检查和指导。交通、铁道部门为救助管理站提供乘车凭证，为要求返回户籍地的受助人员提供方便。

其次，各部门要形成协调配合、齐抓共管的工作局面，借鉴国际经验，开展标准化、规范化管理。一是标准化的操作，明确双方合作程序和责任规定；二是标准化的规划，统一规划全市的救助资源、环境、动员等事务；三是标准化的财政，对于影响深远、范围较广的救助管理系统建设和相关活动，应打破部门预算，统一开展预算、成本控制等财政管理。

6.5.3.3 做好救助管理对象的类型划分，识别和区分受助者的需求差异，合理利用救助资源，严格控制职业乞讨行为

《实施细则》规定：城市生活无着的流浪乞讨人员是指因自身无力解决食宿、无亲友投靠、又不享受城市最低生活保障或者农村“五保”供养、正在城市流浪乞讨度日的人员。虽有流浪乞讨行为，但不具备前款规定情形的，不属于救助对象。事实上，在流浪乞讨人员的队伍里，存在多种类型的乞讨者，他们的动机各异、需求有别，因此救助方式也应该实行“特殊性”和“个别化”原则。

目前各大城市街头乞讨人员归类主要有如下几种：一是生活确有困难的乞讨者，即贫困或不满足现实生活状况和遇到有特殊困难的乞讨人员；二是精神病流浪者，包括遭家庭遗弃的精神病人，因精神刺激走失走散、沦落街头流浪的精神病人；三是算命看相、驯导动物、杂耍、游戏及以流浪为理想的歌手艺人等变相乞讨；四是“职业乞讨”，即以乞讨为业的职业乞丐；五是被幕后团伙操纵的老人、儿童或残疾人，他们被组织起来乞讨，成为被操纵着赚钱的工具；六是以乞讨为掩饰的犯罪分子。当然，上述分类目的只是为了从总体上更好地了解这个群体，绝非是科学的界定。对第一、二类人员而言，乞讨是生存权受到威胁时的一种自力救济，也是最后的出路，因此全社会应该同情、保护和关爱他们。第三、四类人员以牟利为目的，把别人和自己都当作职业工具。政府应该做好控制和转化工作，对他们进行思想教育，改变好逸恶劳、不顾廉耻的人生态度，促使其树立勤劳致富观念，养成劳动习惯，掌握生产技能，成为自食其力的劳动者。第五、六类人员直接威胁社会的安全与稳定，应予严厉打击。

除了流浪乞讨人员之外,政府还应特别关注另一类特殊人群,即虽没有流浪乞讨行为,但因各种临时性、特殊性原因已经处于生活无着境地的求助人员。他们或被偷被抢,或打工不着,或生意亏本,或治病无钱而使生活陷入临时困境。严格来说,他们并不是《救助管理办法》规定的救助对象,但是事实上,救助站已经承担了对他们的救助义务,因此,政府应修改和重新规定救助条件,扩大救助覆盖面,使得对他们的救助更具合法性。

对城市生活无着落的流浪乞讨人员进行分类救助和按需施救,既可以做到"应该救助的得到救助,不应该救助的不予救助",另一方面也可以更加有效地利用救助资源,做到资源的合理配置。

6.5.3.4　强化、完善对流浪乞讨人员的积极救助政策,注重流浪乞讨人员自身的能力建设

《救助管理办法》规定了对受助人员的五项基本救助内容:一是提供符合食品卫生要求的食物;二是提供符合基本条件的住处;三是对在站内突发急病的,及时送医院救治;四是帮助与其亲属或者所在单位联系;五是对没有交通费返回其住所地或者所在单位的,提供乘车凭证。但是仅仅有这些物质性的帮助并不能从根本上解决问题,正如美国经济学家罗塞尔·罗伯茨在《看不见的心》一书中所言,"美国政府在20世纪30年代大萧条时期建立的救助和救济机制只能'授之以鱼',而不能'授之以渔',没有教育和职业培训的配合,政府的救助于事无补"。因此对流浪乞讨人员进行精神救助,推进教育和培训,促进受助对象的自立、自强,提升他们的社会参与能力和职业技能水平具有重要意义。

乞讨不仅使乞讨者处于物质生活严重被剥夺的境地,而且由于经济地位的急剧下降导致乞讨者个人和家庭社会地位的降低,并逐渐从社会交往活动中脱离出去。这部分是由于其他群体对乞讨者的社会排斥所造成的,部分是由于乞讨者自身的自卑心理所造成的。因此要彻底改变乞讨状态,首先要改造受助者的人格体系,抛弃自暴自弃、不求上进、宿命论的价值观念,接受积极进取、不懈奋斗的价值观。其次要充分重视乞讨者的再就业培训和教育问题,重视受助者自身能力建设,使其能够进行生产自救,而非依赖单纯的财物救助。

小资料

关于加强流浪未成年人工作的意见(摘选)

民发〔2006〕11号

改革开放以来,在党和政府的关心和重视下,未成年人权益保护工作得到了健康发展。但是,伴随经济体制转轨和社会转型,人口流动加速,贫富差距加大,家庭问题日益凸现,流浪未成年人数量逐年增加,犯罪率不断上升。为了贯彻落实《中共中央国务院关于进一步加强和改进未成年人思想道德建设的若干意见》,预防未成年人违法犯罪,保护未成年人合法权益,构建社会主义和谐社会,现就加强流浪未成年人工作提出如下意见。

……

四、主要措施

(一)统一认识,加强领导。各级政府要充分认识做好流浪未成年人工作的重要性和必要性,把这一工作纳入到社会发展总体规划中,切实加强领导,积极推进。各有关部门要明确责任,履行职责,加强协作。坚持"分级管理、条块结合"的原则,逐步建立起政府统一领导、部门各负其责、民政业务指导、社会广泛参与的管理体制和运行机制,共同营造流浪未成年人健康成长的社会环境。

（二）建立健全政策法规。尽快启动流浪未成年人工作专门行政法规的制订工作，完善有关政策，使这项工作有法可依、有章可循。

（三）建立流浪未成年人工作协调机制和工作体系。明确各部门职责，加强部门协调配合，做好流浪未成年人工作。政府有关部门都应切实承担起社会责任，在各自的职责范围内切实做好流浪未成年人救助保护工作。

（四）提高流浪未成年人救助保护工作的专业化、社会化水平。在现有工作体制和运行机制中，积极探索流浪未成年人工作专业化、社会化的发展道路，通过引入社会工作专业制度、聘用专业社会工作者、建立志愿者服务基地、引导培育民间力量参与流浪未成年人工作、开展国际合作交流、充分利用社会资源等，聚智聚力，共同做好流浪未成年人工作。

案例分享

深圳六项举措强化流浪乞讨人员救助

新冠肺炎疫情发生后，广东省深圳市民政局通过六项举措，全力加强对流浪乞讨人员的救助，努力实现应收尽收、应救尽救、应帮尽帮。

建立战时指挥体系。1月22日，深圳市民政局迅速成立由局主要领导任组长、其他班子成员任副组长的市民政局疫情防控工作领导小组。在流浪乞讨人员救助领域，同步成立由分管负责人任组长，相关处室和各区民政部门负责人为成员的专项工作组。在此基础上，建立涵盖市区民政部门领导、业务条线工作人员、救助服务机构、各街道办事处负责人的工作微信群，形成上下贯通、直达末梢、扁平高效的战时指挥体系，确保情况全面掌握、问题及时发现、工作快速响应、要求严格落实到位。

准确研判及早部署。深圳有大量外来人口，随着返程高峰的到来，务工不着、投亲不遇、居无定所等人员可能短时激增。基于上述判断，市民政局督促各区民政局会同有关部门及早做好应急预案，牵头起草并以市疫情防控指挥部办公室疫情防控组名义印发实施新冠肺炎疫情防控期《流浪乞讨人员救助工作指引》和《困难群众临时庇护点工作指引》，为做好流浪乞讨人员的救助工作奠定坚实基础。其中，《困难群众临时庇护点工作指引》强调各区要落实属地责任，在每个街道至少设置一处临时庇护点，用于安置流浪乞讨人员。

健全应急救助网络。在市疫情防控指挥部的高度重视下，在市民政局大力推动，各区、各部门积极配合下，深圳市已形成了由市、区3个救助管理站，各区（新区）新开设的35个临时庇护点组成，涵盖市、区、街道三级的应急救助网络，并向社会公布联系方式。

严格执行防护流程。重点是全员进行核酸检测。组织对全市3个救助管理站内服务对象和工作人员全员采集咽拭子做新冠病毒核酸检测，对新进人员严格执行核酸筛查和隔离观察；在站人员发现有发热、乏力、咳嗽等症状的，立即转入独立隔离区域或送医救治。加强站内安全防护，及时消毒保洁，严格执行防护流程，规范开展照料服务，分散用餐并加强食品药品安全管理。

督查督办强力跟进。市民政局领导采取“四不两直”方式，先后多次带队到各救助管理站督导疫情防控工作，到罗湖火车站、华强北等地查看街头流浪乞讨人员救助情况。同时，派出疫情防控工作领导小组督查督办组、党员突击队分赴各救助管理站、庇护点进行现场督导检查、发布情况通报,督促各区、各街道加强统筹管理,进一步做好庇护点的选址与管理。

线上线下加强引导。多渠道多形式发布《疫情期间生活无着的困难群众救助指引》等,方便困难群众求助。同时,积极配合城管、公安部门开展街面巡查,组织外展社工和志愿者,积极引导街面流浪乞讨人员进入救助管理站、庇护点。截至目前,累计救助各类临时困难群众1 710人次,发放口罩、食物、棉衣棉被等物资1.1万件。

(案例来源:《中国社会报》,2020年3月12日,通讯员 陈丽娟)

技能实战

将全班分成若干小组,在认真学习“城市流浪乞讨人员救助制度”一章的基础上,分别绘制城市流浪乞讨人员救助程序示意图。要求:程序正确,清晰美观。

自我测试

1. 救助管理制度与传统的收容遣送制度有何区别?
2. 如何看待“跑站”与“职业乞讨”现象?
3. 评析《城市生活无着的流浪乞讨人员救助管理办法》。

7 福利彩票的销售与管理

引言

福利彩票的发行与管理工作是一项新兴的民政工作。民政部门作为主管福利彩票的销售与管理工作的国家行政机关，担负着贯彻执行相关的法律法规，拟定福利彩票的发行与管理工作的方针、政策，依法对福利彩票的发行与销售工作进行管理，筹集福利公益金，保护彩民合法权益的重要职能。

学习目标

1. 了解彩票和福利彩票的概念、彩票存在的客观条件、彩票的特点、福利彩票的名称演变。
2. 掌握中国福利彩票发行和销售的原则。
3. 掌握彩票管理机构与网络、发行福利彩票的意义、福利彩票的宗旨及标识、政策管理、销售形式及指导方针。
4. 掌握中国福利彩票奖金的使用、发行费用的使用范围及福利彩票公益金的使用。

7.1 中国福利彩票发行和销售的原则

7.1.1 彩票释义

7.1.1.1 现有定义

1. 彩票定义

彩票是指国家为筹集社会公益资金，促进社会公益事业发展而特许发行、依法销售，自然人自愿购买，并按照特定规则获得中奖机会的凭证（参见2009年国务院颁布的《中华人民共和国彩票管理条例》）。

2. 福利彩票定义

福利彩票是指以筹集社会福利事业发展资金发行的，印有号码、图形或文字供人们自愿购买并按特定规则取得中奖权利的凭证。

7.1.1.2 重新定义

1. 重新定义的原因

上述定义是在彩票的发行销售有了极大发展但尚未完全定型的条件下做出的。随着社会经济的发展，人们对彩票有了更深、更全面的认识。同时，现代科学技术，特别是现代通信技术在彩票的发行销售中得到了广泛应用，彩票的参与方式和载体等也在不断变化和更新。彩票的玩法从最初单一的传统型发展到现在的传统型、即开型、传统即开结合型、乐透型、数字型等多种形式。彩票的载体，也从最初的单一的纸质彩票，发展到目前的纸质彩票、视频彩票、电话申购、网上参与等多种方式。现有的定义已不能准确地反映彩票的现实发展,特别是在有关彩票的载体、发行主体及参与方式等方面,都不同程度地存在着一些问题,并由此带来了一些新的问题。因此,应对彩票进行重新定义。

2. 彩票新定义

彩票是国家为支持社会公益事业而特许专门机构垄断发行,供人们选择、购买并按特定规则取得中奖权利的机会游戏。

3. 福利彩票新定义

福利彩票是由国家授权的机构为筹集社会福利事业发展资金发行的,供人们选择、购买并按特定规则取得中奖权利的机会游戏。

7.1.2 彩票存在的客观条件

7.1.2.1 彩票是社会经济发展到一定阶段的产物

只有在经济发展到一定阶段,社会生产能够满足相当一部分社会成员的生存需要并有所盈余,而又不足以满足对生活质量更高要求的情况下,彩票存在才是现实的。

7.1.2.2 彩票的存在和发展取决于社会观念的开放

我国的彩票业兴起之前,经历了长达近40年的"冰封季节"。由于旧中国的彩票声名狼藉,中华人民共和国成立后人们一直把它与盗、匪、赌、娼等现象并列在一起,作为旧社会丑恶的见证。随着改革开放和经济的发展,特别是社会观念的转变和开放,彩票业在我国得以发展。

7.1.2.3 彩票业要依托良好的市场环境

虽然彩票是一种竞争激烈的机会游戏,彩票业要走市场经济发展的道路,但是彩票业毕竟是一种特殊行业,必须由政府实行统一管理,彩票由专门机构组织发行。正因为如此,我国对一切非法彩票历来采取严厉打击、坚决取缔的政策。只有这样,才能有效地保护彩票市场,为合法的彩票创造良好的市场环境。

7.1.2.4 彩票业需要这一事业自身的不断完善和成熟

要自觉维护这一事业的神圣性质,维护"公开、公平、公正"的基本原则,维护彩票的社会信誉,真正做到清正廉洁,树立良好的社会形象。彩票业与其他行业的显著区别是,任何一个局部、任何一个环节的违法违章行为和错漏现象,都可能直接对全局造成严重影响,甚至威胁到彩票业的生存和发展。如2004年西安体育彩票销售中出现的"宝马案",即对彩票事业造成了恶劣的影响。

7.1.3 彩票的特点

7.1.3.1 集资性

彩票是从决定财物所有权的机会游戏中得到启发,从而发现机会游戏的集资功能并加以利用,用于筹集社会公益资金。

7.1.3.2 娱乐性

彩票作为一种载体,让人们有机会在闲暇之余参与到彩票这种机会游戏中去,娱乐消闲,从而使心情得到放松。

7.1.3.3 中立性

彩票发行者必须完全站在客观中立的立场，参与者是否中奖，完全取决于参与者自身运气、机遇或者是智能发挥正常与否，不受其他因素干扰。

7.1.3.4 公益性

发行彩票的目的就是为了筹集资金，用以支持社会公益事业的发展，改善人们的生活状态，特别是改变困境及困难群体的生活状态。

7.1.3.5 排斥竞争性

彩票市场的经济规律从根本上排斥多家竞争。彩票市场的过度竞争必然影响其集资性，甚至导致集资功能的丧失。

7.1.3.6 机会不确定性

谁中奖，谁不中奖，谁中大奖，谁中小奖，完全适用于概率原则，与社会地位、经济基础、生活地域、男女性别、年龄大小等无关。

7.1.3.7 主办者的特殊性

一般由政府机构直接管理和经营彩票，或者由政府指定或授权有关机构进行经营，国家行使监管权。特别是现代社会，不允许任何未经授权的个人或机构去经营彩票。

7.1.3.8 参与者的广泛性

在我国，只要年满 18 周岁，不分社会地位、经济基础、宗教信仰、生活地域、男女性别、年龄大小，均可参与彩票这种机会游戏。

7.1.4 中国福利彩票发行和销售的原则

福利彩票的发行、销售及有关活动，必须遵循公开、公正和公平的原则；诚实信用、自愿购买的原则；按票面价值销售的原则；合法的原则。统一发行、统一管理、统一标准。

7.1.4.1 公开、公正、公平

（1）公开。福利彩票的发行、销售和购买等活动必须公开，其发行、销售和购买的基本情况必须通过网络、电视、报纸、电台等新闻媒介向社会公布，接受社会和舆论的监督。

（2）公正。人们通过购买福利彩票，即能取得中奖机会，购买福利彩票越多，中奖机会也就越多，从中奖概率来看，每张（注）福利彩票的中奖机会是均等的。

（3）公平。福利彩票的发行、销售和购买等活动受法律保护，其发行、销售和购买等活动有严格的程序和纪律，任何徇私舞弊都是违法行为。一旦中奖，中奖者对奖金、奖品享有合法占有权。摇奖的全过程必须由国家公证人员在场监督。

7.1.4.2 诚实信用、自愿购买

福利彩票必须坚持自愿购买的原则，严禁任何形式的摊派或变相摊派，不得溢价或者折价销售彩票，不得以赊销或者信用方式销售彩票，不得向未成年人销售彩票和兑奖。同时，要采取必要的措施，防止出现超过自身经济实力的购买行为。

7.1.4.3 按票面价值销售

无论是电脑福利彩票、网络福利彩票或是纸质福利彩票，必须按照票面标定的面值销售，任何单位和个人不得变更其面值销售。

7.1.4.4 合法

福利彩票的发行、销售和购买等活动，必须遵循国家的法律法规和规章制度。任何违反国家的法律法规和规章制度的行为都是不允许的，并且会受到相应的制裁。

小资料

彩票的类型

1. 传统型彩票

传统型彩票又称被动型彩票，由发行部门事先将固定编组、中奖形式、中奖等级公布于众。彩票销售一段时间后，进行集中公开摇奖，由购买者“对号入座”兑奖、领奖的一种彩票。

这种彩票是事先在彩票上印好顺序号码，通常是5~7位数字，在规定的抽奖日期按规则用摇奖机摇出若干组中奖号码，分别作为各中奖等级的中奖号码。凡所购彩票的号码与中奖号码一致，则中该项奖等；中、低奖级一般依据中奖号码尾数中的位数个数多少确定。

2. 即开型彩票

即开型彩票也被称为“被动式”彩票。彩票票面上的号码或图案被一层纸或特殊涂膜覆盖，购买者购买后揭开或刮开覆盖物就可对照兑奖公告判断自己是否中奖。由于即开型彩票的节奏快，无需等待开奖时间，所以一出现就引起了人们极大的兴趣，产生了轰动的效应，并得到迅速的发展。

3. 结合型彩票

在传统型彩票中开辟一个即时刮开中奖区，使彩票具有即开即兑和定期摇奖的两种特性，让人们不会由于等待传统型彩票的开奖时间过长而减少兴趣。

4. 乐透型彩票

乐透型彩票一般采用计算机网络系统发行销售，定期开奖。

它从“M”（代表从15~70）个号码中选取5~8个号码的组合构成一注的彩票销售方式。根据“M”的取值大小，从中选取任意不相同的号码的总组合数确定奖组规模。以选7个号码为例，选取7个号码的各注彩票为单式票，选8个或8个号码以上的多注彩票为复式票。复式票选取号码个数一般有限制。每注面值一般2元人民币。

彩票返奖奖金一般不高于销售总额的50%，固定奖按固定金额兑付；浮动奖按确定的比例分配；当期奖金总额减去奖金调节基金和固定奖总额后剩余部分，构成浮动奖“彩池”，并确定浮动奖分配比例。

彩票通过摇奖机摇奖确定中奖号码，摇奖时，先摇出基本号码，如设有特别号码，再摇出特别号码。根据彩票号码与中奖号码相符多少确定中奖与否或中奖奖级。固定奖按固定金额支付奖金，浮动奖按中奖注数平均分配该奖级奖金。当期每注彩票号码只有一次中奖机会，不兼中兼得，另行设奖除外。

5. 数字型彩票

这种彩票有3位数和4位数的玩法，通常是每天开奖，购买者选取一个3位或4位数的组合。组合方式不同决定资金的多少，最基本的分别是排列和组合两种，前者要求所投注的号码必须与开奖的号码在顺序和数字上完全一致，而后者则无顺序要求，只要数字相符即可。

6. 透透型彩票

透透型彩票——实际是一种体育运动型彩票，亦称足球彩票。该彩票是体育比赛和彩票的结合，要求参与者预测体育比赛的结果，通常是预测足球比赛的结果。透透型彩票首次出现于 1923 年的英国，后来遍及欧洲和南美许多对足球狂热的国家。其彩金的支付一般按固定比例分配。

7. 视频型彩票

视频型彩票是指通过先进的计算机网络和视频技术选择购买的彩票。该彩票是一个特殊的品种，是一种无纸化即开型彩票。该彩票采用在线投兑，通过彩票销售厅销售，使用投注卡在投注终端上完成购票、开奖和兑奖，是对即开型彩票发行方式的改革，投注系统同时支持多种游戏，可以不断地更新彩票游戏玩法。

8. 基诺型彩票

"基诺"是外文 KENO 一词的译音，是一种自选数字彩票。基诺彩票的特点是投注者自主性更强，可以由购买者自己选择购买号码的个数，也就是说，可以选 1 个号码，也可以选 2 个号码，最多可以选 10 个号码。它兼顾了电脑彩票和在线即开彩票的特性，采用固定奖级的设奖结构，利用计算机网络发行销售，一般在几分钟之内开奖，中奖的难易程度由彩民自己来决定，并且中奖机会多。每期开出的中奖号码多于彩民中奖需要的号码个数。

除上述八大种类的彩票外，彩票还有一些小的种类。总之，世界上的彩票五花八门，种类繁多，都有其各自生存和发展的历史原因。就世界彩票业的总趋势而言，乐透型彩票和即开型彩票是最具有代表性的彩票。

7.2 中国福利彩票的发行和销售管理

7.2.1 福利彩票的发行和销售是社会福利事业发展的必然选择

进入 20 世纪 80 年代，改革开放使我国国民经济步入了有史以来发展最为迅猛的时代。随着社会主义市场经济的不断深化，社会福利由国家包办的传统方式已难以适应社会和经济发展的需要，必须改革原有的社会福利由政府包办的状况，实行社会福利社会化，走社会福利社会办的改革之路，开通向社会筹集资金的渠道。发行福利彩票正是这一改革思路的必然选择。

从 1985 年开始，民政部积极着手发行福利彩票的前期准备工作。1986 年 12 月 20 日，国务院批准发行福利彩票。1987 年 4 月 7 日，民政部受国务院委托向全国发出了《关于开展社会福利有奖募捐活动的通知》。1987 年 5 月 18 日，民政部批复成立中国社会福利有奖募捐券发行中心，中心为事业单位，实行企业化管理。1987 年 6 月 3 日，成立中国社会福利有奖募捐委员会。

1987 年 7 月 27 日，中国社会福利有奖募捐委员会发行中心首次在河北省石家庄市试点发行销售面值 1 元的传统型社会福利有奖募捐券 50 万张，全国首批试点发行的还有江苏、浙江、福建、山东、湖北、黑龙江、上海、天津、洛阳等共 10 个省市。当年，中国福利彩票销售 1 740 万元。

此后，中国福利彩票销售开始一步一个台阶攀登。1992 年，中国福利彩票销售 13.75 亿元，年销量冲上十亿元。1999 年，中国福利彩票销售 104.44 亿元，年销量首破百亿元。2011 年，中国福利彩票销售 1 277.97 亿元，年销量突破千亿元大关。2014 年，中国福利彩票销售 2 059.68 亿元，当年，我国的 GDP 是 64.40 万亿元，中国福利彩票销量占我国 GDP 的比重超千分之三。截至 2017 年 5 月底，中国福利彩票的累计销量已达 16 662 亿元，筹集彩票公益金超 5 000 亿元。

根据《2015 年世界彩票年鉴》发布的 2014 年世界彩票销售报告，2014 年世界彩票销售（不包括视频型彩票）为 2 843.28 亿美元（折合人民币约 17 639 亿元）。当年中国福利彩票销售 2 059.68 亿元，其中视频彩票销售 377.46 亿元，中国福利彩票销量（不包括视频型彩票）占世界彩票销量的 9.5%，对拉动全球彩票销量增长起到了举足轻重的作用。

7.2.2 发行福利彩票的意义

发行福利彩票是建国以来社会福利事业最为重要的一项改革，它结束了几十年来社会福利事业投入由国家包办的老路，打通了向社会筹集资金、社会福利社会办的渠道。发行福利彩票是筹集公益金，发展社会福利、社会保障等公益事业，建立多元社会救助体系，帮助社会特殊困难群体，构建社会主义和谐社会的一个重要手段。

7.2.3 福利彩票的宗旨及标识

7.2.3.1 福利彩票的宗旨

“扶老、助残、救孤、济困”是福利彩票的宗旨。福利彩票是慈善关怀、以人为本的彩票。国家发行福利彩票的根本目的就是以彩票的手段筹集社会公益金，促进社会福利和社会保障事业的发展。福利彩票以“扶老、助残、济困、救孤”为宗旨，它比一般意义上的彩票更加注重公益性、伦理性、群众性。通过发行福利彩票帮助社会弱势群体，不仅体现社会主义人道主义精神和中华民族传统美德，而且缓解了市场经济改革和发展中的矛盾，促进社会的和谐发展。

7.2.3.2 福利彩票的标识

整体图案构成汉字“中”的造型，两侧的弧形设计与中心部分同时构成灯笼的造型。“中”字表示中国；灯笼为喜庆幸福之意，表示福利；拼音字母 C、P 代表彩票。整体造型代表“中国福利彩票”。采用“彩票”的汉语拼音声母 C、P 作为主体框架，简洁明快；中心部分有平行、上升的三个长方形组合，代表多种类型的福利彩票。中心部分彩票的倾斜设计，富有动感，预示着中国福利彩票充满活力，有着广阔的发展前景，同时也表示彩票本身所特有的魅力，即不确定性。标志以红色为标准色，意在体现福利彩票热忱、亲切地服务于社会福利事业的目的。

7.2.4 福利彩票名称的演变

中国福利彩票最初的名称为中国社会福利有奖募捐券，经过几年的发展，最后更名为中国福利彩票。具体演变情况如下。

1987 年，定名为中国社会福利有奖募捐券；1993 年 2 月，更名为中国社会福利奖券；1994 年 12 月 2 日，更名为中国福利彩票，并沿用至今。

7.2.5 福利彩票的政策管理

福利彩票是一项敏感的开拓性事业，1996 年以来，民政部积极与相关部门协调，彩票监管部门、主管部门和发行机构的职责和关系逐步理顺，具体任务和分工已基本明确。民政部作为中国福利彩票的主管部门，负责福利彩票的发行，公益金使用和财务管理等重大制度的制定、修改和解释，领导中国福利彩票发行系统的工作。中国福利彩票发行管理中心受民政部委托，实施福利彩票的日常业务，包括制定相关的玩法规则、设计、印刷、运输彩票，组织和监督各地的销售活动，开发适应我国国情的彩票品种和销售方式，组织全国性有关福利彩票的大型宣传和研究等。

1995 年 8 月 5 日民政部正式颁布了《福利彩票发行机构财务管理制度》和《福利彩票发行机构会计核算制度》。这两项制度对资金管理、流动资产、固定资产、无形资产、递延资产和其他资产、对外投资、中奖奖金、成本和费用、销售收入、结余及其他分配、发行机构清算、财务报告与财务评价以及各项会计科目、会计报表等做了详细规定。此后的每年年初，中国福利彩票发行管理中心都要召开上一年度全国财务会计决算会议，并按照审计部门的规定接受审计，使彩票公益金、中奖奖金和管理资金的提取、支出符合有关财务规定。为了进一步完善财务会计制度，2001 年 12 月民政部与财政部又联合颁布了新的财务会计制度。

1998 年 11 月，由财政部、民政部联合制定了《社会福利基金管理使用暂行办法》(以下简称《办法》)。《办法》对基金管理、资金使用、审批程序、监督检查等均作了详细的规定。《办法》还规定，从 1999 年 1 月 1 日起，将彩票公益金和发行费纳入财政预算外资金专户管理，实行收支两条线。

2001 年颁布了《国务院关于进一步规范彩票管理的通知》，这是国务院继 1991 年、1993 年两次下发关于加强彩票市场管理的通知以后，相隔 8 年，在我国彩票事业发展的新形势下发出的又一个重要的政策性文件。

随着彩票发行规模的不断扩大和彩票发行品种的不断增加，彩票管理的法制化要求越来越高。因此，有必要在总结实践经验的基础上，制定《彩票管理条例》，对彩票管理体制、彩票发行和销售、彩票开奖和兑奖、彩票资金管理等加以规范，以规范彩票市场发展，维护彩票市场秩序，保护彩票参与者的合法权益，促进社会公益事业发展。2009 年，国务院颁布了《彩票管理条例》，2012 年 1 月 18 日，公布了《彩票管理条例实施细则》，随后，相关的政策法规陆续推出，有效地推进了彩票事业的健康发展。

7.2.6 彩票管理机构与网络

7.2.6.1 全国彩票管理机构

1996年前,由中国人民银行对全国彩票业进行统一管理。1996年后,中国人民银行不再对彩票业进行管理,管理权转归财政部。

7.2.6.2 福利彩票发行管理机构

财政部负责起草、制定国家有关彩票管理的法规、政策;管理彩票市场,监督彩票的发行和销售活动;会同民政部和国家体育总局研究制定彩票资金使用的政策,监督彩票资金的解缴、分配和使用。财政部是彩票的宏观市场管理部门,其职责是制定政策、管理市场和监督发行。

民政部根据有关法规、政策和制度,分别研究制定福利彩票的发行、销售和资金管理的具体办法并组织实施;负责研究制定本系统彩票发展规划;研究提出发行额度并经审核批准后组织实施;确保及时足额向财政专户解缴彩票公益金;加强对彩票发行机构的管理,努力降低成本,扩大发行规模。民政部是福利彩票的行政业务主管部门,其职责是研究制定发行办法、管理发行和销售机构。

中国福利彩票发行管理中心是民政部直属事业单位,经民政部授权,对全国福利彩票发行和销售业务负全责,实施业务领导。各省级福利彩票发行管理机构由中国福利彩票发行管理中心实施业务领导,负责在全行政区域内组织发行福利彩票。中国福利彩票发行管理中心对省级发行管理机构在销售业绩、运行安全、操作规范、资金结算等四个方面实行考核,强化中国福利彩票发行管理中心对全国福利彩票发行销售工作的全面监控。

省级福利彩票发行中心是福利彩票的销售机构,受当地民政部门的行政领导,同时受上级发行机构的业务领导和监督检查。地市、县销售机构是福利彩票的基层销售单位,其工作以直接组织销售福利彩票为主。

7.2.6.3 发行网络

中国福利彩票发行销售系统在全国各省、自治区、直辖市和计划单列市设销售机构,并设地级销售机构和县级销售机构。全国现有投注站超过6万个,建立起了强大的销售网络。这种日益趋于健全的矩阵式的网络,有效地保证了福利彩票发行销售的纵向管理和横向联络,为促进彩票市场的发展起到了重要作用。

从中央到地方分别为:中国福利彩票发行管理中心—省地市福利彩票发行中心—县级工作站或管理站—销售点。

7.2.7 福利彩票的销售形式

目前,全国已基本形成了以网点(投注站)销售为主体的比较完整的福利彩票销售体系。

网点(投注站)销售的优点是:占用的场地小,位置固定,便于建立专业销售队伍,适合在大中城市立足。

1987年,福利彩票开始面市时就采用网点这种方式(不过当时的方式与现在的不尽相同)。1999年开始,随着电脑福利彩票在全国的推广,网点销售形式成为福利彩票的主要销售方式。电脑福利彩票采用网点销售、分级管理、发行运作方式完全市场化的做法。

7.2.8 福利彩票发行和销售管理工作的指导方针——安全运行、健康发展

“安全运行”不仅仅指在彩票发行运作中的技术安全、营销安全、资金安全等微观方面,更

指宏观方面，即彩票发行要防范社会风险，要注意营造良好的社会环境，要以促进社会安全、社会稳定和实现整个社会的和谐发展为己任。要充分认识彩票发行工作中存在的社会风险，要充分认识福利彩票安全运行对社会稳定的影响和充分认识福利彩票安全运行是福利彩票发行机构的社会责任。

“健康发展”主要指要坚持福利彩票的发行宗旨，走中国特色彩票发展之路。在游戏设计上，要牢固树立“绿色”意识；在宣传营销上，要切实维护公益形象；在运营管理上，要始终坚持诚信原则。

7.3 中国福利彩票的资金管理

福利彩票销售总额为彩票资金。彩票资金分解为奖金、发行费用和公益金。

7.3.1 奖金

彩票奖金是指彩票发行机构、彩票销售机构按照彩票游戏规则确定的比例从彩票销售额中提取，用于支付彩票中奖者的资金。

福利彩票游戏设置调节基金的，福利彩票奖金包括当期返奖奖金和调节基金。当期返奖奖金应当按照彩票游戏规则规定的比例在当期全额计提。调节基金包括按照彩票销售额的一定比例提取的资金、逾期未退票的票款和浮动奖取整后的余额，应当专项用于支付各种不可预见的奖金风险支出和开展派奖。调节基金的提取比例根据不同福利彩票游戏的特征和彩票市场发展需要确定，并在福利彩票游戏规则中规定，提取比例最高不得超过福利彩票销售额的 2%。

福利彩票游戏未设置调节基金的，福利彩票奖金应当按照彩票游戏规则规定的比例在当期全额计提。

福利彩票游戏设置奖池的，奖池用于归集彩票游戏计提奖金与实际中出奖金的资金余额。福利彩票游戏的奖池资金达到一定额度后，超过部分可以转入该福利彩票游戏的调节基金，具体额度在彩票游戏规则中规定。

固定设奖的彩票游戏，当期计提奖金超过当期实际中出奖金时，余额进入奖池；当期计提奖金小于当期实际中出奖金时，差额先由奖池资金支付。

浮动设奖的彩票游戏，当期计提奖金扣除当期实际中出奖金后的余额进入奖池；奖池资金只用于支付以后各期彩票高奖级的奖金，不得挪作他用。

首次上市销售的福利彩票游戏，可以安排一定额度的业务费注入奖池作为奖池资金。具体金额由福利彩票发行机构或者福利彩票销售机构在上市销售前提出申请，报同级财政部门审核批准。上市销售后，福利彩票发行机构或者福利彩票销售机构不得用业务费向奖池注入资金，不得设置奖池保底奖金。

福利彩票游戏的当期计提奖金、调节基金、奖池资金，应当按照福利彩票游戏规则的规定核算和使用。

福利彩票奖金实行单注奖金上限封顶。福利彩票游戏的封顶金额由财政部根据彩票市场发展情况、彩票游戏机理和特征、具体彩票游戏的奖组规模等因素设置，并在福利彩票游戏规则中规定。福利彩票游戏的封顶金额按不高于500万元设置。其中,即开型彩票的封顶金额按不高于100万元设置。

停止销售的彩票游戏兑奖期结束后,奖池资金和调节基金有结余的,转为一般调节基金,用于不可预见情况下的奖金风险支出或者开展派奖;奖池资金和调节基金的余额为负数的,从彩票发行销售风险基金列支。

彩票游戏的当期计提奖金、奖池资金不足以兑付彩票中奖者奖金时,先由该彩票游戏的调节基金弥补,不足部分从彩票兑奖周转金中垫支。当该彩票游戏的调节基金出现余额后,应当及时从调节基金将垫支资金调回至彩票兑奖周转金。

单注奖金在1万元以上(不含1万元)的彩票兑奖后,应当保留中奖彩票或者投注记录凭证的原件、彩票中奖者的有效身份证件复印件,并编制奖金兑付登记表,汇总装订成册,存档备查。其中,单注奖金在100万元及以上的彩票兑奖后,应当将中奖彩票或者投注记录凭证的原件和奖金兑付登记表作为原始凭证,按照会计档案管理制度规定的期限进行保管。

7.3.2 发行费用

发行成本费用是用于福利彩票印制、发行、运输、销售以及相关的设施和设备的购置、租赁、维护等项目的支出。

经民政部、财政部研究同意,自2016年1月1日起,中国福利彩票资金构成比例做如下调整。

1. 乐透数字型彩票

(1)双色球、七乐彩游戏。福利彩票发行机构业务费比例由1%调整为0.8%,福利彩票销售机构业务费和代销者销售费用比例由14%调整为12.2%。

(2)快速开奖游戏(销售周期短于一天的乐透数字型游戏)。福利彩票发行机构业务费比例由1%调整为0.2%,福利彩票销售机构业务费和代销者销售费用比例由现行的比例调整为12.8%。

(3)其他乐透数字型游戏,包括3D、各省(自治区、直辖市)单独销售的其他游戏、区域联销游戏。福利彩票发行机构业务费比例由1%调整为0.2%,福利彩票销售机构业务费和代销者销售费用比例由现行的比例调整为12.8%。

广东省36选7游戏“好彩1”玩法发行机构业务费、销售机构业务费和代销者销售费用比例由2013年的1%、11%分别调整为0.2%、11.8%。

2. 即开型彩票

福利彩票发行机构业务费比例仍为2%,福利彩票销售机构业务费和代销者销售费用比例仍为13%。

3. 视频型彩票

福利彩票发行机构业务费比例由6%下调为5%,福利彩票销售机构业务费和代销者销售费用比例由9%下调至8%。

4. 基诺型彩票

(1)“快乐8”游戏和上海市销售的基诺游戏。福利彩票发行机构业务费比例由1%调整为0.2%,福利彩票销售机构业务费和代销者销售费用比例由14%调整为12.8%。

（2）开乐彩游戏。福利彩票发行机构业务费比例由 2.5%（厅外销售）和 2%（厅内销售）统一下调为 1.3%，福利彩票销售机构业务费和代销者销售费用比例由 12.5%（厅外销售）和 13%（厅内销售）统一下调为 11.7%。

7.3.3 公益金

福利彩票公益金的管理和使用关系到福利彩票事业的发展方向和前途，也是社会最关心的热点问题，长期以来民政部始终高度重视、严格管理，下气力抓好此事。为保证福利彩票公益金使用步入规范化道路，要求各级民政部门每年都要召开福利彩票公益金资助项目评审会，同时加大使用工作的监督管理和宣传力度。

公益金使用应当遵循福利彩票“扶老、助残、救孤、济困”的发行宗旨，根据《彩票管理条例》《彩票管理条例实施细则》《彩票公益金管理办法》《民政部本级彩票公益金使用管理办法》等规定，福利彩票公益金使用项目大致可分为：

（1）社会福利基本设施建设项目；

（2）社会福利服务项目；

（3）符合宗旨的培训、科技和标准化建设、信息化建设、课题研究等能力建设项目；

（4）符合宗旨的其他社会公益项目。

公益金纳入政府性基金预算管理，专款专用。公益金使用管理应当严格执行国家法律法规和财务规章制度。

公益金的使用管理体现“公平、公正、公开”原则，按照“谁使用、谁管理、谁负责”的要求实行归口管理。

民政部社会福利和慈善事业促进司（以下简称福利司）是公益金使用管理统筹协调单位，负责公益金预算管理。承担汇总审核公益金预算、建立并管理公益金项目库和评审专家库、汇总上一年度公益金使用情况、制定公益金使用管理相关制度、建设公益金项目管理平台、做好公益金使用管理日常工作等职责。

规划财务司（以下简称规财司）是公益金核拨单位，负责公益金的财务核算和规范管理。承担公益金资金拨付、票据报销、账务处理、组织或指导涉政府采购相关工作、指导和监督项目单位规范财务管理等职责。

归口管理单位是公益金切块资金具体管理单位，负责本业务领域切块公益金的使用管理。承担本业务领域公益金项目的规划及预算申请和初评、指导和督促本领域项目执行、拟定本领域公益金使用管理办法等职责。

具体归口业务和单位分工：基本设施建设项目由规财司负责归口管理；培训、科技和标准化建设、课题研究项目由人事司负责归口管理；信息化建设项目由办公厅会同信息中心负责归口管理；服务和其他项目由福利司负责归口管理。

项目单位是部机关和直属单位等公益金项目具体执行单位，负责公益金预算执行。承担公益金项目预算编写、组织预算项目具体执行、进行财务管理、配合做好项目绩效评估和信息公开、制定本单位公益金使用管理制度等职责。

民政部成立本级彩票公益金使用绩效评价与督查领导小组（以下简称领导小组），负责公益金使用绩效评价和督查领导工作。领导小组由办公厅、政策法规司、福利司、规财司、人事司、部直属机关纪委、中国福利彩票发行管理中心（以下简称中彩中心）、信息中心等组成，在分管公益金工作的副部长领导下开展工作。绩效评价和督查日常工作由福利司负责。

省级民政部门承担补助地方项目资金在本地区的分配、使用管理和监督，报告项目实施和资金使用情况等职责。

公益金按照以下原则拟定资金切块分配方案。

（1）符合宗旨。优先支持延续性项目，严格审核新增项目，新增项目必须符合“扶老、助残、救孤、济困”宗旨和分配原则。

（2）统筹规划。支持用于落实党中央、国务院关于推进社会福利事业的重大决策部署，落实国民经济和社会发展规划、民政事业发展规划和社会福利业务发展方面的专项规划。

（3）突出重点。支持用于落实民政部、相关司局的年度业务中心工作、基础工作和重点改革发展项目。

（4）综合平衡。按照国家有关政策规定，切分好各项目类型资金的比例，并综合考虑、适当平衡。

公益金使用项目单位要严格按照国家财务规章制度、公益金管理有关规定支出资金，不得挤占、挪用和超范围支出，不得用于：

（1）行政事业单位的基本支出；

（2）违规发放工资、奖金、津补贴等人员支出；

（3）以营利为目的的活动的支出；

（4）其他超过预算批复之外的用途。

省级民政部门对补助地方项目资金要实行专项管理，专款专用，不得截留、挤占、挪用。要督促资金使用部门、单位建立项目责任制、制定资金使用管理办法，加快项目执行进度。

公益金资助的基本建设设施、设备、社会福利服务项目及其他社会公益活动等，应当依据有关规定以显著方式标明资助标识。福利彩票公益金资助的基本建设设施、设备，项目单位应当在主体建筑物或设施设备的显著位置设立或铭刻标注“彩票公益金资助 - 中国福利彩票”的永久性标识。福利彩票公益金资助的培训类项目，应当在项目培训通知、培训课件及培训现场等显著位置标注或悬挂“彩票公益金资助 - 中国福利彩票”标识。福利彩票公益金资助的服务类项目，应当在服务过程中通过小旗或佩戴胸牌等形式向受助对象展示“彩票公益金资助 - 中国福利彩票”标识。福利彩票公益金资助的课题研究类项目，应当在项目成果（如研究报告、出版物等）的显著位置标注“彩票公益金资助 - 中国福利彩票”标识。福利彩票公益金资助的社会公益活动等其他项目，项目单位应当选择合适方式设立资助标识。

小资料

中国福利彩票双色球游戏规则（2014）

第一章　总则

第一条　根据《彩票管理条例》《彩票管理条例实施细则》《彩票发行销售管理办法》（财综 [2012]102 号）等有关规定，制定本规则。

第二条　中国福利彩票双色球游戏（以下简称双色球）由中国福利彩票发行管理中心（以下称中福彩中心）发行和组织销售，由各省、自治区、直辖市福利彩票销售机构（以下称各省福彩机构)在所辖区域内销售。

第三条　双色球采用计算机网络系统发行,在各省福彩机构设置的销售网点销售,定期开奖。

第四条　双色球实行自愿购买,凡购买者均被视为同意并遵守本规则。

第五条　不得向未成年人销售彩票或兑付奖金。

第二章　投注

第六条　双色球投注区分为红色球号码区和蓝色球号码区,红色球号码区由1~33共33个号码组成,蓝色球号码区由1~16共16个号码组成。投注时选择6个红色球号码和1个蓝色球号码组成一注进行单式投注,每注金额人民币2元。

第七条　购买者可在各省福彩机构设置的销售网点投注。投注号码经投注机打印出对奖凭证,交购买者保存,此对奖凭证即为双色球彩票。

第八条　购买者可选择机选号码投注、自选号码投注。机选号码投注是指由投注机随机产生投注号码进行投注,自选号码投注是指将购买者选定的号码输入投注机进行投注。

第九条　购买者可选择复式投注。复式投注是指所选号码个数超过单式投注的号码个数,所选号码可组合为每一种单式投注方式的多注彩票的投注。具体规定如下。

(一)红色球号码复式:是指从红色球号码中选择7个号码以上(含7个号码),从蓝色球号码中选择1个号码,组合为多注单式投注号码的投注。

(二)蓝色球号码复式:是指从红色球号码中选择6个号码,从蓝色球号码中选择2个号码以上(含2个号码),组合为多注单式投注号码的投注。

(三)全复式:是指从红色球号码中选择7个号码以上(含7个号码),从蓝色球号码中选择2个号码以上(含2个号码),组合为多注单式投注号码的投注。

第十条　购买者可对其选定的投注号码进行多倍投注,投注倍数范围为2~99倍。单张彩票的投注金额最高不得超过20 000元。

第十一条　双色球按期销售,每周销售三期,期号以开奖日界定,按日历年度编排。

第十二条　若因销售终端故障、通讯线路故障和投注站信用额度受限等原因造成投注不成功,应退还购买者投注金额。

第三章　设奖

第十三条　双色球按当期销售额的50%、15%和35%分别计提彩票奖金、彩票发行费和彩票公益金。彩票奖金分为当期奖金和调节基金,其中,49%为当期奖金,1%为调节基金。

第十四条　双色球采取全国统一奖池计奖。

第十五条　双色球奖级设置分为高奖级和低奖级,一等奖和二等奖为高奖级,三至六等奖为低奖级。当期奖金减去当期低奖级奖金为当期高奖级奖金。各奖级和奖金规定如下。

一等奖:当奖池资金低于1亿元时,奖金总额为当期高奖级奖金的75%与奖池中累积的资金之和,单注奖金按注均分,单注最高限额封顶500万元。当奖池资金高于1亿元(含)时,奖金总额包括两部分:一部分为当期高奖级奖金的55%与奖池中累积的资金之和,单注奖金按注均分,单注最高限额封顶500万元;另一部分为当期高奖级奖金的20%,单注奖金按注均分,单注最高限额封顶500万元。

二等奖：奖金总额为当期高奖级奖金的25%，单注奖金按注均分，单注最高限额封顶500万元。

三等奖：单注奖金固定为3 000元。

四等奖：单注奖金固定为200元。

五等奖：单注奖金固定为10元。

六等奖：单注奖金固定为5元。

第十六条　双色球设置奖池，奖池资金由未中出的高奖级奖金和超出单注奖金封顶限额部分的奖金组成，奖池资金用于支付一等奖奖金。

第十七条　调节基金包括按销售总额的1%提取部分、逾期未退票的票款、浮动奖奖金按元取整后的余额。调节基金用于支付不可预见的奖金支出风险以及设立特别奖。动用调节基金设立特别奖，应报财政部审核批准。

第十八条　当一等奖的单注奖金低于二等奖的单注奖金时，将一等奖和二等奖的奖金总额相加，由一等奖和二等奖的中奖者按注均分；当二等奖的单注奖金低于三等奖单注奖金的两倍时，由调节基金将二等奖的单注奖金补足为三等奖单注奖金的两倍。

第十九条　双色球的当期奖金和奖池资金不足以兑付当期中奖奖金时，由调节基金补足，调节基金不足时，用彩票兑奖周转金垫支。在出现彩票兑奖周转金垫支的情况下，当调节基金有资金滚入时优先偿还垫支的彩票兑奖周转金。

第四章　开奖

第二十条　双色球由中福彩中心统一开奖，每周二、四、日开奖。

第二十一条　双色球每期开奖时，在公证人员封存销售数据资料之后，并在其监督下通过摇奖器确定开奖号码。摇奖时先摇出6个红色球号码，再摇出1个蓝色球号码。

第二十二条　每期开奖后，中福彩中心和各省福彩机构应向社会公布开奖号码、当期销售总额、各奖级中奖情况及奖池资金余额等信息，并将开奖结果通知销售网点。

第五章　中奖

第二十三条　双色球根据购买者所选单式投注号码（复式投注按其包含的每一注单式投注计）与当期开奖号码的相符情况，确定相应的中奖资格。具体规定如下。

一等奖：投注号码与当期开奖号码全部相同（顺序不限，下同），即中奖。

二等奖：投注号码与当期开奖号码中的6个红色球号码相同，即中奖。

三等奖：投注号码与当期开奖号码中的任意5个红色球号码和1个蓝色球号码相同，即中奖。

四等奖：投注号码与当期开奖号码中的任意5个红色球号码相同，或与任意4个红色球号码和1个蓝色球号码相同，即中奖。

五等奖：投注号码与当期开奖号码中的任意4个红色球号码相同，或与任意3个红色球号码和1个蓝色球号码相同，即中奖。

六等奖：投注号码与当期开奖号码中的1个蓝色球号码相同，即中奖。

第二十四条　高奖级中奖者按各奖级的中奖注数均分该奖级奖金，并以元为单位取整计算；低奖级中奖者按各奖级的单注固定奖金获得相应奖金。

第二十五条　当期每注投注号码只有一次中奖机会，不能兼中兼得，特别设奖除外。

第六章　兑奖

第二十六条　双色球兑奖当期有效。中奖者应当自开奖之日起60个自然日内，持中奖彩票到指定的地点兑奖。逾期未兑奖视为弃奖，弃奖奖金纳入彩票公益金。

第二十七条　中奖彩票为中奖唯一凭证，中奖彩票因玷污、损坏等原因不能正确识别的，不能兑奖。

第二十八条　兑奖机构可以查验中奖者的中奖彩票及有效身份证件，中奖者兑奖时应予配合。

案例分享

福彩助康，让残疾人回归正常生活

林诗赞，一个带着对美好生活向往的名字。可20多年前，做木工的他因为意外受伤导致右腿截肢。为了生计，他不得不拄着拐杖下田、插秧，居住地江西省遂川县乐天村山路多、坡路多，生活遇到了诸多不便。

本以为这辈子就这样凑合下去了，2019年，民政部"福康工程"项目给他带来了福音——为他做适配筛查、安装假肢。此后，告别双拐、自由行走的他重拾老木匠的活儿，打木桶、做饭甑、编竹匾，日子过得温馨又红火。

"十三五"期间，我国残疾人基本康复服务覆盖率和辅助器具适配率均达到80%。这其中，福利彩票发挥了重要作用。

民政部彩票公益金项目"福康工程"实施多年来，为肢体残障人员免费装配假肢、矫形器等个性化辅具，为部分肢体残疾人员实施免费手术矫治。其中，2019年—2020年投入1.28亿多元，为贫困残障者安装假肢、矫形器，实施肢体畸形矫治手术，助力残疾人脱贫攻坚。

在地方，江苏福彩助残福康行项目及福康行持续关爱项目，累计投入福彩公益金近2亿元，惠及116个县（市、区）9万多名生活困难的肢体残障人员；"齐鲁福彩助残"行动截至2020年年底已投入福彩公益金1亿多元，惠及残疾群众1.58万人；辽宁省全面完成国家和省级彩票公益金残疾人辅助器具适配项目，适配需求覆盖率达70%；还有浙江"福彩助我行"公益项目、湖北"爱心助残行动"及"温暖贵州·福彩公益助行工程"……类似的项目遍布各地，如春风般给残疾人送去了温暖，提高了肢体残障人员的自理能力和生活质量，也让他们有了走出去就业创业的机会。

同样的温暖，也送给了视力障碍者、听力障碍者。崔根孩家住山西省吕梁市离石区信义镇马寨村，因患白内障视力模糊看不清路，经常闹出一些尴尬的事，无法出去务农、打工。2020年，山西省福彩中心联合爱心单位共同发起"彩虹圆梦·贫困老年人光明公益行"项目，资助他进行手术，让他重见光明、劳动无碍。

四川省民政厅投入福彩公益金1 000多万元，联合凉山彝族自治州政府实施"索玛花开"光明救治项目，三年为6 000多名凉山州困难家庭白内障患者实施复明手术，让他们回归正常生产生活。

（案例来源：《中国社会报》，2022年5月23日，本报记者 姜雪芹）

技能实战

将全班分成两个小组,在认真学习“福利彩票的销售与管理”一章的基础上,就发行福利彩票的意义开展讨论。要求:理论联系实际,观点积极向上。

自我测试

1. 什么是彩票?彩票的特点有哪些?
2. 举例说明彩票存在的客观条件。
3. 中国福利彩票发行和销售的原则。
4. 福利彩票发行和销售管理工作的指导方针。

第三篇

灾害救助体系

8 灾害与灾害评估

引言

我国自然灾害多发、频发，给灾区经济社会和群众生产生活造成了严重影响，救灾任务十分繁重。对灾害的精确评估，对灾情数字的准确把握，对于救灾工作具有重大的指导意义。民政部门作为主管救灾工作的国家行政机关，担负着贯彻执行救灾工作方针、做好救灾工作的重要职能。

学习目标

1. 了解灾害概念及其类别。
2. 了解自然灾害的评估内容和评估方法。
3. 掌握救灾工作政策法规，并熟悉其操作规程及注意事项。
4. 会分析灾害与人类社会发展的关系

导入案例

2015 年全国各类自然灾害共造成 1.9 亿人次不同程度受灾，因灾死亡失踪 967 人，紧急转移安置 644.4 万人次；农作物受灾面积 21 769.8 千公顷，其中绝收面积 2 232.7 千公顷；倒塌房屋 24.8 万间，损坏房屋 250.5 万间；因灾直接经济损失 2 704.1 亿元。国家减灾委、民政部共启动 20 次国家救灾应急响应，累计救助受灾群众 6 000 余万人次，向受灾省份累计下拨中央自然灾害生活补助资金 94.72 亿元，紧急调拨 4.7 万顶救灾帐篷、16.1 万床棉被、11 万件棉大衣、2.3 万个睡袋、5 万张折叠床等生活类中央救灾物资，高效有序应对了波及我国西藏日喀则地区的尼泊尔强烈地震、云南沧源地震、新疆皮山地震、台风“苏迪罗”和“彩虹”、南方暴雨洪涝风雹灾害等重特大自然灾害。创建“全国综合减灾示范社区”1 390 个。

（资料来源：中华人民共和国民政部网，http://www.mca.gov.cn/article/sj/tjgb/201607/20160700001136.shtml.）

8.1 灾害及其分类

8.1.1 灾害的定义

“灾害”一词在日常生活中经常用到，但人们对灾害的定义存在不同的表述。在通常情况下，我们可以把灾害理解为：由自然变异或人为因素引起的，对能够给人类生命、健康、财产和人类赖以生存的环境及社会功能造成破坏性影响的事物与事件的总称。这些造成破坏性影响的事物与事件，其影响力或破坏力超出了受影响者自身应对和处置的能力范围。

8.1.2 灾害的分类

灾害的分类是一个十分复杂的问题，根据不同的研究角度和技术手段可以形成许多不同的分类方法。如根据灾害致灾因子的来源分类，可以将灾害划分为自然灾害和人为灾害两类；根据灾害持续期的长短把灾害划分为突变型、暂变型和缓变型；根据产生灾害的不同因子，可分为天文灾害、气象灾害、水文灾害、地质灾害、生物灾害、经济灾害、工程技术灾害、政治灾害、文化科技灾害等；根据孕灾环境与承灾体的不同，可分为城市灾害、农村灾害、海洋灾害、陆地灾害等；根据灾害影响的区域，可分为全球性灾害、洲际性灾害、国家性灾害、地区性灾害、局部性灾害等；根据灾害过程及发生体的物理状态，可分为固体灾害、流体灾害、气体灾害；根据灾害出现时间的先后（主次），可分为原生灾害、次生灾害与衍生灾害；根据灾害的损失程度，灾害可分为特大灾害、大灾害、中灾害和小灾害或者微灾、轻灾、中灾、重灾、大灾、暴灾、巨灾、极灾等。

2007 年 11 月 1 日起施行的《中华人民共和国突发事件应对法》所称突发事件，是指突然发生，造成或者可能造成严重社会危害，需要采取应急处置措施予以应对的自然灾害、事故灾难、公共卫生事件和社会安全事件。其中，按照社会危害程度、影响范围等因素，自然灾害、事故灾难、公共卫生事件分为特别重大、重大、较大和一般四级。此处突发事件实际上即为灾害。

8.1.2.1 自然灾害

1. 自然灾害的概念

根据《国家自然灾害救助应急预案》，自然灾害是指给人类生存带来危害或损害人类生活环境的自然现象，包括干旱、洪涝灾害，台风、冰雹、雪、沙尘暴等气象灾害，火山、地震灾害，山体崩塌、滑坡、泥石流等地质灾害，风暴潮、海啸等海洋灾害，森林草原火灾和重大生物灾害等。

根据民政部《自然灾害情况统计制度》，自然灾害是以自然变异为主因，危害人类生命财产和生存条件的各类事件统称为自然灾害。

2. 自然灾害的分类

1）干旱灾害

目前干旱还没有一个准确的定义，一般将干旱分为四类：气象干旱、农业干旱、水文干旱及社会经济干旱。其中，气象干旱是指一些地区由于某些原因发生了天气异常，在某一时期出现降水比多年平均值偏少的情况。水文干旱是指降水量、地表径流或地下水收支不平衡造成的水分短缺现象。农业干旱是指地表土壤供水与作物需水收支不平衡的现象，这种干旱主要由土壤水分与作物自身生理功能决定。

我国根据干旱发生的季节可把干旱分为春旱、夏旱、秋旱、冬旱和季节连旱五种季节类型。

春旱主要发生在 3~5 月份，其特点是温度较低，降水少，相对湿度低，并常伴有干燥的冷风。主要发生在秦岭淮河以北地区，华南南部和西南地区也常发生。

夏旱分为初夏旱和伏旱。初夏旱主要发生在河南中部和北部、河北南部、山东中部、晋南、关中东部、宁夏南部和甘肃中部。初夏旱不利于小麦后期灌浆成熟，影响夏播作物及时播种和造成春播作物的“卡脖旱”。伏旱主要发生在秦岭、淮河以南到广东、广西北部的广大地区，特别是湖南、湖北、江西、浙江西部，其次是北方地区。北方伏旱的发生概率比春旱和初夏旱要小，但从咸阳以东的渭河谷地到河南境内的黄河两岸，伏旱最为频繁。盛夏正值中稻抽穗扬花期和晚稻移栽返青期，伏旱影响中稻灌浆，造成秕粒，晚稻缺水影响移栽，或栽后不能返青，甚至旱死。

秋旱主要发生在湖南、湖北、江西和安徽等省，华北地区也是秋旱较多的地区。秋旱影响晚稻和秋收作物灌浆成熟，也会给秋播造成严重影响。

我国冬季为干冷的冬季风所控制，降水稀少，各地多出现干旱。在北方，大部分农田冬闲，越冬作物也处于休眠状态，所以冬旱对农作物危害较轻。但华南和西南地区，由于气温高，一年四季都有农作物生长。这些地区由于雨季来得早，夏、秋雨多，因此干旱主要出现在秋末、冬季及早春，一般从上一年的秋季或冬季开始，至来年春季结束，农作物受冬旱的影响比其他地区大。

2）洪涝灾害

一般由于强降雨、冰雪融化、冰凌、堤坝溃决、风暴潮等原因引起江河湖泊及沿海水量增加、水位上涨而泛滥以及山洪暴发所造成的灾害称为洪水灾害，简称洪灾；因大雨、暴雨或长期降雨量过于集中而产生大量的积水和径流，排水不及，致使土地、房屋等渍水、受淹而造成的灾害称为雨涝灾害，简称涝灾。洪灾与涝灾的共同点是地表积水或径流过多，区别是涝灾是因本地降水（内水）过多而造成，而洪灾这是因客水过境（外水）而造成。由于“内水”和“外水”是相对的，因此，很难严格区分。加之洪灾和涝灾往往同时或连续发生在同一地区，有时难以准确界定区别，所以常统称为洪涝灾害。

3）风雹灾害

目前，影响我国的风雹灾害主要有雹暴、龙卷风和沙尘暴，其中雹暴是我国影响范围最广、造成损失最重的风雹灾害。

Ⅰ. 雹暴

夏日里，积雨云强烈发展，云塔急剧增高，云砧迅速伸展，随之乌云密布、电闪雷鸣、狂风大作，继而冰雹倾砸、大雨滂沱，这种与降雹相伴的强对流天气即为雹暴。雹暴天气是雷暴天气强烈发展的结果，常常伴有雷雨和大风（有时伴有龙卷风），对房屋、农作物造成较大损失，有时也会造成一定的人员伤亡。

Ⅱ. 龙卷风

龙卷风是从强对流积雨云中伸向地面的小范围强烈旋风。它的上端与积雨云相接，下端有的悬在半空中，有的直接延伸到地面或水面，一边旋转，一边向前移动。龙卷风出现时，往往有一个或数个如同“象鼻子”样的漏斗状云柱从云底向下伸展，同时伴有狂风暴雨、雷电或冰雹。龙卷风经过水面，能吸水上升，形成水柱，同云相接，俗称“龙吸水”；龙卷风经过陆地，常会卷倒房屋，吹折电杆，甚至把人、畜和杂物吸卷到空中，带往它处。

Ⅲ. 沙尘暴

沙尘暴是沙暴和尘暴两者兼有的总称，是大量沙尘物质被强风吹到空中，使空气很浑浊（水平能见度小于 1 千米）的严重风沙现象。其中沙暴系指 8 级以上的大风把大量沙粒吹入近地面气层所形成的携沙风暴；尘暴则是指大风把大量尘埃及其他细粒物质卷入高空所形成的风暴。

4)台风灾害

不同的地区习惯上对热带气旋有不同的称呼。西太平洋沿岸的中国、台湾、日本、越南、菲律宾等地，习惯上称当地的热带气旋为台风。而大西洋则习惯称当地的热带气旋为飓风。其他地方对热带气旋亦有不同称呼。气象学上，则只有风速达到某一程度的热带气旋才会被冠以"台风""飓风"等名字。

台风灾害则是指热带或副热带海洋上发生的气旋性涡旋大范围活动，伴随大风、巨浪、暴雨、风暴潮等，对人类生产生活具较强破坏力的灾害。根据中国气象局颁布的《热带气旋等级国家标准 GBT 19201—2006》，将热带气旋按中心附近地面最大风速分成六个等级，即超强台风、强台风、台风、强热带风暴、热带风暴、热带低压。在我国，一般将热带低压、热带风暴、强热带风暴、台风、强台风和超强台风造成的灾害统称为台风灾害。

5)低温冷冻和雪灾

Ⅰ.低温冷冻

低温冷冻是指在作物的主要生长发育阶段，气温降至影响作物的正常生长发育甚至造成减产的灾害。一般包括倒春寒、寒露风、夏季低温、霜冻、寒潮等灾害。

Ⅱ.雪灾

雪灾是指因降雪形成大范围积雪，严重影响牧区人畜和野生动物生存，以及因降大雪造成交通中断，毁坏通讯、输电等设施的灾害。

6)地震灾害

地震是地球内部介质局部发生急剧的破裂，产生地震波，从而在一定范围内引起地面振动的现象。地震就是地球表层的快速振动，在古代又称为地动。它就像刮风、下雨、闪电一样，是地球上经常发生的一种自然现象。大地振动是地震最直观、最普遍的表现。在海底或滨海地区发生的强烈地震，能引起巨大的波浪，称为海啸。地震是极其频繁的，全球每年发生地震约500 万次。

地震灾害指由地震引起的强烈地面振动及伴生的地面裂缝和变形，使各类建(构)筑物倒塌和损坏，设备和设施损坏，交通、通讯中断和其他生命线工程设施等的破坏，以及由此引起的火灾、爆炸。

7)地质灾害

Ⅰ.泥石流

泥石流是在山区沟谷中，因暴雨、冰雪融化等水源激发的、含有大量泥沙石块的特殊洪流。

Ⅱ.滑坡

滑坡上的岩石山体由于种种原因在重力作用下沿一定的软弱面(或软弱带)整体地向下滑动的现象叫滑坡。俗称"走山""跨山""土溜"等。

Ⅲ.崩塌

崩塌也叫崩落、垮塌或塌方，是陡坡上的岩体在重力作用下突然脱离母体崩落、滚动、堆积在坡脚(或沟岩)的地质现象。

按崩塌体物质的组成，崩塌可分为土崩和岩崩两大类。

8)其他灾害

Ⅰ. 森林火灾

森林火灾是指在森林燃烧中，失去人为控制，对森林产生破坏性作用的一种自由燃烧现象。根据森林火灾燃烧部位、蔓延速度、受害部位和程度，大致可把森林火灾分为三大类：地表火、树冠火和地下火。以受害森林面积大小为标准，我国《森林防火条例》中规定，森林火灾分为四个等级：森林火警，受害森林面积不足 1 公顷；一般森林火灾，受害森林面积在 1 公顷以上不足一百公顷；重大森林火灾，受害森林面积在 100 公顷以上不足 1 000 公顷；特大森林火灾，受害森林面积在 1 000 公顷以上。

Ⅱ. 病虫害

病、虫、杂草、害鼠等在一定环境下暴发或流行，严重破坏农作物、森林、草原和畜牧业的灾害统称为病虫害。病虫害可分为农作物病虫害和森林病虫害两大类。

Ⅲ. 海洋灾害

A. 风暴潮

来自高纬地带的冷空气与来自海上的热带气旋通过交互影响，使沿海大风与巨浪接连发生，因此形成风暴潮。西太平洋是生产风暴潮最多的地区。

B. 灾害性海浪

在海上引起灾害的海浪叫灾害性海浪。灾害性海浪按天气系统类型分为冷高压型（也称寒潮型）、台风型、气旋型、冷高压与气旋配合型。

C. 海冰

海冰是有害水冻结而成的，也包括流入海洋的河冰和冰山等。海冰是极地海域和某些高纬度区域突出的海洋灾害之一。

D. 海啸

海啸主要是太平洋沿岸国家遭受的由于猛烈的地震所引起的海洋灾害。

E. 赤潮

赤潮是因海水中一些微小的浮游植物、原生动物或细菌，在一定的环境条件下突发性的增值，引起一定范围内在一段时间中的海水变色现象。

8.1.2.2 事故灾难

1. 事故灾难的概念

事故灾难，其本质特征主要是由于人们无视规则的行为所致，主要包括工矿商贸等企业的各类安全事故、交通运输事故、公共设施和设备事故、环境污染和生态破坏事故等。

2. 事故灾难的分类

事故灾难包含的范围广，而处理事故灾难涉及的部门较多，因此，事故灾难的分类是一个比较复杂的问题，目前存在的主要类型有以下几类事件。

1）火灾事故

火灾是一种极为常见的事故，也是伴随人类社会发展历史最长的一类事故，从“灾难”一词中的“灾”字，就可以看出人类对各种灾难的认识正是源自于火灾。我国《消防基本术语》将火灾定义为：在时间和空间上失去控制的燃烧所造成的灾害。火灾通常分为森林火灾、建筑火灾、工业火灾、城市火灾等。按照可燃物形态，火灾还可以分为固体火灾、液体火灾和气体火灾。根据 2007 年 6 月 26 日公安部下发的《关于调整火灾等级标准的通知》,新的火灾等级标准由原来的特大火灾、重大火灾、一般火灾三个等级调整为特别重大火灾、重大火灾、较大火灾和一般火灾四个等级。

2)矿难事故

矿难是指矿山发生的灾难。常见的矿难有瓦斯爆炸、煤尘爆炸、瓦斯突出、透水事故、矿井失火、顶板塌方等。按照矿山的类型可以分为煤炭事故和非煤矿山事故。矿难对矿山有着毁灭性的破坏,严重威胁矿工的生命安全。我国是矿难发生最为频繁的国家之一,近年来,因矿难死亡的人数占全球因矿难总死亡人数的一半以上, 2004 年曾达到占世界总死亡人数的 80%。

3)交通运输安全事故

交通运输安全事故根据其发生的地点与交通工具的不同可以分为空难、海难以及铁路、公路与内河航运交通事故。

4)公共设施和设备事故

公共设施和设备事故主要包括市政公用设施运营安全事故、建设工程施工安全事故、工程全生命周期质量安全事故。

5)环境污染与生态破坏事故

环境污染与生态破坏事故是指由于违反环境保护法规的经济、社会活动与行为,以及意外因素的影响或不可抗拒的自然灾害等原因使环境受到污染,国家重点保护的野生动植物、自然保护区受到破坏,人体健康受到危害,社会经济与人民财产受到损失,造成不良社会影响的突发性事件。

主要类型有水污染事故、大气污染事故、噪声与振动危害事故、固体废物污染事故、农药与有毒化学品污染事故、放射线污染事故及国家重点保护的野生动植物与自然保护区破坏事故等。

8.1.2.3 突发公共卫生事件

1. 突发公共卫生事件的概念

突发公共卫生事件是指突然发生的、造成或者可能造成社会公众身心健康严重损害的重大传染病、群体性不明原因疾病、重大食物和职业中毒事件,以及因自然灾害、事故灾难或社会安全等事件引起的严重影响公众身心健康和生命安全的事件。

2. 突发公共卫生事件的分类

突发公共卫生事件的分类是一个比较复杂的问题,目前多根据其形成原因和性质,将其分为以下几类事件。

1)重大传染病疫情

重大传染病疫情是指在短时间内发生某种急性传染病,波及范围广泛,出现大量的病人或死亡病例,发病率远远超过既往常年的水平。例如, 1998 年上海发生的甲肝暴发和 2006 年广东的登革热疫情等。

2)群体性不明原因疾病

群体性不明原因疾病是指在短时间、某个相对集中的区域内,同时或者相继出现具有共同临床表现的病人，且病例不断增加、范围不断扩大，但疾病的诊断尚未能明确诊断。例如2003年我国非典型性肺炎暴发初期，由于对其病原体认识不清，虽然病人具有同一症状，但对其发病机理、诊断标准、传播途径等均不甚明了，这就是群体性不明原因的典型案例，随着对其研究的深入，逐步认识到其病原体是一种新型冠状病毒。

3）重大食物中毒和职业中毒事件

重大食物中毒和职业中毒事件是指由于食物污染和职业危害因素造成的人数众多或伤亡较重的中毒事件。例如：2002年9月14日，南京市汤山镇发生的一起特大投毒案，395人因摄入有毒食品中毒，死亡42人；2002年初，保定市白沟镇某箱包生产企业苯中毒事件，数名外地务工人员陆续出现中毒症状，6人死亡。

4）新发传染病事件

从全局讲，是指全球首次发现的传染病，从局部讲，是指一个国家或地区新发现的、新变异的或新传入的传染病。如艾滋病、非洲的埃博拉等。20世纪70年代以来，全世界新发现约32种新传染病，其中半数左右已在我国出现。新发现的传染病与不明原因疾病一样，对人类健康构成十分严重的潜在威胁，处置的难度及复杂程度较大。

5）群体性预防接种反应和群体性药物反应

群体性预防接种反应和群体性药物反应是指在实施疾病预防措施时，受接种人群或预防性服药人群出现异常反应。其原因复杂，可以是心应性的，也可以是其他异常反应。如安徽泗县疫苗事件。

6）重大环境污染事故

重大环境污染事故是指在化学品的生产、运输、储存、使用和废弃处置过程中，由于各种原因使化学品从其包装容器、运送管道以及生产、储存和使用环节中泄漏，污染空气、水源和土壤等周围环境，严重危害或影响公众健康的事件。例如：2004年4月，发生在重庆开县的井喷事件；2005年吉林化工爆炸导致的松花江水污染事件。

7）核和其他辐射事故

核和其他辐射事故是指由于放射性物质或其他放射源造成或可能造成公众健康严重影响或严重损害的突发事件。

8）生物、化学、核辐射恐怖事件

生物、化学、核辐射恐怖事件是指恐怖组织或恐怖分子为了达到其政治、经济、宗教、极端民族主义目的，通过使用或威胁使用放射性物质、化学毒剂或生物战剂，或通过袭击或威胁袭击化工（核）设施（包括化学工厂、核设施、化学品仓库、实验室、化学品运输槽车等）引起有毒、有害物质或致病性微生物释放到环境中，导致人员伤亡，或造成公众心理恐慌，破坏国家和谐、安定，影响经济发展的事件。

8.2 灾害评估

8.2.1 灾害评估的意义

中国自有史料记载以来四千余年间，“几乎无年不灾，也几乎无年不荒”（邓云特，1958

年）。虽然20世纪后半叶，中国社会有了翻天覆地的变化，社会生产力大幅度增长，科技水平不断提高，延续数千年的"每灾必荒"铁律已被打破，但中国受自然条件影响，使其依旧是世界上少数几个自然灾害种类多、发灾率高、受灾面积广的国家之一。

灾害如不能精确地评估，灾情数字不准确，会造成诸多不利的影响。影响国家和地方以及部门防灾、减灾的决策和对策的制定；影响国家和地方救灾资金和物资的发放；影响社会经济发展计划的制定；影响保险公司的理赔业务。可以说，如果不抓好灾害评估工作，得不到准确的灾情数字，对减灾事业来说，就像战争时期不明敌情所出现的恶果一样。目前，通过国家、地方、部门、企业共同的努力，已经对灾害知识进行了广泛的普及，在这种前提下，有必要将减灾活动深入开展，以减灾的实践有成效地减轻灾害损失，这就需要了解灾情，制定计划，付诸实施。面对减灾新阶段的需要，灾害评估显得异常重要。

8.2.2 灾害评估的分类

8.2.2.1 按性质分类

1. 灾害危险性评估

灾害危险性评估即对一个地区所经历的或所面临的灾害危险性进行评估。评估的结果需要指出，一个地区过去或未来发生某一个等级的灾害的概率有多大，或发生可能达到的最大灾害等级有多大。灾害危险性评估，根据灾害的种类又可分为：①单类灾害危险性评估，如地震灾害、旱灾、水灾、农村病虫害、海洋灾害等，由国家地震局编制的第三代烈度区划图即属此列；②综合灾害危险性评估，即评估多种灾害的综合危险性。

2. 灾害危害性评估

灾害危害性评估即对一个地区自然灾害所造成的人员伤亡和经济损失的程度进行评估。又分为：①单类灾害危险性评估；②综合灾害危险性评估。一般灾害危害性评估是在灾害危险性评估的基础上进行的，为了进行灾害危害性评估，还必须进行：①人口密度和经济密度评估；②抗灾能力评估。

3. 减灾效益评估

减灾效益评估即对减灾的投人和产出（灾害损失减轻）进行综合评估，以总结经验，制定防灾减灾的最优化方案。

8.2.2.2 按时间分类

为了减轻灾害，随着灾害的孕育与发展，各个阶段都要进行评估，一般分类如下。

1. 灾前预评估

灾前预评估即根据致灾因子评价、历史灾害规律研究、承灾体性质和应灾能力，即易损性、抗灾能力等因素，在灾前对可能的损失作出估计，这是制定防灾计划的重要依据。

2. 灾时跟踪评估

灾时跟踪评估即随着灾害的发展，及时对已经造成的损失和将来可能造成的损失进行评估，这是抗灾、救灾的重要依据。

3. 灾后实地评估或灾后定评

灾后实地评估或灾后定评即在灾后进行实地考察，精确或较准确地评定灾害损失。

8.2.2.3 按内容分类

灾害评估的主要内容如下。

(1)直接灾害损失评估。即评估由灾害直接造成的社会和环境损失,主要是人员伤亡和经济损失,也包括由原生灾害引起的突发性次生灾害造成的损失,如地震火灾、地震滑坡等。

(2)间接灾害损失评估。即由于直接灾害损失对人类、社会、环境影响所造成的损失,如灾害中断交通,使工厂停工,由此所造成的损失即为间接损失。

(3)衍生灾害损失评估。即由于直接灾害损失、间接灾害损失对人类、社会环境所造成的长效性或由此衍生的损失,如工厂停工,使某产品停产,其他工厂由于缺少这种产品影响生产而造成的损失,即为衍生灾害损失。

总之,自然灾害对人类、社会、环境的影响是一连串的现象,特别是巨大灾害的影响是深远的、广泛的,因此评估的内容相当繁多,难以一一列举,不过近阶段最重要的还是解决灾害的直接损失问题。

8.2.3 中国灾害评估的发展历程

8.2.3.1 中国成立初期(20 世纪 50 年代)的灾害评估

1. 灾害管理体制初步建立

1)灾害管理机构初步建立

1949 年夏秋之际,长江、淮河、汉水和海河流域发生了特大的洪水灾害,受灾人口达 4 500 万人之多。考虑到当时灾情严重,中央人民政府在成立之初,就设立水利部来管理旱涝灾害,之后又成立了中央防汛总指挥部来指导水利部的工作;同时,为了管理好各类灾害的救济工作,中央成立了内务部。另外,与灾害管理相关的农业部、林业部和地学部也同期建立起来。之后,1950 年 2 月,中央政府又专门成立了以董必武为主任,包括内务部、财政部等 12 个有关部委参加的中央救灾委员会。4 月,中国人民救济代表会议在北京召开,中国人民救济会总会成立。20 世纪 50 年代中期,鉴于气象灾害的频繁及其对农业的严重影响,中央政府于 1954 年组建了中央气象局,从而为后来气象灾害的防治提供了权威的灾情评估与预测信息。

2)救灾方针政策初步形成

早在 1949 年 11 月夏秋洪水灾害的抵御工作中,负责救灾救济的内务部就召开了各重灾省区救灾汇报会,提出了“不许饿死一人”的口号和“节约救灾,生产自救,群众互助,以工代赈”的救灾方针。同年 12 月,政务院和内务部又分别发布了《关于生产救灾的指示》和《关于加强生存自救劝告灾民不往外逃并分配救济粮的指示》,从而标志着新中国救灾方针的初步形成。之后, 1952 年 4 月国家中央防汛总指挥部发布的《关于 1956 年防汛工作的指示》等政令性文件,都继续贯彻了减轻灾害损失的方针。

3)灾情评估标准雏形出现

在新中国成立伊始的抗灾工作中,当时的中央及地方政府发现:不同信息渠道往往对同一地区、同一自然灾害所造成的经济损失和人员伤亡说法不一,在客观上阻碍了对灾情的统一认识和正确掌握,不利于以后救济工作的有效进行。1949 年以后的一段时间里,对灾情评估实行了十分制。

1950年9月31日，北京市郊区工作委员会、财政局颁发的《北京市郊区1950年农业税秋征补充办法》中指出："凡因水、旱、虫、雹及其他灾害，使1950年秋季农作物歉收，依下列办法减免之：①歉收二成以上不到三成者，减征二成。②歉收三成以上不到四成者，减征三成。③歉收四成以上不到五成者，减征四成。④歉收五成以上不到六成者，减征六成。⑤歉收六成以上不到七成者，减征八成。⑥歉收七成以上者，全部豁免。⑦歉收不足二成者，不予减免……"（北京市财政局，1987）

之后，中央生产救灾委员会于1951年3月9日颁布了《关于同意灾情计算标准的通知》，其文件内容规定："收成三成以下为重灾，六成以下为轻灾，全年灾情按全年正产物收成统一计算。"从内容上看，这一通知虽然依旧沿用了我国传统社会的灾情"十分"评估法，比较简单，但它却为新中国的灾情评估工作初步确立了一个统一的尺度，是目前我们所能查到的新中国的第一个有据可言的灾情评估说明。另外，这一文件在工作方法上强调了上级干部要深入灾区，确实掌握灾情。

1952年5月14日内务部在《关于生产救灾领导方法的几项指示》中对上一年确立的灾情评估标准又做了如下的进一步深化："在救灾评估中，各部门工作应互相配合"，"要确实掌握灾情，必须加强下边的报告制度，同时上级干部深入灾区，政府负责人要有重点地亲自去检查"，"要加强僻远地区或山区、边区、少数民族地区的救灾工作"。

2. 灾害评估研究初步开展

在这一时期，中国科学院及各大高校的一些科学工作者对旱涝及地震的评估进行了初步的研究，从而开拓了新中国自然灾害评估的研究领域。例如，在旱涝评估方面，徐尔灏于1950年在假定年降水量服从正态分布的基础上，提出用降雨量的标准差来划分旱涝等级。1957年，水利出版社出版《洪水调查和计算》一书，为各地洪水调查提供了一套完备可行的方法与步骤；在地震评估方面，中国科学院历史研究所、地球物理研究所经过2年努力于1956年编辑而成《中国地震资料年表》。次年（1957年），中国科学院地球物理研究所又借鉴前苏联的烈度表，以中国历史地震资料和遗迹为依据，制定了中国第一个烈度表和第一代《中国地震烈度区划图》（1：500），从而满足了当时建筑抗震设防的迫切需求。

8.2.3.2 20世纪60—70年代的灾害评估

1. 灾害管理体系缓步发展

20世纪60—70年代即是新中国经历的一段特殊历史时期，也是各类自然灾害的一个严重时期，比较突出的各类自然灾害案例有1959年至1961年代三年严重旱灾、1976年唐山大地震等。另外，风暴潮之类的海洋性灾害也日益凸现。在这样的环境下，中国的救灾管理体制仍然得到了发展。

1）灾害监控体系基本形成

1964年国家海洋局成立，开始承担海洋灾害预报与评估工作。次年（1965年），国家编制委员会又批准组建国家海洋水文气象预报站。至此，海洋灾害的监测、预测管理体制建立起来。

1967年底，经国务院批准，中国科学院地球物理局和国家科委京津地区地震办公室合并而成国家科委地震办公室，统一管理全国地震和抗震科研工作。1971年8月，国务院发

出 [1971] 国发 56 号文件，即《国务院关于加强中央地震工作小组和成立国家地震局的通知》，正式撤销国家科委地震办公室，成立国家地震局统管全国地震工作。至 1972 年 3 月，在国家地震局的统一部署下，全国已有 24 个省、自治区、直辖市组建了地震工作机构和地震队伍。一个从中央到地方的多学科、多方法、专群结合的地震监测、预报、科研体系基本形成。

随后，农业部门及地质部门也分别加强了病虫害防治与环境地质勘测方面的工作，开展了各种病虫害与地质灾害（主要是崩塌、滑坡、泥石流灾害）的监测与防治工作。

时至 20 世纪 70 年代末，中国的气象灾害、地震灾害、地质灾害、农作物灾害及海洋灾害等都分别有了相应的政府管理部门及业务机构，自然灾害监测、预报、防治机构体系基本形成。

2）灾情评估标准进一步深化

这一时期国家的灾情评估标准没有大的变革，仍然体现为 50 年代气象和虫害灾情统计标准的细化，这可以从当时一直沿用的相关文件——内务部 1961 年 5 月 19 日颁布的《关于报告自然灾害内容的通知》的五条内容中体现。

（1）受灾、成灾面积各多少亩。受灾、成灾面积中，水、旱、风、雹、霜（雪）冻、虫灾各多少亩。一种作物面积，同时遭受几种或几次灾的，只计算一次，避免重复。

（2）受灾、成灾面积中，夏田、秋田各多少亩。其中，粮食作物和经济作物各多少亩（经济作物中，注明棉花、油料作物各多少亩），各占播种面积的百分之多少。

（3）成灾面积中，减产三至五成，五成以上至九成及九成以上至完全失收的各多少亩。

（4）粮食计划总产量多少斤，其中夏粮产量多少斤，减产多少斤；秋粮产量多少斤，减产多少斤；棉花和油料减产多少，占计划产量的百分比各多少。

（5）成灾的县、公社、大队，人口各多少和各占百分比数。其中，重灾是哪几个县，因灾死亡的人口、牲畜及倒塌和损坏的房屋各多少，损毁的水利工程多少，其他重要财物损失情况。

在灾情发生后，参照以上内容，即时报告灾情。在夏收和秋收以后，根据以上内容，分别将已了解的灾情核实上报，全年灾情在年终核实后再做定灾报告。

在该文件精神的指导下，各地陆续在灾害调查上取得了显著的成绩，但由于历史的局限，灾害调查主要局限于灾害事件现象和破坏损失情况的统计描述。

2. 灾害评估研究滞中有进

20 世纪 60—70 年代的灾害评估研究，虽然期间受到“文化大革命”的影响，但依旧取得了一些明显的成就。

在地震评估方面，为烈度评估提供历史资料依据的《中国地震目录》先后两次（1960 年和 1971 年）出版发行。之后，国家地震局于 1977 年利用多种资料和方法综合编制规划了一般中、小型工程项目的依据。同年 12 月，山东地震局内部出版了《山东省地震烈度区划工作报告》，对基本烈度赋予了时间概念。

在气象灾害评估方面，为了有效地从长时间尺度确立旱涝的标准，中央气象局研究所及华北东北 10 省（市、区）气象局从 1972 年起对 1470—1974 年的 505 年历史气候资料进行了整理，于 1975 年编制出《华北、东北近五百年旱涝资料》，之后，又汇总了华东地区一些省份的历史气候资料。另外，1972 年，中央气象台以一定的指标建立了中国第二代短期天气数值预报业务系统。此系统在台风、暴雨、寒潮等灾害性天气预报和风暴潮、洪水预报及农业气象灾害预报等方面发挥了重大作用,预报准确率已超过 60%。

在农业病虫害的预测与评估方面,关于预报量和预报因子的选取与计算已有比较成熟的方案,这突出体现在 1978 年出版的《用数理统计方法预报病虫害》一书中。

8.2.3.3 20 世纪 80—90 年代初的灾害评估

许多资料表明, 20 世纪末到 21 世纪初,由于世界人口的快速增长,经济和高技术财富的密集发展,加之人类对自然环境日益严重的破坏,使各种自然灾害的发生频度和成灾强度增加,人类又面临一个自然灾害日渐频繁的严重时期。这已引起世界各国政府和国际组织的广泛关注, 1987 年第 42 届联合国大会通过了第 169 号决议,在世界范围内开展一个“国际减轻自然灾害十年”的活动。我国也十分重视减轻自然灾害工作,积极开展中国自然灾害灾情评估与减灾对策研究。

1. 部门管理中的灾害评估逐步规范

进入 20 世纪 80 年代,随着中国经济及社会的加速发展,与世界上许多国家一样,中国开始具备了依靠科学技术达到减灾目标的基本条件。在实际的减灾工作中,“预防为主,防、抗、救相结合”的减灾方针逐步形成并得以贯彻。

期间,民政部门根据 1983 年第八次民政工作会议所提出的“依靠群众,依靠集体,生产自救,互助互济,辅之以国家必要的救济和扶持”的救灾精神,积极开展各项灾害评估与上报工作。1989 年 5 月 3 日民政部发出《民政部关于加强灾情信息工作,及时准确上报灾情的通知》(民电 [1989]149 号)指出,要想在救灾开放方面取得突破性进展,民政部能否及时准确地掌握并反映是关键事项;并对灾情报告提出三项要求,即一要重视,二要迅速,三要有准确的具体要求。在灾情报告的具体要求方面,指出凡发生特大灾害的省(区、市),要向民政部一天一报,或是一天几报。报灾的主要内容包括灾种、发生时间、发生地点、受灾人口,以及人员伤亡、房屋损毁等方面的损失情况。1990 年,民政部又发出《民政部关于加强灾情信息工作的通知》(民电 [1990]126 号),继续强调和细化灾情信息工作的要求。通知在重申报灾主要内容的同时(至迟第二天),要提出争取外援的物资(品种、数量)清单以及计算依据;灾情信息要保证畅通无阻。以上两个通知对于改革开放后的民政部门救灾工作具有重大意义,标志着民政部门在灾情报告中的灾情评估已走向科学化和规范化。在这两个通知的指导下,灾民这一原来含义模糊的概念首次得到明确的界定。根据 1990 年的中国社会救济制度,灾民也称“成灾人口”,即“遭受自然灾害的地区,造成直接经济损失或农作物减产减收三成或三成以上的全部农业或城镇人口”。从此,中央民政部门的救灾工作在充分考虑城乡差异及地区经济实力差异的基础上,合理加大了对自身薄弱地区的扶持,较以往而言,也就更能有效地提高了救灾的时效性。

除了民政部门的灾情评估管理凸现出进步外,国家地震局的救灾评估工作也得到了进一步的系统化。为了指导全国地震灾害统计和评估工作,国家地震局先后制定、颁布了《地震灾情上报暂行规定》《地震重点监视防御区震海预测工作指南(试行稿)》等文件,出版了《地震灾害预测和评估工作手册》,从而使我国地震灾害评估和统计初步走上了科学化、规范化道路。

地质矿产部门也在灾情评估与统计上采取了一系列科学化、规范化措施，这从 1989 年 12 月 2 日地质矿产部的《关于加强地震灾害情况通报工作的通知》中可见。这一通知明确指出：各地的地质矿产部门应当将地质灾害勘查、监测、防治前期工作纳入日常工作，密切注意（尤其是雨季汛期）本地区地质灾害情况；各地在发生地质灾害之后，在及时电告的同时，应当查明灾害原因，调查灾情并提出相应的治理意见；地质灾害调查报告应简明扼要、准确无误。通知还对地质灾害报告的具体个人做出要求，指出区域地质灾害的调查、宣传报道、通信联络及保密应当注意的关键事项。

国家林业部也于 1987 年和 1991 年分别颁布了《森林病虫害预测预报管理办法》（林护字[1987]42 号）以及《森林病虫害防治统计报表》及统计指标说明；另外，在 1993 年 10 月 5 日，中华人民共和国国务院令第 130 号宣布自当日起施行《草原防火条例》。

2. 灾害评估研究全面展开

在 20 世纪 80 年代中国的“科学春天”里，中国自然灾害灾情分析及减灾对策研究，借联合国在世界范围内开展“国际减轻自然灾害十年”活动的东风，在广度上和深度上都得到了空前的发展。在各灾种灾情评估研究日益细化的同时，综合研究得到普遍重视，减灾方面的重大问题研究逐步展开。

1989 年 8 月，国家科学技术委员会社会发展科技司集地震、气象、海洋、水利、地质、农业、林业等灾害管理部门的 20 多位专家组成全国重大自然灾害综合研究组，对我国灾情进行了调查和对策研究。在两年时间内，他们完成了七大类 24 种灾害近 40 年来的灾情资料、档案和文献的调查分析，写成了分类的和综合的灾情总况、时空分布、成灾条件、减灾经验和对策建议等内容的专著，新编了统一体例的各类重大灾害事件年表和自然灾害系列挂图。这是我国进行的第一次较大规模的自然灾害基础资料的统一整编和综合减灾的对策研究。在此基础上，项目组编写出版了《中国重大责任灾害及减灾对策（分论）》（1993）、《中国重大自然灾害及减灾对策（总论）》（1994）和《中国重大自然灾害及减灾对策（年表）》（1995）。另外，地震、气象、水利、地质、海洋等一些部门也进行了自然灾害基础资料的统一整编。

1990 年 3 月 6 日至 9 日，中国科学院地学院在国务院、中国国际减灾十年委员会、国家科委、国家教委、民政部、建设部、中国科学院、国家自然科学基金委员会、国家地震局、国家气象局、国家海洋局等部门有关领导的支持下，在北京召开了“中国自然灾害灾情分析与减灾对策研讨会”。参加会议的有地学部、生物学部和技术学部的 41 位学部委员以及来自生产、教学和科研战线的 113 位专家。会议深入剖析了我国自然灾害的灾情和发展趋势，从不同层次和角度探讨了自然灾害形成演化的规律以及灾害预测（预报）、治理的理论与方法，并就依靠科学技术减灾的若干问题进行了客观分析，提出了不少有益的意见和建议。会议在专家研讨意见的基础上形成并通过了提交国务院的咨询报告——关于减轻我国自然灾害的建议。该报告涉及范围之广、研究内容之深、水平之高都是前所未见的，对日后的减灾工作起到了积极的意义。会后出版的论文选集——《中国自然灾害灾情分析与减灾对策》内容包括：我国自然灾害的灾情分析、减灾对策；我国重大自然灾害的形成与演化规律、时空分布与变异；人类活动与自然灾害的相互作用、反馈及适应过程；自然灾害的预测、预报和灾情评估的理论与方法；对我国有重大隐患问题的研究等。

地震、气象、水利、农林等部门的一些专家分别对一些区域性的地震、旱涝、洪水、台风、病虫害进行了细致的灾害评估，编制了相应的评估图，提出了灾害评估的新方法和技术。以地震灾害评估研究为例，国家地震局震害防御司等先后进行了“中国电子灾害损失预测研究”“未来地震损失评估方法”等研究，并于 1980 年完成了第三代《中国地震烈度区划及使用规定》。该图在对全国区域地质危险性评估的基础上，确定了不同地区一般场地条件下在未来一定时期内可能遭遇超越概率为 10 的烈度值，即地震基本烈度。通过这些工作，地震灾害评估的指标体系被确立起来，灾害的评估内容基本得到完善，较系统的震害评估理论和方法初步形成。

8.2.3.4 20 世纪 90 年代中期以来的灾害评估

1. 灾害评估日趋完善

20 世纪 90 年代中期以来，在“国际减轻自然灾害十年”活动逐步深入的影响下，我国为适应对自然灾害的科学化、规范化管理要求，全国人民代表大会常务委员会、国务院和以民政部为代表的防灾各相关职能部门不断完善灾害统计工作，并对各项防灾减灾工作进行了相应的制度化、法律化、标准化建设。这一时期经全国人民代表大会常务委员会会议通过的与减灾防灾有关的法律有:《中国人民共和国防洪法》(1998 年 1 月 1 日起施行)、《中华人民共和国气象法》(包含气象预报与灾害性天气警报、气象灾害防御)(自 2000 年 1 月 1 日起施行)、《中华人民共和国森林法》(根据 1998 年 4 月 29 日第九届全国人民代表大会常务委员会第二次会议《关于修改〈中华人民共和国森林法〉的决定》修正)、《中华人民共和国防震减灾法》和《中华人民共和国防沙治沙法》。民政部及其与自然灾害相关部门更是做了大量工作。

2. 灾害风险评估研究渐趋深入

在 20 世纪 90 年代中期以来，中国灾害评估研究继续得到深入发展。一方面，关于各类灾害评估的研究得以加强，各种研究成果层出不穷；另一方面，90 年代以后，随着全球风险事件的日益凸显，风险研究在国内外成为一门新兴的独立科学，其研究的出发点从最初的保险学、统计学拓展到了自然灾害的评估研究上。1996 年全国首届灾害风险评估研讨会的顺利召开标志着加强灾害风险研究在相关的研究领域内已成为一种共识。

随着风险理念的渐入人心，各职能部门、科研院所的一大批灾害研究者对灾害风险的基础理论及实践应用展开了深入的探讨。在灾害风险、危险性评估、灾害预测与区域安全性分析方面，更加成熟和系统。对灾害区域危险性、危害性和 21 世纪初期重大自然灾害风险性进行了分析，根据自然灾害对社会安全、经济安全的影响程度，进行了区域安全性分析与分区，提出了减轻灾害风险、保障经济建设和社会可持续发展的对策。一些研究人员对中国近 40 年地质灾害灾情危险性区划，初步提出了地质灾害风险评估的内容体系及方法。刘希林(2001)、唐川(2004)等探讨了泥石流、滑坡危险程度的评估方法；胡瑞林等(1994)以京津地区为例，构建了地质灾害评价的计算机模型预测系统，并提出相应的应用方法。所有这些研究，不但为自然灾害防治提供了依据，而且从理论上指出了灾害评估研究的新方向、新内容。

8.2.4 灾害评估的方法

8.2.4.1 建立灾害损失指标体系

灾害损失指标体系需按其损失的性质和对人类、社会、经济影响的深度和时序性确定，它是灾害损失评估的着眼点，是制定灾害损失评估计划的指导性基础。灾害损失指标体系是一个复杂的体系，包括自然灾变描述指标、自然灾害描述指标、自然灾害评估指标、抗灾能力指标、防灾投入与产出指标等。以直接灾害损失评估指标为例，需要包括人员伤亡、房屋损失、生命线工程损失、水利工程损失、农作物损失、林牧渔损失等各项，其中房屋损失一项中，又包括不同建筑类型的房屋损失等。

8.2.4.2 建立灾害损失致灾因子评价系统

灾害损失的程度与大小，是各种因子综合造成的，为了对灾害损失进行评估，需对各种致灾因子进行综合评价。如为了对水灾进行预评估，需对该地区降水量、径流量、地形、地貌、不同风险区口和经济密度、各类承灾体应灾的脆弱性、防洪能力等因子进行历史的、现今的、未来的评价。

8.2.4.3 制定各项致灾因子和灾情的计算、统计标准

为了进行灾害评估，对成灾的各项因子，如灾变等级、防灾能力等级、承灾体损毁等级以及灾害损失的等级都应制定统一的标准，没有统一的标准，灾害评估就没有统一的尺度，就不可能进行正确的灾害评估和灾情统计。国家科委、国家计委、国家经贸委的自然灾害综合研究组及 10 多个部门的专家，在国家经贸委、国家统计局、国家技术监督局领导下制定国家的灾情统计标准。依据这个标准，各类灾害评估将要据此制定行业标准或专项标准，这是一项庞大的系统工程。当前已进人信息时代，国家的、地区的、部门的灾害信息自系统都在建立，而所有这些工作都必须建立在统一的国家标准基础上。

8.2.4.4 确定灾害损失评估方法

不同内容的灾害评估有不同的方法，概括而言，一般有以下几种方法。

（1）绝对指标评估方法。评估计算出因灾造成的人员伤亡和经济损失的绝对值。

（2）相对指标评估方法。根据一定的指标体系评估出灾害危险性和危害性的相对等级。

（3）综合指标评估方法。即对各类灾害损失进行综合评估，如国家科委、国家计委、国家经贸委自然灾害综合研究组正在进行的全国灾害区划与保险区划图的编制，就是以绝对评估与相对评估相结合的方法进行的。

（4）建立灾变与灾度关系曲线，根据灾变指数，推断灾害评估。

（5）调查累计评估。即对受灾体的损失逐件进行评估，然后累加在一起。

（6）抽样调查统计评估。即在不同受灾程度的地区进行抽样调查，然后用统计学上的方法进行计算。

（7）遥测遥感快速评估。即利用现代遥测、遥感、GIS、GPS 及计算机技术进行快速评估。

（8）其他。

8.2.4.5 建立评估模型

评估模型是根据灾害损失评估的要求和准则，综合指标体系、灾害损失评估的目标和层次建立起的数字模型，一般分为经济计量模型、灰色系统模型、模糊综合评估模型、系统动力学模

型等。

8.2.4.6 灾情调查

灾情调查即对灾害的各种情况进行调查,获取基础数据,然后选用不同的方法和模型进行灾害评估。

8.2.4.7 自然灾害救助评估的基本原则

自然灾害救助评估主要包括救助准备评估、应急救助评估、灾后救助评估和年度综合评估。其基本原则如下。

客观全面。评估工作应客观、全面地反映自然灾害造成的损失、受灾群众基本生活需求和救助工作情况,确保评估结果的真实性和可靠性。

及时高效。根据不同评估事项的特点和时间要求,及时组织开展评估工作,及时报告评估结果,确保评估工作的时效性。

公开透明。评估工作的程序、标准、方法、过程及结果,凡是可公开的,应适时向社会公开,确保评估工作的透明度。

8.3 灾害与社会发展

8.3.1 灾害与人口

人口是一切社会人文要素的载体。历史人口变化的主要表现是人口数量的增减和人口群体的迁移,在我国历史上影响人口这两大变化最主要原因是战争和灾害。但在冷兵器时代,灾害对人口变化的影响有时超过战争。而战争期间人畜死亡未能及时处理,往往也会导致瘟疫流行。因此,"天灾人祸"往往相连。在我国,不同灾害所造成的人口死亡的情况有所不同。地震是突发性灾害,无法预防,男女老少无一能免,但在近代化以前平民居住建筑简单,地震造成的死亡率不会很多。而水旱灾害造成人口死亡的情况就严重了。旱灾后人口因安土重迁的意识和交通不发达,不能迅速转移,接着往往蝗灾连发,就造成大批人口死于饥荒,农村经济在数年内不得恢复。水灾以后又往往诱发瘟疫,造成大量绝户。

小资料

历史上灾害对人口的影响

我国在公元初大致有人口 6 000 万人,到了 7 世纪初的隋朝还没有超过这个数字, 8 世纪中叶盛唐时期全国人口是 8 000 万 ~9 000 万人。以后一直到公元 11 世纪辽宋时期人口总数才超过 1 亿。就是说在长达千年的时间内,中国人口长期徘徊在 6 000 万 ~10 000 万人之间,这里除了战争因素外,灾害究竟起多大作用是值得研究的问题,但此后中国人口的增长仍然不快,一直到 17 世纪初中国人口才达到 2 亿,可是到 18 世纪末超过 3 亿, 19 世纪中叶太平天国起义爆发前夕已达到 4.3 亿。这个时期战争、灾害并未减少,人口增长的速度为何如此凉人。除了人口基数大以外, 16 世纪后期,美洲耐旱、耐碱玉米、番薯作物传入, 17 世纪开始逐渐推广, 18 世纪以后在各地普遍种植,使灾荒期间饿死的人口降低,由此也从另一角度反映灾害对人口的影响。19 世纪中叶以后,中国人口又出现一次大规模减耗,太平天国、捻军的起义和清廷的镇压,估计消耗人口约 1.12 亿(葛剑雄,《中国人口发展史》,253 页),故 1912 年全国人口才达4亿。在此期间,灾害造成人口锐减比较典型的例子有清光绪"丁戊(丁丑、戊寅,即1877年、1878年)奇荒",以直隶、山西、河南、山东为主,北至辽宁、西至甘陕、南达苏皖、东至大海的范围内,出现一片广袤大旱区域。旱情稍解以后,接着就是瘟疫,造成大批人口死亡。据估计,受灾人数约在1.6亿~2亿,约占当时全国人口的一半,直接死于饥饿和瘟疫的人口在1 000万人左右(《中国近代十大灾荒》,98页,上海人民出版社,1994年)。所以有人认为,19世纪50年代中国人口出现了突降,由1851年的43 600万人,下降至80年代后期的37 600万人(章有义,《近代中国人口和耕地的再估计》;《中国经济史研究》,1991年1期),原因除了战争以外,灾荒是重要因素。近年有人统计,仅明清两代各种自然灾害所造成的人员死亡就有5 762.6万人(高建国,《自然灾害基本参数研究(一)》,见《灾害学》1994年4期)。如果我们多做一些个案研究,将会发现这些数字都是偏低的。进入20世纪,由灾害引起的人口消耗仍然十分严重。1920年直隶、河南、山东、山西、陕西五省大旱灾和甘肃大地震,据不完全统计,造成灾民总数有2 000万~5 000万人,直接死亡人数不详,由于当时现代交通工具已经出现,给逃荒的灾民提供了求生的机会。1931年江淮流域大洪水,波及鲁、豫、苏、浙、皖、鄂、湘、赣八省,受灾人口5 300余万人,有42万人被夺去生命。不论以上数字是否确切,灾害对人口数量的影响是明显无疑的。

(资料来源:邹逸麟,《"灾害与社会"研究刍议》,载《复旦学报(社会科学版)》,2000(6)。)

人口迁徙是人口变迁的重要方面。我国历史上曾经出现几次较大规模的人口迁徙,如西晋末年永嘉之乱,唐安史之乱至唐末、宋代靖康之乱,以及明洪武初年的大移民。这几次人口大迁徙,主要是战争造成的,或是政府行为。因为迁徙的幅度大、人口多,再就是对中国历史产生过巨大影响,因此为史学界所重视,也颇多研究。但历史上因灾害引起的人口迁徙也不乏其例,如16世纪末干旱使北方大批人口脱离土地成为流民,是构成当时社会动荡的一个因素。17世纪开始的全国性大旱灾带来的社会动荡更为激烈,这次全国范围的大旱灾直接导致全国大蝗灾,也引发出整个华北地区的鼠疫大流行,大批人口死亡,灾民大量离乡(《中国移民史》,第五册,18页)。但灾害性移民迁徙的地域距离不远,一旦迁到免于死亡的地区,也即停留下来,而灾后又往往回复家乡。因此,研究者往往不认为是移民,缺乏对其研究。其实在一定时间内,不论对迁出地还是迁入地,影响还是很大的。

小资料

灾害引起的人口迁徙

光绪"丁戊奇荒",从重灾区逃往外地的灾民不少于2 000万人,灾后豫、晋、陕等省人口大减。特别是近代交通工具出现后,加速了灾民的流徙。如1920年北方五省大旱灾后,京汉、津浦、京奉、京绥、陇海各铁路沿线麇集了大批流民,都是等待逃荒的灾民,据统计,1920至1921年从关内迁往东北的流民超过30万人大关。还有一种是灾情严重时期,鬻妻卖子的情况十分普遍。1920年北方五省大旱灾,广东顺德一府有25 443名幼童被出卖。年轻妇女也多被贩卖外地,转辗他乡,这种妇女往往不再返回故土,造成当地性别比例失调,影响灾后人口的滋长。

(资料来源:邹逸麟,《"灾害与社会"研究刍议》,载《复旦学报(社会科学版)》,2000(6)。)

灾民迁移地起初往往是人口比较多的地区或城市,以求得暂时的生存。在农业社会城市内工商业不发达，灾民入城并无生计，故灾后如果不回故乡，就必然迁往人烟稀少的宽乡，所以宋以后往往趋向山地和丘陵地带，从事垦荒，砍伐森林，引起水土流失，环境恶化，于是又易引起水旱灾发生的频率，造成恶性循环的怪圈。近代工业化出现后，灾民进入城市求得生计的机会增多，于是大批灾民进入城市，城市人口骤增，拉大了城乡差别，社会产生了新的矛盾。

尽管与过去相比，自然灾害造成人口大量死亡的情况在大幅下降，但是，各种自然灾害所造成的人口死亡仍是怵目惊心的。《中国灾情报告》指出，我国的灾害死亡人数占全球灾害死亡总人数的44%。比如：1966年河北邢台地震，死亡8 064人；1970年云南通海地震，15 621人死亡；1976年唐山地震，242 000人死亡，167 539人重伤。

总之，各种灾害所造成的人类死亡和伤病，严重影响了人们的生活和社会的发展。不能不引起我们的高度关注，早在20世纪60年代，美国海洋学家蕾切尔·卡逊 (Rachel Carson) 在《寂静的春天》一书中说："今天我们就关心的是一种潜伏在我们环境中的完全不同类型的灾害——这一灾害是在我们现代的生活方式发展起来之后由我们自己引入人类的。"

8.3.2　灾害与社会经济

灾害给社会经济带来的损失是不言而喻的。但灾害与传统农业社会与近代工业社会之间相互影响的关系是不同的。在传统农业社会，农业经济是国民经济的主要产业，灾害无疑直接摧残农业。历史上每一次重大的洪涝、干旱、雨雹、蝗灾、瘟疫等灾害，都对中国传统农业社会产生过巨大的破坏影响。如历史时期黄河的不断泛、决、改、徙，对黄河下游平原农业经济造成无法逆转的损害。豫东、鲁西南、皖北、苏北地区在古代是我国农业经济最发达的地区之一，自金元黄河南泛以后，至1855年改徙山东，黄河在这一地区泛决改徙达七百年之久，遂使这一带沙荒、盐碱、内涝不断，成为我国最贫困的地区之一。如豫东新乡地区的原武、延津、封丘三县是元明以来河决最多的地方。封丘县自金代至清顺治年间曾六次被河水淹没，水退沙留，全县土地沙居其六。

小资料

历史上灾害对经济的影响

现今河南省延津县是黄河故道所经，沙丘连绵，清康熙时全县土地"尽为沙碱"，"四野多属不毛之地"。1841、1843年黄河两次在豫东决口，开封、中牟间数百里地皆不毛，至咸丰年间仍不见恢复。朝廷叹道："两次黄河漫溢，膏腴之地，均被沙压，村庄庐舍，荡然无存，迄今已及十年。何以被灾穷民，仍在沙棚栖止，形容枯槁，凋敝如前?"鲁西南地区自道光二十六年以来，"水旱频仍，十室九空"。1855年黄河在铜瓦厢决，河徙山东，省内受灾七分以上的村庄有7 000余，灾民达700万人之多。光绪"丁戊奇荒"，直、鲁、豫、晋数省人亡地荒，存者流徙，无人耕种的土地随处可见。华北农村经济空前凋敝。河北古为冀州，号称富庶，所谓"天下之上国""膏壤千里，天地之所会"(《初学记》卷八引卢毓《冀州论》)。唐时"河北殷实，百姓富饶，衣冠礼乐，天下莫敌"(《资治通鉴考异》卷十四)。但自宋代以后，黄河、海河水系在这一平原上不断泛决改徙，水患连年，土地皆"斥卤不可耕"(《续资治通鉴长编》卷一〇四)，农业生产显著衰落。今天华北平原上很多城镇都曾为黄水所吞没。河北巨鹿县1108年一次黄河决口，泥沙将整个县城埋入地下，1919年民间掘井才发现宋城在今城底16米。最突出的可以开封城为例，开封城古今同址，在历史上曾七次被洪水所淹。明崇祯十五年(1642年),黄河决入开封城,全城为洪水所淹,水深数丈,仅相国寺、周王府顶露出水面,全城三十万八千余人,幸存者仅三万余人。清道光年间河水又多次决入城中,宋代开封城在今城底下10米左右。其他如开封附近历史上有名的万胜镇、朱仙镇,都因河水泛决衰落。明清时期海河平原旱涝灾害十分频繁。近代以来,由于记载详尽,更可知灾害给中国农村带来的巨大损失。1931年江淮流域大洪水,水稻损失90亿斤,高粱小麦损失10亿斤,相当于损失了1 800万人口的全年口粮。1938年蒋介石以水代兵,扒开黄河花园口,豫、皖、苏三省大片土地被淹,受损最严重的是河南省,扶沟、西华、尉氏、太康等县境内,黄土堆积,浅者数尺,深者逾丈,城镇房屋、庙宇、坟墓全被埋入土中。农村经济长期不能恢复。据统计,自1470至1949年的480年中,有400余年遭到不同范围的旱涝灾害,农村经济处于崩溃的边缘,人民生活极端贫困。中国封建社会生产力发展十分滞缓,与这一次次灾害有关。每次大灾以后,农村中土地荒芜,千里无人烟,农村重建,一切从头开始,迫切需要解决的是维持生命,何暇顾及生产力的提高?

两宋以后,南方人口迅速增长,耕地不足,农民们将目光投向不宜开辟的山地和湖滩,开始了大规模的以围垦江湖为主的造田运动。在江西、皖南地区的圩田即始于此时。太湖流域和宁绍平原更是大兴围湖造田之风。绍兴的鉴湖、上虞的夏盖湖、镇江的练湖、宁波的广德湖、余姚的汝仇湖都在这时被垦为平地。太湖流域宋前无大灾,围湖造田以后,“涝则水增溢不已,旱则无灌溉之利”。南宋淳熙十年(1183年)大理寺承张抑指出:“破泽湖塘,水则资以储泄,旱则资以灌溉,近者浙西豪宗,每遇旱岁,占为湖田……于是旧为田者,始隔水之出人。苏、湖、常、秀昔有水患,今多旱灾,盖出于此。”(《宋史·食货志上》)至于无河湖滩地可垦之处,则以垦辟山地丘陵为主。江西、福建山地丘陵宋后皆被垦辟梯田,“山化千般障,田敷百级阶”,“岭阪上皆禾田,层层而上至顶”是闽、赣山地农村的普遍景观。

(资料来源:邹逸麟,《“灾害与社会”研究刍议》,载《复旦学报(社会科学版)》,2000(6)。)

湖田的开垦、梯田的开发,增加了粮食生产,其代价则是山区的土壤侵蚀,下游湖区蓄水面的缩小,东南地区水旱灾害的加剧。农业环境与灾害无疑是有着直接的关系。近几十年来,农业环境仍有继续恶化的趋势。1998年长江流域大洪灾与江湖水面缩小、山地开垦过度有关,可见这个矛盾至今未能解决。因此研究农业与灾害的关系问题,其现实意义是十分明显的。近代工业化出现后,灾害对社会经济影响的反映与农业社会有所不同,城市人口增加,医药、交通技术提高,水旱、瘟疫、蝗蝻灾害死亡人数相对减少,而经济损失则反而增加。地震造成的人口死亡和经济损失明显增加。同时由于工业的发展,采伐加剧、环境污染、资源衰竭、温室效应所引起的森林缩减、水源枯竭、土壤退化引起的灾情却在加剧。

随着社会经济发展,灾害造成的经济损失不断增长,灾害损失的放大效应更加显著,毫无疑问,同样灾害发生在现代社会与农业社会,危害是不同的,由于受灾区域人口和财富密集,损失就会更加严重。也就是说,现代化程度越高,灾害带来的经济损失越大。

小资料

灾害对经济造成的损失

据《中国灾情报告》统计,每年仅气象、洪水、海洋、地质、地震、农作物病虫害、森林灾害等7大类自然灾害所造成的直接经济损失(折算成1990年价格):20世纪50年代平均每年约

480 亿元,20 世纪 60 年代平均每年约 570 亿元,20 世纪 70 年代平均每年约 590 亿元,20 世纪 80 年代平均每年约 690 亿元,20 世纪 90 年代前 5 年平均每年约 1 190 亿元。

以 1998 年大水与 1954 年大水的比较为例,1998 年大水与 1954 年相比,1998 年洪水死亡人口大大低于 1954 年,但受灾人口和成灾人口大大超过 1954 年,造成的直接经济损失也远远高出 1954 年。1954 年洪水,受灾面积 371 万 hm^2,受灾人口 1 888 万人,死亡 3.3 万人,损失房屋 428 万间,京广铁路中断 100 天,直接经济损失 100 亿元。1998 年大水,截至 8 月 22 日的统计,全国有 2.22 亿人次不同程度遭受水灾,紧急转移安置 1 380 万人,死亡 3 004 人,倒塌房屋 478 万间,直接经济损失 1 666 亿元。

自然灾害造成的经济损失分为直接经济损失和间接经济损失,我们从灾害造成的直接经济损失占当年 GDP 总量的比重可以看出灾害对经济发展的影响。比如:1990 年国家直接经济损失 666 亿元,约占当年 GDP 的 3.6%,约占当年新增 GDP 的 40.6%;1991 年直接经济损失 1 215 亿元,约占当年 GDP 的 5.6%,约占当年新增 GDP 的 39.6%;1992 年直接经济损失 854 亿元,约占当年 GDP 的 3.2%,约占当年新增 GDP 的 17.0%;1993 年直接经济损失 993 亿元,约占当年 GDP 的 2.9%,约占当年新增 GDP 的 12.4%;1994 年直接经济损失 1 876 亿元,约占当年 GDP 的 4.0%,约占当年新增 GDP 的 15.5%。

(资料来源:《中国灾情报告》(1949—1995 年),407 页,北京,中国统计出版社,1995。)

8.3.3 灾害与社会政治

灾害与社会政治的关系,古人早有觉察。《管子·度地篇》:"故善为国者,必先除其五害。……水,一害也;旱,一害也;风雾雹霜,一害也;厉(瘟疫),一害也;虫,一害也。此谓五害。五害之属,水最为大。五害已除,人乃可治。"汉代董仲舒更从"天人感应"说出发,认为"国家将有失道之败,而天乃先出灾害以谴告之"。事实上灾害与社会政治确实有密切关系。灾害发生根源于自然,但其促发往往由于社会政治腐败、战争频繁、剥削的严酷所引起。例如战争是造成灾荒的人为条件之一。历史上黄河有几次重大决徙是人为扒堤造成的。923 年五代梁军决河东注以隔唐军,使河泛决于豫东、鲁西南地区;北宋党争引起北、东流之争,造成黄河频繁决徙 80 年之久,直至北宋亡国;1128 年南宋东京留守杜充决河,以阻金军,造成黄河南泛长达 700 年之久;1938 年蒋介石扒开花园口,企图抵挡西进的日军,造成黄淮流域的大洪灾。又如,明清时期政治赋役繁重,特权阶层土地兼并,促使大批贫苦农民脱离土地,成为流民,开山伐林,造成黄河、长江、珠江流域水土流失,加剧了旱涝灾害的发生。有时开始仅发生小灾,处理得当,原可消灾饵祸。可是腐败的政治,逐使小灾酿成大灾。汉武帝时河决瓠子,垂相田蚡因为河决而南,他在河北的封邑不受影响,就提出"江河之决皆天事,未易以人力强塞,强塞未必应天"的论调,不主张堵塞决河,结果河水泛滥于今豫东、鲁西南、皖北、苏北一带二十余年,一二千里范围内,数年不登,人相食。西汉末王莽时黄河决口,因决河东去,王莽的祖坟不忧水,"遂不堤塞",且当时正处于政局纷乱时期,社会上又崇尚阴阳五行学说,不塞决河,结果河水在河淮间泛滥 60 年,直至东汉明帝时才堵塞决河。而一次大规模的严重灾害、饥荒发生后,大量的饥民、流民产生,被迫挺而走险,甚至引发了大规模的人民起义,最后造成改朝换代。汉末、隋末、元末、明末的大起义都是灾害诱发的。有人指出,明末政权灭亡与崇祯年间疫灾有密切关系。清代咸丰同治年间捻军的迅速壮大,与 1855

年河决造成大批难民有关。

清代嘉庆、道光以后，政治处于黑暗时期，灾害的发生，只能加速社会的矛盾，爆发更大的社会危机。有人分析，“丁戊奇荒”这样的千古巨侵，不仅仅是由于气候的异常变化引发而生的偶然现象，即所谓“天祸晋豫”，它实际上是这一时期中国社会内部危机的一种特殊表现形式。因为长时间大面积的干旱固然可以造成农产绝收、粮食不足，但最终导致的奇灾大祸应是当时中国社会内在政治、经济条件所决定的。从某种意义上来说，“丁戊奇荒”正是近代中国半殖民地半封建化历史进程中经济凋敝、政治腐败等社会危机演化发展的必然产物（《中国近代十大灾荒》，107 页）。

由于灾害与政权有如此密切的关系，所以我国历代中央和地方政权都比较重视灾害的发生，对灾前的防灾和灾后的救灾工作都十分重视。防灾减灾和备荒赈济成为我国历代政权的重要职能，中央和地方都有专司职守。例如历代都有兴修水利、赈济、借贷、蠲缓钱粮、安辑流民、以工代赈、灾情勘报等制度，并编写《救荒本草》等书，总可谓之曰荒政。

小资料

历史上的救灾政治措施

今仅以赈灾和仓储制度为例。由于我国是多灾国家，所以古代早有储仓思想。《礼记·王制》：“国无九年之蓄，曰不足；无六年之蓄，曰急；无三年之蓄，曰国非其国也。三年耕必有一年之食，九年耕，必有三年之食，以三十年之通，虽有凶旱水溢，民无菜色。”《周礼·地官》有“廪人”掌“九谷之数”，“以治年之凶丰”。“仓人掌粟入之藏……有馀，则藏之，以待凶而颁之”。西汉宣帝时开始政府置常平仓，储谷备荒。以后常平仓制度虽有兴废，但作为中国古代积储制度中最基本的形式，为后世历代所沿袭。隋代开始民间还共设义仓，以后渐归地方管理。宋代直接用于备荒的有义仓、常平仓、惠民仓、广惠仓、社仓等，其中社仓是民间自建的一种社区储仓。明清时期地方仓储制度更为完备，民间的义仓即社仓，为民间自行输纳，清代社仓设于乡村，义仓设于镇市。历代政府对各种仓储的效果作为对地方官政绩的考核。这种社仓、义仓制度加深了灾时人民对政府的依赖，对巩固封建统治起到了一定的作用。

从先秦时代开始，我国就有政府的赈灾措施，如某地区有灾，即命地方官开仓赈灾民，有时地方上储食不够，或流通不便，即以钱帛赈民；还有组织灾民兴修农田水利，以工代赈。近代以来以工代赈的方法更为流行。但由于封建制度性质所决定，赈灾制度诱发官场上的腐败。每当大灾之后，封建政权也会有减免赋税、赈灾救灾的工作，但地方官虚报灾情，中饱冒取，克扣不发，以及各种腐败弊端，难以尽述。所谓“上有政策，下有对策”，其效果与造成的灾难相比，仍是微乎其微。秦汉以来，还有输粟纳官的事例，如秦代就有灾时百姓纳粟千石、拜爵一级的规定，历代都因袭了这种制度。以后又甚至授以实官，已有官职的还可以迁职升官，这些虽然一时解决了赈灾问题，客观上助长了吏治的腐败。清代竟有卖灾、例灾的弊政，在秋成时，往往有绅董勾结青吏，设簿卖灾，出费者乃得人册，无钱者虽真灾仍需纳粮，有势者既免粮且受赈济，而且往往甲年报灾，乙年即视为定例，虽大熟，仍以偏灾虚报，请缓带征，积欠累年。民国时期仍因清制，勘灾实权尽在书吏之手，各县卖灾案件层见叠出，真正受灾的贫苦农民反而得不到赈济（《近代冀鲁豫乡村》，510 页，中国社会科学出版社，1995 年）。1929 年西北大旱灾，国民党政府乘机加捐加税，地方官贪污赈款、扣克赈粮、增息迫租，商人、地主、军阀、官僚乘机掠夺土地，使灾民如雪上加霜、无法生存。赈灾原是一件好事，可是政治制度的腐败加重和扩大了灾情。

（资料来源：邹逸麟，《“灾害与社会”研究刍议》，载《复旦学报（社会科学版）》，2000（6）。）

中国封建社会长期停滞，原因多多，其中重要原因之一就是一次又一次的战争和灾害对社会能源（劳力与财富）的消耗极大。每次大规模战争和灾害以后，社会元气大伤，一切从头开始。因此，研究长期的封建社会遗留的政治上的腐败影响，对今天的防灾、减灾、救灾工作仍有一定的意义。

8.3.4 灾害与社会文化

这里所谓文化含意较广泛，包括社会组织、民间信仰以及社会习俗、文化等方面。

在封建社会时代，救灾往往被认为只是政府行为，但是依靠中央政府的救灾经常是效率低、受益慢。民间社区的社仓、义仓却能够直接使灾民受惠，而这种社仓、义仓往往以宗法血缘家族为核心组织，在灾情发生后，起了互助互济的作用，由此加剧了中国宗法社会的凝聚力。同样，近代中国农村的基层组织形式与自然灾害也有关系，如长江三角洲有些乡的形成始于救灾活动。

小资料

历史上的灾害民间组织

道光三年水灾时，在宝山知县的带领下，由当地的“绅士”组织了独立于月浦外的煮粥活动，即作为一个“地域社会”而独立。民国初年，在施行地方自治制度时变为“乡”（滨岛敦俊）。福州农村社、境形成和组织也直接产生于祭神赛神、消灾避祸的民间活动（王振忠）。明代以来华北平原村落规模较大也比较集中，这种大型的集庄较有利于抵御洪水，协同治水加强了村庄形态的内聚。北京地区永定河附近之所以产生较多的千人以上的大村，就在于这种集庄的一个重要作用在于协作和防水。一直到清代永定河束堤之后，一些治水官员在考虑沿河地区水灾泛滥的防御时仍提倡小村附大村或建护村月堤等以防水灾。如云：“两岸城郭及大村庄，浑水经过地，恐水涨之年，或有淹浸。应请各建护城护村月堤，以资捍卫。其零落小村，若概筑堤埝，不无繁多。小民或愿垫高地基居住，或愿迁附大村，量给资用。”“附大村”的过程无疑促进了村庄的内聚，另外，护村月堤也有利于村落结构的内聚。故永定河附近多形成较大村庄之原因除了与土壤条件有关外，还与协同治水有关。另外，华北平原许多沿河村庄也有类似的防水之工程，清代束鹿县滹沱河沿岸地区“历来不设堤岸，河道迁徙靡常，沿河村民各筑壕墙以防浸漫”。关于卫河流域的情况，1889 年倪文蔚的奏折中这样反映滑县、长垣县的水灾情况：“卫辉府之滑县，地居直隶长垣县之下游，该县桑园村近接滑境。六月下旬，河水盛涨，桑园民埝被冲，黄水奔腾下注，循滑堤东北，由老安镇一带直趋卫南坡出境。滑堤内外两面皆水，……面寨墙早坍，居民筑有圈堤一道，水至堤面仅余尺许，情形岌岌可危。”在以上的描述中，“民埝”“寨墙”“圈堤”都是村庄所兴修的工程，其中寨墙的功能主要用于防匪，防水的功能是次要的。这三项工程中都利于村庄结构的内聚（王建革）。今天中国不少农村聚落开始于明代，从这些农村聚落的分布、形态、管理、组织中可以探索其与灾害的关系，并由此考虑如何改造使之更增加防灾、救灾的能力。

（资料来源：邹逸麟，《“灾害与社会”研究刍议》，载《复旦学报（社会科学版）》，2000（6）。）

近代资产阶级出现以后，灾后出现一种区别于官赈的社会义赈。如1920年以后由商人、中产阶级、华侨、洋人组织的"中国北方救灾总会""中国华洋义贩救灾总会"等，加强了士商在社会中的地位，出现了不少游离于政府之外的社会组织和力量。

中国人民由于长期遭受自然灾害，社会心理上常怀对灾荒的恐惧。但在不同时代和不同地区，民间心理反映不同。在农业生产比较稳定的地区，因为平时生产稍有积蓄，故民间多讲勤俭节约，积谷以备荒歉。

小资料

灾害对民间文化的影响

《史记·货殖列传》说黄河中下游地区人民"数被水旱之害，民好畜藏"。近代东南一带民间就有这种心态，所谓"养儿防老，积谷防饥"。但在自然环境十分恶劣、灾害又过于频繁、人民流徙成为常态的条件下，民间心理又出现另一种状态。如明清以后，黄河中下游地区旱涝灾害十分频繁，平年尚难温饱，灾年更无法存身。民间产生一种破罐破摔的心理。明人王士性在《广志绎》中说："和、洛、淮、汝、唯、陈、汴、卫自古为戎马之场，胜国以来，杀戮殆尽。郡邑无二百年曹旧之家，除绪绅巨室外，民间俱不立祠堂，不置宗谱，……间阎不蓄积，乐岁则尽数果卖以饰裘马，凶年则持筐携妻子光徙趁食。"其实中州地区除了战争的原因外，屡年的灾荒，也是造成民间只度眼前、不事积藏的习俗。有人也指出：华北平原开垦较早，但由于天灾人祸（旱灾、水灾和皇朝更替之间的连年战争，皆可造成赤地千里，荒无人烟），村落几经兴灭。现在华北平原的村落，其起源大多只可追溯到明代，而且多为山西移民建立（《近代冀鲁豫乡村》）。例如"十年倒有九年荒"的凤阳地区，逃荒成了地方上一种民俗。明人张瀚《松窗梦语》说嘉靖年间凤阳一带多荒地，"间有耕者，又苦天泽不时，非旱即涝，盖雨多则横潦弥漫，无处归束，无雨任其焦萎，救济无资，饥馑频仍，窘迫流徙，地广人稀，坐此故也"。黄河滩地的民居极为简陋，室内更无陈设，其谓所得尽人腹中，不知下一场洪水，又徙往何处。这就是民间消极对待人生态度产生的根源。同时由于外出逃荒所承受的一种屈辱和苦痛，必然形成一种暴戾躁动的心态。

（资料来源：邹逸麟，《"灾害与社会"研究刍议》，载《复旦学报（社会科学版）》，2000（6）。）

灾荒对民间信仰的影响十分显著。如全国各地普遍建有祭蝗虫的八蜡庙和祭驱蝗的刘猛将军庙，这种信仰完全是由频繁的蝗蝻之灾所引起的。福建是我国民间信仰最繁多的省份之一。据《八闽通志·祠庙》记载，具有各种职能的俗神多达119个，主要与旱涝、瘟疫和寇盗这三种古代福建主要灾害相关。明清时期福州地区多巫风淫祠，其中最为盛行的是信奉能驱瘟神的五帝，这与福州地区经常流行瘟疫有关，还举行各种赛神会，以祈求驱瘟保平安。

随着民间逃荒习俗的普遍，应运而生一种民间说唱，凤阳花鼓、打莲响、莲花落、黄梅调等，就是人民在灾荒连年、逃荒在外、无法生存，以要猴、打花鼓卖唱行乞逐渐发展而成的民间说唱。总之，对灾害给人们文化心理上产生的种种阴影的背景进行研究，是使多灾地区人们消极的人生态度变为积极向上进取精神的态度的前提。

各种灾害不断，给人民生活和社会发展带来很大的影响。分析灾害的发生，可以说是自然界与人类社会等多种因素相互作用、影响的结果。近年来，中国人口与耕地、森林等资源之间的矛盾尖锐，在一些地方，"人与水争地"现象严重，加重了水旱灾害的发生，对我们人类自身的生存与发展产生了深刻的影响。这个教训是深刻的，人类活动必不可少，但要坚持科学性，避免盲目性,更不要为了一时的经济利益而破坏子孙万代赖以生存的环境。正如恩格斯在《自然辩证法》中说的那样:“我们不要过分陶醉于我们对自然界的胜利,对于每一次这样的胜利,自然界都报复了我们。”破坏自然必定要受到加倍的惩罚。此外,科学技术的某些“副作用”,也是一些灾害尤其是人为灾害不断发生的重要影响因素之一。值得注意的是,在经济全球化的过程中,国家,地区之间的关系更加密切,也带来生态灾害的转移或传播。

灾害给人类带来无穷祸患,灾害也鞭策人类进步。从某种意义上说,人类就是在同自然灾害的反复斗争中不断进步的。面对灾害,今后要进一步提高人们应对灾害的能力,加强科学研究,及时准确预报,提高全社会的忧患意识。

案例分享

浙江积极引导社会应急力量高质量发展

浙江省应急管理厅通过加强培育、规范管理、强化协调和政策支持,有效引导全省社会应急力量高质量发展,取得了积极成效。

一是着力“育”,建强力量体系。制定出台《关于培育支持社会救援力量发展的指导意见》《省级社会应急力量培育规范》,精心培育200余支队伍6 800余名核心救援队员,初步建成遍布全省、覆盖全灾种的社会应急力量体系。同时,择优审定16支省级社会应急力量,以点带面推动全省社会应急力量建设。

二是注重“管”,提升技能水平。组织社会应急力量培训70余次、培训8 000余人,从16支省级社会力量中选派200余名业务骨干,协同消防救援队伍开展水域、绳索和破拆等专业技能培训。2020年和2021年连续两年举办浙江省社会应急力量技能竞赛。制定出台归口管理、应急标识使用、现场秩序规范等方面制度文件,依托街道、社区及相关协会组建社会应急力量党组织,切实强化党的领导。

三是有序“用”,强化统筹指挥。将社会应急力量全部纳入浙江省突发事件应急处置与救援系统统一管理,及时掌握队伍动态轨迹,有序协调调度参与救援行动。以“全国防灾减灾日”“防汛防台日”“安全生产月”等活动为牵引,组织引导社会应急力量在科普宣传、培训演练、灾害防治和应急救援等社会治理中发挥积极作用。

四是持续“扶”,夯实发展基础。累计争取1 200万元专项资金,用于直接补助和支持优秀社会应急力量建设,为2 000余名核心救援队员购买人身意外伤害保险。各地市通过财政补助、协调部门支持和发动企业捐赠等方式,支持社会应急力量装备建设,研究制定装备目录,探索装备共享共用机制。开展“最美浙江人·最美应急人”评选活动,23名社会应急力量救援队员被评为最美应急人,其中2名队员获评“最美浙江人·最美应急人”。

(案例来源:救援协调和预案管理局,2022年4月19日)

技能实战

将全班分成若干小组,在认真学习“灾害与灾害评估”一章的基础上,列举家乡所在地常见的自然灾害的种类,讨论灾害对社会发展的影响。要求:理论联系实际,观点积极向上。

自我测试

1. 简述我国主要自然灾害及其危害。

2. 试述自然灾害与社会发展的关系。

9 灾害救助

引言

灾害救助是国家的基本职能之一。同时又是一项复杂的系统工程,必须依靠科学、依靠法制、依靠群众,政府组织,社会参与。近年来,我国自然灾害多发、频发,给灾区经济社会和群众生产生活造成了严重影响,救灾任务十分繁重,迫切需要充分调动各方面积极性,发挥各自优势,形成统筹协调、有序协作的救灾合力。随着我国经济社会快速发展,社会力量参与救灾的热情持续高涨,逐渐发展成长为救灾工作的一支重要力量,尤其是汶川地震、玉树地震、芦山地震、鲁甸地震等重特大自然灾害发生后,大量社会组织、社会工作者、志愿者、爱心企业等社会力量积极参与现场救援、款物捐赠、物资发放、心理抚慰、灾后恢复重建等工作,展现了社会力量组织灵活和服务多样的优势,发挥了重要作用,初步形成了政府主导、多方参与、协调联动、共同应对的救灾工作格局。

学习目标

1. 了解灾害救助的含义及构成。

2. 掌握我国灾害救助体系建设存在的问题及加强我国灾害救助体系建设的目标与措施。

3. 了解社区环境建设存在的问题,掌握加强社区环境建设、创建综合减灾示范社区的措施。

4. 掌握提升减灾救灾能力的具体途径。

9.1 灾害救助的概述

9.1.1 灾害救助的含义

灾害救助可以简称为"救灾",救灾中的"灾"包括由于自然或人为科技的影响而导致的对于生产、生活、物质与环境的危害。

《灾害管理学》指出,救灾是灾害已经开始和灾后最急迫的减灾措施。从一些国家和地区的情况来看,对救灾的认识也在进一步拓展,不仅仅局限在自然灾害领域,也不是单纯的灾害救助。救灾是一种极为复杂的、社会的、半军事化的紧急行动,从营救到医疗、从生活到公安、从技术到工程、从组织到指挥,要形成救灾的系统。

实际上,现代意义上的救灾,不仅包括灾时的应急反应、营救、灾后救助等方面,还着眼于风险管理、减灾和备灾,并且更加重视从防灾到救灾的整体规划、系统管理、过程控制、资源整合、环节衔接和组织协调。

这首先是由救灾的客观原因所决定的。一般意义上，救灾是因“灾”而救，无论自然灾害还是人为灾害，具体来看都有一定的偶然性或区域、时间上的局限性，但总体来看，却有明显的相关性和规律性。特别是从灾害本身的系统结构和作用机制来看，灾害现象与灾害事件在内的各种灾害，既自成系统又相互成系统。自然界和人类社会出现的各种灾害总和构成灾害系统，诸种灾害系统性决定灾害管理的系统性，许多自然灾害和人为灾害在某一时空范围内接二连三地发生形成灾害群，并且一些原发灾害还可能引发一些次生或衍生灾害，甚至形成灾害链或灾害群，必须把灾害看成一个相互联系、相互影响的灾害系统。

另外，这是由救灾工作的特点所决定的。从救灾体系的任务来看，需要系统研究灾害群及灾害链的分布及发展规律，补充知识空白，探索灾情预报的切实可行的方法，救灾的过程更是社会资源整合的复杂过程，并且需要政府、民间、私人部门乃至全社会的参与。

从部门的设置和职能的方法来看，也是世界上许多国家的经验教训，由于互不隶属且仅仅针对某一种灾害或某一环节或无统一平台的分散性的救灾工作，往往造成救灾工作的效率低下，无法及时有效地缓解灾害造成的损失和威胁，也无法适应对救灾工作的社会性和时代性需求；

从过去的研究情况和解决方案来看，仅仅限于各个部门分门别类地研究各个灾种的方法已经不适应现代科技和社会经济发展的需要，需要地理、天文、气象、海洋、水利、地质、交通、农学、林学、城市安全、城市规划、社会学、管理学、经济学、建筑工程学等各专业的协作，需要对各种自然灾害、人为灾害的发生和发展规律的系统性研究，探索系统性的解决方案，减少系统的脆弱性带来的更大隐患，构建系统性的安全体系，最大限度地保障人类的生命财产安全。

必须认识到，救灾是一项复杂的系统工程，要有效实现减灾目标，推动减灾措施的实施，必须依靠科学、依靠法制、依靠群众，政府组织，社会参与。同时，救灾的能力不是简单的决心和命令，它需要针对复杂的情况和变化莫测的形式、救灾的价值体系和阶段性目标以及救灾的现实需要，构筑适合国情、灾情的救灾体系，并且不断优化救灾体系，才能取得更好的成效。

9.1.2 当代灾害救助体系

从目前的救灾体系空间范围来看，可以分为国家和国际两个层次：国家救灾体系（国家范围的救灾体系）和国际层次的救灾体系（国际范围的救灾体系）。

国际层次包括国际区域层次的救灾系统和全球性层次的救灾系统。随着世界各国和地区对灾害认识的不断提高，更感觉到联合防灾、减灾、救灾的必要性。区域性的救灾体系也在不断发展，不论发达国家还是发展中国家都积极投入到减少脆弱性的行动中去；联合国也在积极构筑全球性的防灾、减灾、救灾体系。同时，还有许多非政府组织也积极参与到救灾中来。

从国家救灾体系主体来看，应包括公共部门（如中央政府、地方政府）、私人部门（家庭、企业）、市民团体（志愿者组织）、个人等。

从国家救灾体系内部的行政层级划分，可分为中央或联邦政府层级的救灾系统、地方层级的救灾系统（地方层级的救灾系统可以再细分）。

从救灾业务的分类来看，救灾体系可以划分为单一救灾体系（针对单一灾害的，如地震救灾系统、飓风救灾系统）、复合救灾体系（针对多种灾害或某一类的灾害，如防汛抗旱系统、气象灾害系统、防御自然灾害系统）、全系统救灾体系（针对所有被界定的灾害，既包括自然灾害,也包括人为灾害)。

从国家救灾体系的基本要素来看,救灾体系包括相关救灾主体(指挥官、专业化的救灾队伍等)、救灾组织系统(如指挥机构)、救灾主导机制(如救灾应急机制、救助机制等)、救灾辅助机制(救灾法律体系、救灾的规划或计划、救灾的保障及技术支撑、信息和情报传输网络、新闻报道、救灾理念和原则)等。具体到某一国家,国家救灾体系与国家的地理环境、行政管理体制、法律制度、经济形态、科技水平、灾害特点、公民素质、历史文化等因素紧密相连,并且会随着"灾情"的影响而不断变化。近年来随着恐怖主义抬头,一些国家逐步把防范恐怖主义作为救灾体系调整的内容,如美国、日本、西班牙、英国等国家。

9.2 我国灾害救助体系建设

9.2.1 我国的灾害现况

我国是世界上受自然灾害影响最为严重的国家之一,由于特殊的地理位置,季风影响十分强烈,东临太平洋,东南沿海受台风影响较大,地震构造活跃,地形条件复杂,山地和高原约占国土面积的69%。这种地理环境决定了我国的自然灾害呈现出以下基本特点。

第一,灾害种类多。除火山喷发外,几乎所有的自然灾害在我国都不同程度地发生过。

第二,频度高。1949年以来,影响较大的干旱平均每年出现7次以上,洪涝平均发生5.8次,登陆台风平均每年7次,低温冷冻平均每年2.5次。

第三,区域性、季节性强。干旱主要分布在西北黄土高原和华北平原,多发生在春秋两季。洪涝主要分布在7大江河流域,特别是长江中下游和淮河流域,多发生在夏秋两季。

第四,灾害损失严重。一般年份,全国农作物受灾面积为6亿亩左右,占全国耕地面积19亿亩的近三分之一;绝收面积近2亿亩;紧急转移人口300万人以上,因灾倒塌房屋300万间左右,有2亿左右人口的生活受到灾害的影响。

第五,我国最为经常发生的自然灾害有5种,即洪涝、干旱、地震、台风和滑坡泥石流等,其所造成的损失占到自然灾害损失总量的80%~90%。

9.2.2 灾害救助体系建设中存在的问题

9.2.2.1 老百姓的防灾减灾意识较弱,需加强防灾减灾教育

一是需加强主动防灾减灾意识的宣传教育。虽然很多地方民政及防灾减灾部门每年"5·12"防灾减灾宣传日要通过标语、挂图和举办的防灾减灾演练开展宣传活动,但民众积极性不高,参与人数少,多数民众认为灾害与自己无关,自我防范意识不强,主动防灾减灾的行为不多。在灾害发生后自救、互救意识淡薄,部分灾民比较依赖政府救助,在分配、领取救灾物资过程中有不按规定申请、不排队领取、哄抢救灾物资等不良现象发生。二是需加强应急救灾宣传教育。目前,由于老百姓灾害应急知识相对缺乏,自防、自救、互救意识不足,在灾害来临时如何防灾减灾缺乏足够的心理和技能准备,导致老百姓避险自救和互救能力较差。三是需加强防灾减灾的法制宣传教育。一方面现有法规落实不够;另一方面,灾害救助的政策法规体系需要进一步完善。要充分运用传统媒体和新兴媒体,采用群众喜闻乐见的形式,帮助受灾人员及时了解救助政策,深入学习救助原则及救助标准,及时报道自然灾害救助规范化建设的进展

情况和实际成效。加强正面舆论引导，以浓厚的舆论氛围，积聚起推动自然灾害救助规范化建设的正能量。

9.2.2.2 报灾、核灾不够精准

一是报灾过程时效性不够精准。一些地区，特别是一些边远山区的基层单位由于人员偏少，加上有些地方缺少必要的现代化网络办公设备（如宽带网、笔记本电脑等），灾害发生后，一些统计报表不能通过网络及时上报，影响了灾害信息报送的准确性和及时性。另外，个别受灾地区还出现迟报、虚报灾害信息的现象，致使报灾信息的准确度不够。二是核灾不够精准。目前，虽然从中央到地方已经出台了比较统一的灾情标准，对各种灾情均作了明确的界定，但在实际操作中仍存在一些困难，导致核灾不够精准。三是报灾、核灾工作机制有待创新。目前，报灾、核灾机制与实际需要尚有差距，尚未形成健全的报灾、核灾工作监督体系，特别是对瞒报、虚报灾情的处罚力度不大。

9.2.2.3 制度规范体系不完备

制度规范体系不完备主要表现如下。

一是有的制度规定比较零散，没有形成合力。如我国防灾减灾基本法仍缺位，目前还没有。又如灾后倒房重建、减灾示范社区创建等工作的相关规定，存在于《自然灾害救助条例》《社会救助暂行办法》以及我们内部的一些具体规定，不利于统筹执行，在具体执行中容易造成顾此失彼。对一些需要各部门配合的工作，就必须把相关的制度规定梳理出来，形成一个完备的制度体系，以提高减灾救灾工作成效。

二是有的制度规范规定重复强调较多，弱化了权威性和约束力。如关于自然灾害灾情报送责任追究问题，从上到下都三令五申加强责任追究，但重复强调得太多，具体追究起来力度不大，容易造成人们心理上的麻木和行动上的我行我素。

三是有的制度规范规定缺乏相应的配套措施和程序性规定。如关于灾害信息员制度，灾害信息员的职责是什么，工作目标、效能目标是什么，达不到目标如何追究、由谁追究，缺乏具体的制度规定。

9.2.2.4 应急救援设施和物资储备相对匮乏

一些地区，特别是一些偏远地区，由于受到交通条件和地形的限制，在出现重大自然灾害时，极易造成交通、通信和电力中断。目前，我国很多偏远地区应对突发自然灾害的救援能力还比较薄弱，救灾设施设备老化、不足和物资储备单一、存储数目少等情况，不能完全适应规模较大、突发性较强的应急处置物资供应的需求。虽然每年都投入部分资金，但仍是杯水车薪，严重影响自然灾害救助工作的顺利开展。

9.2.2.5 灾害信息队伍建设亟待加强

我国山区多，地形复杂，很多地方居民群众居住较分散，灾害隐患点多，但现在地方乡村两级无专职灾害信息员，很多地方虽然有灾害信息员，但也多属于兼职的灾害信息员，灾害信息化建设和应急处置能力较低。另外，我国灾害信息员整体业务水平不高，业务能力不强，在查灾报灾和核灾时，时效性、准确性不高，在灾情统计上存在对灾害发生时间、种类界定不清的现象，数据错报、迟报和虚报的情况时有发生。

9.2.3 加强灾害救助体系建设的目标与途径

9.2.3.1 加强灾害救助体系建设的目标

建立健全覆盖城乡的备灾减灾、灾害应急响应、灾民生活救助、社会应急动员和灾后恢复重建等灾害救助体系，提高对重大灾害的应急救援能力，切实保障受灾群众基本生活权益。

9.2.3.2 加强灾害救助体系建设的具体途径

1. 健全救灾应急管理制度

做好救灾应急预案的制订和完善工作。定期组织开展救灾应急预案演练，不断提高协同应对灾害的能力。严格执行国家灾情统计制度，进一步规范灾情报告的时间、内容、形式，明确责任人及审核程序。强化灾情管理主体责任意识，切实履行灾情管理职责。建立灾情发布制度，及时、客观地发布灾情。大力推进灾情管理软件的应用，加强国家自然灾害灾情管理系统的操作培训工作，进一步提高灾情管理的技术水平。完善灾情会商和评估制度，切实做好年度灾害趋势会商、实时灾情评估、过程灾情评估、年度灾情评估工作。完善救灾监督管理制度，对救灾过程进行实时监督、全程监督。

强化监督检查。制度规范出台以后，要充分履行监督检查职责，切实督促制度落实。采用日常督查和专项检查等方式随时掌握制度执行情况，及时发现和解决问题，使每项制度规范的落实都有明确的责任部门，避免监督检查在制度规范运转环节上出现被动、滞后、乏力的情况。

强化信息化手段。要利用《国家自然灾害灾情管理系统》的数据优势，加强对政策落实的监督检查，尤其是对新出台的防灾减灾救灾工作政策规范，特别对已救助人数、已救助标准、已救助金额等，要重点督查督办，查清落实过程中存在的问题，并仔细分析问题存在的原因，做到举一反三，不让问题再犯。

提升民众防御自然灾害意识。利用各类信息平台，提高公民防灾减灾的意识，提高公民防灾减灾的技能，引导公民牢固树立“宁可千年无大灾，不可一日不防灾”的意识，强化公民主动防范的意识。加强灾害监测预警体系建设，开展经常性的防灾减灾练演，扩大防灾减灾宣传、演练范围，形成全民参与、人人识别灾害风险的社会氛围。

2. 建立健全救灾资金保障机制

按照“救灾工作分级负责、救灾资金分级负担”原则，各省（自治区、直辖市）、市（地区）和县（区）要建立救灾资金保障机制，根据财力增长、物价变动、居民生活水平实际状况等因素，逐步提高救灾资金补助标准，将救灾资金纳入地方财政预算，并随着财政收入的增加逐年增长。各地方政府结合实际建立相应救灾资金投入机制。

加大对贫困山区救灾资金的支持力度。贫困山区各类灾害频发，严重威胁人民群众的生命财产安全，阻碍了经济建设和社会发展。特别是国家级贫困县，主要靠转移支付维持运转，财政非常困难。为此，国家和省市级有关部门要进一步加大对贫困山区救灾资金的支持力度。

3. 加强救灾物资储备库建设和救灾装备配置

充分发挥中心城市区位优势，建设中央救灾物资储备库。实施三级救灾物资储备库工程。支持县（区）建立救灾物资储备点，使救灾物资储备点覆盖全国城乡多灾易灾地区。通过三级救灾物质储备库建设，逐步形成能满足救灾需求的储备库（点）网络，确保灾情发生后救灾物资能在第一时间内运抵灾区。根据救灾工作实际需求，增加救灾物资储备的数量和品种，并及时补充和更新，确保满足救灾的实际需要。加强救灾装备建设，重视新技术、新设备和新工具在救灾工作中的应用，给基层民政部门配备相应救灾装备，确保日常救灾工作顺利开展。建立救灾物资储备管理制度，全面提高救灾物资应急保障能力。

强化应急救援装备和物资储备。建立完善特大自然灾害救助预备金和应急物资储备、更新、轮换及损耗补偿制度，确保应急物资储备充足，根据山区特点和各类自然灾害救援的需求，合理安排部署救援物资储备仓库和储备物资品种，为应急处置提供有力的物资保障。增加财政资金的投入力度，增配卫星通信和交通工具，遇重大自然灾害在“三断”的情况下及时与外界取得联系，以便及时有效地提供紧急救援，使物资供应需求和各级领导的指挥快速得到贯彻落实，提高山区救灾队伍的救灾水平和处置能力。

4. 加强灾民生活救助

及时安排好灾民的基本生活，保证灾民有饭吃、有衣穿、有干净水喝、有临时住所、有病能得到及时救治。紧密结合社会主义新农村建设，加强灾民倒房恢复重建的项目管理。进一步规范春荒和冬令灾民口粮、衣被救助工作，确保受灾地区社会稳定。

大力开展社会互助。各级民政部门要广开渠道、多措并举，全力帮助灾区群众解决实际困难。一是动员社会力量。组织发动党员干部，积极争取社会支持，鼓励群众互救互助，通过结对帮扶、扶贫帮困、爱心捐赠、邻里互助等多种方式，统筹妥善安排受灾困难群众的过冬生活。二是加强舆论引导。通过广播、电视、报纸等新闻媒体，通过基层工作人员宣讲等多种形式，向社会广泛宣传国家的惠民政策，让受灾困难群众和社会公众广泛知晓，切实营造全社会心系灾区、扶贫济困的良好社会氛围。三是组织对口帮扶。重灾区要根据实际，提出本地的部门、企业对口帮扶方案，报区县政府批准后落实，保障受灾困难群众得到有效救助。

加强监督检查，确保冬春救助款物安全运行。各级民政部门要坚持把救灾款物的全面检查与重点抽查、经常性检查与专项督查相结合，进一步加强救灾款物管理使用的监督检查，积极会同财政、审计、纪检监察等部门，研究建立和完善救灾资金监督管理机制，适时派出工作组，深入基层，扎实开展救灾款物专项检查。通过专项检查，及时发现救灾款物管理使用中存在的问题和不足，认真总结经验，及时查处各类违法违规行为。必要时，可邀请审计、纪检监察等部门提前介入，全程监督救灾款物的管理使用。通过多管齐下、多措并举，确保各类救灾款物管理规范、使用得当、安全运行。要抓紧建立完善救灾款物管理使用的绩效考评机制，及时会同有关部门，采取实地调查、抽样调查等方式，对本行政区域内受灾群众冬春救助工作实际效果开展中期和终期绩效评估，确实保障受灾群众基本生活。

5. 推进社区综合减灾防灾能力建设

以创建“综合减灾示范社区”为抓手，建立健全城乡社区减灾防灾工作机制，大力开展减灾防灾知识普及活动，组织社区开展减灾防灾演练，加强社区灾害监测预警和灾情统计报告能力建设，切实提高城乡居民识灾、防灾、减灾、救灾意识与技能。结合救灾工作特点，培育和发展民政救灾应急队伍，提高救灾应急处置能力。加强救灾应急专家队伍建设，建立重大自然灾害专家会商机制，提高救灾应急工作的科学决策水平。建立健全灾害信息员队伍，积极推行灾害信息员国家职业资格证书制度，全面落实市、县（区）、乡镇、村（社区）四级灾害信息员队伍建设任务，建成一支稳定的灾害信息员队伍。培育和发展救灾应急志愿者队伍，鼓励和吸纳社会工作者参与救灾应急工作,探索建立社会工作者引领志愿者开展减灾防灾服务的联动机制。完善救灾应急队伍管理和激励机制。

6. 探索创新恢复重建新模式

灾后恢复重建工作是帮助受灾群众恢复生产生活的一项基础性工作,在恢复重建中必须规划在前,尊重科学,着眼长远,统筹兼顾,综合配套,加大投入,确保安全。一是探索推进农村住房保险。开展政策性农房保险投保工作,加大保险投保的宣传力度,让农户改变意识,提高其参保积极性,将“要我保”变成“我要保”,从而提高农户防灾防损、灾后自救和恢复生产的能力,帮助受灾农户尽快恢复生产生活,减轻灾害损失。二是加大农村危旧房改造力度。要整合高山移民异地扶贫搬迁和农村危旧房改造等项目资金,与中心村镇建设和土地复垦流转相结合,破解农民“建房难”问题,提高农村房屋的防灾抗灾能力。三是加强农房建筑监管。从村社一级加大监管力度,乡镇严格审批新建、扩建、改建工程,对影响行洪安全、地质结构差的建房申请,一律不予受理,教育引导农户认识防灾的重要性和灾害带来的危害性,在建筑设计上按照防震抗灾标准修建,使建设工程达到“小灾不坏、大灾不倒、抗灾力强”的基本目标,从根本上提高灾害防御能力,严防次生灾害的发生,保障人民群众的生命财产安全。过渡性安置点的设置应规模适度、确保安全、方便群众、便于管理,要设置交通便利、有利于受灾人员恢复生产和生活的区域,并避开可能发生次生自然灾害的区域,尽量不占用或者少占用耕地。同时,采取相应的防灾、防疫措施,建设必要的配套基础设施和公共服务设施,保障受灾人员的安全和基本生活需要。农村灾民住房恢复重建用地,原则上应由灾民与有关村民协商调整或置换承包地,必要时村民委员会、居民委员会或镇乡人民政府、街道办事处应帮助协调。确需征用土地的,应简化程序,由国土资源部门负责办理用地手续,并按照划拨性质收取费用。

7. 加强绩效评估

要提高绩效评估的社会认同度,在评估内容上要更加关注民生。要坚定执政为民的理念,着力于改善民生,保障受灾群众的基本生活。要做到评估主体逐步走向多元化。受灾群众是否满意是衡量自然灾害规范化建设的最终标准。在舆论宣传上,要坚持思想教育先行,争取人民群众的认可和支持,形成良好的社会氛围,保证绩效评估工作顺利推进。

指标是推动各项工作的标杆,也是调动行政管理资源的指挥棒。设定科学有效的自然灾害规范化建设绩效评估指标体系是做好绩效评估工作的关键环节。指标设置要有针对性、科学性和前瞻性,指标要保持相对稳定性和承继性。当然,指标体系不能一成不变,注入新的内容是必要的,因此必须把握一个度,属常规性工作,设置评估指标后推动效果显著的,不宜作调整。

9.2.4 加强自然灾害救助物资储备体系建设

9.2.4.1 加强自然灾害救助物资储备体系建设的主要目标

加强自然灾害救助物资储备体系建设的主要目标包括:使我国救灾物资储备能力和管理水平得到全面提升,形成分级管理、反应迅速、布局合理、规模适度、种类齐全、功能完备、保障有力、符合我国国情的“中央—省—市—县—乡”五级救灾物资储备体系;救灾物资储备网络化、信息化、智能化管理水平显著提高,救灾物资调运更加高效、快捷、有序;确保自然灾害发生

12 小时之内，第一批救灾物资运抵灾区，受灾群众基本生活得到初步救助。

9.2.4.2 加强自然灾害救助物资储备体系建设的主要任务

（1）完善救灾物资管理体制机制及政策制度。各地要将救灾物资储备体系建设纳入本地国民经济和社会发展规划，健全政府主导、分级负责、地方为主、上下联动、协调有序、运转高效的救灾物资储备管理体制和运行机制。建立救灾物资储备资金长效保障机制，健全民政、发展改革、交通运输、铁路、民航等部门以及军地共同参与的救灾物资紧急调运应急联动机制，完善跨区域救灾物资援助机制。健全完善救灾物资管理相关法规政策，建立救灾物资库存更新、应急补充、分配发放和报废工作制度，进一步规范各环节工作流程。研究制定各类救灾物资相关国家和行业标准以及救灾物资储备库建设和认证标准，形成科学合理、门类齐全的救灾物资储备管理标准体系。

（2）科学规划、稳妥推进救灾物资储备网络建设。各地要综合考虑区域灾害特点、自然地理条件、人口分布、生产力布局、交通运输实际等，遵循就近存储、调运迅速、保障有力的原则，科学评估，统一规划，采取新建、改扩建和代储等方式，因地制宜，统筹推进各级救灾物资储备库（点）建设。在现有中央救灾物资储备库基础上，完善中央救灾物资库（代储点）布局，充分发挥中央救灾物资储备库在统筹调配国家救灾资源方面的主体功能和核心作用；各省（自治区、直辖市）、设区的市和多灾易灾县要因地制宜推进本级救灾物资储备库（点）建设，形成一定辐射能力，满足本行政区域内救灾工作需求；多灾易灾的乡镇（街道）和城乡社区要视情设置救灾物资储存室（间），确保第一时间处置和应对各类突发灾情，妥善安置受灾群众；形成纵向衔接、横向支撑、规模合理的“中央—省—市—县—乡”五级救灾物资储备体系。

（3）切实落实救灾物资分级储备主体责任。中央和地方救灾物资储备按照分级负责、相互协同的原则，合理划分事权范围，做好储备资金预算，落实分级储备责任，结合历年自然灾害发生频次及影响范围、群众生活习惯、民族习俗等，科学确定各级救灾物资储备品种及规模，形成以中央储备为核心、省级储备为支撑、市县级储备为依托、乡镇和社区储备为补充的全国救灾物资储备体系。中央储备需求量较大、价值较高以及需定制定招、生产周期较长的救灾物资（如救灾帐篷、棉衣、棉被、简易厕所等）；省级可参照中央救灾物资品种进行储备，并视情储备价值较高、具有区域特点的救灾物资（如蒙古包、净水器、沐浴房、应急灯等）；市县级储备价值相对较低、具有区域特点的救灾物资（如毛毯、毛巾被、凉席、蚊帐、秋衣等）；乡镇（街道）和城乡社区视情储备一定量的棉衣、棉被等生活物资以及简易的应急救援工具，并根据气象等部门发出的灾害预警信息，提前做好应急食品、饮用水等物资储备。省级、市级救灾物资可视情将储备物资下移，向多灾易灾县（市）、乡镇（街道）分散储备，以提高救灾物资调运、分配和发放工作时效。

（4）积极拓展救灾物资储备方式。完善以政府储备为主、社会储备为辅的救灾物资储备机制，在目前储备库自储实物的基础上，结合区域特点，试点运行不同储备方式，逐步推广协议储备、依托企业代储、生产能力储备和家庭储备等多种方式，将政府物资储备与企业、商业以及家庭储备有机结合，将实物储备与能力储备有机结合，逐步构建多元、完整的救灾物资储备体系。建立救灾物资应急采购和动员机制，拓宽应急期间救灾物资供应渠道。积极调动社会力量共同参与物资储备，大力倡导家庭层面的应急物资储备。要根据自然灾害趋势预测意见和灾害实际发生情况，认真做好救灾物资应急储备工作，确保应急期间储备物资能够调得出、用得上、不误事。

（5）进一步提升救灾物资紧急调运时效。建立健全民政、发展改革、交通运输、民航、铁路等部门以及军队参加的救灾物资紧急调拨协同保障机制，完善跨部门、跨区域、军地间应急联动合作模式。各级发展改革部门要做好重大自然灾害救助物资调运的协调工作。各级交通运输部门要配合民政部门做好救灾物资紧急运输工作，做好运力储备和调度以及损坏公路、桥梁、港站的紧急抢修等应急交通保障工作。经国务院交通运输主管部门或者省、自治区、直辖市人民政府批准执行抢险救灾任务的车辆，免交车辆通行费。重特大自然灾害发生后，各中央救灾物资储备库要加强与本地铁路、交通运输等部门和物流公司的联系与沟通，及时做好物资调拨的各项准备工作，确保救灾物资能够迅速、安全运抵灾区，保障受灾群众基本生活需求。

（6）提升救灾物资全过程和信息化管理水平。根据救灾工作需要，灾区可视情设立临时救灾物资调配中心，负责统一接收、调配和发放救灾物资。强化救灾物资出入库管理，细化工作流程，明确工作责任，实行专账管理，确保账物相符。救灾物资发放点应当设置明显标识，吸收受灾群众推选的代表参与救灾物资发放和管理工作，并将物资发放情况定期向社会公示，接受群众监督。充分发挥科技支撑引领作用，积极推进救灾物资储备管理信息化建设，提升救灾物资验收、入库、出库、盘点、报废、移库各环节工作的信息化、网络化、智能化管理水平。充分利用北斗导航定位系统、无线射频识别技术等，积极推进民政救灾物资发放全过程管理系统试点应用，加强人员培训和系统应用模拟演练工作。探索救灾物资管理大数据应用，实现全国各级救灾物资储备信息共享、业务协同和互联互通，促进救灾物资应急保障和管理水平的整体提升。

（7）规范救灾物资供货渠道，确保质量安全。各级民政部门要严格遵守救灾物资招投标采购制度，规范采购流程，强化质量监督，根据质量监督部门提供的有资质检验机构名单，委托检验机构做好救灾物资质量检验工作，建立库存救灾物资定期轮换机制，确保救灾物资质量合格、安全、可靠。灾区各级民政、商务、质量监督、食品药品监管等部门要加强协调配合，保障灾区物资的市场供应，确保救灾物资质量安全。要特别重视救灾应急期间食品、饮用水的质量安全，充分考虑天气、运输等因素，尽量提供保质期相对较长的方便食品、饮用水。要安排专人负责在供货方交货、灾区接收、向受灾群众发放食品前等各个环节的验收工作，全面抽查检验食品质量，彻底杜绝将质量不合格食品发放到受灾群众手中。

（8）严格落实救灾物资储备库安全管理责任。各地民政部门要不断强化岗位职责，切实增强安全防范意识和防控能力，确保业务流程清晰、责任落实到人。健全完善 24 小时应急值守、安全巡查、日常考评等制度，及时修订相关应急预案，形成科学合理的安全管理制度体系。强化防火、防雷、防潮、防水、防鼠、防盗等安全措施，加强库管人员消防知识等培训，做好日常防范工作，提高应急处置能力。健全完善安全检查长效管理机制，突出做好灾害隐患的“再排查、勤巡查、常检查”，确保救灾物资储备库及存储物资绝对安全。

9.2.4.3 加强自然灾害救助物资储备体系建设的主要措施

（1）高度重视，加强领导。充分认识到加强救灾物资储备体系建设的重要性和紧迫性，将其纳入当地国民经济和社会发展规划，结合制定“十三五”规划和当地实际编制本地救灾物资储备体系建设规划，制定工作目标，明确工作任务和进度，按计划有序推进各项建设工作。坚持科学谋划、全面布局，统筹城乡、重点推进，合理确定重点建设项目，统筹布局救灾物资储备所必需的基础设施建设，加大在人员、资金、物资、装备、技术等方面的投入力度。鼓励多灾易灾和有条件的地区先行先试，逐步健全完善各级救灾物资储备体系。

（2）各司其职，相互协同。民政部门负责组织协调救灾物资储备体系建设，牵头开展救灾物资储备库建设、救灾物资招标采购、救灾物资储备网络管理平台建设等；发展改革部门负责救灾物资储备库建设项目审批和投资安排，加强救灾物资价格监督管理；财政部门负责救灾物资采购和储备管理经费年度预算安排；国土资源部门负责救灾物资储备库建设项目用地保障；住房城乡建设部门负责制定救灾物资储备库建设标准；交通运输部门负责协调指导开展救灾物资运输工作；商务部门负责保障灾区生活必需品市场供应；质量监督部门负责提供有资质的检验机构名单，配合做好救灾物资质量把关检验工作；食品药品监管部门负责指导检验机构做好灾区食品、瓶桶装饮用水、药品等救灾物资质量检验工作。

（3）整合资源，多元参与。坚持各级政府在规划编制、政策引导、资金投入、监督管理等方面发挥主导作用，加强部门间沟通和协调，优化整合各类社会救灾资源，积极寻求相关部门和社会各界的帮助和支持，探索应用先进管理理念和引进市场机制等举措，完善相应激励机制，建立畅通的参与渠道，充分调动社会各方面力量参与救灾物资储备体系建设工作。

9.3 加强社区环境建设，创建综合减灾示范社区

9.3.1 社区环境建设的内容

人们对社区环境的理解有广义和狭义之分。广义的社区环境是指“社区的外部环境”，即把社区作为主体，研究社区的外部环境对社区的影响。狭义的社区环境是指“影响社区居民生活的环境因素”，即社区的内部环境。狭义的社区环境也可称之为特殊意义的社区环境，它把居住在某一特定社区的居民作为主体，研究社区范围内一切与居民生活密切相关的各种环境因素对社区的影响[①]。本书所讨论的社区环境是指狭义的社区环境。社区环境建设的内容包括：社区绿化环境建设，社区清洁卫生环境建设，社区文化环境建设，社区治安环境建设，社区生活环境建设等五个方面[②]。

9.3.2 社区环境建设存在的主要问题

值得指出的是：工业化的快速发展和城市社区在规模上的扩大，给社区环境带来了严重的污染，社区环境建设面临着巨大的挑战。

1. 在社区绿化环境建设方面存在的主要问题

一是部分社区对社区环境绿化重视不够。特别是位于城市中心地带的社区，由于土地及物业出租收益高，对绿化工作没有给予应有的重视，主要表现在两个方面：①不愿意提供绿化土地；②认为“寸土寸金”，土地用于城市绿化太可惜。

二是社区绿化率低，没有达到国家规定的绿化标准，特别是部分位于城市中心地带的社

① 曹国栋：《转制社区干部培训实用读本》，广州，广州出版社，2006。

② 董傅年：《社区环境建设与管理》，北京，机械工业出版社，2000。

区，由于建筑物过于密集，绿地面积几乎为零。

三是绿化资金不足。社区存在着“等、靠、要”的心理，认为社区环境绿化是政府部门的事，与社区无关，所以根本不去想办法筹措社区绿化资金，也不给予政府应有的配合与支持。

四是绿化管理跟不上。有些社区由于缺乏足够的绿化管理资金，加上没有配备专人从事社区绿化管理，因此，就算是绿化已进入社区，过一两年之后也就成了“残枝败柳”。

2. 在社区清洁卫生环境建设方面存在的主要问题

一是环卫经费不足。社区环卫经费的主要来源是社区的环卫经费投入和社区居民上缴的卫生费。但目前社区普遍存在环卫经费投入偏少、卫生费收缴率低、外来流动人口卫生费收取困难等问题，这些都是导致社区环卫经费不足的主要原因。

二是环卫配套设施总量不足。环卫配套设施是搞好社区清洁卫生环境建设与管理工作的物质基础。但目前不少社区存在环卫配套设施不足的问题。例如：公厕不足造成附近居民如厕难；缺少垃圾堆放点和垃圾堆放设施，大部分垃圾收集容器是敞口垃圾池、露天垃圾桶甚至箩筐，不能形成封闭隔离等。环卫设施的严重不足制约了社区环卫保洁水平的提高。

三是环卫设施布局不合理。搞好社区环卫工作，除了要有足够的环卫设施外，还需合理布局环卫设施。但现在我国很多社区存在环卫设施布局不合理的现象。如部分社区在人流集中的街道或“十字”路口的附近没有设置垃圾桶，这样就无法从根本上解决随意丢弃垃圾的问题。

四是部分社区居民环境卫生意识差。部分居民对有关社区清洁卫生环境建设与管理的法规知之甚少，环境卫生意识差。这突出表现在：拒绝交纳环卫清洁费的问题比较突出；部分社区居民缺乏良好的卫生习惯，乱扔乱吐、乱丢乱倒的现象较严重等。

3. 在社区文化环境建设方面存在的主要问题

一是社区娱乐、休闲设施与场所不完善。部分社区缺乏必要的活动场所，比如有些社区的小孩在小区绿地上踢球这个老大难问题一直得不到解决，其根本原因就是社区缺乏必要的体育活动场所。

二是社区文化设施布局不合理。合理布局与配置，是充分发挥社区文化设施、设备功能的重要原则。如果社区文化设施、设备在总量上可以满足社区居民的文化需要，但布局与配置不合理，同样也达不到满足社区居民文化需要的目的。这就要求文化设施、设备的分布要考虑社区居民的居住密度、文化程度及年龄、职业结构等因素。但目前我国很多社区在文化设施、设备的建设方面没有充分考虑以上因素。

三是社区文化设施没有体现继承性、时代感和民族特色。社区文化设施、设备是人类文化发展变更的象征和见证，它应当鲜明地反映出该社区文化的历史传统、民族特点和时代特色。社区文化设施、设备只有凝固了该社区的历史文化传统和民族特色，才能使本社区居民感受到自豪感和亲切感，才能对外来人产生强烈的吸引力。但有的社区根本就没有考虑这些因素，在很大程度上还带有盲目性。

4. 在社区治安环境建设方面存在的主要问题

一是社区治安防控体系不健全。良好的社区治安是社区居民和辖区内单位进行正常生活和工作的必要条件。为此，各社区应建立以社区治保会为主体、专职和义务巡逻队为骨干、社区单位和社区居民广泛参与的群防群治网络。但目前很多社区的社区警务工作做得很不够，没有发挥好社区治安的防控作用，社区纠纷、社区犯罪和社区治安灾害事故时有发生，给社区居民带来了不必要的生命与物质财产损失。

二是社区警务工作的方法欠科学。为适应新形势下的社区治安工作，提高公安部门的工作效率，社区警务工作应尽量利用现代化的技术手段，探索科学的社区警务工作方法。但目前仍有不少社区的警务工作在方法上缺乏科学性，如没有开发使用电子警务系统，社区治安情报信息收信不及时、不准确等。

三是缺乏必要的社区治安设施与装备。社区治安设施与装备是维护社区治安秩序的物质基础，是搞好社区治安管理工作的必要条件。但目前我国很多社区缺乏必要的设施与装备，如有的社区最基本的社区治安岗亭都没有设置，较多的社区没有设置治安报警设备。治安管理人员也没有配备必要的保安器具，这些都严重影响了社区治安管理工作的开展。

5. 在社区生活环境建设方面存在的主要问题

一是社区基础设施建设不到位。譬如相当一部分居住小区停车位不够或根本就未设置停车场，从而使部分有车族将车停在人行通道上或索性停在绿地上，这样做既不安全，也不便于管理。

二是社区生活环境的规划不合理。如有的社区道路规划没有体现“以人为本”的原则，相当一部分道路只讲究“横平竖直”，没有考虑方便行人，因此小区绿地屡遭行人践踏，形成“踏坏了补，补了又踏坏”的恶性循环。

9.3.3 加强社区环境建设，创建综合减灾示范社区的措施

社区环境建设的目标就是要提高社区居民的环境保护意识，赋予社区居民对社区环境的知情权；就是要努力搞好社区环境卫生，建设干净、整洁的美好社区；就是要通过对环境进行综合整治，建成环境优美、生活舒适的现代新型文明社区；就是要创建综合减灾示范社区，尽量减少自然灾害、事故灾难、公共卫生事件和社会安全事件等对人类生命财产的损失，从而促进社会平稳发展。具体来说，加强社区环境建设，创建综合减灾示范社区的措施如下。

一是着眼长远，统筹规划。社区环境建设与管理是一项复杂的、事关社区居民长远利益的系统工程。在社区环境建设过程中，要把建设环境优美、舒适怡人的城市社区作为社区环境建设的目标，做好各项工作。首先要制定社区环境建设的长期规划。要在深入调研的基础上，根据城市建设的总体目标，吸纳国内外城市社区环境建设的先进经验，充分考虑未来城市发展的人口规模、城市发展速度及城市环境承受力等因素，充分发挥各方面的聪明才智，集思广益，制定社区环境建设的长期规划。制定规划时，特别要克服那种一两个部门关起门来搞规划的“闭门造车式”的决策方式，只有这样，才能使规划符合社区的实际，才能使规划变为现实。其次要统筹兼顾，着眼长远。社区环境建设既要考虑各种类型居住小区的不同情况，制定不同的发展规划，又要注重对现有的各个居住小区各种配套设施的不断完善，做到统筹兼顾。同时，要着眼长远，不能只顾眼前利益。最后要注重基础设施与配套设施的建设。要按照社区建设的总体要求，完善社区道路、活动场所、垃圾收容与处理等各项基础设施，同时也要搞好园林绿化、给水排水、垃圾处理、通信、电力等配套设施的建设。此外还应注重社区绿化建设。在规划与建设小区时，要留足绿化用地，使绿化率达标。

二是依法整治，严加管理。建设优美、舒适的社区环境，首先要严格执法。各有关部门要加大执法力度，严格用法律、法规去规范社区环境建设与管理工作，做到有法必依上、违法必究。新建的居住小区要按照城市建设的总体规划和要求，对开发商在小区园林绿化、基础设施建设等方面严加管理；对不符合法定要求的一定要加大执法力度。规划、建设及城管部门要按照各自的职能要求履行好自己的职责，切实把好审批关。对违章搭盖、乱停车、私自将绿地改作他用等破坏小区环境的行为要依照社区管理的有关规定，加大执法与处罚的力度。其次要加强管理。一要发挥好社区居民委员会的作用，特别要发挥好社区居民委员会在小区卫生管理、门前“三包”责任制的落实以及爱绿护绿意识的教育和管理、协调、督促、监督等方面的作用。二要发挥好小区业主委员会的作用。有关部门要注意对小区业主委员会的选举、职能的发挥等方面给予必要的指导，充分调动业主委员会在小区环境建设与管理中的积极性和主动性。三要发挥好物业管理公司的作用。物业管理公司是社区环境建设的主体，在社区环境建设与管理中具有举足轻重的地位。有关部门要依照有关法律、法规的规定，建立一套规范物业管理公司的运行机制，对那些不适应新时期社区环境建设发展要求的物业公司采取淘汰制度。要逐步建立物业公司资质审查与考评制度，把物业公司纳入法制化管理的轨道，实现社区物业管理工作的良性循环和可持续发展。

三是完善社区环境建设机制，提高管理效率。完善社区环境建设工作的运作机制是加强社区环境建设的重要一环。区、街道办事处市容管理部门负责社区的市容管理。街道市容科要依据社区的设立情况，将街道所辖范围划分若干市容监察责任区。原则上，一个社区为一个市容监察责任区。一个责任区下派一名市容监察队员实行包点、包片，行使市容监察职能。每个社区将市容环境包片责任队员的照片、姓名、联系方式和主要责任内容及服务承诺，在责任区内上墙公示。这样既告知了社区居民，又方便群众投诉。责任区市容监察队员受区、街道市容监察部门领导，接受社区群众监督。市容监察队员每年向社区代表大会报告工作，接受评议。总之，完善社区环境建设与管理机制，就能提高社区环境建设的工作效率。

四是精心设计活动载体，提高社区环境建设的工作实效。开展社区环境建设的工作，需要设计一些活动载体。设计活动载体，一要注重多样性。社区环境建设内涵的丰富性决定了活动载体的多样性。如“志愿者服务活动”“绿化工程活动”“街巷卫生竞赛活动”“创楼道卫生、比里弄整洁活动”等活动，都是开展社区环境建设的有效载体。二要讲究特殊性。活动载体的设计要充分考虑本社区的实际情况，注重发挥本社区的优势，形成本社区环境建设的特色。三要追求实效性。活动载体的设计要找准社区群众思想的脉搏，把握社区环境建设中的重点、热点和难点问题。活动载体要触及社区干部和广大群众的兴奋点、想象力，激发他们投身于社区环境建设活动的积极性。开展各种活动，要防止出现轻内容、重形式的形式主义，要让社区群众在社区环境建设中得到真正的实惠。四要讲究科学性。活动载体的设计要遵循科学性原则，运用科学的方法提出设计构思、设计方案，设计内容要明确、要鲜明，设计方案要新颖实在，要具有可行性和可操作性。按照上述要求精心设计活动载体，就能达到提高社区环境建设工作实效的目的。

9.4 提升减灾救灾能力,保障人民生命财产安全

提升减灾救灾能力,必须加强备灾减灾、灾害应急、灾民生活救助、灾后恢复重建和社会应急动员等方面的能力建设,坚持预防与应急并重、常态与非常态结合的原则,才能全面提升减灾救灾水平,促进基层社会平稳发展。

9.4.1 加强救灾能力建设

认真贯彻《自然灾害救助条例》,落实统一指挥、综合协调、分类管理、分级负责、属地管理的自然灾害应急管理体制,提高自然灾害应急处置能力。完善救灾预警响应和应急响应机制,规范群众转移安置和救灾物资调运,健全灾民临时生活救助政策和救灾应急项目。组织灾区群众开展生产自救,完善农村灾民毁损房屋恢复重建补助政策,妥善安排冬春灾民生活。制定与经济社会发展、人民生活水平相适应的救灾补助标准,健全中央和地方救灾资金分担机制,加强救灾资金监督管理。建立救灾保险制度,推动政府救助、社会捐赠和灾害保险有机结合,逐步形成规范合理的灾害风险分担机制。要重视新技术、新设备和新工具在救灾工作中的应用,推动救灾生活类专用物资种类和功能的创新;要加强救灾捐赠统计技术支持系统的研究和创新;结合区域灾害特点,研究灾害发生机理;要建立历史灾情、灾害风险、地形地貌、人口分布、农房情况及救灾能力等方面的数据库;要积极推进服务于救灾应急的专家咨询机构、科技支撑机构建设;要研究制定救灾相关技术标准和管理标准,使科学技术更直接地服务于救灾工作。

9.4.2 加强备灾能力建设

认真贯彻《国家自然灾害救助应急预案》,完善"纵向到底、横向到边"的自然灾害救助应急预案体系,重点加大乡村预案建设,定时开展预案演练。加强灾害信息员队伍建设,完善灾情上报与统计核查系统,提高灾情信息采集、传输、处理等能力。完成国家、省、地、县四级救灾应急指挥系统建设任务。加强中央和地方救灾物资储备库建设,扩大储备库覆盖范围,丰富物资储备种类,提高物资调配效率。加强应急救援车辆、通讯工具等救灾装备建设,优先配备到西部欠发达、灾害易发地区。加强应急避难场所建设,配备必需的避灾物资和设施设备。根据救灾工作实际需求,在条件许可的情况下给县(区)级民政部门配备(更新)性价比高、安全适用的救灾专用车辆,确保应急用车;配备卫星电话、车载充电器、北斗导航定位终端等应急通讯装备,确保救灾指挥通信畅通;配备日常救灾工作所需的计算机、传真机、打印机、数码相机和摄像机等办公设备,确保应急期间信息传递畅通。

9.4.3 加强减灾能力建设

协调实施《国家综合防灾减灾规划(2016—2020年)》和《国家防灾减灾人才发展中长期规划(2010—2020年)》,逐步提高自然灾害风险综合防范防御能力。建立健全自然灾害预报预警和信息发布机制,提高减灾卫星地面系统综合应用水平。加强自然灾害风险调查评估能力建设,开展全国自然灾害风险与减灾能力调查,提高风险评估、应急评估、损失评估、社会影响评估和绩效评估水平。加强城乡基层防灾减灾能力建设,完善全国综合减灾示范社区标准,广泛开展"全国综合减灾示范社区"创建活动。要以创建"综合减灾示范社区"为抓手,建立健全城乡社区减灾救灾工作机制,完善相关应急预案,组织社区减灾救灾演练,加强社区灾害监

测预警和灾情统计报告能力建设,建立社区救灾应急志愿者队伍。大力开展减灾救灾宣传活动,根据全市灾害风险和公众意识现状,开展形式多样、生动活泼、喜闻乐见的知识普及活动,切实提高城乡居民识灾、防灾、减灾、救灾意识及技能,增强自救、互救能力,全面促进城乡社区综合减灾救灾能力建设。

9.4.4 加强自然灾害救助规范化建设

自然灾害救助规范化建设是指根据国家自然灾害救助法律法规,从灾区安全稳定和群众需求出发,制定灾害救助基本制度、规程以及工作流程,以形成统一、规范和相对稳定的自然灾害管理体系,并通过对该体系的组织实施和不断完善,达到自然灾害救助工作高效有序、切实保障受灾群众基本生活之目的。自然灾害救助规范化建设是 2016 年民政部提出的一项创新工作。

自然灾害救助规范化建设的主要内容包括以下三方面。

一是规范程序。就是规范自然灾害救助工作先后次序、工作步骤,并使之标准化、条理化、明晰化、可操作化。

二是规范内容。就是规范自然灾害救助工作具体内容、救助项目。自然灾害救助主要包括应急救助、倒损住房恢复重建、冬春救助三大内容。应急救助主要有应急期救助、过渡期救助、遇难人员家属抚慰等内容。

三是规范方法。为了规范自然灾害救助工作,必须对自然灾害救助工作的途径、步骤、手段等予以明确规范,这也是加强自然灾害救助规范化建设的重要内容。

自然灾害救助规范化建设是防灾减灾救灾工作一项重要政策创制、一项重大救助方式创新,涉及受灾群众的切实利益,关乎社会和谐稳定。加强自然灾害救助规范化建设可以规范紧急救助行为,提高应急救助能力,迅速、有序、高效地开展救灾工作,最大程度地减少人民群众的生命和财产损失,有效保障受灾群众有饭吃、有衣穿、有干净水喝、有临时住所、有病能医治,有助于提高自然灾害救助效率,有助于提高灾害救助工作能力,有助于提高受灾群众的救助水平和质量。

9.4.5 支持引导社会力量参与救灾工作

为健全防灾减灾救灾体制机制,统筹协调社会力量高效有序参与救灾工作,进一步提高救灾工作整体水平, 2015 年 10 月,民政部出台了《关于支持引导社会力量参与救灾工作的指导意见》。该文件规定了不同阶段社会力量参与救灾工作的重点范围,具体内容如下。

常态减灾阶段:积极鼓励和支持社会力量参与日常减灾各项工作,注重发挥社会力量在人力、技术、资金、装备等方面的优势,支持社会力量参与或组织面向社会公众尤其是在中小学校、城乡社区、工矿企业开展防灾减灾知识宣传教育和技能培训,协助做好灾害隐患点的排查和治理,参与社区灾害风险评估、编制灾害风险隐患分布图、制订救灾应急预案,协同开展形式多样的救灾应急演练,着力提升基层单位、城乡社区的综合减灾能力和公众防灾减灾意识及自救互救技能。

紧急救援阶段:突出救援效率,统筹引导具有救援专业设备和技能的社会力量有序参与,注重发挥灾区当地社会力量的作用,协同开展人员搜救、伤病员紧急运送与救治、紧急救援物资运输、受灾人员紧急转移安置、救灾物资接收发放、灾害现场清理、疫病防控、紧急救援人员后勤服务保障等工作。不提倡其他社会力量在紧急救援阶段自行进入灾区。

过渡安置阶段：有序引导社会力量进入灾区，注重支持社会力量协助灾区政府开展受灾群众安置、伤病员照料、救灾物资发放、特殊困难人员扶助、受灾群众心理抚慰、环境清理、卫生防疫等工作，扶助受灾群众恢复生产生活，帮助灾区逐步恢复正常社会秩序。

恢复重建阶段：帮助社会力量及时了解灾区恢复重建需求，支持社会力量参与重建工作，重点是参与居民住房、学校、医院等民生重建项目，以及参与社区重建、生计恢复、心理康复和防灾减灾等领域的恢复重建工作。

同时，要求各地民政部门按照《民政部关于完善救灾捐赠导向机制的通知》（民发〔2012〕208号）要求，加快建立完善救灾捐赠导向机制，鼓励和引导具有救灾宗旨的基金会、慈善组织等社会组织以及爱心企业、社会公众，根据灾区需求参与救灾捐赠活动，倡导以捐赠资金为主，募集资金主要用于帮助灾区做好抢险救灾、灾后恢复重建等工作。

案例分享

宁都县：聚力赋能强防治创新防灾新机制

针对地质灾害隐患点多面广、事故易发多发的实际情况，宁都县聚力赋能强防治，不断探索新技术、新方法，创新升级地灾防治新机制，地灾防治工作取得显著效果。

一是查清地灾隐患，建立动态管理机制。今年汛前汛中，宁都县按照“预防为主，防抗救相结合”的工作原则，采取群测群防员与专业技术人员相结合的方式，对全县地灾隐患点进行了全面排查和重点核查。建立了隐患问题台账，实施动态更新管理，为后续的地质灾害监测预警和治理提供基础支撑。对排查新发现的隐患，及时纳入隐患台账并明确群测群防员；对治理完成的隐患点，及时开展销号管理。

二是创新治理模式，实行先治后补机制。宁都县地质灾害隐患点多为小型隐患，在积极争取上级资金的基础上，该县坚持“以人民为中心”的发展理念，由县财政筹集资金采取先治理后奖补的方式，各乡镇通过削坡减载、开挖水沟、坡面绿化、修砌挡土墙等方式开展隐患点简易治理，待竣工完成并通过验收后，县财政对每个治理点拨付奖补资金。截至目前共投入资金120万元，完成多个乡镇40个隐患点的治理，有效保障了群众生命财产安全。

三是提升科技支撑，强化预警救援机制。宁都县紧跟科技信息化发展趋势，夯实信息化发展基础，运用信息化手段高效提升地质灾害监测预警和应急救援能力。在全县各重要隐患点安装了专业监测预警设备35套，在地质灾害发生前能够自动化监测并及时预警，为后续的转移安置提供时间保障。同时，地质灾害防治工作人员和各群测群防员都安装了地质灾害群测群防数据采集系统APP，利用电话、短信、微信、地灾APP、地灾小程序和地质灾害业务支撑平台搭建起地质灾害综合预警平台，实现调度查询网格化、预警预报信息化、重要隐患点报警自动化。

四是健全防灾队伍，完善应急处置机制。今年入汛以来，宁都县遭遇多轮持续强降雨天气，地质灾害防治形势异常严峻。为应对潜在发生的地灾事故，宁都县自然资源局进一步健全完善地质灾害防灾应急系统，在地质灾害应急中心的基础上，从全局抽调精干力量组建地质灾害防治指挥部，确保突发性地质灾害发生时应急指挥系统高效运行，各项救援处置工作能顺利开展，最大限度减少灾害损失。

五是制定防灾制度，落实预案保障机制。宁都县进一步完善制度措施，制定出台了地质灾害排查核查、应急会商、预警预报、值班值守、转移安置等 14 项制度，压紧压实工作职责，将防灾责任落实到县、乡、村各个层级，发挥好群测群防的优势。针对全县 1 005 个地灾隐患点，分别制定了防灾预案表，确保点点有预案、处处有监测。预案表明确了隐患点基本情况、监测人员、预警撤退路线、转移安置场所等，确保能在第一时间组织群众撤离，成功避险。

（案例来源：江西省自然资源厅，2022 年 6 月 15 日）

技能实战

将全班分成若干小组，在认真学习“灾害救助”一章的基础上，分别绘制一个有关自然灾害（如地震、火灾）的自救图。要求：程序正确，清晰美观。

自我测试

1. 什么是灾害救助？
2. 灾害救助体系的内涵及构成是什么？
3. 举例说明我国救灾体系的组织结构和灾种管理的单位有哪些？
4. 我国突发公共事件应急体制分为哪几层？
5. 理论联系实际，谈谈提升减灾救灾能力的具体措施。
6. 理论联系实际，谈谈如何支持引导社会力量参与救灾工作？

第四篇

公共事务管理体系

10 婚姻登记

引言

婚姻登记工作是一项传统的民政工作。民政部门作为主管婚姻登记的国家行政机关，担负着贯彻执行《中华人民共和国婚姻法》和《婚姻登记条例》，拟定婚姻管理工作的方针、政策，依法办理婚姻登记并保障婚姻当事人的合法权益，保护妇女、儿童及老年人在婚姻家庭方面合法权益的重要职能。

学习目标

1. 了解婚姻的概念、婚姻家庭制度的历史类型、中华人民共和国成立前婚姻家庭制度的基本特征及中华人民共和国婚姻登记制度的建立与发展历程。

2. 掌握中华人民共和国成立后的婚姻立法概况，新婚姻法的基本精神、特点及调整对象。

3. 掌握婚姻登记机关的职责、婚姻登记员职责及婚姻登记管理的任务。

4. 掌握结婚登记、离婚登记的条件与法定程序，并熟悉其操作规程。

5. 掌握撤销婚姻登记与补领婚姻登记证的条件与法定程序，并熟悉其操作规程。

10.1 婚姻与婚姻家庭制度

10.1.1 婚姻的概念

婚姻是男女两性结合成为夫妻关系的一种社会形式。婚姻是家庭的前提，家庭是缔结婚姻的结果。马克思主义认为，婚姻是男女两性之间的一种社会关系，其发展变化和性质、特点是由社会生产关系所决定，固然也受自然规律的一定制约和影响。同时，上层建筑诸领域对婚姻制度的制约作用也是不能忽视的。婚姻制度属上层建筑，同上层建筑的其他方面一样，也会能动地反作用于经济基础，对生产力的发展起促进作用或阻碍作用。在生产资料私有制社会，婚姻的缔结往往受政治、经济利益影响，而且一般由家长包办。只有在社会主义社会，男女平等、结婚和离婚自由、一夫一妻制的婚姻才能真正实现。在我国，男女双方只要符合婚姻法规定的结婚条件，并且依法履行结婚手续，就能建立起合法的婚姻，并且受到国家承认和法律保护。

10.1.2 婚姻家庭制度的历史类型

10.1.2.1 群婚制

人类脱离动物界不久，便产生了原始群体，成为人类最初的社会组织形式。同一群体的成员共同劳动、共同消费，在两性关系方面没有任何限制，彼此之间的血缘关系无法用后世的亲属观念判明。正如摩尔根和恩格斯所认为的:在由类人猿到人的转变过程中及其之后,在最早的婚姻形态即血缘群婚出现之前,曾经有过一种原始状态,那时部落内部盛行毫无限制的性交关系。因此,每个女子都属于每个男子;同样,每个男子也属于每个女子。在一个数以百万年计的长时期内,任何意义上的婚姻家庭制度都不存在。随着原始社会不断地由低级向高级阶段发展,从最初的毫无限制的两性关系中逐步演变出各种群婚制的婚姻家庭。

血缘群婚制(血缘家庭)是群婚制的低级形式。这种制度已经排除了直系血亲之间的两性关系,父母和子女、祖父母和孙子女等相互之间存在着严格的婚姻禁例,原始群体内组成若干同辈的婚姻集团。在这种家庭形式中,仅仅排斥了祖先和子孙之间、双亲和子女之间互为夫妻,而同胞兄弟姐妹,他(她)们一概互为夫妻。

亚血缘群婚制(普那路亚家庭)是群婚制的高级形式,这种制度仍然是一种同辈男女间的群婚,但是却从两性关系中排除了姐妹和兄弟,后来又逐步排除了血缘较远的兄弟姐妹。人类的婚姻由血缘群婚发展到亚血缘群婚是一种历史的进步。这种进步可能主要是基于人类对自然规律的逐步认识,认识到血亲婚配有害于后代人的健康,因而才在婚姻集团中逐步抛弃血亲间的性关系,其次才是伦理的原因。这个阶段性关系仍然较广泛,当时的人类仍然处于识其母不识其父的阶段。

10.1.2.2 对偶婚制

对偶婚制是从群婚制到一夫一妻制的过渡形式。随着社会的发展和进步,婚姻禁例越来越多,成对偶居的现象也越来越普遍,后来逐渐地固定下来,形成了对偶婚制。但是这种对偶婚姻并不十分巩固,除了相对固定的配偶即主妻和主夫外,还有副妻副夫。这种婚姻家庭仍以女子为中心,女子定居于本氏族,丈夫来自其他氏族。同后世的嫁娶观念相反,当时实行的是妇女娶男嫁、夫从妻居的制度。我国云南永宁地区的纳西族,仍然存在着“望门居”的习俗,女的住在娘家,男人晚上来过偶居生活,次日清晨即离开,回到自己家中。可能就是这种对偶婚制的残余。

对偶婚制给家庭关系带来了新的因素,不但可以判明子女的生母,还可判明子女的生父。这就为父系氏族和一夫一妻制的产生准备了条件。

10.1.2.3 一夫一妻制

一夫一妻制的婚姻家庭制度是随着原始社会的崩溃和私有财产的确立而产生的。它的最后胜利乃是文明时代开始的标志之一。

母系氏族盛衰交替的时候,生产力有了较大的发展。男子逐渐成为新的财富的管理人,使丈夫在家庭中占据比妻子更重要的地位;同时,又产生了利用这个增强了的地位来改变传统的继承制度并使之有利于子女的意图。但是,当世系还是按母权制来确定的时候,这是不可以有的。因此,必须废除母权制。当母系氏族为父系氏族所代替后,子女由母方氏族成员就变成了父方氏族的成员,确立了按父方计算世系的办法,实行了子女承袭父方财产的新的继承制度。从此,妇女的地位发生了根本的变化,逐步地在氏族内部形成了以男性为中心的新的家庭组织。这种以私有制为基础的一夫一妻制的个体家庭具有和过去一切两性、血缘关系的社会形式根本不同的性质。

一夫一妻制的婚姻家庭制度经历了长期的演变过程。奴隶社会、封建社会,人身依附关系十分突出，实行包办买卖婚姻，公开的一夫多妻制和男尊女卑、夫权统治。资本主义制度下则以形式上的婚姻自由代替父母的强迫包办，用男女平等的口号掩盖男女不平等的事实。只有无产阶级革命胜利后建立起来的社会主义婚姻家庭制度，才是新型的、真正的一夫一妻制的婚姻家庭制度。

10.1.3 中华人民共和国成立前婚姻家庭制度的基本特征

10.1.3.1 包办强迫，男女毫无婚姻自由

在封建制度下，婚姻的缔结完全是由父母、家长决定。《礼记》记载："婚礼者，将合二姓之好，上以事宗庙，下以继后世也。"这就是说，婚姻是两个家庭（两姓）的事，目的为了传宗接代，"父母之命"就成了封建婚姻的合法形式。

封建法律还对离婚规定，只有男子才有"出妻"的权利。至于女子，出嫁以后只能"从一而终"，完全被剥夺了离婚的权利。

10.1.3.2 男尊女卑，公开实行一夫多妻制

封建统治阶级公开主张和宣扬男尊女卑，"夫为妻纲"是封建主义婚姻家庭制度的一个重要原则。

夫权统治，男尊女卑还表现在一夫多妻上。历代封建法律虽明文规定一夫一妻，不准有妻更娶，但娶妾不在此限。统治阶级中的男性通过纳妾过着多妻的生活，而平民百姓则从来是实行一夫一妻制。

10.1.3.3 漠视子女利益，实行家长统治

家长制是小农经济的产物，是封建主义婚姻家庭制度的核心。按照封建礼法的规定，一家之内，子必从父，弟必从兄，妻必从夫，全家都必须服从家长。封建礼教把"孝"作为最重要的道德标准，封建法律也以"不孝"作为十恶之一，在家庭范围内家长享有管理和支配家庭财产的全权，甚至把子女也视为私有财产，完全漠视子女利益。

10.1.4 中华人民共和国婚姻登记制度的建立与发展历程

中华人民共和国成立后，颁布了婚姻法与婚姻登记办法，确定了婚姻登记制度。

1955 年颁布了第一个婚姻登记办法，办法对婚姻登记的目的、申请、审查和登记的程序，婚姻登记机关的设置，以及申请登记当事人和工作人员应注意的事项等问题，都作了具体的规定。

1980 年继第二部婚姻法颁布之后，随之颁布了第二个婚姻登记办法，该办法重申了婚姻法的主要精神，明确了婚姻登记的证明手续、登记的种类，当事人的出证义务和对工作人员的要求，以及婚姻登记机关的设置等等。

1986 年，经国务院批准，民政部又颁布了第三个《婚姻登记办法》。它明确了婚姻登记机关的执法地位，建立了婚姻档案管理和出证制度，补充了对违法婚姻的处理办法；明确了患有麻风病或性病未经治愈的人不准结婚；对于婚姻登记工作人员的条件和违法行为的处理办法都作了相应的规定。

1994 年，民政部颁布了第四个《婚姻登记管理条例》。《条例》明确了婚姻登记管理工作的主管部门及其职责，要求民政部门从原来的婚姻登记向婚姻管理转变；规定了离婚当事人的权利和义务；新增加了监督管理和婚姻当事人对婚姻登记机关有监督权利的内容。

2003 年 8 月 8 日国务院令第 387 号正式颁布了新修订的《婚姻登记条例》,并自 2003 年 10 月 1 日起正式施行。新修订的《婚姻登记条例》取消了结婚、离婚由所在单位或村(居)民委员会出具证明的做法,结婚改由当事人作无配偶等相关情况的声明,对婚前医学检查没有再作强制性规定,并适当集中了农村办理婚姻登记的机关。

10.2 婚姻立法与婚姻登记制度

10.2.1 中华人民共和国成立后的婚姻立法

10.2.1.1 第一部婚姻法:1950 年婚姻法

1950 年,中华人民共和国第一部婚姻法诞生了,这也是新中国制定的第一部法律。1950 年 4 月,毛泽东同志主持的中央人民政府委员会第七次会议通过了《中华人民共和国婚姻法》, 1950 年 5 月 1 日颁布施行。第一部婚姻法的颁布施行,标志着中国婚姻步入"小二黑时代"。

许多人可能还记得当年流传在解放区的那些动人的故事:小二黑和小芹冲破封建家长的重重阻挠终结连理;刘巧儿爱上赵振华,引出"抢亲""退亲""结亲"的一段忠贞不渝的爱情故事;王贵与李香香忠于革命、忠于纯朴的爱情,勇敢地冲破恶霸地主崔二爷的阻挠和破坏。

婚姻自由成为当时青年人婚恋的主旋律。1950 年婚姻法的核心内容,正是废除包办强迫、男尊女卑、漠视子女利益的封建主义婚姻家庭制度,实行婚姻自由、一夫一妻、男女平等、保护妇女和儿童权益的新民主主义婚姻家庭制度。1953 年 3 月,全国还专门举行了贯彻婚姻法运动月。经过贯彻婚姻法运动,反封建斗争取得决定性胜利。

1950 年的婚姻法承担了除旧立新的任务,它的历史使命在 50 年代末到 60 年代初已宣告结束。那时的婚姻法已到了修改的时候,立法重点应从改革婚姻家庭制度转到全面调整和发展婚姻家庭关系上来。但是当时的历史背景使修改婚姻法的事情一年一年地拖下来了。

"文革"结束之后,在一些地区尤其是偏远地区,本来已经基本破除的陈规陋习又死灰复燃,包办婚姻、买卖婚姻、借婚姻索要财物的事情在各地的家庭中一遍一遍地上演。婚姻法被人们渐渐淡忘了,公民的家庭权益得不到应有的保护。

1978 年下半年,在拨乱反正的大潮下,修改婚姻法的工作开始了。当年修改婚姻法引起了全社会的关注,争论最热闹的是法定婚龄问题。

1950 年的婚姻法规定的法定婚龄为男 20 岁、女 18 岁。70 年代末期,计划生育工作已经全面展开,各地区都执行着各自的晚婚年龄,有的为男 25 岁、女 23 岁,甚至有的地方执行男 27 岁、女 25 岁的标准。上海等大城市对婚龄都规定得很高,所以在修改婚姻法时对婚龄规定的分歧很大。最后规定男 22 岁、女 20 岁,应该说这是决策层实事求是的结果。

10.2.1.2 第二部婚姻法:1980 年婚姻法

1980 年,第五届全国人民代表大会第三次会议通过了修订后的《中华人民共和国婚姻法》,自 1981 年 1 月 1 日起施行。第二部婚姻法规定近亲不能结婚,从此,"贾宝玉林黛玉时代"宣告终结。

同 1950 年的婚姻法相比, 1980 年婚姻法在总则中增加了保护老年人合法权益和实行计划生育的内容，对结婚条件作了适当修改，把合法婚龄提高两岁，将“其他五代内的旁系血亲间禁止结婚的问题”，修改为“三代以内的旁系血亲”禁止结婚。它还扩大了对婚姻家庭关系的法律义务的调整，从仅规定夫妻、父母、子女之间的权利与义务，也规定了祖孙及兄弟姐妹之间的法律权利与义务。关于离婚程序，规定为男女一方坚决要求离婚的，可由有关部门进行调解或直接向人民法院提出离婚诉讼。关于离婚条件，增加了“如感情确已破裂”调解无效的，应准予离婚的规定。此外还增加了对违犯婚姻法的行为人依法制裁和强制执行的规定。

当时增加的“三代以内的旁系血亲”禁止结婚的规定对中国的传统是一个冲击，这就意味着亲表兄妹不能结婚了。而中国古代是非常流行表亲结婚的，贾宝玉与林黛玉、薛宝钗都是表兄妹。当时有些人提出制定这个规定条件是否成熟。所以最终在婚姻法说明报告中作了一些比较灵活的说明，例如在个别偏远地区不要一刀切。随着时代的发展，这个说明也渐渐失去必要了。

20 世纪 90 年代初，有舆论开始呼吁第二次修改婚姻法。随着经济、社会的发展，人们的思想观念也发生变化，在婚姻家庭关系方面出现了一些新的问题，对婚姻法作出修改和补充显得越来越必要。1995 年两会期间，有人大代表提出了修改婚姻法的议案。全国人大常委会于同年 9 月对全国的婚姻法执行情况进行了检查，并征求了各地的意见。在之后举行的全国人大常委会会议上，内务司法委在审查报告中肯定了婚姻法应修改。

九届全国人大常委会正式把修改婚姻法列入立法规划后，全国人大法工委听取了妇联、人民法院、民政、卫生等部门和一些法律专家、人民群众对修改婚姻法的意见，并在北京、上海、广东、新疆等地了解情况，参考国内外有关婚姻家庭的规定，提出婚姻法修正案征求意见稿。经征求中央有关部门和部分地方、法律专家的意见，进一步研究修改后，提出了婚姻法修正案草案。

在婚姻法修正案草案提出之前，仅专家建议稿就修改了几次。全国人大法工委又反复征求社会各界意见，不断修改和完善。因为婚姻法关系到家家户户的切身利益，而且人人对婚姻都会有自己的看法，也都有发言权，不像一些很专业的法律，如专利法、保险法等等。正因为它是一部人人都有资格评说的法律，所以引起了全社会的关注。

围绕婚姻法修改的讨论呈现出各种各样的观点，但有一点却很容易达成了共识，那就是要完善夫妻财产制。这是个人财产权利意识增强的表现。

婚姻法修正案草案对原有的夫妻财产制作出了修改，对约定财产的规定比过去更具体，旨在建立一套以法定财产制为主、以约定财产制为辅的夫妻财产法规范。这对家庭财产关系更加多元化的现状提供了更多的选择。

《婚姻法》规定：夫妻在婚姻关系存续期间所得的财产，归夫妻共同所有，双方另有约定的除外。婚姻法修正案草案规定：夫妻财产并非全部归夫妻双方共同所有，如果不经约定，夫妻任何一方都可以拥有个人特有财产。

1980 年修改婚姻法时也有有关约定夫妻财产的条款，主要考虑到少数的涉外婚姻，或老年人再婚后子女在财产上容易发生纠纷，一共只有“双方另有约定的除外”9 个字，对约定内容语言不详。草案中则适当地缩小了夫妻财产共有的范围，增加了个人财产的规定。

10.2.1.3 第三部婚姻法:新婚姻法

2001 年颁布新婚姻法的立法思想是国际领先的。这种领先体现在把婚姻当作一个生命体,婚姻关系死亡了,法律就要允许离婚,承认死亡。而目前还有很多国家采用“过错原则”,即一方有过错,另一方才可以起诉离婚。离婚成为惩罚有过错一方、保护受害一方的手段。

在男女一方要求离婚的时候,专家建议把“夫妻感情确已破裂”改为“夫妻关系确已破裂”,同时在其他规定中,对具有哪些情形可视为夫妻关系确已破裂的问题,作了若干列举性的规定,使离婚的法定理由具体化,使其具有较强的可操作性。当然,列举的这些情形都是相对的离婚理由,而不是绝对的离婚理由,即使符合这些情形,如果调解和好也可以不离。离婚法定理由的具体化,有利于克服适用法律时的主观随意性。婚姻法草案的目的是更好地保障离婚自由,同时防止轻率离婚。

10.2.2 新婚姻法的基本精神

10.2.2.1 婚姻自由

婚姻自由是宪法赋予公民的一项基本权利。婚姻自由是指男女双方有权依法决定自己的婚姻,既不受对方的强迫,也不受第三人的干涉。婚姻法明确规定:“禁止包办、买卖婚姻和其他干涉婚姻自由的行为。”婚姻自由,包括结婚自由和离婚自由。这里的“结婚”,包含初婚或者再婚。

10.2.2.2 一夫一妻

婚姻法严格维护一夫一妻制度,任何人只能有一个配偶,禁止重婚以及其他破坏一夫一妻制度的行为。这里的一夫一妻,指的是一男一女结为夫妻。

10.2.2.3 男女平等

婚姻法为贯彻男女平等原则,作出了一系列有关夫妻之间或者父母双方在人身、财产上都有“平等”的权利义务的规定。例如:“夫妻在家庭中地位平等”“夫妻双方都有各用自己姓名的权利”“夫妻双方都有参加生产、工作、学习和社会活动的自由,一方不得对他方加以限制或干涉”“夫妻对共同所有的财产,有平等的处理权”“夫妻有互相扶养的义务”“有相互继承遗产的权利”“子女可以随父姓,也可以随母姓”“父母有管教和保护未成年子女的权利和义务。在未成年子女对国家、集体或他人造成损害时,父母有赔偿经济损失的义务”等等。

10.2.2.4 保护妇女、儿童和老人的合法权益

在婚姻家庭上,特别是在有关抚养、赡养和离婚后子女抚养教育等问题上,婚姻法着重保护妇女、儿童和老人的合法权益。婚姻法规定:“女方在怀孕期间和分娩后一年内,男方不得提出离婚”“离婚后,哺乳期间的子女,以随哺乳的母亲抚养为原则”“离婚时,夫妻的共同财产由双方协议处理,协议不成时,由人民法院根据财产的具体情况,照顾女方和子女权益的原则判决”。婚姻法规定:“父母对子女有抚养教育的义务”“离婚后,父母对于子女仍有抚养和教育的权利和义务”“有负担能力的祖父母、外祖父母,对于父母已经死亡的未成年的孙子女、外孙子女有抚养的义务”。婚姻法规定:“子女对父母有赡养扶助的义务”“有负担能力的孙子女、外孙子女,对于子女已经死亡的祖父母、外祖父母,有赡养的义务”。婚姻法明确规定,禁止家庭成员间的虐待和遗弃,禁止溺婴和其他残害婴儿的行为。

10.2.2.5 实行计划生育

有计划地控制人口增长是我国的一项基本国策。婚姻法规定,夫妻双方都有实行计划生育的义务,从家庭方面保障计划生育工作的实施。

10.2.3 新婚姻法的特点及调整对象

10.2.3.1 新婚姻法的特点

1. 体现了立法民主化和科学化

全国人大常委会将婚姻法修正草案向社会公布,广泛征求社会各界和广大群众的意见,集中了全民智慧,使这部法律更好地体现了人民的意志和要求。广大群众在讨论修改婚姻法的同时,也受到了婚姻法的普及教育,提高了婚姻法律意识。

2. 重视法治与德治的结合,鲜明地指出了我国社会主义婚姻家庭建设的方向

婚姻法是道德伦理性很强的法律。修改后的婚姻法在总则中重申婚姻自由、一夫一妻、男女平等,保护妇女、儿童和老人合法权益,实行计划生育等原则的同时,增设了夫妻应当互相忠实、互相尊重以及应当维护平等、和睦、文明的婚姻家庭关系等体现立法宗旨的规定。在道德上具有倡导意义,在法律上具有宣言性。

3. 为有效地遏制严重危害婚姻家庭违法行为提供了有力的法律依据

修改后的婚姻法针对社会各界反映强烈的“包二奶”以及家庭暴力问题,增加了禁止有配偶者与他人同居、禁止家庭暴力等规定,增加了救助措施与法律责任规定,从立法上增强了维护一夫一妻制、保护家庭成员人身权利的力度。

4. 充实了离婚制度的内容,维护了健康的家庭制度

修改后的婚姻法增加了关于婚姻的无效和撤销制度的规定,明确了双方共同所有的财产和一方个人所有的财产的范围以及夫妻间的财产的约定及其效力。这就能使执法部门和司法机关处理婚姻案件更具有可操作性。

5. 体现了对弱者的保护,维护了妇女儿童和老人的合法权益

如离婚时的过错赔偿制度的设定,一方因抚育子女、照顾老人、协助另一方工作等付出较多义务的,在离婚时另一方应当予以补偿的规定,等等。

10.2.3.2 婚姻法的调整对象

1. 婚姻法既调整婚姻关系,又调整家庭关系

婚姻是男女双方以永久共同生活为目的、以夫妻间的权利义务为内容的结合,是人类两性结合的社会形式,其基本内涵如下。

(1)婚姻是男女两性的结合。这是婚姻的自然属性上的含义即结婚的双方须为异性,同性的结合不成其为婚姻。男女两性的差异及人所固有的性的本能和需要是构成婚姻的自然因素,是婚姻的原始动力和自然条件。这种自然属性是婚姻家庭关系区别于其他社会关系的重要特征。

(2)婚姻是男女双方以永久共同生活为目的,以夫妻权利义务为内容的结合。这是婚姻关系的内部特征。通奸、姘居关系的男女,发生两性关系的目的并不在于永久共同生活。

(3)婚姻是男女双方结合的社会形式。这是婚姻的社会属性上的含义,即两性的结合,要成其为婚姻关系,必须采取为当时的社会制度认可的形式,才称其为婚姻。

（4）婚姻必须是男女两性的合法结合。婚姻具有鲜明的法律属性。

家庭是指因婚姻、血缘和法律拟制所产生的具有权利义务内容的一定范围的亲属所组成的共同体。家庭关系则是由法律所规定的家庭成员之间的权利义务关系。在此意义上，家庭包含如下四个特征。

一是家庭由一定范围的亲属所组成，正常的、严格意义上的家庭至少有二个人。在常态下，家庭成员同时亦是亲属关系，但亲属不等于家庭成员。

二是组建家庭的亲属一般有三个来源，即婚姻、血缘和法律拟制。婚姻是家庭的基础和前提条件之一，家庭是婚姻缔结的必然结果。

三是被法律确认和保护的家庭，以权利义务为实体内容，即作为家庭成员的亲属之间在法律上存在明确的权利义务关系。

四是家庭作为社会关系的特定形式，既是由人所组成的社会共同体，又是以一定的财产为基础的财产集合体。

婚姻关系和家庭关系是两种既有联系又有区别的社会关系。婚姻是家庭的前提，家庭是婚姻成立的结果，也是婚姻的结构载体；婚姻当事人双方组成了最初的家庭，然后才有父母子女、兄弟姐妹等家庭关系。一般来说，家庭关系包括婚姻关系在内，家庭成员的权利义务则包括夫妻权利义务。

2. 婚姻法既调整家庭方面的人身关系，又调整婚姻家庭方面的财产关系

本法调整对象的内容，包含婚姻家庭方面的人身关系和财产关系。其中人身关系是起决定作用的主要方面；财产关系则处于从属地位，不能脱离人身关系而独立存在。

婚姻家庭方面的人身关系，是存在于具有特定的亲属身份主体之间、本身并无经济内容的一种社会关系，如夫妻、父母子女、祖孙、兄弟姐妹之间的人格权、人身自由权、姓名权等等。婚姻家庭方面的人身关系具有以下特点。

（1）婚姻家庭主体之间有特定的亲属身份。按照法律的规定，这种人身关系只能因出现一定的法律事实而发生，如结婚、出生、收养等；因出现一定的法律事实而终止，如死亡、离婚、收养的解除等。夫妻人身关系只能存在于具有配偶身份的男女之间，其他家庭成员的人身关系只能存在于具有父母子女、祖孙、兄弟姐妹等身份的一定范围的亲属之间。享有和承担婚姻法上的权利、义务，都是以特定的亲属身份为依据的。其他法律所调整的人身关系则不然。

（2）婚姻家庭主体间的人身关系并不直接体现经济内容。因出生这一事件而形成的人身关系不必多说；因结婚、收养等行为而形成的人身关系，就其本质而言也不是基于经济上的目的而创设的。

婚姻家庭方面的财产关系，是以人身关系为前提，而且是人身关系的产生、变更和终止所引起的相应的法律后果。婚姻家庭方面的财产关系具有以下特点。

（1）婚姻家庭方面的财产关系反映亲属共同生活的要求，是实现家庭经济职能的要求，具有强烈的道德伦理属性，目的在于维护家庭的稳定与和睦。

（2）婚姻家庭方面的财产关系局限于相互之间具有特定身份的亲属，即作为婚姻家庭主体的自然人。

（3）婚姻家庭方面的财产关系基于结婚、出生、收养等特定法律事实而发生。

（4）婚姻家庭方面的财产关系不具有等价有偿性质。

10.2.4 《婚姻登记条例》与《婚姻登记工作暂行规范》

10.2.4.1 《婚姻登记条例》

为了规范婚姻登记工作，保障婚姻自由、一夫一妻、男女平等的婚姻制度的实施，保护婚姻当事人的合法权益，根据《中华人民共和国婚姻法》制定了《婚姻登记条例》。该条例共有六章二十二条。

小资料

准确理解《婚姻登记条例》的改革内容

2003 年 10 月 1 日起已正式施行《婚姻登记条例》，是近五十年来婚姻登记工作的一个重大突破，是婚姻登记制度的重大创新。认真学习、宣传和贯彻落实条例的改革精神是当前的一项重要任务，也是今后一段时期内的工作重点。归纳起来说，这次条例的修订主要体现为一个转变、两个完善、三大改革。

一个转变——即变管理为服务。树立政府公共服务的意识，这是思想观念上的变革。新修订的条例，淡化了行政管理色彩，去掉了旧条例名称中的“管理”二字，删除了旧条例“监督管理”一章的内容，弱化了登记机关的管理职能，强调了婚姻登记工作人员的服务意识。

两个完善——一是法规体系的完善。原来的《婚姻登记管理条例》只规范内地居民之间的婚姻登记，涉外以及涉港、澳、台、侨之间的婚姻登记则分散在不同的规定之中。新条例扩大了适用范围，是一部适用于所有婚姻登记主体的完整的法规。二是法规内容的完善。新条例根据修订后的婚姻法的规定，相应增加了补办结婚登记、无效婚姻和可撤销婚姻等内容，保证了条例与法的协调一致，完善了婚姻登记工作的内容。

三大改革——一是出证制度的改革，即结婚、离婚不再由单位或村（居）民委员会出具证明，结婚改由当事人作无配偶及相关情况的声明。二是婚检制度的改革，婚检由强制改为当事人自愿选择，登记机关不再查验当事人的婚前医学检查证明。三是登记体制的改革，办理婚姻登记城市集中到市辖区人民政府的民政部门，同时适当集中了农村办理婚姻登记的机关，鼓励有条件的地方集中到县级人民政府民政部门。

10.2.4.2 《婚姻登记工作暂行规范》

为加强婚姻登记规范化管理，维护婚姻当事人的合法权益，根据《中华人民共和国婚姻法》和《婚姻登记条例》，制定了《婚姻登记工作暂行规范》。该规范共有 9 章 80 条。

10.2.5 婚姻登记机关与婚姻登记员

10.2.5.1 婚姻登记机关

1. 婚姻登记机关的设置

内地居民办理婚姻登记的机关是县级人民政府民政部门或者乡（镇）人民政府，省、自治区、直辖市人民政府可以按照便民原则确定农村居民办理婚姻登记的具体机关。

中国公民同外国人，内地居民同香港特别行政区居民、澳门特别行政区居民、台湾地区居民、华侨办理婚姻登记的机关是省、自治区、直辖市人民政府民政部门或者省、自治区、直辖市人民政府民政部门确定的机关。

2. 婚姻登记机关的职责

职责如下。

(1)办理婚姻登记;

(2)补发婚姻登记证;

(3)撤销受胁迫的婚姻;

(4)建立和管理婚姻登记档案;

(5)宣传婚姻法律法规,倡导文明婚俗。

10.2.5.2 婚姻登记员

1. 婚姻登记员的考核与任命

婚姻登记员应当由设区的市级以上人民政府民政部门进行业务培训,经考核合格,取得婚姻登记员培训考核合格证明,方可从事婚姻登记工作。其他人员不得从事《婚姻登记工作暂行规范》第二十五条规定的工作。婚姻登记员培训考核合格证明由省级人民政府民政部门统一印制。

2. 婚姻登记员的职责

职责如下。

(1)负责对当事人有关婚姻状况声明的监誓;

(2)审查当事人是否具备结婚、离婚、补发婚姻登记证、撤销受胁迫婚姻的条件;

(3)办理婚姻登记手续,签发婚姻登记证;

(4)建立婚姻登记档案。

10.3 结婚登记

结婚登记制是与结婚仪式制相对应的一种法律婚制,它要求准备结婚的男女双方必须到国家有关部门依法办理结婚登记手续后,其婚姻关系才告成立。结婚登记制是国家确认婚姻关系合法性的基本形式,也是依法保护婚姻关系的基础。我国建国后的第一部婚姻法就明确规定了结婚登记制度,男女双方只有经过依法登记,其婚姻关系才能得到法律的认可,其合法权益才能受到法律的保护。

10.3.1 结婚登记的条件

10.3.1.1 男女双方自愿

要求结婚的男女双方必须完全自愿,这是实行婚姻自由的必然要求。《婚姻法》第五条明确规定:“结婚必须男女双方完全自愿,不许任何一方对他方加以强迫或任何第三者加以干涉。”

10.3.1.2 达到法定婚龄

法定婚龄是法律规定的可以结婚的最低结婚年龄,《婚姻法》第六条规定:“结婚年龄,男不得早于二十二周岁,女不得早于二十周岁。”

10.3.1.3 符合一夫一妻制

一夫一妻制是文明社会的标志之一,《婚姻法》第二条对此有明确规定:“实行婚姻自由、一夫一妻、男女平等的婚姻制度。”按此规定任何人只能有一个配偶，禁止重婚以及其他破坏一夫一妻制度的行为。

10.3.1.4 禁止结婚的情形

《婚姻法》第七条规定了两类禁止结婚的情形：一是直系血亲和三代以内的旁系血亲；二是患有医学上认为不应当结婚的疾病。

拓展训练

构建婚姻自由的安全保障体系

保障婚姻自由不仅需要公民的诚信和社会责任，更需要社会舆论、伦理道德和法律的约束。积极构建社会保障体系，以引导人们形成正确的婚姻价值观，自觉规范婚姻行为、充分保障公民婚姻自由显得尤其重要。为此，专家建议如下。

一、加强婚姻法律制度宣传，通过塑造社会舆论环境遏制重婚行为。婚姻法律制度的充分实施并非仅仅是民政部门等少数部门的责任，而是全社会的责任。要使人们守法，必须首先使人们知法。因此，要加强婚姻法律制度宣传，通过社会环境的塑造，增强人们的婚姻法制观念，压制破坏一夫一妻制的思想和行为。在宣传新《条例》基本精神、婚姻登记制度改革的意义以及如何最大限度地保障婚姻自由权的同时，加强对重婚行为的危害性和重婚行为应承担的法律责任等婚姻法律制度的宣传，使人们既了解自己在婚姻登记过程中享有的权利，又能够明确预知重婚行为发生导致的法律后果。

二、严格规范婚姻登记管理工作，通过完善婚姻登记管理体制堵截重婚行为。有的当事人为使重婚行为“合法化”或急于达到与重婚对方当事人结婚的目的，会心存侥幸，利用新条例的宽松规定，欺骗婚姻登记机关。因此，婚姻登记机关要增强婚姻登记工作的责任心和充分利用信息网络技术，提高工作的规范化水平，严格规范各项婚姻登记管理工作，避免因登记工作的疏漏而造成当事人重婚。同时，婚姻登记机关应认真做好宣传和审查工作。

三、加快信息化建设，通过资源共享防范婚姻欺骗行为。新条例关于结婚登记不再需要“单位证明”的规定，要求充分发挥现代信息技术手段的功能。利用信息网络技术，能够有效地克服因单位不开具证明而出现的婚姻登记机关与当事人之间婚姻登记信息不对称现象，保障婚姻登记机关能够迅速、准确地检索当事人的有关信息，从技术上防范婚姻欺骗现象的发生。首先，政府应当积极采取各种措施，加快婚姻登记系统的信息化建设，建立统一的婚姻登记数据库，统一所有数据接口，最终实现全国范围内婚姻登记信息资源共享。其次，民政部门与公安部门之间应加强合作，实现户口登记信息资源和婚姻登记信息资源的共享。户口管理是世界各国最根本的社会管理制度之一，大多数国家都把婚姻状况作为重要的户口登记事项，通过它不但可以确认公民民事上的权利能力和行为能力以及刑事上的责任能力，证明公民的身份，而且可以反映公民的婚姻状况。因此，民政部门和公安部门应当加强网络技术合作，逐步实现全国联网，这样既有利于公安机关提高户籍管理工作的质量，也有利于婚姻登记机关全面了解当事人的婚姻状况，堵截管理漏洞，避免婚姻欺骗行为。

四、建立离婚调解服务机构，通过调解避免轻率离婚行为。我国婚姻法保障公民的离婚自由，并不是对离婚自由没有限制，不是说离就离，准予离婚应有原则，即必须符合法律规定和道德规范。建立离婚调解服务机构的目的是既要保障离婚自由，又要反对轻率离婚，教育双方当事人慎重对待离婚自由。世界其他的一些国家设有专门的民间社会机构，甚至还设有专门的家庭法院调解和处理婚姻家庭矛盾问题，充分保护妇女儿童的权益。特别是对那些因生活琐事发生矛盾，赌气离婚而感情并没有破裂的当事人进行调解，引导他们正确对待离婚问题，妥善处理双方之间的矛盾，只有这样才有利于婚姻家庭关系的巩固，保护妇女儿童合法权益，维护社会的稳定。

仔细阅读以上资料，回答以下问题：

1. 加快信息化建设，对构建婚姻安全保障体系有何作用？

2. 谈谈你对“婚姻自由”的理解。

10.3.2 结婚登记的办理

10.3.2.1 办理结婚登记的机关

内地居民办理婚姻登记的机关是县级人民政府民政部门或者乡（镇）人民政府，省、自治区、直辖市人民政府可以按照便民原则确定农村居民办理婚姻登记的具体机关。

中国公民同外国人，内地居民同香港特别行政区居民（以下简称香港居民）、澳门特别行政区居民（以下简称澳门居民）、台湾地区居民（以下简称台湾居民）、华侨办理婚姻登记的机关是省、自治区、直辖市人民政府民政部门或者省、自治区、直辖市人民政府民政部门确定的机关。

10.3.2.2 办理结婚登记应当出具的证件和证明材料

1. 办理结婚登记的内地居民应当出具的证件和证明材料

（1）本人有效的居民身份证和户口簿。

（2）本人无配偶以及与对方当事人没有直系血亲和三代以内旁系血亲关系的签字声明。

小资料

取消婚检：有人欢喜有人忧

婚检是否构成婚姻登记的要件？这一问题一度引起社会的热烈讨论。新条例取消了关于办理结婚手续前要进行婚检的规定，本着各人对各人健康状况负责的原则，政府部门不再负责管理强制婚检的事宜。准备结婚的男女双方可自主到医疗机构检查自己的身体健康状况。在旧的婚姻登记制度中，一些患有医学上认为不宜结婚的传染病的人是不予以登记注册的。于是，在现实生活中，既有顺利通过婚检、拿到大红的结婚证的美好画面，也有因为被查出一些疾病而有情人难成眷属的憾事，更多的人则是在奔波之后发出一声长叹：结婚好难！

68 岁的马女士两年前丧偶，经人介绍与 69 岁的退休干部陈先生相识。今年 6 月，他们走进婚姻登记部门，可让他们感到尴尬的是，他们还被要求出具单位婚姻状况证明并进行婚检。马女士不解地问：“要说出于优生优育的目的，让年轻人进行婚检是必要的，可为啥我们老年人也要如此？”马女士一气之下干脆推迟了办理婚姻登记的时间。她说，要等到新的《婚姻登记条例》施行后再去登记。

南京师范大学社会学教授吴亦明在接受媒体采访时称，结婚是公民一种合法权利，不能让公民独立人格受到单位的制约。而婚检作为婚姻健康的保护措施不能用国家行政法规来强制性实施，新条例很好地体现了“以人为本，婚姻自由”的精神，这是一种社会进步。

对于新出台的《婚姻登记条例》将取消强制性婚检，山西省介休市计划生育妇幼保健中心主任樊金荣有些担心。他对记者说，取消婚检，将可能危及公民的生命健康权。根据介休市2000年的婚检统计，在当年接受婚检的4 056名男女青年中，检出传染病69例，其中梅毒和淋病5例，其余为乙型肝炎。可以看出，婚检为新婚夫妇指导婚育起了非常大的作用。他认为，由于目前中国老百姓对许多遗传性疾病、传染性疾病不了解，如果取消强制性婚检，许多真正有病的"准新人"可能会逃避检查或者不懂得去体检。

2. 办理结婚登记的香港居民、澳门居民、台湾居民应当出具的证件和证明材料

（1）本人的有效通行证、身份证。

（2）经居住地公证机构公证的本人无配偶以及与对方当事人没有直系血亲和三代以内旁系血亲关系的声明。

3. 办理结婚登记的华侨应当出具的证件和证明材料

（1）本人的有效护照。

（2）居住国公证机构或者有权机关出具的、经中华人民共和国驻该国使（领）馆认证的本人无配偶以及与对方当事人没有直系血亲和三代以内旁系血亲关系的证明，或者中华人民共和国驻该国使（领）馆出具的本人无配偶以及与对方当事人没有直系血亲和三代以内旁系血亲关系的证明。

4. 办理结婚登记的外国人应当出具的证件和证明材料

（1）本人的有效护照或者其他有效的国际旅行证件。

（2）所在国公证机构或者有权机关出具的、经中华人民共和国驻该国使（领）馆认证或者该国驻华使（领）馆认证的本人无配偶的证明，或者所在国驻华使（领）馆出具的本人无配偶的证明。

10.3.2.3 办理结婚登记的程序

结婚登记应当按照初审—受理—审查—登记（发证）的程序办理。

1. 婚姻登记员受理结婚登记申请的程序

（1）查验应当出具的证件和证明材料；

（2）询问当事人的结婚意愿；

（3）自愿结婚的双方各填写一份《申请结婚登记声明书》；

（4）当事人现场复述声明书内容，婚姻登记员作监誓人并在监誓人一栏签名。

2.《结婚登记审查处理表》的填写

（1）填写《结婚登记审查处理表》上的各个项目，填写时，按照下列规定由计算机完成（未使用计算机进行婚姻登记的，应当使用黑色墨水钢笔填写）。

①"申请人姓名"：当事人是中国公民的，使用中文填写；当事人是外国人的，按照当事人护照上的姓名填写。

②"出生日期"：使用阿拉伯数字，按照身份证件上的出生日期填写为"××××年××月××日"。

③"身份证件号"：当事人是内地居民的，填写居民身份证号；当事人是香港、澳门、台湾居民的，填写香港、澳门、台湾居民身份证号，并在号码后加注"（香港）"或"（澳门）"或"（台湾）"；当事人是华侨的，填写护照或旅行证件号；当事人是外国人的，填写当事人的护照或旅行

证件号。证件号码前面有字符的,应当一并填写。

④"国籍":当事人是内地居民、香港居民、澳门居民、台湾居民、华侨的,填写"中国";当事人是外国人的,按照护照上的国籍填写;无国籍人,填写"无国籍"。

⑤"提供证件情况":应当将当事人提供的证件、证明逐一填写,不得省略。

⑥"审查意见":填写"符合结婚条件,准予登记"。

⑦"结婚登记日期":使用阿拉伯数字,填写为:"×××× 年 ×× 月 ×× 日"。填写的日期应当与结婚证上的登记日期一致。

⑧"结婚证字号:"填写式样为"Jaaaaaa-bbbb-cccccc"(其中"aaaaaa"为6位行政区划代码,"bbbb"为当年年号,"cccccc"为当年办理婚姻登记的序号)。

⑨"结婚证印制号:"填写颁发给当事人的结婚证上印制的号码。

⑩"承办机关名称":填写承办该结婚登记的婚姻登记处的名称。

(2)由批准该结婚登记的婚姻登记员在"登记员签名"一栏中亲笔签名,不得使用个人印章或者计算机打印。

(3)在"照片"处粘贴当事人提交的照片,并在骑缝处加盖钢印。

3. 填写结婚证的程序

(1)在结婚证上填写"结婚证字号""姓名""性别""出生日期""身份证件号""国籍""登记日期"等内容。

(2)婚姻登记员使用黑色墨水钢笔或签字笔亲笔签名。

(3)在"照片"栏粘贴当事人双方合影照片。

(4)在照片与结婚证骑缝处加盖婚姻登记工作业务专用钢印。

(5)盖婚姻登记工作业务专用印章(红印)。

4. 颁发结婚证的程序

颁发结婚证,应当在当事人双方均在场时按照下列步骤进行:

(1)向当事人双方询问核对姓名、结婚意愿;

(2)告知当事人双方领取结婚证后的法律关系以及夫妻权利、义务;

(3)见证当事人本人亲自在《结婚登记审查处理表》上的"当事人领证签名并按指纹"一栏中签名并按指纹,"当事人领证签名并按指纹"一栏不得空白,不得由他人代为填写、代按指纹;

(4)将结婚证分别颁发给结婚登记当事人双方,向双方当事人宣布:取得结婚证,确立夫妻关系;

(5)祝贺新人。

小资料

香港与内地婚姻缔结实质要件的异同

一、香港规定的条件

1. 资格条件。香港特别行政区《婚姻条例》规定,在香港注册结婚,不论男女年龄应均满16周岁;已满16周岁不满21周岁的人结婚,还要获得其父母或合法监护人的同意,并且,结合的男女之间不存在禁止的近亲属的范围。

2. 注册条件。婚姻缔结申请人应向婚姻注册管理处的注册官递交结婚申请书,并注明“本人拟由申报之日起三个月内与另一方结婚”字样。注册官收到申请后,在当事人的住所地发布结婚公告。经过15天的公告期若无人提出异议,给予注册登记。

二、内地规定的条件

1. 资格条件。《中华人民共和国婚姻法》规定,登记结婚的年龄,男方不得少于22周岁,女方不得少于20周岁,比香港规定要晚一些,并且没有经他人同意的限制,提倡婚姻自由,合法婚姻的结合不受干涉。在禁止结婚条件方面,禁止患有恶性传染病特别是有可能传染给下一代疾病携带者结婚,并禁止直系血亲以及三代以内旁系血亲结合。

2. 注册条件。婚姻关系的成立,必须男女双方亲自到婚姻登记机关办理结婚登记,否则不是合法夫妻关系。一经登记,即确立夫妻关系,不必经过公告期。

10.4 离婚登记

10.4.1 离婚概述

离婚是夫妻双方依法解除婚姻关系的行为。根据《婚姻法》规定,我国的离婚有两种方式:登记离婚和诉讼离婚。

登记离婚也叫协议离婚,它是自愿离婚的夫妻,在对子女抚养、财产及债务等事项处理协商一致的情况下,双方通过行政程序解除婚姻关系的行为。《婚姻法》规定:“男女双方自愿离婚的,准予离婚。双方必须到婚姻登记机关申请离婚。婚姻登记机关查明双方确实是自愿并对子女和财产问题已有适当处理时,发给离婚证。”

诉讼离婚是婚姻当事人向人民法院提出离婚请求,由人民法院调解或判决而解除其婚姻关系的一项离婚制度。

离婚率是当年离婚数与当年平均人口的千分比,即离婚率=当年离婚登记人数÷[(上年人口总数+当年人口总数)÷2]×1000‰。

2002年全国离婚117.7万对,其中民政部门办理离婚登记57.3万对。民政部门办理的离婚登记中,内地居民之间离婚登记567 636对,涉及港澳台居民和华侨离婚登记5 221对。2002年离婚率为1.8‰。

10.4.2 离婚登记的条件

根据《婚姻法》和《婚姻登记条例》的规定,准予协议离婚登记的法定条件如下。

(1)申请离婚的当事人双方应是自愿离婚。对于一方要求离婚的,婚姻登记机关不予受理。

(2)申请离婚的当事人双方应对子女抚养和财产问题已有适当处理。对于双方要求离婚,但是对子女抚养、夫妻一方生活困难的经济帮助、财产及债务处理事项未达成协议的,婚姻登记机关不予受理。

(3)其他不予协议离婚的情况是一方或者双方当事人为限制民事行为能力或无民事行为能力的,婚姻登记机关不予受理;未办理过结婚登记的,婚姻登记机关不予受理。

10.4.3 离婚登记的办理

10.4.3.1 受理离婚登记申请的条件

(1)婚姻登记处具有管辖权。

(2)要求离婚的夫妻双方共同到婚姻登记处提出申请。

(3)双方均具有完全民事行为能力。

(4)当事人持有离婚协议书,协议书中载明双方自愿离婚的意思表示以及对子女抚养、财产及债务处理等事项协商一致的意见。

(5)当事人持有内地婚姻登记机关或者中国驻外使(领)馆颁发的结婚证。

(6)当事人各提交2张2寸单人近期半身免冠照片。

(7)当事人持有《婚姻登记工作暂行规范》第二十九条至第三十五条规定的有效身份证件。

10.4.3.2 婚姻登记员受理离婚登记申请的程序

(1)分开询问当事人的离婚意愿以及对离婚协议内容的意愿,并进行笔录,笔录当事人阅后签名。

(2)查验《婚姻登记工作暂行规范》第五十五条规定的证件和材料。申请办理离婚登记的当事人有一本结婚证丢失的,当事人应当书面声明遗失,婚姻登记机关可以根据另一本结婚证办理离婚登记;申请办理离婚登记的当事人两本结婚证都丢失的,当事人应当书面声明结婚证遗失并提供加盖查档专用章的结婚登记档案复印件,婚姻登记机关可根据当事人提供的上述材料办理离婚登记。

(3)双方自愿离婚且对子女抚养、财产及债务处理等事项协商一致的,双方填写《申请离婚登记声明书》;《申请离婚登记声明书》中"声明人"一栏的签名必须由声明人在监誓人面前完成并按指纹;婚姻登记员作监誓人并在监誓人一栏签名。

(4)夫妻双方应当在离婚协议上现场签名;婚姻登记员可以在离婚协议书上加盖"此件与存档件一致,涂改无效。××××婚姻登记处××年××月××日"的长方形印章。协议书夫妻双方各执一份,婚姻登记处存档一份。当事人因离婚协议书遗失等原因,要求婚姻登记机关复印其离婚协议书的,按照《婚姻登记档案管理办法》的规定查阅婚姻登记档案。

离婚登记完成后,当事人要求更换离婚协议书或变更离婚协议内容的,婚姻登记机关不予受理。

(5)婚姻登记员对当事人提交的证件、《申请离婚登记声明书》、离婚协议书进行审查,符合离婚条件的,填写《离婚登记审查处理表》和离婚证。

10.4.3.3 颁发离婚证的程序

(1)向当事人双方询问核对姓名、出生日期、离婚意愿。

(2)见证当事人本人亲自在《离婚登记审查处理表》"当事人领证签名并按指纹"一栏中签名并按指纹;"当事人领证签名并按指纹"一栏不得空白,不得由他人代为填写、代按指纹。

(3)在当事人的结婚证上加盖条型印章,其中注明"双方离婚,证件失效。××婚姻登记处"。注销后的结婚证复印存档,原件退还当事人。

(4)将离婚证颁发给离婚当事人。

小资料

香港与内地离婚的条件及程序的异同

一、香港规定的离婚条件及程序

在香港特别行政区,离婚必须通过法庭进行,不能像内地一样从婚姻登记管理机关办理离婚登记手续。即使双方合意一致离婚,也要法庭裁判。香港特别行政区法律规定提起离婚诉讼,必须具备以下条件之一。

1. 提出离婚时,双方应定居在香港;如果由女方提出,需要在香港居住满三年,或被丈夫遗弃,或丈夫被依法递解出境,在此之前其丈夫也在港定居。

2. 在提出离婚申请时,任何一方与香港有实际关系。

3. 一般提出离婚时,夫妻必须婚姻持续满三年以上,除非当事人境况极端困苦或一方行为极端败坏。对此,另一方须呈交有关情况的宣誓书。

4. 单方或双方共同诉请法院判决。向法庭提交婚姻证明书、可能和解的证明书及子女安排声明书。申请人必须具有证实婚姻破裂的充分理由。如果是一方单方面提出离婚申请,应当至少证明以下事实。

之一:答辩人与人通奸,令申请人无法忍受。

之二:答辩人的行为,令申请人无法合理期望与之共同生活。

之三:答辩人遗弃申请人至少一年;或双方已分开居住至少连续一年。而答辩人也同意离婚;双方已连续分居满二年。

如果是双方均同意并提出离婚申请,须向法院递交拟定的离婚申请通知书。交到法庭后,一般须经过十二个月的等待,在此期间,双方可以分居也允许反悔。经过十二个月,如果双方仍认为婚姻破裂,且无可挽回,法庭可判令离婚。

根据香港特别行政区《婚姻诉讼条例》第十一条规定,“婚姻之任何一方向法院申请离婚的唯一理由,是婚姻破裂至无可挽回的程度”。当事人需向法庭举证婚姻关系已达到此种程度。如果申请人能举出五种法定证据事实中的一项或几项,法庭便会认为夫妻感情“破裂至无可挽回的程度”。五种法定的事实如下。

之一:答辩人与他人通奸,令申请人无法与之共同生活。

之二:答辩人的行为,令申请人不能在合理情况下与其共同生活。

之三:申请人在提出申请时,至少连续两年遭受答辩人遗弃。

之四:双方连续分居二年以上,且答辩人同意离婚。

之五:双方连续分居二年以上。(据 1995 年新修订的《婚姻诉讼条例》)

离婚程序方面,香港离婚案件由区域法院受理,两审终审,区域法院为一审,高等法院为二审。香港法院审理离婚案件为复合判决程序,即法院经审理后作出两次判决:临时判决和最终判决。临时判决也称中期判决,法院发生暂准令(decree nisi),该判令对婚姻解除不发生效力。在该令发出三个月内双方不可以另行结婚,但可以再次充分审视双方婚姻关系,可以悔过并提出不同意判决的理由。最终判决是在临时判决三个月后,如果双方对临时判决没有异议,法院作出绝对判讼(decree absolute),这时,婚姻关系彻底解除。

婚姻关系一旦正式解除,夫妻身份即告结束,夫妻之间权利义务关系不复存在。申请人可以向通奸行为的第三者提出赔偿。

二、内地规定的离婚条件及程序

《中华人民共和国婚姻法》规定的解除婚姻关系的途径有两种：协议登记离婚与单方诉讼离婚。对于离婚合意的双方当事人，可以到一方户口所有地的婚姻登记管理机关申请离婚登记，不必亲自到法院办理。第二种途径，适用于一方不同意离婚而一方坚持离婚的当事人之间，可以通过一方向法院提起离婚诉讼的方式解除婚姻关系。法院查明，如果当事人有《婚姻法》四十六条规定的情况之一的，即有下列情形之一，调解无效的，应准予离婚：

1. 重婚或有配偶者与他人同居的；

2. 实施家庭暴力或虐待、遗弃家庭成员的；

3. 有赌博、吸毒等恶习屡教不改的；

3. 因感情不和分居满二年的；

4. 其他导致夫妻感情破裂的情形。

一方被宣告失踪，另一方提出离婚诉讼的，应准予离婚。

除了上述几种情况，法院第一次判决，基本不会同意当事人的离婚请求。除非已证实夫妻感情确已破裂。但当事人在一审判决书生效六个月后再次提起离婚诉讼，法院支持原告诉讼请求的可能性的概率就会大大增加。

10.5 撤销婚姻登记

10.5.1 受理撤销婚姻申请的条件

（1）婚姻登记处具有管辖权。

（2）受胁迫的一方和对方共同到婚姻登记机关签署双方无子女抚养、财产及债务问题的声明书。

（3）申请时距结婚登记之日或受胁迫的一方恢复人身自由之日不超过1年。

（4）当事人持有：①本人的身份证、结婚证；②要求撤销婚姻的书面申请；③公安机关出具的当事人被拐卖、解救的相关材料，或者人民法院作出的能够证明当事人被胁迫结婚的判决书。

10.5.2 撤销婚姻登记的程序

（1）查验《婚姻登记工作暂行规范》第四十八条规定的证件和证明材料。

（2）当事人在婚姻登记员面前亲自填写《撤销婚姻申请书》，双方当事人在“声明人”一栏签名并按指纹。

（3）当事人宣读本人的申请书，婚姻登记员作监誓人并在监誓人一栏签名。

（4）婚姻登记处拟写《关于撤销 ××× 与 ××× 婚姻的决定》报所属民政部门或者乡（镇）人民政府；符合撤销条件的，民政部门或者乡（镇）人民政府应当批准，并印发撤销决定。

（5）婚姻登记处应当将《关于撤销 ××× 与 ××× 婚姻的决定》送达当事人双方，并在婚姻登记公告栏公告30日。

10.6　补领婚姻登记证

10.6.1　受理补领结婚证、离婚证申请的条件

（1）婚姻登记处具有管辖权。

（2）当事人依法登记结婚或者离婚，现今仍然维持该状况。

（3）当事人持有《婚姻登记工作暂行规范》第二十九条至第三十五条规定的有效身份证件。

（4）当事人亲自到婚姻登记处提出申请，填写《申请补领婚姻登记证声明书》。

当事人因故不能到婚姻登记处申请补领婚姻登记证的，有档案可查且档案信息与身份信息一致的，可以委托他人办理。委托办理应当提交当事人的户口簿、身份证和经公证机关公证的授权委托书。委托书应当写明当事人姓名、身份证件号码、办理婚姻登记的时间及承办机关、目前的婚姻状况、委托事由、受委托人的姓名和身份证件号码。受委托人应当同时提交本人的身份证件。

当事人结婚登记档案查找不到的，当事人应当提供充分证据证明婚姻关系，婚姻登记机关经过严格审查，确认当事人存在婚姻关系的，可以为其补领结婚证。

10.6.2　补领婚姻登记证的程序

（1）查验《婚姻登记工作暂行规范》第六十四条规定的相应证件和证明材料。

（2）当事人填写《申请补领婚姻登记证声明书》，《申请补领婚姻登记证声明书》中“声明人”一栏的签名必须由声明人在监誓人面前完成并按指纹。

（3）婚姻登记员作监誓人并在监誓人一栏签名。

（4）申请补领结婚证的，双方当事人提交 3 张 2 寸双方近期半身免冠合影照片；申请补领离婚证的当事人提交 2 张 2 寸单人近期半身免冠照片。

（5）婚姻登记员对当事人提交的证件、证明进行审查，符合补发条件的，填写《补发婚姻登记证审查处理表》和婚姻登记证。

案例分享

婚姻登记处“三创新”做好婚姻登记服务

今年以来，长兴县婚姻登记处坚持以“为民服务”为宗旨，努力落实“三创新”工作，切实提高婚姻登记服务质量。

一是创新学习，提高登记员素质。定期组织婚姻登记员学习业务知识和上级相关文件精神，提高专业素养；通过业务培训对工作中的“风险点”进行排查，赢得了服务对象的好评。

二是创新服务，婚姻服务贴近人心。针对假日前后登记量暴增的情况，婚姻登记处采取提前上班、午间服务等措施保证婚姻登记对象都能圆满登记，努力把真心、热心、耐心、细心融入到婚姻登记每一项细节中，让每对婚姻登记对象高兴而来、满意而归。

三是创新理念，提升服务水平。婚姻登记员在服务创新、便民服务上深思考、多谋划，最大限度满足群众的需求，进一步提升婚姻登记质量，接受群众监督。

（案例来源：湖州市民政局，2022 年 8 月 30 日）

技能实战

将全班分成两个小组,在认真学习“婚姻登记”一章的基础上,以角色扮演的形式分别开展模拟结婚登记与离婚登记。要求:程序正确,内容完整、准确。

自我测试

1. 简述新婚姻法的基本精神。
2. 简述国内公民结婚登记的条件与程序。
3. 简述国内公民离婚登记的条件与程序。

11　殡葬管理

引言

推行殡葬改革和移风易俗是党和国家一贯倡导的社会改革，是节约国土资源、保护生态环境、促进社会主义精神文明建设的重要内容。依法制订殡葬事业发展规划，加强殡葬管理，对加大我国殡葬改革力度、有效保护有限的土地资源、倡导移风易俗具有十分重要的现实意义。我们将立足基本国情，以推进社会主义精神文明建设、节约土地与森林资源、改善和保护生态环境及生存环境为目的，加快殡葬改革步伐，积极推行火葬，加强殡葬事业基础设施建设，增强服务功能，统筹城乡发展，更好地满足群众合理的丧葬消费需求，推动我国殡葬事业的全面发展。

学习目标

1. 了解我国殡葬状况，掌握殡葬管理的概念、殡葬管理的主体和客体、殡葬管理的任务。
2. 理解我国殡葬改革的意义，掌握我国殡葬改革的内容及措施。
3. 了解我国殡葬事业单位的现状，掌握我国殡葬事业单位管理的任务、基本原则。
4. 掌握我国殡仪馆以及公墓的管理内容。

11.1　殡葬管理的概念

11.1.1　殡葬的起源

人类社会是在不断地发展和进化的，人类在处理自身遗体的方式上也是随着生产力的发展、社会的进步而逐步地从野蛮走向文明，殡葬事业现在已经成为人类诸多分工中不可缺少的一个专门为死者服务的分支。殡葬事业的发展和进化也应该随着生产力的发展而发展，随着社会的进步而进步。

从考古发掘来看，大约从旧石器时代中期开始，人类已经对死者进行有意识地埋葬了。就目前民俗学、考古学、宗教学等各方面所提供的资料看，早期的人类对死者采取埋葬的形式主要出于以下几个方面的原因：一是在长期的共同生活中产生了感情，对于死去的同类开始眷恋并产生爱惜，不忍心亲人的遗体遭受野兽昆虫等的噬食，这一点表明当时已经产生了初步的伦理观念；二是由于对地神的崇拜，当时的生产力相当底下，万物生长基本依靠土地和大自然，因此土地被早期人类人格化或神化是极有可能的事情，他们幻想着地神控制着土地，祈求地神保佑他们的生存和生活，在这种思想的影响下，就逐步形成了入土为安的思想；三是由于灵魂观念的产生，灵魂不灭，就成为鬼魂，人们想象鬼魂在阴间，也像活人一样生活，而且能自由来往各地,具有活人不具备的神秘力量,尤其是氏族首领和家长的鬼魂,在冥冥中仍然掌握着威权,可以降福,也可以作祟。基于对鬼魂的敬畏,人们自然形成了对死人的崇拜,也就有必要对遗体进行一定的处理。

随着社会生产力的发展,人类社会的生产方式和生活方式有了变化,部落出现了,也开始了定居生活,人类的基本生活资料有了比较可靠的来源,人类开始更加关注埋葬同类的遗体。根据目前的考古发现,我国在旧石器时代的晚期(约 200 万年前)已经有了正规的墓葬,如北京山顶洞人的埋葬发现。到新石器时代(约 8000 年前)更是有了一定规模和形式的墓葬,如仰韶文化、龙山文化的发现。

随着生产力水平的进一步提高,社会生产有了大量的剩余。这些剩余产品没有进行平均分配,而是一小部分人利用资源占有了剩余产品和生产资料。人类开始进入有阶级的社会。随着阶级的出现,在处理死者的方式和方法上出现了不平等的现象,表现了强烈的阶级意识和等级的观念。他们在处理死者的过程中表现得穷奢极欲,甚至用活人殉葬。

11.1.2 殡葬的概念

死亡是不可抗拒的自然规律,对每个人来说也是最平等的。自从人类脱离原始状态之后,人们对死者的遗体都采用一定的方式和礼仪进行处理,而其主要的活动是围绕"殡、葬、祭"三个方面来进行的。

殡葬亦称"丧葬",其含义是指人们对死者遗体的处理方法和对死者的哀悼形式。殡葬原是土葬的文言用语,是由"殡"和"葬"两个既有联系又相互区别的概念构成的。

在我国文化史上,殡最初包含着现在殡葬的全部含义:一是指停灵柩,即人们在守灵时对死者进行哀悼;二是指埋葬遗体,即对遗体的处理方法。如《梁书·徐勉传》:"梁武帝天监中,徐勉为待中。时人间丧事多不遵礼,朝终夕殡,……自顷以来,不遵斯制,送终之礼,殡以期日。"这段短文中的"殡"既涉及了殡的含义又包含了葬的含义。通常作为殡的基本含义是表示停灵柩之意,并由此而引申为人们在停灵柩期间,对死者的哀悼和哀悼形式。例如《礼记》:"夏后氏殡于东阶之上,殷人殡于两楹之间,周人殡于两阶之上。"这里所说的殡就是指停灵柩与哀悼举丧的地方。又如《汉书》:"王者七日而殡,七月而葬,诸侯五日而殡,五月而葬,大夫经时而葬,士及庶人逾月而已。"这里的殡则是指停灵柩的时间。殡无论是指停灵柩的地方,还是指停灵柩的时间,在后来都被引申为人们对死者的哀悼形式,沿用至今。

葬是指处理和掩埋死者的遗体,即对死者遗体的处理形式。《礼记》为"葬"作了这样的解释:"葬也者,藏也;藏也者,欲人之弗得见也。是故,衣足为饰身,棺周于衣,椁周于棺,土周于椁。"司马光在《葬论》中进一步解释道:"葬者,藏也。孝子不忍其亲暴露,故殓而藏之。"葬作为对死者遗体处理方式的含义一直延续至今。在殡葬的含义中还包含祭的内容,由于祭祀一般都是在死者遗体处理完毕后进行,而且延续时间较长,因此人们一般没有太多地将祭加入到殡葬的概念。祭是指对死者的追思礼仪的表现形式。在"国之大事,在祀与戎"的古代,祭祀与保土卫疆是同等重要的。

11.1.3 殡葬管理的概念

1. 殡葬管理的主体

殡葬管理的主体是指殡葬管理活动的组织、领导和管理活动的实施者。我国殡葬管理的主体按照《殡葬管理条例》第三条是:“国务院民政部门负责全国的殡葬管理工作。县级以上地方人民政府民政部门负责本行政区域内的殡葬管理工作。”殡葬管理主体的这一确定,就决定着殡葬管理的基本属性是一种社会行政管理,殡葬管理的行为是一种政府的行政行为。这就成为我们研究和讨论殡葬管理的基本立足点与出发点,也是中国殡葬管理的基本特征。

2. 殡葬管理的客体

殡葬管理的客体是指殡葬管理的对象。通过以上对殡葬含义的分析,不难看出殡葬管理的对象是丧事活动的当事人,管理的内容是对丧主的举丧形式和对遗体处理方式的管理。这既确定了管理对象,又决定着殡葬管理的基本内容,也说明殡葬管理是由殡葬改革、殡仪服务和殡仪设备设施等三个方面组成的。其中殡葬改革在殡葬管理活动中占有重要的地位。通过殡葬改革,达到革除丧葬陋习,倡导文明、节俭、科学的殡葬方式的目的,也决定了殡葬管理的方向与目标。殡仪服务是政府为了推进殡葬改革而投资兴建各类殡葬设施,它为人们举办丧事提供场所和各种服务。殡仪设备设施是殡葬管理的载体,也是殡葬改革的重要保障。就推行火化而言,没有火葬场就无法实行火化,改革遗体处理方式就只能是一句空话。因此,要搞好优质的殡仪服务,既取决于管理服务人员的素质,又必须注重殡仪设备设施。

3. 殡葬管理的目的

《殡葬管理条例》第一条提出了“为了加强殡葬管理,推进殡葬改革,促进社会主义精神文明建设”的目的。由此可见,殡葬管理的目的包括三层含义:一是加强殡葬管理;二是推进殡葬改革;三是促进社会主义精神文明建设。这就进一步明确了殡葬管理的重要地位,保证了我国殡葬事业在市场经济条件下能沿着健康方向发展。

管理方针是为实现管理目的服务的。《殡葬管理条例》第二条规定殡葬管理的方针是:积极地、有步骤地实行火葬,改革土葬,节约殡葬用地,革除丧葬陋俗,提倡文明节俭办丧事。殡葬管理方针明确了火葬区和土葬改革区不同的殡葬改革的内容。按照这一方针组织殡葬管理就能有效地克服殡葬,改革不力的缺欠,促使殡葬进一步强化管理,从而加快我国殡葬改革的过程。

11.1.4 殡葬管理的任务

1. 推行火葬

在我国积极地、有步骤地实行火葬,不仅能达到移风易俗的目的,而且又可促进社会主义两个文明建设。实行火葬是殡葬改革的方向和根本任务。中国的火葬事业自1956年在党和国家领导人的积极倡导下,现已取得明显成效。改革开放以后,国家逐步增设火葬设施,加强火葬管理,收到明显的效果。火化率的提高为破除愚昧迷信的丧葬陋俗,实行文明、科学的丧葬礼仪创造了条件,同时也缓解了人地矛盾,为节约土地资源、保护生态环境和社会可持续发展作出了贡献。

火葬的主要任务是:积极推行火葬,努力巩固和提高火化率,大力推进骨灰处理多样化、规范化。推行火葬先进的地区,主要任务是保持稳定火化率,防止滑坡;落后的地区,尤其是火化率较低、长期徘徊不前的地区,要加大工作力度,争取使火化率达到全国平均水平;对于人口稠密、交通方便的地区,要采取切实可行的措施,进一步提高火化率,力争早日实现火化的基本普及。同时要提高对骨灰处理重要性的认识,加快骨灰堂等骨灰寄存设施建设,推行少占或不占土地的骨灰处理方式,积极倡导和开展骨灰撒放、骨灰植树(以树代墓、以花代墓)等不保留骨灰的葬法。

2. 改革土葬,节约殡葬用地

根据我国国情和殡葬管理法规规定,对于少数人口稀少、耕地较多、交通不便,暂不具备条件实行火葬或不宜推行火葬的地区,允许土葬。因此,在今后一个时期土葬将同火葬并存。在土葬改革区进行土葬改革,是指在目前暂不具备条件实行火葬的地方,为改变占用耕地和乱埋滥葬现象而对土葬方法进行的改革。土葬改革区的基本任务是基本解决乱埋滥葬问题,推行遗体埋葬公墓化。要加快建设为土葬服务的殡仪馆、公益性公墓等设施,大力提倡平地深埋、不留坟头的葬法,因地制宜地推行其他少占土地的土葬形式。对已经占用耕地乱埋滥葬的坟墓,要动员群众将坟墓迁移到公墓内或平地深埋,不留坟头,逐步实现耕地无坟化。

3. 革除丧葬陋俗

无论是火葬区或者是土葬改革区,都要高度重视丧俗改革工作。丧俗改革的主要任务是:制止丧事活动中的封建迷信和大操大办,树立文明节俭的丧葬新风尚。今后丧俗改革的重点是农村,要以扩大宣传为手段,并辅之以必要的措施,引导广大人民群众更新丧葬观念,破除丧葬陋俗。通过唯物主义、无神论教育,破除丧事中的封建迷信;通过倡导戴白花、黑纱、鞠躬默哀等文明祭祀方式,代替披麻戴孝、烧纸化钱等陈旧陋俗;通过加强党风廉政建设,制止个别党员干部丧事奢办、广收礼金、用公车、大出殡等不良现象。在广大城乡逐步形成文明、节俭、科学、健康的丧葬新风尚。

4. 发展殡葬事业

殡仪馆、公墓、骨灰存放处和社会公共墓地等单位是为人民群众提供丧事服务的场所,是东西方文化交流的产物。在半封建半殖民地的社会制度下,这项事业没有发展起来。新中国成立后,特别是随着殡葬改革的开展,在我国的火葬区内逐步建立了一批新型的殡葬事业单位。

5. 加快殡葬设备与丧葬用品的科研与生产

殡葬设备与丧葬用品是做好殡仪服务工作的物质基础,它的好坏直接影响着殡仪服务质量的高低。由于我国现代殡葬业起步晚、基础较差,殡葬设备和丧葬用品也比较落后,为了改变这种状况,必须积极地把现代科学技术的新成就引进到殡葬领域中来,这是符合中国殡葬业长远利益的,是殡葬业兴旺发达的必由之路。关于殡葬设备,要妥善处理好引进与创新的关系,制造出适合我国火葬特点的火化量大、时间快、耗能低的火化炉及殡葬设备。丧葬用品要适合于文明办丧事,防止不正当竞争,强化行业管理,尽快普及实行生产合格证和销售许可证制度。

11.1.5 殡葬管理的方针

我国现行的殡葬管理方针是 1997 年 7 月 21 日国务院发布实施的《殡葬管理条例》第二条中明确规定的,即“积极地、有步骤地实行火葬,改革土葬,节约殡葬用地,革除丧葬陋习,提倡节俭文明办丧事”。

这个方针是从我国的实际情况出发制定的,它的中心是对传统的丧葬制度进行改革。这项改革包括以下几方面的内容。

一是改变死者遗体的葬法。从长远来看，我国要全面实行火葬，但由于各地区间存在着差别，因而在改革的进程上应因地制宜。有些地方要强化管理，尽快实现火葬；有些地方在不具备实行火葬条件的情况下，可以暂缓实行，但要对传统的土葬进行改革。

二是破除封建迷信的丧葬习俗。丧事中的封建迷信活动和大操大办是套在广大人民群众身上的精神枷锁和经济枷锁。如果不对丧葬陋习进行改革，不仅污染社会风气，成为社会的公害，也会腐蚀干群关系，殃及后代子孙。移风易俗的内容包括三个方面：第一，保护环境。丧葬应当和保护生态环境结合起来，尽量采用有利于保护生态环境的殡葬方式。我国殡葬管理部门提倡火葬方式，并在各个行政区划内都设立了专门的骨灰存放地或公墓。我国除少数人口稀疏的山区仍实行土葬外，绝大多数地区都实行火葬。火葬可以减少占地和环境污染。不得在荒山野外随意设立墓地，那样一方面造成环境破坏，另一方面这种非法墓地得不到政府部门的保护，容易遭到破坏，使故去的人得不到安息。第二，厚养薄葬。赡养老人是中华民族的优良传统。当老人在世时，子女应该尽心奉养，照顾好老人的饮食起居，使老人身心健康、幸福快乐。当老人去世后，丧事要从简，不要铺张浪费，丧事的丰与俭并不代表子女的孝顺与否。第三，破除迷信。在进行丧葬祭扫活动过程中，要坚决禁止任何封建迷信行为，不得借丧葬祭扫搞任何封建迷信活动。

三是节约殡葬用地。我国是人口大国，世纪之交，人口约 13 亿，2030 年人口可能达 16 亿。人既是生产者，又是消费者。俗话讲“民以食为天”，加上人们消费需求扩大、食物结构的改变，对粮食需求的压力陡增。特别在耕地面积逐步减少、水资源日趋短缺、农业自然灾害趋重的情况下，届时中国农产品的供需能否维持平衡，是否会失去其供养人口的能力，国民经济能否保持持续、快速、健康发展，这些都引起世人关注。因此节约殡葬用地显得十分重要。所以，这一方针的制定和实施，有利于我国的社会主义建设，有利于我国社会主义制度的巩固。

11.2 殡葬改革

11.2.1 殡葬改革的认知

殡葬改革是一项移风易俗的社会改革，它与社会革命有着本质的区别。它是对现存的丧葬制度的改革与完善，使之能更好地满足广大老百姓的殡葬需求。它既关系到社会的文明进步，又是民生工作的组成部分，涉及每个家庭、每个老百姓的具体利益，关系着和谐社会的构建。广义的殡葬改革是指针对如何完善殡葬制度而进行的一项社会变革。狭义的殡葬改革是指在殡葬领域内，针对传统悼念死者的形式和处理遗体的方法而开展的一项移风易俗的社会变革。这项社会变革一方面强调破除落后、不文明、不健康的与当前主流价值观念不相符合的丧葬习俗；另一方面更关注建立既符合当前社会利益又能满足丧属心理需求的积极、健康、环保的治丧形式和引领时代潮流的先进、科学的遗体处理方法。通过多年殡葬改革的不断努力，现在大部分经济发达、思想解放的城市和农村已经用富含特殊悼念意义的黑纱白花代替传统的以披麻戴孝的方式表达对已故亲人的感恩孝顺与追思怀念，用深情的鞠躬默哀代替流于形式的磕头跪拜，用悠悠共鸣的哀歌哀乐替代热闹喧嚣的吹吹打打，用美丽清香的鲜花替代功利庸俗的纸扎冥币。这些新颖、有意义的治丧形式和礼仪，既引领了新的殡葬时尚，又树立了新的殡葬新风,被广大老百姓接受和称道。

目前,殡葬改革的主要内容有:在人口稠密、耕地较少、交通方便的地区,划定火化区,积极推行火葬;在不宜推行火葬或尚不具备推行火葬条件的地区,积极改革土葬;破除封建迷信的丧葬习俗,提倡文明节俭办丧事。禁止招魂、看风水、摆道场,反对披麻戴孝、焚化纸钱等丧事的铺张浪费行为。尊重少数民族的丧葬习俗,如回族实行土葬的,应在指定的地点埋葬;对自愿实行火葬的,他人不得干涉。深化殡葬事业单位的改革,将殡葬行业的社会效益和经济效益结合起来。

殡葬改革过程中应该坚持以下原则不动摇。

第一,改革原则。中国传统的葬法和葬俗中有很多落后和陈旧的内容,需要不断深化改革,如丧事大办,隆丧厚葬。还有一些则与现代社会的条件不相符合,如传统土葬,古代地广人稀,资源丰厚,行之尚可。而现代人口密度不断增大,东南沿海一带有的地方高达每平方千米四百多人,加之我国已步入老龄化国家行列,人口的老龄化程度加快,每年死亡的人口据统计超过九百万之多,现在仍实行土葬显然不可取。因此土葬必须加以改革。

第二,火葬原则。火葬较之土葬有很多优势,经济、简便、不占土地、不耗木材、不污染环境等,因而是殡葬改革工作的重点和主要内容。

第三,节葬原则。指节俭办丧事,反对铺张浪费,有效合理地利用一切资源,积极倡导"生前厚养,死后节葬"。对老人的孝道应体现在生前尽可能地关注老人的生活质量,关注老人精神是否愉悦,能否让老人有一种幸福的满足感,而不在于死后极尽奢华、大肆操办丧事,为满足生者自我的虚荣心而不惜破坏生态环境、浪费各种资源。生前不孝,死后大办丧事,是一种伪孝,是活人虚荣心的满足,是面子思想在作祟,实属一种不道德的行为,应该充分认识到这种行为将会导致的社会不良效应,理应摈弃革除。

第四,文明原则。指丧事办理应俭朴、文雅,有益于子孙后代继承发扬。如传统殡葬活动中的招魂驱鬼、披麻戴孝、焚烧纸钱、配"阴亲"、娶"鬼妻"等愚昧落后、背离殡葬改革的不健康的行为必须改革。

第五,因地制宜原则。推行殡葬改革要考虑到不同地区的具体条件,其中包括民风民俗,防止"走极端,一刀切"而造成不必要的纷争,引发矛盾,不利于社会的稳定、民族的团结。因此在实际的殡葬改革推进过程中,根据改革形势和现实情况而划分的"火葬区"和"土葬改革区"就是因地制宜原则的具体运用。

第六,继承原则。我们推行殡葬改革并非一概排斥中国传统的殡葬文化,而是要吸收其优秀成分,如丧事办理过程中所倡导和表现的孝、哀、思,通过殡葬活动加强亲人之间的社会联系等。但同时又要吸收外国殡葬文化中的优秀成分,如丧事从简,合情合理,使之结合起来,形成适应今天和未来需要的新的殡葬文化。

总之,殡葬改革应本着以减轻老百姓经济负担、心理负担为基础,节约耕地、森林等资源,保护生态环境,树立殡葬文明新风,在坚持推行火葬的同时,着力推广骨灰处理方式的多样化,继续开展骨灰撒海、树葬等生态葬法,集文明殡葬、绿色殡葬、科技殡葬、人文殡葬于一体,促进社会和谐发展,走可持续发展的殡葬改革道路。

11.2.2 当前殡葬改革的基本思路和手段

11.2.2.1 殡葬改革的基本思路

殡葬改革是社会文明进步的标志,推进殡葬改革,依法规范殡葬管理,倡导健康文明的丧葬新风,是各级政府和有关部门的一项重要职责,需要动员全社会和广大群众广泛参与。针对目前殡葬改革工作现状,为了继续巩固殡葬改革成果,尽快解决当前还存在的实际问题,殡葬改革应遵循以下基本思路。

第一,深化殡葬改革,必须制定完善的殡葬事业发展规划,并不断加强殡葬改革宣传工作力度。各地要严格按照国家和地方制定的"十二五"规划的具体要求并结合本地区实际情况制定完善殡葬事业发展规划,并将其纳入当地国民经济和社会发展总体规划,明确殡葬改革发展的具体目标和任务,采取切实可行的政策措施和方法步骤。根据人口、耕地、交通、生态等情况,科学划分火葬区和土葬改革区,合理确定殡葬设施数量、规模、布局和功能,统筹考虑殡葬设备配置标准,严格控制经营性公墓。按照殡葬法规政策,综合运用法律、行政、经济、教育等综合手段,严格依法行政,建立殡葬执法机构和完善殡葬执法机制。在火葬区坚持实行火化,确保火化率稳步上升;强化骨灰管理,推行骨灰安葬备案制;积极推广树葬、花葬、草坪葬等节地葬法,鼓励倡导深埋、撒散、海葬等不保留骨灰方式,推动绿色殡葬。殡葬改革是一项破除陈规陋习、倡导社会主义新风尚的重大改革,是落实科学发展观的重要举措,是建设社会主义新农村的重要组成部分。为此,要坚持舆论先行,广泛宣传,让广大干部、群众真正从思想上解决认识问题,自觉执行殡葬改革的有关法规政策。省、市、县宣传部门要利用广播电视,广泛宣传殡葬改革的有关法规、政策,宣传骨灰装棺再葬和乱埋乱葬的危害,宣传节约土地的意义和各地涌现出的好典型。乡镇也要通过开辟宣传栏、设立黑板报、悬挂横(条)幅等形式深入宣传。确立宣传主题,强化宣传措施,确保宣传效果。同时,要把经常性宣传与集中宣传紧密结合起来,建立殡葬改革宣传工作长效机制,真正使殡葬改革的意义和有关法规、政策家喻户晓、深入人心。

第二,深化殡葬改革,必须加快殡葬基础设施建设步伐,不断提高殡葬服务质量。目前,让人们完全不保留骨灰还不太现实,只有解决骨灰安葬问题,才能从根本上落实殡葬改革的方针。骨灰处理问题是殡葬改革的一个重要环节,这个问题解决不好,殡葬改革工作就不彻底。若火化后再将骨灰装棺土葬,就会造成比直接土葬更大的浪费,反而加重了农民的经济负担,将会影响政府在群众中的形象,也使推行火葬失去了意义。因此,解决好骨灰处理问题,是巩固殡葬改革成果的重要条件,也是殡葬改革深入发展的必然要求和重要标志。一是要加快乡镇公益性公墓(骨灰堂)建设步伐,切实解决好骨灰安置问题。公益性公墓(骨灰堂)建设是殡葬工作的一项基础性工作,也是制止装棺再葬、乱埋乱葬的有效途径,要切实提高对这项工作重要性的认识,主要领导要亲自抓,协调解决好公益性公墓(骨灰堂)建设的各项工作,切实加快公益性公墓(骨灰堂)建设步伐,在具体操作过程中,可以利用学校布局调整和村委会合并后闲置的校舍、村部,粉刷改造为骨灰堂,存放骨灰。二是要着力推进公益性的骨灰堂建设,逐步以骨灰集中寄存替代墓地安葬,积极引导农民群众尽量选择不占或少占土地的方式处理逝者的骨灰,为子孙后代珍惜每一寸土地。在建设骨灰堂的基础上,采取多村联办的方式建公益性公墓。坚持科学规划,满足不同群体的丧葬需求。三是对已经建好的公墓(骨灰堂)要动员、鼓励群众使用，发挥作用。尽快建立健全各项规章制度，确保骨灰存放（安葬）有序，资料齐全，环境优美，室内整洁，管理到位。四是要加强监督管理。公益性公墓建设要因地制宜，合理选址，方便群众，便于管理，成本要低，环境要好。要充分利用和保护周边的自然环境，公墓占地面积和建设规模不宜过大。用地可从入院五保户原有的承包地中调剂解决。公益性公墓仅限于当地村民使用，不得对外开放和开展任何形式的营利活动。五是在县城设置殡仪服务站，为丧家提供一条龙殡仪服务，既解决丧家办丧事违规占道、噪音扰民、影响文明创建等问题，又为丧家提供了办丧事的场所。在具体的殡葬服务过程中，要以满足丧家的合理需求为目标，不断创新和优化殡葬服务内容、形式，逐步形成以基本殡葬服务为主体、选择性殡葬服务为补充的全方位、多层次的综合服务格局。将遗体接运、存放、火化和骨灰寄存作为基本殡葬服务项目，由公益性殡葬服务单位提供，并可根据当地经济社会发展水平和需求状况，适当增加基本殡葬服务内容。对包括遗体特殊防腐、整容、塑形、个性化告别、骨灰安葬、丧葬用品及其他选择性殡葬特需服务，建立行业规范，实行自愿选择，公平协商，市场运作，政府监管。

第三，深化殡葬改革，必须加强行政的强力推动，大力推行惠民殡葬政策。骨灰处理作为殡葬改革的一项重要内容，虽然群众有强烈的要求，但由于人们对此的态度具有“两重性”特征，在政府难以采取强制手段的情况下，其难度超过了推行火化。骨灰不装棺再葬，在农村如果没有政府的干预，谁都不愿意带这个头。因此实际工作中，在以引导为主的前提下，还必须有行政的强力推动，建立经常性工作机制，积极争取政府出台惠民殡葬政策，加快建立和完善殡葬救助保障制度。对生前生活特别困难的人员，由政府免除遗体接运、存放、火化和骨灰寄存等基本殡葬服务费用。按照保基本、广覆盖、可持续的原则，有条件的地区，可从重点救助对象起步，逐步扩展到向辖区所有居民提供免费基本殡葬服务，实行政府埋单。对节地葬法或不保留骨灰的，以及土葬改革区自愿火化的，实行政府奖励、补贴，建立起覆盖城乡居民的多层次殡葬救助保障体系。建立完善殡葬事业公共投入和稳定增长机制，加大基本殡葬服务设施设备。特别是火化设备的更新改造和城乡骨灰堂的公共投入力度。将殡葬事业经费纳入地方预算，不断增强政府提供基本殡葬服务的能力。将农村公益性骨灰存放设施纳入社会主义新农村建设规划和村级公益事业建设规划，给予必要的政策指导和资金支援。福利彩票公益金可用于支援经济欠发达地区、少数民族地区的殡葬救助保障和设施设备建设。政府举办的殡仪馆、火葬场、骨灰堂等殡葬服务事业单位，要牢固树立为民、便民、利民意识，大力开展“一站式”服务和便民服务。对由政府定价、指导价的殡葬服务项目要严格按政府标准执行，对执行市场经济规律的市场调节殡葬服务项目应发挥平抑市场物价的作用，规范殡葬服务收费项目，保证同类殡葬用品价格不高于市场价，合理价位的殡葬用品供应充足，不得捆绑、强迫或误导消费。要切实加强内部管理，提高服务品质，建立以岗位责任与绩效考核为基础的综合评价制度，实行服务问责制。

第四，深化殡葬改革，必须理顺殡葬管理体制，形成齐抓共管局面。殡葬改革和管理是一项复杂的系统工程，葬法和葬礼涉及多个方面，其管理工作涉及多个职能部门，单靠一个部门是不能全面正确施行管理职能的，需要明确各相关部门在殡葬改革、殡葬管理、殡葬服务、殡葬价格和丧葬用品生产销售等方面的工作职责，形成政府领导、民政协调、各职能部门积极配合，齐抓共管。如殡葬基础设施的建设、殡葬服务机构的管理等应由民政部门主管；查处非法占地葬坟、买卖墓地等违法行为，其执法主体是国土资源部门；制止在城区搭设灵堂、占道经营丧葬用品等违规行为，其执法主体是建设部门；对城区规划区内的财政供给人员和参加社会保险人员死亡后，须凭殡葬管理部门出具的《安放证书》方能给其亲属审批、支付丧葬费和一次性抚恤费，由财政部门、人力资源和社会保障部门最后把关；对机关、企事业单位的干部职工丧葬活动大操大办、搞封建迷信活动的，该单位当年不得评为文明单位、社会治安综合治理先进单位，则由文明办、综治委审核把关。殡葬改革和管理工作，必须形成由政府牵头、各相关单位密切配合、全社会广泛参与的工作机制。

第五，深化殡葬改革，必须重心下移，发挥乡镇政府的主导作用。殡葬改革工作是各级政府义不容辞的责任，殡葬改革的重点在农村，难点也在农村。因此要充分发挥乡镇政府的主导作用，把殡葬改革工作纳入乡镇政府的目标管理，与文明创建、社会治安综合治理同考核。建立奖惩机制，从而增强乡镇政府的责任意识。

第六，深化殡葬改革，需大胆创新，树立殡葬改革新风尚。积极整合殡葬资源，促进殡葬改革理论创新、科技创新和机制创新，提高推进殡葬改革的能力，重点解决殡葬基础理论、技术进步和运行机制等方面的问题。要重视殡葬理论研究，加快研究步伐，以理论研究成果指导殡葬改革实践。实施殡葬科技攻关，推广环保殡葬产品，特别是节能减排殡葬设备和可降解骨灰盒、棺柩。加强对殡葬设施、产品、服务等技术标准的研究和制定，建立健全监督机制。加强环境监测、治理与评价，实行环境品质认证制度。开展殡葬从业人员职业培训、考核、鉴定，探索建立殡葬从业人员资格准入制度，加强殡葬人才队伍建设，提高殡葬职工整体素质和能力。总结经验，树立典型，大力开展殡葬改革示范活动，以点带面，努力形成各具特色的地方殡葬改革和发展模式。

第七，深化殡葬改革，加强殡葬监管和行风建设。制定公平公正的行业政策，规范社会资本举办殡葬服务单位的准入条件，提高从业资质，探索建立殡葬行业准入制度。加强殡葬服务、骨灰安放、土葬改革、移风易俗、清明祭扫等工作的监督管理。民政部门要按照社会组织管理的要求，加强指导，切实发挥殡葬协会作用，支援殡葬协会等社会组织及其会员加强行业自律，提高自身素质，承担公益责任。要按照"管行业必须管行风"的要求，认真落实责任制，切实加强殡葬行风建设和纠风工作。坚持把以人为本、服务群众作为行风建设和纠风工作的主要内容，与殡葬工作统筹安排、共同推进。重点治理殡葬乱收费，坚决纠正利用行业特殊性损害群众利益的突出问题。积极开展民主评议行风和行风建设示范单位创建活动，教育殡葬系统干部职工增强宗旨意识、大局意识和服务意识，弘扬优良作风。对有令不行、有禁不止、顶风违纪的典型案件要严肃查处、公开曝光。

总之，殡葬改革工作是一项利国利民、造福子孙后代的民生工程，需要全社会的理解，需要各部门的通力配合，需要各级党委、政府的大力支持，才能把这项民生工程做实、做好。

11.2.2.2 当前殡葬改革的手段

殡葬改革是涉及社会经济、卫生、环境、土地等众多领域的一项移风易俗的重大社会变革。它既要面对几千年遗留下来的封建传统习俗的严峻挑战，又肩负新一代文明节俭、绿色环保的丧葬新风的构建。因此，要使殡葬改革这一艰巨的事业取得成效，需要采取有效的手段保证其顺利进行。

1. 加强管理,巩固殡葬改革工作成果

一是有效建立系统的殡葬工作定期汇报制度,由镇区民政办定期将本辖区范围内死亡人员的火化、骨灰寄存以及是否有乱埋乱葬等情况向市殡葬管理部门汇报,市殡葬管理部门则根据汇报情况进行核查。二是规范骨灰管理,逐步实现骨灰处理多样化、科学化,同时积极推行骨灰植树、撒海等不占或少占土地处理骨灰方式,促进殡葬改革健康有序发展。

2. 加大殡葬法规的宣传力度

采取多种形式,长期宣传殡葬改革的重要意义和殡葬法规知识。教育引导广大群众转变旧观念,提倡厚养薄葬,引导群众文明治丧。

3. 规范公墓管理,加强“三乱”治理

私买墓地、乱埋乱葬、装棺二次土葬以及丧葬市场混乱等现象,已经严重影响殡葬管理事业的发展。要坚决杜绝骨灰装棺二次土葬的占地、耗材行为,要规范乡镇村公益公墓的管理,严格按照规定的面积和收费标准修建墓穴。每个乡镇要建设一座规模较大的公益性公墓,每个村要建立一个公益性公墓或安息堂。要禁止集体和国有林地私卖场地修建墓穴的行为,要加大查处力度,倡导水葬、树葬、壁葬以及骨灰抛洒等文明安葬方式。

4. 加快农村公益性生态墓区建设

加快推进农村公益性生态墓地建设,政府和有关部门应安排适当的建设资金,也可采取以奖代补、社会捐赠、福利彩票公益金资助和农民群众集资等方式筹措资金,解决兴建公益性公墓所必需的经费,并把公益性公墓建设纳入新农村建设规划,因地制宜,满足农民群众生态殡葬的需求。

5. 大力推广“生态殡葬”

“生态葬”是指人死后(或骨灰)深埋地下不留坟头,以种树取代墓碑,或实行“自然葬”等不占土地或少占土地处理遗体或骨灰的葬法。具体做法是,只挖墓道,不挖墓穴,不用砖石水泥砌墓,不筑坟不立碑,植树以记等。这种方式不但符合人们传统意义上的“入土为安”的理念,顺应了民俗民意,老百姓情感上容易接受,也契合了以人为本的精神。

6. 积极探索和建立与市场经济相适应的管理机制

殡葬工作是一项传统的民政工作。殡葬管理单位在实践中摸索和积累了一定的管理经验。但是,随着殡葬改革的不断深入和殡葬业务的拓展,以及人们思想观念和生活方式的变化,殡葬管理面临着许多新的情况和新的问题。殡葬单位直接为殡葬业务服务,其管理和服务如何,直接影响单位的社会效益和经济效益。因此,首先要求各类殡葬服务单位更新管理理念,本着以人为本的思想,文明服务,规范管理,让“生者满意,逝者安息”;其次要求殡葬管理部门不断改进管理手段,根据殡葬工作的性质和殡葬单位的特点,建立和完善内部管理机制,实行目标责任管理;最后要求各级政府和殡葬管理部门建立有效的殡葬监督管理体系,公开接受社会和群众监督,注意发挥监督部门、新闻媒体和行风监督员的作用,继续开展行风评议活动,不断规范服务行为,提高服务质量,促进殡葬事业健康有序发展。

11.2.2.3 我国殡葬改革的目标

殡葬事关千家万户,是送别逝者、慰藉生者、服务于每一个人的一项庄严而又神圣的行业。殡葬改革的最终目标如下。

第一，以人为本，体现对人的终极关怀，承载着当代精神文明与生态文明的构建。殡葬工作是一项重要的民生工作，是政府为民服务的重要内容之一，通过制定和完善政策法规，加强殡葬设施建设，规范殡葬服务行业行为等举措，不断提高服务质量与水平，使殡葬服务充满温馨和人性，让每一个逝者在生命的最后里程都能够分享到应有的尊严和关爱，让每一个生者都能从中感悟到生命的价值与意义。实现殡葬生态化是构建人与自然、人与人、人与社会和谐共生、良性循环、全面发展和持续繁荣的生态文明的重要环节，是要按照建设资源节约型、环境友好型社会的要求，开发和推广节约、替代、循环利用的先进适用技术，提高资源的利用效率；以节约土地、节约资源为目的，积极推行、大力倡导树葬、花葬、草坪葬和骨灰撒散等生态葬法和骨灰堂建设，节约方寸土地，留于后人耕种；注重公墓的生态化建设，既要强化公墓内环境的绿化、美化以及园林化，也要使公墓与周边的环境协调发展，相得益彰；要推广使用可替代性公墓建设材料，防止滥用永久性建筑材料造成青山白化，严禁违法建设超规定面积的豪华墓地。

第二，以转变殡葬思想观念、构建当代殡葬文明以提高整体社会文明程度为目标。破除千年传统陋俗，形成文明、健康、积极的殡葬新风是殡葬改革的理想与动力。我们在坚持殡葬改革方针的同时，也要与时俱进，针对殡葬工作中出现的新问题、新情况制定具体的解决措施，从减轻群众负担入手，以服务群众和群众理解、支持、满意为宗旨，高度关注、认真反思，加快推进法制、体制、机制的建设、改革和完善。

第三，以满足新时期公众的多样化、层次化的殡葬需求为目标。随着经济社会的快速发展，新时期人们的消费观念、消费需求和消费能力都发生很大改变，政府应通过完善政策、制定规划、加大投入，使人民群众的基本殡葬需要得到保障；对于选择性的殡葬需求，政府应引导、支持和鼓励社会力量举办，通过建立公平竞争的市场准入和营运、服务机制，提供多层次、多样化、健康文明的殡葬服务，满足人民群众日益增长的多元化的殡葬服务的需要。

第四，以继承和创新优秀的殡葬文化为目标。中国殡葬文化源远流长，浩瀚纷繁，其中，既有精华的部分，也不乏糟粕。在当前改革开放的新形势下，面临着各种思想文化的相互激荡，一方面文明的丧葬方式不断推陈出新，被越来越多的人接受；但另一方面，一些丧葬陋习一旦遭遇合适气候，就会卷土重来，难以控制。因此，我们应深刻认识到殡葬改革的长期性和任务的艰巨性，坚持用先进的殡葬文化引导人们积极健康的殡葬行为，自觉抵制消极的、腐朽的、媚俗的殡葬文化的影响和侵蚀。同时进一步认识和挖掘我国传统殡葬文化的历史和现实价值，取其精华，赋予新的时代内涵，创新形式满足群众的各方面的需求。

11.3 殡葬事务管理

11.3.1 殡葬管理的组织机构

11.3.1.1 殡葬管理组织机构的概念

殡葬管理组织机构的概念是：我国殡葬管理的组织机构是各级人民政府为加强殡葬管理，推进殡葬改革，由民政部门和经民政部门批准成立与兴建的各种殡葬管理与殡葬服务机构和殡葬科研、教育、宣传等单位。

11.3.1.2　殡葬管理组织机构的分类。

殡葬管理的组织机构依据性质可分为以下四类。

行政管理组织。即各级人民政府民政部门中的殡葬管理机构，如民政部社会事务司和地方各级民政部门的殡葬管理机构及基层乡镇的殡葬服务机构。

殡仪服务组织。主要有民政部门批准兴建与管理的殡仪馆、火化场公墓、骨灰安放处、殡仪服务站等殡葬事业单位，此外还包括殡仪设备及丧葬用品的生产与销售单位等。

殡葬科研、教育、宣传等组织。目前主要有民政部“一〇一”研究所、重庆城市管理职业学院、长沙民政职业技术学院、北京社会管理职业学院等。

殡葬的社团组织和基层群众自治组织。主要是指兼有行业协会职能的中国殡葬协会和地方各级殡葬协会，以及我国城乡基层群众自我管理、自我教育、自我服务的红白理事会。

11.3.1.3　殡葬管理组织机构的职能

1. 殡葬管理的行政组织机构与职能

1）中央殡葬管理机构及职能

民政部是国务院管理全国殡葬工作的主管部门。民政部社会事务司作为我国殡葬管理的主管业务部门，处于战略决策层的位置。它的职能就是负责确定全国殡葬管理和殡葬改革的总目标及制定殡葬管理和殡葬改革的有关方针、法规和政策，并监督与指导地方贯彻落实，保证殡葬改革和殡葬事业发展总目标的实现。

2）地方殡葬管理机构及职能

地方各级民政部门是同级人民政府管理殡葬工作的主管部门。地方殡葬主管部门的职责有六项：①贯彻执行国家殡葬法规和当地人民政府制定的殡葬管理规定；②检查、监督殡葬法规的执行情况，会同有关部门处理丧葬违法案件；③管理本地区的殡仪馆、火葬场、经营性公墓、骨灰安放处、殡葬服务站；④管理、监督本地区丧葬用品的生产、经营；⑤规划和指导公益性公墓、骨灰安放处的建设；⑥指导群众组织搞好丧葬活动。地方各级民政部门在殡葬管理体系中，属于中层决策和执行管理的地位。在这一层级里又依次分为三个层级，其中省（市、自治区）民政厅的民政处（或婚姻、殡葬管理处）为地方决策与控制层，其主要职能是对本辖区地方性殡葬管理事务实施决策和统一管理，并监督和控制各市、地、州贯彻实施。各市（地、州）民政局的民政科（处）则处于直接管理和指挥协调层，其主要职能是通过指挥与协调的职能，按照本市（地、州）的具体情况落实上级殡葬管理的方针、政策。各县（市、区）民政局的民政科（或民政股）处于执行与作业层，则以指挥和作业为其基本职能，他们既是殡葬管理的指挥员，又是战斗员。在县（市、区）民政局的领导下，为了加强对基层殡葬事务的管理，还专门成立了代表政府行使殡葬管理职能的社会行政管理机构——殡葬管理处（所），处于作业层。它的设置有两种情况：一是和殡仪馆在一起，两块牌子，一套人马；二是单独建立的。殡葬管理处（所）的主要任务是：①宣传、贯彻执行殡葬管理的方针、政策和法规；②落实当地政府有关殡葬管理的规定；③监督、检查本地区各部门、各单位和个人执行殡葬法规的情况；④对生产、销售丧葬用品的单位和个人实行行业管理；⑤具体指导本地区殡葬事业单位的工作；⑥指导红白理事会一类群众自治组织工作。

3)基层殡葬管理机构及职能

在殡葬管理中,乡镇处于基层作业层,在组织学上又称之为组织工作核心层。但目前,我国乡镇管理机构在绝大多数的乡镇是民政办公室或民政助理员,还处于建设和有待完善的阶段。

乡或镇服务与管理机构的职能主要表现在以下四个方面。一是服务的职能。乡、镇服务与管理机构配有殡仪服务车和主要的丧葬用品,为广大丧属提供殡仪馆服务项目之外的其他系列化服务,通过我们所提供的健康、文明的服务方式来取代封建、愚昧的旧丧葬习俗。二是宣传的职能。乡、镇服务与管理机构直接与丧属打交道,最了解群众的心理,因此对丧属及广大群众进行殡葬法规宣传,有其得天独厚的条件和优势。三是管理的职能。乡、镇殡葬服务与管理机构在进行服务的同时,还肩负着对本辖区内的殡葬事务进行管理的职责,它具有管理和服务融为一体的特点,使管理与服务二者相得益彰、相互促进。四是监督的职能,由于乡、镇殡葬服务与管理机构属于基层作业层,他们具体地协助丧属办理丧葬事务,因此他们既能监督殡葬管理法规的执行情况,又能结合殡葬管理实际,对殡葬法规提出修改与完善的意见。

2. 殡葬科研、宣传、教育机构与职能

殡葬管理的科研、宣传、教育组织机构在殡葬管理体系中处于专家技术结构层的重要部位,该部分组织机构影响着整个行业和管理系统的进步与发展。目前,主要机构有 1990 年 8 月经国家科技委员会批准、民政部在哈尔滨建立的全国性的殡仪设备科研基地——民政部“一〇一”研究所,该所主要职能是承担殡仪设备的重点科研课题,负责本行业的技术监督、技术管理和技术服务工作。1992 年还建立了与“一〇一”研究所合署办公的民政部环境监测中心站,并经国家环保局批准,负责本行业的环境监测、环境评价和污染治理的工作。此外,民政部社会事务司为加强宣传报道工作,还在河南建立了中国殡葬报社。1994 年民政部人事教育司为了培养殡葬行业的中等专业人才,批准民政部济南民政学校、长沙民政学校(今长沙民政职业技术学院)开设了现代殡仪技术与管理专业。

3. 殡仪服务组织、殡葬社团和群众自治组织的职能

在整个殡葬管理体系中,殡仪服务组织、社团组织和群众自治组织处于支持与配合管理的地位,是殡葬管理体系中的一个重要组成部分。

1)殡仪服务机构及职能

殡仪服务机构主要有殡仪馆、火葬场、经营性公墓、骨灰安放处、殡葬服务站。这些机构属于殡葬事业单位,由各地民政部门统一规划和统一管理。这些单位是人们办理丧事的场所,它们主要职能是为群众办理丧事提供各种服务,如承办接尸运尸、遗体整容、尸体火化、骨灰安置,为死者举行悼念活动等。服务的规范化就是一种管理,而且是直接的管理。

2)殡葬管理的社团组织

我国殡葬行业的社团组织是指中国殡葬协会和地方各级殡葬协会。中国殡葬协会成立于 1989 年 9 月,同年加入国际殡葬协会。在全国各省、市、自治区和计划单列市还建立了地方殡葬协会。协会是一个民间的社会团体,本着自愿的原则,由从事殡葬行业的各方面人士组成。协会的目的是促进中国殡葬业的发展,保护殡葬行业的权益。协会的宗旨是为政府主管部门、为殡仪服务单位、为殡葬设备和丧葬用品的科研与生产部门、为从事殡葬工作的职工服务。

3)群众自治组织

殡葬管理的社会群众自治组织是指红白理事会。“红白理事会”是群众自发建立并经政府倡导的专门从事婚丧习俗改革的群众自治组织。一般以村(居)委员会为单位,由群众中威望较高、办事公道且有一定办事能力的公民当会长,成员一般5~7人。乡镇和县成立红白理事会指导委员会。红白理事会的特点及发展趋势是群众自治与行政领导相结合;自治与法治相结合;自我教育与社会教育相结合;自我管理与行政管理相结合;自我服务与社会服务相结合。红白理事会主要任务是在尊重健康民俗的基础上,制定规章制度,宣传和指导群众节俭办红白事,组织简朴的婚礼,协助丧主办理丧事等。由于红白理事会在殡葬改革中发挥了重要作用,因此受到了党政领导的肯定,也得到了人民群众的支持。

11.3.2 殡葬企事业单位的业务管理

11.3.2.1 殡葬服务的含义

殡葬服务是殡葬机构在丧葬活动中所提供的特殊服务,包括运用殡葬设备、设施,销售和使用丧葬用品,为丧户提供安葬祭奠服务,以及此过程中一系列相关活动的所有项目和内容。所有的殡葬服务从殡葬机构的角度出发均可称为殡葬业务。

11.3.2.2 殡葬业务管理的基本原则

殡葬机构不仅要满足广大群众的基本殡葬需求,还要承担殡葬改革的任务,推行“阳光殡葬”“便民殡葬”“绿色殡葬”“文明殡葬”“人文殡葬”和“科学殡葬”。

1. 以人为本,丧户至上

殡葬服务是为人服务,不仅是为死者服务,也为生者服务。殡葬服务的最高目的在于死者安息、生者慰藉,因而必须以人为本。尊重人类、尊重生命是开展殡葬业务第一准则。殡葬服务只有坚持以人为本,推行人性化的便民服务与亲情服务,才能让“两个世界的人”都满意,使“两个世界”都和谐。

2. 诚信服务,阳光殡葬

随着社会文明的快速进步和社会经济的高速发展,殡葬服务业逐渐成为社会关注的热点行业,诚信服务是殡葬服务业健康发展的基本原则。

1)坚持诚信服务是殡葬服务保持社会公益性质的基本保障

作为社会主义公益服务和精神文明建设的窗口行业,殡葬服务单位要讲诚信,讲文明,不断提高服务质量。在殡葬服务过程中,自觉推广规范化服务,以符合要求的服务技能、规范的服务程序、完好的设施设备为客户提供物有所值的各种殡葬服务;要以合理的价格、真实的材料、合格的工艺和细致周到的销售服务行为为客户提供货真价实的各种殡葬用品,在殡葬行业中进一步发扬光大诚信原则。

2)坚持诚信服务是殡葬服务机构实现自我发展的客观要求

社会服务是社会效益的结合点,殡葬服务单位在追求和取得社会效益的同时也能获得经济效益,用于事业的发展。作为市场主体的殡葬事业单位,只有在经济活动中待人诚恳、信守诺言,推行“阳光殡葬”,才能不断开拓市场,取得竞争优势。

殡葬服务单位应当基于所在地区居民的经济水平状况,合理确定产品价格,保证正常的利润水平。为满足公益性的殡葬消费需求,殡葬服务单位要确保价廉商品的供应,并要保证有低价格的殡葬全套服务。

殡葬服务单位要接受社会监督，认真做好跟踪服务和整改工作。对消费者有关服务质量方面问题的投诉及时地予以回复，对倾向性的问题及时提出整改方案并实施。

3. 坚持改革，文明治丧

优质的殡葬服务离不开正确方针的指引，只有坚持殡葬改革的方向，才能保障殡葬服务业的科学发展。“积极地、有步骤地实行火葬，改革土葬，节约殡葬用地，革除丧葬陋习，提倡节俭文明办丧事”，这是开展殡葬服务的基本宗旨。

4. 科学发展，和谐进步

“可持续发展”已经成为整个社会的重要命题。殡葬行业作为社会的一个重要有机组成部分，同样需要坚持科学发展的原则，在殡葬领域推行“阳光殡葬”“便民殡葬”“绿色殡葬”“文明殡葬”“科学殡葬”，努力实现殡葬环境园林化、服务设备现代化、服务项目系列化、服务活动规范化和服务程序公开化。

坚持科学发展的原则还要引导群众转变落后的殡葬观念，树立文明、节俭、健康、绿色、科学的殡葬理念，只有这样才能保证殡葬服务事业的全面、持续、和谐发展。

11.3.2.3 殡葬业务的范围

殡葬活动历史悠久、项目繁多，包含的内容既受现代的殡仪条件、科技水平和社会发展状况的制约，又受传统的地方风俗、民族习惯乃至封建迷信思想的影响。殡葬服务是通过劳务服务和提供物化劳动来满足人们的丧葬消费需求的服务，其内容和项目是随着整个服务行业的发展不断丰富完善起来的。

就目前而言，殡葬服务主要包括销售丧葬用品、提供殡仪活动场地、开展特殊服务、提供安葬与祭奠服务等四个方面。

我国殡葬行业经过半个多世纪的有序发展，已基本建立起了完整的殡葬服务体系。目前，这一体系在火葬区包括殡仪馆、殡仪服务站、公墓、骨灰存放处（包括骨灰堂、室、廊、塔、墙、楼、亭等）及红白理事会和殡葬信息员等；在土葬改革区，主要有为土葬服务的殡仪馆、服务站和遗体公墓、红白理事会等。

殡仪馆。主要进行接尸运尸、遗体防腐、整容整形、悼念服务、遗体火化、骨灰寄运等服务。

殡仪服务站。主要负责遗体存放、悼念活动和运送遗体火化等服务，殡仪服务站承担殡仪馆的部分工作，是殡仪馆服务向基层社区的延伸。

公墓。主要服务项目是出售墓穴、安葬骨灰和遗体，为群众提供祭扫等系列化服务。

骨灰存放处。主要服务项目是提供骨灰的寄存、存放以及瞻仰祭奠性服务。

红白理事会。其主要服务项目是帮助群众料理丧事，提供全过程的系列化服务。

殡葬信息员。作为殡葬管理部门在部分农村地区设立的专兼职人员，除宣传殡葬改革政策、报告殡葬信息以外，同时还为丧主提供信息服务和帮助办丧事。

随着经济的发展和社会需求的提高，殡葬服务的项目、内容逐渐向全方位、多元化方向发展，服务项目陆续增多。在尊重丧户意愿的前提下，根据丧葬消费发展趋势，积极扩宽服务领域，提供新的服务项目，从单一服务走向系列化服务，从低档次的廉价、无偿服务转向不同档次的有偿服务，探索和发展适合我国国情、民情和乡情的文明、健康、科学、高雅、便利的殡葬服务道路。

11.3.3 殡葬企事业单位的设备设施管理

11.3.3.1 殡仪设施的基本概念

殡仪设施是指殡仪馆内为殡仪工作需要而设置的各种建筑设施和环境美化设施。其中包括房屋、道路、停车场、绿化带、雕塑、亭台、人工山水等。

随着改革开放的不断深入,每年有大量的殡仪设施进行改建扩建迁建,而随着人们丧葬观念的更新和生活水平的提高,对遗体的处置、悼念、骨灰的安置等殡仪服务的条件也提出了更高的要求,人们在较宽松舒适的空间环境中进行殡仪活动,有利于人们在心理上得到慰藉。因此,殡仪设施建筑功能将随着社会生产力的发展和人们物质文化生活提高而日益多样化、复杂化。建筑设施的形象目前被我国殡葬行业看做是整体水平的重要体现,它通过内部和外部空间的组合、建筑体型、立面式样、内部装修处理、色彩搭配等手段构成一定的形象,表现其民族特点、地方特征和行业特征,改变了过去简单、平俗的状况。

殡仪设施的建筑设计要遵循适用、经济,在可能的条件下注意美观的原则,建设出美观大方且具有鲜明行业特点的新型殡仪馆。

13.3.3.2 殡仪馆建设

殡仪馆选址应考虑国家的土地使用原则、环境保护和生态保护要求、殡仪馆服务内容、当地的丧葬习俗、经济和人口发展状况等因素。

首先,在选择殡仪馆建设用地时必须遵守《中华人民共和国土地管理法》的有关规定,合理利用土地和切实保护耕地,根据建设的实际需要,严格按照当地土地利用总体规划确定的用途来使用土地。

其次,对于设有火化间的殡仪馆,由于火化设备在焚烧遗体的过程中可能会产生危害人体健康的大气污染物,如建在上风侧则会造成馆区下风侧的环境污染。从保护环境、改善人们生活环境质量的角度出发,选择殡仪馆建设位置的时候应考虑当地的常年主导风向。同时殡仪馆不应建在地势低洼的场所,一方面天降暴雨时积水难排,给殡仪活动和馆内业务的开展带来不便。另一方面不利于空气中污染物的扩散,导致馆区空气质量下降,影响工作人员和丧主的身心健康,因此殡仪馆应建在地势开阔的地段。

再次,为方便丧主前来办理丧事和参加祭悼活动,拟选址处应能保证交通畅通。许多殡仪馆为方便群众、提高服务质量,自己出资铺设馆区与城镇公路相通的道路。有些地区还在殡仪馆附近建有公交车站。电力供应和安全卫生的水源是保证殡仪馆开展正常业务和生产并满足职工工作期间生活需求的必要条件。

最后,随着殡仪馆所在地经济的发展和人口的增长,现有规模和设施可能满足不了将来变化的需求,在选址征地时应综合考虑当地总体发展状况,为殡仪馆的改、扩建创造条件。

11.3.3.3 公墓建设

受风水理论的影响,无论是王公贵戚还是平民百姓,都对墓地的选址十分讲究,下葬之前,总是请勘舆家(俗称风水先生)察看地形、地势、山水走向,以求避祸得福、子孙兴旺。当然这种传统习俗及做法从理论上讲是荒谬的,从实践上看也是极为有害的,与今天两个文明建设格格不入。公墓作为殡葬改革的重要载体,选址时要有利于加强殡葬管理、有利于殡葬改革、有利于“两个文明建设”。在具体选择墓址时,首先要严格遵守国家的有关法律、法规及政策,服从当地的城市建设规划,综合考虑当地的宗教信仰、风俗习惯、经济条件等因素。为尽可能取得社会效益和经济效益的统一,还要考虑以下几个方面。

(1)以保护自然环境和生态环境为前提,结合地貌地质,因地制宜,减少建筑成本和资金投入,缩短建设周期。

(2)应考虑交通的便利和服务范围的广泛性。

(3)良好的地形和朝向,良好的地质条件,足够规模的土地面积,可以满足各种葬法。

(4)考虑当地的气候条件的影响,建造良好的排水系统,提高抗旱能力,确保绿化的种植及养护。

13.3.3.4 殡仪设备

1. 殡仪设备的基本概念

殡仪设备是指尸体从医院太平间或其他某地,开始抬入殡仪车直至火化出骨灰这段作业过程中所使用的全部设备的总称。其中包括殡仪车、尸体冷藏柜、尸体防腐整容所需的各种器具、遗体告别棺、炉前运尸车、火化机、骨灰处理机,用于殡仪馆业务与行政管理的微机系统等等。其中火化机是殡仪馆的最重要设备,也是殡仪设备的核心部分。其性能的好坏直接影响殡仪馆的服务质量、文明火化程度、污染物排放指标和殡仪馆的先进与否。因此,在整个殡仪活动中,火化机的地位和作用显得十分重要。同时要求与火化机配套使用的炉前送尸车等辅助设备应与之相适应,即高档次的火化机相应地与高档次的辅助设备配套。

2. 火化机

1)火化机的基本原理

火化机是用来焚烧尸体的设备。其基本原理是在具有微负压和一定温度、一定容积的炉膛内,依靠不断供应的燃料和给氧空气的助燃,使尸体焚烧灰化。燃烧后的烟尘、有毒有害气体、臭味经过一定的处理后经烟道和烟囱排入大气中,残渣成灰供丧主收敛安葬。

2)火化机的基本要求

对火化机的要求很多,其中主要有以下五点。

(1)污染物的排放要少(要接近或达到国家污染物排放限制标准)。因为尸体在焚烧过程中产生的烟尘、有毒有害气体和臭味排放到大气中直接影响环境质量,国家对此有严格的限制标准。民政部组织评定的国家等级殡仪馆对排放污染物的限制也有一定的要求。

(2)燃烧效率要高。一是要单具尸体火化的时间短,二是要火化单具尸体所消耗的燃料少。这是根据我国国情提出来的。

(3)火化过程的文明程度要高。火化过程的文明程度体现在:一是严禁混骨灰;二是排放的污染物少;三是火化过程中不要用其他工具(如炉钩子等)翻动尸体;四是火化机在作业过程中不要溢出有毒、有害、有味烟气,以免污染工作间的环境;五是尸体在炉前运输和进炉时文明、平稳等。

(4)外表要美观大方,操作方便,整体性能安全可靠,容易维修和保养。

(5)结构简单、耐用,价格适中,符合国情。

3. 殡仪车

殡仪车是殡葬管理部门用来承担尸体运输的专用车辆，是殡仪馆不可缺少的殡仪设备之一。

殡仪车的特征主要体现在：平顺性、舒适性、低噪声、耗油量、可靠性、安全性等。使用功能主要包括款式新颖独特、内部装饰华丽庄重、具有消毒灭菌措施、驾驶室与停尸室分开并保证封闭严密、裸露尸体或具有包装物的尸体均装卸自如、操作简便易行、种类多样等。

4. 炉前送尸车

炉前送尸车的作用是保证尸体的传送和入炉。送尸车的种类有：手动式送尸车、半自动送尸车、自动送尸车等。目前我国殡仪馆多用半自动轨道式送尸车，一机配一车的轨道为纵向的，一车配多机的为纵、横双向轨道。最常见的是翻板式送尸车，这种送尸车为有轨有拖线，以电机为驱动力，可根据用户的要求将轨道设计为单向（纵向）或双向（纵、横向）。这种送尸车的优点是结构简单，维修方便，造价低。缺点是抛尸不文明。一般只配备在低档火化机上。双向履带式送尸车是由电机驱动，履带为不锈钢质。多台火化机可共用一台送尸车。这种送尸车的优点是运行平稳，进尸文明，美观大方。缺点是结构较复杂，造价较高，履带臂只能作单向伸缩运动。单向履带式送尸车也由电机驱动，履带为不锈钢质，履带悬臂的高度可以任意升降。这种送尸车为一机一车，只作纵向运动，焚化结束时，可将悬臂下降至最低点，开进火化机炉底隐藏，关闭预备门，第二天工作时将送尸车从火化机炉底开出。这种送尸车运行平稳，美观大方，进尸文明，且可隐蔽。无轨无拖线双向自动送尸车是目前国内较先进的送尸车，这种送尸车固定在炉门前的预备室内，采用无轨无拖线，显得整洁宽敞。工作时，将预备室自动门打开，送尸车的履带式工作臂伸出预备门接尸，接尸后炉门自动开启，工作臂将尸体平稳地送进炉膛。接尸动作完成后，预备室门自动关闭，送尸动作完成后，工作臂自动退出炉膛，炉门自动关闭，炉内自动进入焚化程序。这种送尸车技术先进，科技含量高，设计合理，运行可靠，美观大方，进尸文明，可带棺进炉，是当前档次较高的送尸车，已在北京东部殡仪馆安装使用。

5. 尸体冷藏柜

1）尸体冷藏柜的概念

尸体冷藏柜是一种存放尸体的专用容器。它采用制冷技术的原理，控制容器内的温度，达到存放尸体不腐烂变质的目的。满足对尸体的医学诊断、法医鉴定、遗体瞻仰、丧事办理等各方面的要求。目前我国绝大多数的殡仪馆均配备有相当数量的冷藏柜，以满足丧户对保存尸体的需求。

2）尸体冷藏柜的技术性能

尸体冷藏柜作为一种特殊的专用制冷设备，性能要求主要有：造型美观、结构紧凑、制冷效率高、震动小、噪声低、耗电少、运行稳定可靠、操作简便等。同时要求尸体冷藏柜为组合式结构，以便于搬运和组装。

6. 遗体告别棺

遗体告别棺是人们为了瞻仰死者遗容而专门制造的存放尸体的透明容器。它主要放置在殡仪馆告别厅或追悼厅，用于遗体的瞻仰。

遗体告别棺有两种。一种是不具备冷藏功能,只具有瞻仰功能,其技术性能要求有:良好的透明度,材质不易老化,造型美观、合理,操作简便易行,经久耐用,适用于各种特殊尸体的需要等。第二种是既具备瞻仰功能,又具备冷藏功能,该产品在我国南方城市使用较多。技术性能要求有:良好的透明度、表面光滑美观、操作简便、制冷效率高、噪声低、耗电少、结构紧凑、运行可靠等。

13.3.3.5 殡葬用品

丧葬用品主要是指尸体处理(土葬、火葬等)时,人们为丧者配用的各种服饰和器具。主要包括骨灰盒、遗体包装物、寿衣、花圈、棺材及其他随葬品。

1. 骨灰盒

骨灰盒是用来盛装尸体遗骨或火化后骨灰的器具。目前我国生产的骨灰盒款式品种繁多,各具特色。骨灰盒所选用的材质也各不相同。

骨灰盒所用材料的选择,既要考虑实用价值,又要考虑其珍藏和永久保存的要求。同时也要考虑产品的加工工艺及市场需求等因素。目前我国骨灰盒产品的主要材料有木材、石料和化学合成材料等。现介绍如下。

木质骨灰盒,材料主要选用木纹光滑细腻、木质软硬适度、长时间存放不变形、不易腐烂并具有保存和观赏价值的名贵木材,常用的木材有红木、楠木、柚木、柯木、花梨、樟木、菠萝杉、雪梨等。

石料骨灰盒,主要考虑石材组织均匀、打磨后表面光滑明亮、长期保存石材性质不易改变、容易雕刻、名贵脱俗等因素。常用的石材有玉石(包括岫玉、米黄玉、青白玉、汉白玉、墨玉等)、大理石、红棉石、花石、峡石等。

化学合成材料骨灰盒,是人们采用化学手段制造的,如陶瓷、人造玛瑙、琉璃、人造水晶等无机材料和有机玻璃、ABS 树脂、尼龙等高分子材料。

2. 遗体包装物

遗体包装物是近几年新生产的丧葬用品,是克服裸体火化不文明、不卫生而设计生产的。目前,部分大中城市已普遍采用。主要有以下几种。

1)塑料火化棺

该产品采用改性塑料板材经真空吸塑而成。该产品由上盖、下底两部分组成,上盖有透明和不透明两种。其优点是造型美观大方,使用轻便灵巧,便于运输和存放,制造工艺简单,生产效率高。该棺经有关部门检测,燃烧后污染物排放浓度基本上符合国家标准,而且燃烧充分,无残渣,对骨灰质量无影响。其缺点是加工设备造价高,排放烟气黑度略有增加。

2)纸制卫生棺

该产品是采用纸板材料制成的遗体包装物。纸板的品种多数为瓦楞纸板和蜂窝纸板两种。卫生棺的制造工艺通常是将纸板按一定的形状曲型,并利用淀粉胶和水玻璃胶粘合的方法。其特点是原材料价格低,市场易购,生产工艺简单,投资少。存在的问题是生产效率低,纸灰与人体骨灰混为一体不易分离等。

3)其他类型遗体包装物

除上述两种主要的遗体包装物外,还有全木质型棺材,布料、丝绸型和特种塑料袋等遗体包装物。

3. 寿衣

寿衣就是给逝者穿的衣服。寿者，顾名思义，永生也，先人死后，孝子忌讳言死，而将死人所着衣服冠以“寿衣”之称。一般来说，寿衣皆取单数，得吉利之意。同时其量词亦有不同，上衣不称“件”而曰“领”（古时候寿衣皆有领），有三领、五领、七领之别；裤不称“条”而曰“腰”，有三腰、五腰之别。“五领三腰”就是穿五件上衣、着三条裤子。

寿衣在款式上也有性别、年龄的区别，其中性别差异明显而年龄差异些微。按照民间习俗，我国向来把老年人的丧事当做喜事来办，因而有“红白喜事”之说，因此老人的寿衣也往往采用鲜艳、花俏的颜色。寿衣的面料均采用棉、麻、绸、缎、毛，因化纤面料在焚化过程中会燃成液体，不仅影响骨灰的质量，而且会造成环境污染，故一般寿衣不采用化纤面料制作。

4. 花圈

1）纸制花圈

纸制花圈多数采用各种颜色的彩纸扎制成大小不一的花卉，并固定在特殊的支架上。它主要用于祭悼和告别仪式活动中，仪式结束后，对其进行焚烧以告慰亡灵。由于此种风俗对纸张浪费严重，焚烧时释放的烟气造成环境污染，有的城市已经限制制售。

2）塑料花圈

塑料花圈是采用塑料材料制成的各种色彩鲜艳、花色各异的花卉，并固定在特殊的支架上。它主要摆放在殡仪馆的悼念厅和告别厅，供丧葬仪式重复使用，该花圈不进行焚烧。

3）高档次花圈和花篮

高档次花圈和花篮是采用鲜花和绢花扎制而成。它主要放置于殡仪馆高级告别厅及悼念厅，用于高层次的殡仪活动。

案例分享

常州市金坛区三大举措扎实推进殡葬改革

近年来，金坛区按照中央、省、市的要求，解放思想转变观念，以改革创新为动力，出实招，求实效，积极推动新一轮殡葬改革，取得了初步成效。

一是政策引领，补齐惠民政策短板。金坛区委、区政府把发展公益性基本殡葬服务放在殡葬工作首位，出台了一系列惠民政策，在原免除无养老保险人员殡葬基本服务费用的基础上免除所有丧户普通殡仪专用车遗体接运费（300元/具）；给予在集中守灵中心治丧的丧户每户2000元的补贴；对选择节地生态葬的丧户给予2 000至1 000元的奖补。通过这一系列的政策的出台，推动了惠民殡葬从救助型向适度普型转变，从阶段型服务向全程性服务延伸，提高了政府基本殡葬服务供给能力，逐步实现基本殡葬服务均等化。

二是加大投入，补齐服务设施短板。针对区殡仪馆场馆设施老旧、城区公益性安葬设施缺乏等问题，2016年，区委、区政府果断决策投资新建殡仪馆和人文纪念公园，以“省内一流、全国领先”为建设宗旨，建设规模达2.6万平方米，新殡仪馆设施先进，功能齐全，设有业务大厅、休息大厅、悼念厅、集中守灵中心、宾馆服务区等各功能区，今年新殡仪馆将正式投入运营，届时将在很大程度上改观殡葬工作的面貌。

三是引进理念，补齐文明服务短板。通过公开招标的形式引进专业服务机构，用他们的先进理念和成熟产品来引导和培育该区更快地形成文明现代、节约环保的殡葬礼仪和治丧模式。目前14辆崭新的殡仪专用车,改变了原先社会殡仪车辆老旧,服务质量明显偏低的现象。

殡葬工作是民生大事,事关百姓福祉,事关社会和谐。金坛区将积极实施惠民、绿色、文明殡葬,不断提升殡葬服务能力和水平,推动全区殡葬事业高质量发展。

(案例来源:常州市金坛区民政局,2019年3月26日)

技能实战

将全班分成两个小组,在认真学习"殡葬管理"一章的基础上,以"火葬优越于土葬"和"土葬优越于火葬"为题开展辩论。要求:理论联系实际,观点积极向上。

自我测试

1. 什么是殡葬管理?简述我国殡葬管理的任务。
2. 殡葬改革有什么意义?我们当前通过什么途径进行殡葬改革?
3. 什么是殡葬管理组织机构?简述我国有哪些殡葬管理组织机构。
4. 殡仪馆管理的基本内容有哪些?

12 地名管理

引言

地名作为社会交往的工具和信息传播媒介，同各行各业和人民群众日常生活有着密不可分的联系。地名工作的好差，直接影响城市形象，体现一个城市的综合管理水平。地名管理工作是民政管理工作和城市管理工作的一项重要内容，是城乡经济发展的一项基础性工作，地名的规范化、标准化和科学化，对推进城市化进程有着重要的作用。

学习目标

1. 了解地名和地名管理概念和特征。
2. 掌握地名命名、更名的原则和方法。
3. 掌握地名的科学化、信息化管理方法和手段。
4. 会从事地名档案管理。

12.1 地名管理概述

12.1.1 地名和地名管理概念

1. 地名的概念和特征

地名一词最早出现在《周礼》中，其载："邍师，掌四方之地名。"作为人们在社会中给地理实体、行政区域或居民点所起的名称，地名自产生以来就具有两种属性：一方面，它是指代某一地域方位的符号，具有功能性；另一方面，它真实地反映了民族历史、地理、社会和语言等方面的变化，同时也反映出民族的心理和生活习惯，有着深远的文化内涵。

地名是人们从事社会交往和经济活动广泛使用的媒介，与各种经济社会活动和人民群众日常生活休戚相关，它涉及内政外交、国防、交通运输、邮电通讯、新闻出版、工商管理、房地产管理、户籍管理、测绘制图等众多领域，是国家行政管理的一项重要组成部分。《地名管理条例》第二条认为："本条例所称地名，包括：自然地理实体名称，行政区划名称，居民地名称，各专业部门使用的具有地名意义的台、站、港、场等名称。"

地名主要包括以下特征。

第一，地名是人们赋予的，而不是本身自有或天然的。这种赋予从历史发展看，经历了从当地少数人使用到逐渐为众人所知直至被社会大众广泛使用，从赋予语言到文字再到数字代码，从约定俗成到标准化、法定化。

第二，在空间上，既包括陆地，也包括海洋和海底，随着人类对宇宙探测的进展，地名命名的空间范围逐步从地球不断向宇宙中的其他天体扩展。

第三，地名具有社会性。地名是社会的产物，它的命名、演变始终都受到社会发展水平的制约。没有航海知识的积累和15—17世纪的地理大发现，就不会有像太平洋、印度洋等海域的名称。地名由少数人称说到为广大社会成员所公认，要经过一定的传播和筛选过程。

第四，地名具有时代性。恢复有历史文化内涵地名，体现一定区域地名序列化，调整更新重名、不雅名称、有歧义道路名称，保持与周边道路名称协调性，增强地名命名的指位性，以时代特征为主题创意地名的命名通常反映命名时代的特征。

第五，地名具有民族性。不同民族分布区域内的地名，一般总是由生息在当地的居民以其语言命名。地名的命名依据还能反映一个民族的心理状态、风俗习惯和其他文化特征。

第六，地名具有地域性。地名是地方的指称，它的命名常反映当地当时的某些自然或人文地理特征。

2. 地名管理的概念

地名管理是城市管理工作的一项重要内容。地名管理是城乡经济发展的一项基础性工作，地名的规范化、标准化和科学化，对推进城市化进程有着重要的作用。地名作为社会交往的工具和信息传播媒介，同各行各业和人民群众日常生活有着密不可分的联系。地名管理工作的好坏，直接影响城市形象，体现一个城市的综合管理水平。地名管理是国家行政管理工作的组成部分，是地名管理机构以地名为对象，依据有关法规，按照科学方法，为推进和实现地名标准化而开展的各项活动，其主要目的是推行和实现地名标准化，为经济社会发展和人民群众生产生活服务。

12.1.2 地名管理的历史和内容

1. 地名管理的历史

地名管理工作是自古以来就有的，一个国家的成立，从国名的确定到行政区域的命名与更名，都是地名管理工作的一部分。新中国成立后，一直十分重视地名管理工作。20世纪50年代国家发出通知，要求各地清除那些有损领土主权和民族尊严、带有民族歧视性质的、妨碍民族团结与邻国友好相处的以及极为庸俗的地名，并且曾经系统解决过全国县的重名问题。周恩来总理还亲自编写了三十个省、市、自治区的地名诗。1977年国务院批准成立了中国地名委员会，开展了第一次全国地名普查（简称“一普”）和地名标准化工作，逐步制定了一批地名管理法规和标准，建立了地名档案，编辑出版了一系列地名工具书，地名管理工作进入一个有组织、有计划全面发展的新阶段。进入21世纪以来，组织实施地名公共服务工程，完善地名公共服务体系，启动第二次全国地名普查（简称“地名普查”，个别情况下也简称为“二普”），我国地名管理工作进入新的发展时期。

2. 地名管理的主要内容

（1）地名管理法规和标准体系建立。1986年，国务院颁布了《地名管理条例》。1996年，民政部颁发了《地名管理条例实施细则》。全国各省、市、县级政区也相应制定了本地方的地名管理法规和规范性文件。1997年，民政部成立了全国地名标准化技术委员会，主要负责地名标准的制定、修订等工作。先后制定了《地名标志》《外语地名汉字译写导则》《地名分类与类别代码编制规则》等国家标准。

（2）地名命名更名管理。国家慎重稳妥进行地名命名更名工作，对一些含义不健康、名不副实、同名重音、用字不规范等符合《地名管理条例》更名规定的地名进行了更改。如：1994年，湖南省酃县因“酃”字为生僻字，并根据该地有炎帝陵墓更名为炎陵县；1998年，云南省路南彝族自治县因与唐山市路南区重名，根据当地地理特点更名为石林县。

（3）地名标志设置与管护。1995—1998年，民政部与交通部、公安部、建设部联合开展了国道两侧地名设标工作。2000—2005年，民政部、交通部、国家工商局、国家质监局联合开展了全国城市地名设标工作。2005年起开展了全国县乡镇地名设标工作。目前，我国地名标志覆盖面已逐步由城市扩展到广大农村地区，地名标志数量大幅增加，设置位置更为合理。今后，要重点加大新建街道、建筑物等地名标志设置力度，加强农村地区地名标志设置，形成城乡一体、衔接有序的地名标志导向体系。

（4）地名信息化建设。1997年，民政部启动部本级地名数据库建设。2003年，民政部办公厅下发《关于建立国家地名数据库有关问题的通知》，要求各地抓紧建立省、市、县三级地名数据库，在此基础上建立全国地名数据库。2005年，民政部把数字地名作为“地名公共服务工程”四个专项事务之一，要求建立国家、省、市、县四级地名数据库，并依托地名数据库开展地名信息化服务。目前，大多数县以上各级政区都建立了本级地名数据库并完成了属性数据录入工作，并依托地名数据库，积极探索开展了电子地图、地名网站、地名问路服务热线、地名触摸屏等多种形式的地名信息化服务，方便了人民群众的出行交往。今后，地名信息化建设重点要开发建设地名管理政务平台和地名信息服务平台，建立地名信息更新维护制度，创新地名信息服务方式，提高管理和服务效率。

（5）地名文化建设。地名是重要的民族文化遗产。联合国和世界许多国家都非常重视地名文化遗产保护工作，联合国地名专家组还专门成立了地名文化遗产工作组。2004年我国启动地名文化遗产保护研究和千年古县评选、宣传、保护工作，2012年，民政部印发了《关于加强地名文化建设的意见》和《全国地名文化遗产保护工作实施方案》，制定了地名文化遗产鉴定标准，召开了全国地名文化建设工作会议，对新时期的地名文化建设工作做了全面部署。2013年，成立了中国地名文化遗产保护促进会。

12.2　地名的命名和更名

12.2.1　地名命名的方法

通过对现有城市地名的统计分析，发现我国城市地名具有很强的指位性、区别性和复杂性。它与普通地名的命名方式既有联系也有差别。依照城市名称所反映的信息内容，并参照诸家学说，笔者将中国城市名称的命名类型分为13类，即方位、地形、物产、人物、传说、史迹、吉祥、讳改、古国、经济、假借、复合、语别等。具体分述如下。

1. 方位

凡城市地名中含有东、南、西、北、中、上、下、临、阴阳等字，或“×州”字样的，反映城市所处的地理方位，地理位置的城市地名都归属此类。

2. 地形

地形是指城市所在地区的地形、地貌，即山、川、水、原等。反映地形的字眼很多，如口、峰、原、源、山、甸、阜、丘等。它是城市地名对城市所在区域自然环境的直观反映。

3. 物产

以城市所在地区生产的动物、植物、矿产等特产为特征的城市地名。如包头（鹿）、蛟河（袍子）、克拉玛依（石油）、白银（黄铜矿）等城市。

4. 吉祥

城市是区域的政治、经济、文化中心，历来受到关注。人们总是用一些美好的词语来为城市命名。当然这里边也包含有统治阶级祈求地位长久及要求人民歌功颂德的成分。反映吉祥的城市地名也很多，如天津（天子渡口）、赤峰（山峰红艳似火）、霍林郭勒（美食的河）、个旧（真大真好的矿）、保定（保持安定）、长治（长治久安）、福安（敷赐五福，以安一县）。

5. 人物

城市以族姓、古部落或某英雄人物的姓或名为城市名，古今中外都是很常见的，它构成了城市独特的文化景观。如巢湖（春秋楚巢人地）、周口（周姓摆渡于此）、茂名（晋潘茂名于此升仙）、中山市（纪念伟大的民主革命先行者孙中山先生）、绍兴市（南宋赵构年号）。

6. 古国

我国城市不少是古时王侯的封地或先秦的诸侯国。如邢台（春秋邢国地）、安国（汉安国侯王陵封邑）、晋城（春秋为晋地）、东台（古台国地）等。城市得名于古国的有 25 个。在 13 类中，以人物和古国得名的城市最少，说明了地名作为一种地理文化较少评价社会人物的功过是非。

7. 传说

我国许多城市地名得于神话故事和动人的传说。如禹城（传夏禹在此建邑）、孝感（传董永孝行感天）、介休（春秋介之推隐居之地）、黄山（上古黄帝得道升仙处）等。

8. 史迹

以历史事件或古人活动遗迹为城市命名的。如高碑店（城内原有一石碑）、侯马（元代驿传换马地）、公主岭（乾隆女儿陪嫁地）等。

9. 讳改

这是中国地名发展过程中的一种特例。在封建社会里，讳名理解为具有某种保护作用，并以“讳”地名显示“普天之下，莫非王土”的神权思想。如宋太宗赵匡义讳“义”字，就把义兴改为宜兴，义春改为宜春，义阳改为信阳。晋武帝司马炎父名昭而改昭阳为邵阳，改昭武为邵武等。城市得名于讳改的有 31 个。

10. 复合

复合有两层含义：一是将城市所在区域的不同地理特征进行复合，这种复合比较少，仅有乐昌（乐石、昌山）、番禺（番山、禺山）、连云港（连岛、云台山之间）三个城市。二是两个或两个以上的聚落合并为一个城市，如三明（由三元、明溪合并）、龙海（合龙溪、海澄县置）、黄石（黄石道三镇合并）等。复合地名共有 31 个。

11. 假借

城市命名借取已有的地名。如大石桥（得名于大石桥）、通州（得名于南通州）、昆山（境内有昆山）、大同市（遥取大同川的名称）等。

12. 经济

城市是地域经济的中心，城市地名也常常反映城市地域的经济（含交通）特征。描写经济特征的字很多，如津、店、镇、城等。运城（产运官盐之地）、河津（城当河汾要口）、哈尔滨（满语，晒网场）、界首（皖豫交界首集）。

13. 语别

中国城市名称以汉语为主，但也有以少数民族语命名的城市。如牙克石（蒙）、齐齐哈尔（达斡）、牡丹江（满）等。城市得名于少数民族语的有 67 个，外来语（日语）1 个。另有 28 个城市语义不明。还有 6 个佚义的古越语地名。

一个城市名称往往包含多个方面的意思。如秦皇岛，它既表明城市所处的地形，也含有传说色彩；再如河津，它既指示城市所处的方位，也含有经济意义。其他如唐山、锡林浩特、金坛、慈溪等都大致类似。

12.2.2 地名命名的原则

春秋《谷梁传》首先提出了“水北为阳、山南为阳”的命名原则，即河水的北面为阳，河水的南面为阴，山的南面为阳，山的北面为阴。许多带有阴阳的地名则表示了该地理实体与另一地理实体的相对位置。东汉末年，汝南南顿人应邵也最早提出了因山名县的命名原则雏形。南宋学子王观国在《学林》中吸取了古代命名思想，总结出政区地名命名四则：因山命名、因水命名、因事命名、取美名。这四条原则虽古已有之，但他把其系统化了。到了近代，命名原则又有进一步发展，不是仅限于政区地名，而且扩展为各类地名，提出了各类地名都应遵循的如反映当地特征、体现方针政策、用字简洁、好找好记、含义健康、科学规范等原则。随着时代的发展，人们对地名命名原则研究也越来越深，内容也更加丰富，提出的原则也更加全面，符合客观实际。具体如下。

1. 科学化原则

科学化就是要以科学的方法去命名。要尽量名实一致，要符合《地名管理条例》要求，命名要反映当地地理、历史和当代科学文化特征，名称要高雅，或雅俗共赏，不要过于粗俗。所谓名实一致，即指该地是按照地理实体特征而命名。如武汉的龟山、蛇山即依据山的形象命名，看名知形，非常好记。随着科学文化的发展，人们对语词含意的要求也越来越高，一些粗俗的名称已为人们厌弃，改为文雅名称。如北京的驴屎胡同改为礼士胡同，狗尾巴胡同按地方谐音改为高义伯胡同。新的命名不能千篇一律，要提倡别具一格，音意俱佳。如太原市漪汾苑居民区中几个小区，分别命名为红叶里、彤霞村、叠翠坊、流碧园、锦绣庄、烟波居、槐荫院。不仅用词很雅，而且反映了当地古八景的内容。诗情画意，别具一格。

2. 规范化原则

新命名不仅要做到用字、读音的规范，而且通名也要统一规范。在地名用字方面除不用繁体字、生造字，少用异体字外，还要注意：①不使用容易混淆的字，如厍、库易混淆；②不使用一字多写的地方土俗字，如“滘”不再用“漖”；③尽量不用生僻字。地名的读音规范，是指该地名必须按照所属语言文字规范化的读音去读，如汉语地名应按普通话读音去读，不能按地方音去读。尤其是在地名标志和地名工具书中不能标注非标准读音。地名通名的规范，是地名迈向科学化的一个重要方面。尤其是新命名时要特别注意使用通用的、规范的通名。对通名的要求是:①通名用字要简洁明确;②同类通名尽量减少不同用字;③通名用字不要使用多意字、多音字;④各类通名全国要统一标准、统一系列。少数民族语地名命名,如使用少数民族语文时,也要按照民族语文的规范进行书写和确定读音。

3. 不重名原则

地名重名是地名命名的一大禁忌,因为它给人们日常交往带来困难和极大不便。但是,就全国而言,完全做到不重名是不可能的,只能在一定范围内做到不重名。即是说,只能在一定区域范围内达到地名单一的要求。《地名管理条例》对此作了明确规定:全国范围内的县、市以上名称,一个县(市、区)内的乡、镇、街道办事处名称,一个乡、镇内自然村名称,一个城镇内的街巷、居民地名称,不应重名并避免同音。国内外著名的自然地理实体不应重名;一个省、自治区、直辖市行政区域内,较重要的自然地理实体名称不应重名。重名,一方面是指文字书写的不同,另一方面,读音完全相同的,也可视为重名。但专名相同、通名不同的不应视为重名。如洪泽湖、洪泽县;吉林省、吉林市均不属重名。在同一类别中,虽通名不同,也要尽量避免专名相同。如:北京市的苏州胡同、苏州巷,虽通名不同,但属同一类别,也易混淆。

4. 符合时代方针政策的原则

新的命名都是反映时代政治、经济、文化特征的。因此,一定要符合那个时代的方针政策和有关规定。当前,我国政府对地名命名的主要要求是:①有利于人民团结和社会主义现代化建设,尊重当地群众意愿,与有关方面协商一致。②一般不以人名作地名(星球上的地形名称及国际公有领域地名除外),禁止用国家领导人和外国人名、地名命名我国地名。③在一定区域范围不重名和不用同音地名。④各专业部门使用的台、站、港、场等名称,一般应与当地地名统一。⑤命名要反映当地人文或自然地理特征。⑥要使用规范的汉字和规范的少数民族文字。⑦不以跨域名山、大川作行政区域专名,即自然地理实体跨越几个行政区域或其主体或大部分不在该行政区域范围的,不要依其名称作政区专名。⑧县、市、市辖区,不依本辖区内人民政府非驻地村镇专名命名。⑨乡、镇、街道办事处,一般应以乡镇人民政府驻地居民点和街道办事处所在街巷名命名。

5. 城市地名好找好记原则

新建和改建的城镇街巷、居民区地名应遵循层次化、序列化、规范化原则命名,以达到好找好记、方便交往的目的。层次化就是在地名组合结构上,要分出不同等级、层次。例如:线性名称,可分为路、街、巷三级或街、巷两级;面状地名可分为里(苑)、院、楼三级或院、楼两级等。不同城镇可根据本地实际情况而定,不要照搬一个模式。序列化就是每个层次中的名称都要有一定次序,要有系统性、方位性。如用序数、方位、成语、景色、花卉、颜色等命名。规范化包括通名的规范、文字书写的规范和罗马字母拼写的规范。在少数民族自治区,用民族文字书写的地名,还要做到民族文字书写的规范。城镇地名命名应体现本地特点,不要千人一面,不贪大求洋,不落俗套。用词高雅,能反映现代文化特征。对具有地名意义的大型建筑物名称,如广场、大厦、别墅、山庄、城、宫等通名,要用词严谨,名实相符。

6. 主地名与派生地名统一的原则

主地名又称原生地名,即最本源的地名。由主地名派生出的地名,称为派生地名。为了方便群众交往，派生地名的专名应与主地名专名一致。如石家庄火车站系由石家庄派生出来，因此其站名应叫石家庄站。黄山火车站不在黄山脚下，而在屯溪，则给去黄山的旅客造成极大的不便。因此，主地名派生出的台、站、港、场等各类地名，其专名均应与主地名专名一致。

12.2.3 地名更名的原则和方法

《地名管理条例》规定，地名的更名应遵循下列规定。

（1）凡有损我国领土主权和民族尊严的，带有民族歧视性质和妨碍民族团结的，带有侮辱劳动人民性质和极端庸俗的，以及其他违背国家方针、政策的地名，必须更名。

（2）不符合条例第四条第三、四、五款规定的地名，在征得有关方面和当地群众同意后，予以更名。

（3）一地多名、一名多写的，应当确定一个统一的名称和用字。

（4）不明显属于上述范围的、可改可不改的和当地群众不同意改的地名，不要更改。

（5）“文化大革命”中乱改的地名，原则上要恢复原名。

（6）凡不符合命名原则的地名，应予更名。

（7）一地多名、一名多写、用字不当的地名，应予调整。长地名可保留其主要成份，缩改为短地名。

（8）行政区划名称与驻地名称不一致的，原则上予以更改，使其与驻地名称取得一致。但行政区划不是以居民地名称命名的（例如以地理位置、特征命名者），可以不改；行政区划名称与当地著名特产密切相关的，也可以不改。

12.2.4 地名命名与更名的审批权限及其程序

地名命名、更名的审批权限和程序如下。

（1）行政区划名称的命名、更名，按照《国务院关于行政区划管理的规定》办理。

（2）国内外著名的或涉及两个省（自治区、直辖市）以上的山脉、河流、湖泊等自然地理实体名称，由省、自治区、直辖市人民政府提出意见，报国务院审批。

（3）边境地区涉及国界线走向和海上涉及岛屿归属界线以及载入边界条约和议定书中的自然地理实体名称和居民地名称，由省、自治区、直辖市人民政府提出意见，报国务院审批。

（4）在科学考察中，对国际公有领域新的地理实体命名，由主管部门提出意见，报国务院审批。

（5）各专业部门使用的具有地名意义的台、站、港、场等名称，在征得当地人民政府同意后，由专业主管部门审批。

（6）城镇街道名称，由直辖市、市、县人民政府审批。

（7）其他地名，由省、自治区、直辖市人民政府规定审批程序。

（8）地名的命名、更名工作，可以交地名机构或管理地名工作的单位承办，也可以交其他部门承办；其他部门承办的，应征求地名机构或管理地名工作单位的意见。

12.3 地名的标准化和信息化管理

12.3.1 地名标准化管理现状

地名标准化的本质,应视为地名领域的语言文字规范化。根据联合国地名标准化组织要求,结合我国语言文字特点,地名标准化的进程可分为两步:先以国家通用语言文字规范地名的用字、读音、语词,以及少数民族语地名、外国语地名的汉字译写,实现我国所使用地名的国家标准化;再以此为基础,制定我国地名统一的罗马字母拼写规范,提交国际社会通用,实现我国所拥有地名的国际标准化。

自 1988 年地名工作划归民政部以来,地名的标准化管理取得了很大的成绩。各级地名管理部门大力开展了城镇地名命名、更名的规范化管理,以及城镇街、巷、楼门牌等地名标志的设置工作,使城镇的地名管理工作较好地适应了城镇建设快速发展的需要。1996 年至 1998 年两年的时间,民政部联合有关部门在 11 万多千米的国道线两侧,设置了 9 万多块村镇地名标志。这些地名标志在交通、抢险、救灾工作中起到了重要作用。

目前,城市标准地名标志设置工作正在全国有序进行,这些地名标志的设置,极大地方便了城乡人民的生产、生活以及国际交往,促进了我国地名标准化的进一步实现。

与此同时,地名的政策法规日益完善,1996 年民政部颁发《地名管理条例实施细则》,1999 年国家质量技术监督局发布了由民政部制定的《地名标牌 城乡》《外国地名汉字译写导则》等 7 个国家标准, 2002 年又发布了《地名分类与类别代码编制规则》国家标准,与有关部委联合开展的全国政区名称用字读音审定工作基本规范了行政区域名称。这些法规与技术规范的颁布,推动了地名管理的法制化进程。

12.3.2 地名信息化管理现状

随着时代的发展,我国地名进入了信息化时代,地名信息系统通用软件"地名之星"研制第一期工程已经顺利结束。该软件能在大型字符、多媒体数据库与大型地图矢量数据库之间进行信息交流,保证信息的安全和快速传输的开放式系统。现在,政区地名数据库建设正在启动,地名信息化相关标准的制定和地名信息系统的建设试点、培训等工作逐步展开。地名的信息化建设将进一步拓展地名的服务功能,使地名更好地服务大众生活、服务经济建设。

基于对地名信息重要性认识的不断深入,世界各国都高度重视地名信息化建设,联合国地名专家组为此设立了"地名数据自动化处理工作组",专门负责地名信息化建设的协调工作。在最近召开的几次联合国地名标准化大会和地名专家组会议上,对地名信息系统(Geographical Names Information System, GNIS)建设和地名信息的国际交流提出了较高的要求。世界上多数发达国家建立了国家级 GNIS,已有 100 多个大型地名数据库投入使用。为了保持在全球竞争中处于优势地位,美国、俄罗斯、加拿大、英国、德国、法国等国家还组织专门力量搜集、研究、译写、整理、储存国内外地名资料,不断完善 GNIS,更新、扩充地名数据库。其投入的资金、人力有不断加大的趋势,很多发达国家建立了国家地名信息网站,美、俄等国不仅重视本国地名数据库的建设与完善,还建立了庞大的世界地名数据库。从 2000 年 1 月在美国纽约召开的第 20 次联合国地名专家组会议了解的情况看,发达国家地名信息化有两个明显的趋势:一是地名信息系统建设的步伐明显加快，地名信息数字化、网络化使发达国家地名信息储存能力和传输速度大大提高，发展中国家与发达国家在地名信息化方面的差距越来越大；二是地名信息系统建设由多部门各自为政、分散重复建设，逐步向由国家综合部门统一协调、专业机构集中建设、全社会信息资源共享的方向发展，并将地名信息数据库作为一切与空间信息相关的数据库建设的基础库，从而成为专业空间信息系统之间进行连接、交换数据、实现信息共享的桥梁和纽带，起到空间信息检索引擎的作用。

欧美大国不仅建立了完善的国家GNIS，并且广泛应用于政治、外交、军事、经济各个领域，在经济合作、交流、竞争以及政治斗争、外交活动、军事行动等方面发挥着越来越重要的作用。典型的案例：一是以美国为首的北约在对南斯拉夫的军事干预中，广泛使用数字地图，地名信息数据库在制定作战计划、估算打击效果，在为飞机、军舰导航，在确保巡航导弹特别是精确制导的导弹准确命中目标等方面都发挥了重要的作用。二是在1995年11月波黑谈判中，美国通过精确、逼真的三维数字地图演示“虚拟打击”和领土划分、安全通道划定模拟方案，成功地说服了米洛舍维奇及波黑塞族谈判代表，顺利达成“戴顿协议”，取得了外交斗争的胜利。

12.3.3 地名标准化规范细则

1. 用字

国务院1986年1月实施的《地名管理条例》规定：命名应“避免使用生僻字”；更名时对“一地多名、一名多写的，应当确定一个统一的名称和用字”。《地名管理条例实施细则》补充为：命名应“使用规范的汉字或少数民族文字”；在标准化处理时，“汉语地名中的方言俗字，一般用字音（或字义）相同或相近的通用字代替。对原有地名中带有一定区域性或特殊含义的通名俗字，经国家语言文字工作委员会审音定字后，可以保留”。1987年3月，国家语委、中国地名委员会等六部门颁发《关于地名用字的若干规定》，要求地名“均应按国家确定的规范汉字书写，不用自造字、已简化的繁体字和已淘汰的异体字”。

2. 读音

长期以来，在“国家推广普通话”的总原则之下，“读音”一直是地名领域语言文字政策的薄弱环节，《地名管理条例》仅要求规定范围内的地名“避免同音”一项。2000年4月起，民政部、教育部、国家语委组织审订全国政区名称的用字读音，其中审音的基本原则为“据义定音”，即根据地名的来历、含义，确定某字在其中应有的普通话读音。

3. 语词

《地名管理条例》规定的命名原则为：“有利于人民团结和社会主义现代化建设，尊重当地群众的愿望，与有关各方协商一致”；“一般不以人名作地名，禁止用国家领导人的名字作地名”；一定范围内的同类人文地理实体“不应重名”；派生的“台、站、港、场等名称，一般应与当地地名统一”。《地名管理条例实施细则》补充规定：命名应“有利于国家统一、主权和领土完整”；“反映当地人文或自然地理特征”；“不以外国人名、地名命名我国地名”；“不以著名的山脉、河流等自然地理实体名称作行政区域专名”。

4. 译写

《地名管理条例》规定：“少数民族语地名的汉字译写，外国地名的汉字译写，应当做到规范化。”《地名管理条例实施细则》称：“少数民族语地名，在各自民族语言文字的基础上，按其标准（通用）语音，依据汉语普通话读音进行汉字译写。对约定俗成的汉字译名，一般不更改。”“多民族聚居区的地名，如不同民族有不同的称谓并无惯用汉语名称时，经当地地名管理部门征得有关少数民族的意见后，选择当地使用范围较广的某一语种称谓进行汉字译写。”“少数民族语地名的汉字译写，应尽可能采用常用字，避免使用多音、贬义和容易产生歧义的字词。”

“国外地名的汉字译写，除少数惯用译名外，以该国官方语言文字和标准音为依据；有两种以上官方语言文字的国家，以该地名所属语区的语言文字为依据。国际公共领域的地理实体名称的汉字译写，以联合国有关组织或国际有关组织颁布的标准名称为依据。”“国外地名的汉字译写，以汉语普通话读音为准，不用方言读音。尽量避免使用多音字、生僻字、贬义字。”“国外地名专名实行音译，通名一般实行意译。”“对国外地名原有的汉译惯用名采用‘约定俗成’的原则予以保留。”

5. 拼写

《中华人民共和国国家通用语言文字法》规定：“《汉语拼音方案》是中国人名、地名和中文文献罗马字母拼写法的统一规范。”《地名管理条例实施细则》称：《汉语拼音方案》“不仅适用于汉语和国内其他少数民族语，同时也适用于英语、法语、德语、西班牙语、世界语等罗马字母书写的各种语文”；“汉语地名按《中国地名汉语拼音字母拼写规则（汉语地名部分）》拼写”；“蒙、维、藏语地名以及惯用蒙、维、藏语文书写的少数民族语地名，按《少数民族语地名汉语拼音字母音译转写法》拼写”；“其他少数民族语地名，原则上以汉译名称按《中国地名汉语拼音字母拼写规则（汉语地名部分）》拼写”；“台湾省和香港、澳门地区的地名，依据国家有关规定进行译写”。

12.3.4 地名信息化建设构想

1. 地名信息化建设总体目标

第一，建立功能齐全、数据库覆盖全球范围、能满足地名管理和地名科研及社会各界使用地名信息需要的 CGNIS。初步设想数据库收录地名 2 000 万条以上，其中国内地名 500 万条以上，国外地名（包括国际公有领域）1 500 万条以上；属性库国内部分每条地名平均 30 个字段，国外部分平均 15 个字段（通用的为母语拼写、罗马字母拼写、中文译写、分类代码、个体代码、经度、纬度、国别、历史沿革 9 个）；不包括多媒体字段，属性库国内部分每条地名数据量估计为 1 000 个字节（1 K），500 万条为 50 亿字节（5 G），国外部分每条 500 个字节，1 500 万条为 75 亿字节（7.5 G），合计 12.5 G；多媒体信息按文本信息的 3 倍计算则为 37.5 G，对应的地图库（按二维数字化计算）信息量应在 10 G 以上，合计达 60 G。若地图库为三维数字化或者部分为栅格数据，则地图库数据将成十倍增长；在数据库维护过程中，还将形成大量的历史地名数据。

第二，根据数字地球的要求，进行地名信息网络集成和时空集成。“拥有联网的地理空间信息系统是数字地球的重要组成部分”，网络是数字地球不可缺少的基础和特征。网络集成就是要创建地名 Web 服务站点和空间数据仓库体系，建立在网络支持下的对象代理机制，实现地名数据库的动态访问、查询、检索、空间分析和政府决策，建立地名元数据和网络信息标准，确保地名数据的共享。时空集成即建立地名时、空、属性五维数据库，运用时空数据模型进行时空拓扑分析，从而实现地名信息的时空模拟、时空仿真、时空反演。

第三，实现地名实体的虚拟现实（Virtual Reality，VR）。即利用计算机图形技术、仿真技术、人—机接口技术、多媒体技术及传感器技术，由计算机生成地名所代表的地理实体的模拟环境，通过多种传感设备使地名用户“投入”虚拟现实，包括三维立体视觉及身临其境的听觉、触觉、嗅觉和感觉，实现用户与地名虚拟环境能进行自然交互。VR基于现实，但可以超越现实，将有力地推动地名的动态模拟、仿真和规划。

第四，全面实现地名信息化管理。在各级地名部门基本建成地名信息系统的基础上，一方面，不断更新、维护地名数据库，研制功能更加齐全的软件，实现地名的信息化管理；另一方面，将地名信息系统融入数字地球，成为国家空间信息基础设施的有机组成部分，为各专业空间信息系统提供基础数据库，同时通过网络走入千家万户，为社会各界的交往服务。

2.CGNIS建设主要任务

CGNIS作为实现地名信息化管理的首期工程，也是实现“中国数字地球”这一国家战略目标的基础性先导项目，其建成和使用，具有重要的现实意义和深远的历史意义，必将在社会各个领域产生不可估量的社会效益和经济效益。CGNIS建设工作主要包括明确建立系统的目标，进行需求和可行性分析，完成立项报告、落实建设经费，研究、设计系统功能，配置满足要求的硬件，研制适用的软件，制定包括地名分类代码、个体编码、译写规则在内的一系列技术标准、规范，收集地名资料并按技术标准进行标准化处理，将标准化的资料输入数据库，对软、硬件和数据库进行不断的更新、维护等。这些工作可概括为前期准备、硬件建设、软件建设、数据库建设、系统维护5个方面。

（1）前期准备即为全面启动CGNIS建设工程进行调查、研究，创造必要的人、财、物基础。

（2）硬件建设即购置必要的设备，建立一个符合技术标准、安全、适用的计算机系统。主要设备包括：大容量服务器，图形工作站，若干微机组成的数据处理设备；宽幅彩色扫描仪、数字化仪、绘图仪、彩色喷墨打印机、激光打印机等输入、输出设备；大屏幕显示器和投影仪等显示设备；磁带库、光盘库、光盘刻录机等存储设备；大功率UPS稳压电源、集线器等辅助设备。上述设备可采用总线式以太网结构组成局域网，与Internet国际互联网相连，以实现资源共享，并满足多用户输入、输出，矢量化处理、编辑的要求。

（3）软件建设即研制开发一个适用于地名专业需要，并且具有综合性、开放性、适应性、智能性、稳定性、安全性特色的软件，既能管理大型字符、多媒体数据库，又能管理大型地图矢量数据库，并能在这两种数据库之间进行信息交流，并随着相关软件技术的进步而不断改进、完善。软件建设除计算机编程工作外，还包括功能设计和制定地名分类代码、个体编码技术标准等大量技术工作。

（4）数据库建设即收集国内外主要地名资料，加以标准化处理，输入数据库，并与相应的地图矢量化数据库链接为统一的整体。包括制定各种外语地名汉字译写、国内少数民族语地名汉字译写及地名单一罗马化等一系列标准，以及国内地名标准化的各种规范、细则。CGNIS数据库由地图矢量或栅格数据库（简称地图库）和地名属性信息资料数据库（简称属性库）两部分组成。地图库储存地名图示信息，包括地名编码、矢量或栅格数据及地图注记等。属性库储存地名文字资料、统计数字和声像等多媒体信息，包括地名的标准名称（国外和少数民族语地名除汉字译写名称外，还包括原文拼写的名称）、行政隶属、罗马字母拼写、经纬度、别名（简称、雅称、亦称）、文字说明（如历史沿革和名称来历、含义）、分类代码、地名编码（用来连接地图库）、有关统计数字、图片、录音、录像等。

（5）系统维护就是对系统的软、硬件和数据库不断进行完善，保持系统的先进性、准确性、及时性。具体地讲就是根据用户实际工作的需要，针对系统应用中出现的新情况、新问题，吸收计算机硬件技术和地理信息系统、数据库技术的最新发展成果，及时更新硬件设备，不断推出功能更加完善、适应性更强的软件，提高数据库管理的效率，改进管理模式，在不断扩充数据库的同时，跟踪地名最新变化情况，对已有的数据库进行更新，包括数据的改变、增加、删除以及数据库结构的重组等。

12.4 地名的现代化管理

12.4.1 地名标志的设置与规范管理

1. 地名标志的含义

《地名标志管理试行办法》所称地名标志，是指为社会公众使用所设立标示地理实体名称的标志，包括：

（1）行政区域名称标志；

（2）居民地、街（路、巷）名称标志；

（3）门（楼）编码名称标志；

（4）山、河、湖、岛等自然地理实体名称标志；

（5）具有地名意义的建筑物和台、站、港、场名称标志；

（6）其他起导向作用的辅助地名标志。

2. 地名标志设置的基本原则

（1）行政区域名称标志应设在位于主要交通道路的行政区域界线上。

（2）居民地名称标志应设在居民地的主要出、入口处。

（3）街（路、巷）名称标志应设在街（路、巷、胡同、里弄）的起止点、交叉口处。起止点之间设置地名标志的数量要适度、合理。

（4）楼、门编码名称标志应设在该建筑物面向主要交通通道的明显位置。

（5）山、河、湖、岛等自然地理实体名称标志，应设在所处的主要交通道路旁或该自然地理实体显著位置。

（6）具有地名意义的建筑物名称标志，设在该建筑物面向主要交通道路的明显位置。

（7）具有地名意义的台、站、港、场名称标志，设在该台、站、港、场面向主要交通道路的明显位置。

（8）其他具有导向作用的辅助地名标志，要按照方便、实用、清晰的原则设置。

3. 地名标志的设置规范

（1）门（楼）编码可采用序数编码或量化编码（也称距离编码）进行。采用序数编码的，从街（路、巷）起点起，每户一号，按照左单右双的原则编号。采用量化编码的，以街（路、巷）起点到门户中心线距离量算，每 2 米为一个号，按照左单右双的原则编号。

（2）地名标志上的地名必须使用标准名称和规范汉字，不得使用繁体字、异体字、自造字和简化字；地名标志的汉字书写使用等线体。少数民族语地名的译写，以国家公布的《少数民族语地名汉语拼音字母音译转写法》作为统一规范；用少数民族文字书写地名，应执行国家规定的规范写法。地名标志上地名的罗马字母拼写，以国家公布的《汉语拼音方案》作为统一规范和国际标准，按国务院民政、语言文字部门制定的拼写规则执行；禁止用外文和“威妥玛式”等旧式拼法拼写中国地名；地名标志的材质、规格、形式，要符合国家相关标准。附设的图形文字，不得影响地名标志的使用功能。

4. 地名标志档案管理

县级以上人民政府民政部门应为本行政区域范围内的地名标志建立纸质档案和电子档案。地名标志档案的主要内容包括：

（1）地名标志的设置办法和编码规则；

（2）地名标志检测报告；

（3）地名标志分布图；

（4）地名标志登记表；

（5）地名标志照片；

（6）地名标志的检查、维修、更换等有关资料；

（7）地名标志移动、拆除和查处损毁地名标志的有关资料；

（8）地名标志招投标有关资料；

（9）地名标志的其他有关资料。

12.4.2　地名规划与城市规划

地名规划是整个地名管理工作的灵魂，只有扎实做好地名规划中的基础工作，主动掌握城市规划动态，积极参与和配合城市规划工作，才能发挥地名管理的应有作用。

1. 注意保持地名的稳定

在地名规划工作中，要切实贯彻国务院《地名管理条理》中“地名管理应当从我国地名的历史和现状出发，保持地名的相对稳定”的原则。在对现行地名的规划中，应坚持“可改可不改的地名，一般不改，以保持地名的稳定”的原则。在地名规划工作中，应以尊重历史、照顾习惯的科学态度，对老城区和新建城区采取区别对待的做法，不因企业出资买地名而更改人们已经熟悉且有一定知名度的地名。

2. 突出本地特点

一个城市的地名要反映和突出当地的特点，这样的地名，易为社会接受且有生命力。规划地名，要注意反映当地的历史、文化、经济和地理特征，增强历史文化品位和内涵。历史上形成的现行地名，具有特定的含义，在地名规划中，要注意保留和继承。地名要反映地理实体个性的有关特点，地名用字要确切，做到名地相符。

3. 与城市建设规划紧密结合

地名规划要以城建规划为依据，反映城市规划建设的功能分区、建设特点和发展意图，与规划建设中的各类实体的分布、结构、景观相吻合，并为其服务。

4. 整体与局部相协调

整体地名要布局合理，同一类别地名通名应根据所反映的地理实体功能、大小、长短等差别分清层次，做到层次分明、有规律可循，便于人们好找好记。局部地名要有特点，类型多样，个性鲜明。主地名与派生地名以及同类地名之间应保持一定的联系，形成序列，做到彼此相互联系、协调，形成科学有序的分布形态。

5. 有时代特征

制定地名规划要注意反映我们这个时代的特点，反映当代的精神文化风貌、社会文明程度和经济发展状况，做到与时俱进，开拓创新。

12.4.3 地名档案管理

1. 地名档案

地名档案是指在地名工作活动中直接形成的有价值的历史记录，是地名管理的专业档案，是国家档案的重要组成部分，是进行地名管理、推行地名标准化、开展地名研究的基础。

地名档案主要包括两类材料。一是反映地名实体内容的材料。包括：地名调查的原始记录、地名照片和调查中收集的有关考证材料；经过加工整理的地名表、地名卡片、地名图和地名概况的文字说明材料；编辑出版的《地名录》《地名志》《地名词典》及各种地名图等标准地名资料的审定稿和样本；地名统计材料等。这部分材料记述各类地名的标准书写形式、读音和位置，反映地名的来历、历史沿革和含义，表述地名实体（包括人口、面积、自然条件、政治历史、经济发展、文化教育等）的概况，是地名档案的主体。二是反映地名管理工作活动情况的文件材料，如各级政府及有关部门颁发的关于地名工作的指示、决定、规定、条例、办法，以及会议文件、地名标准化处理的文件、工作计划、总结、报告、来往文书等。

2. 地名档案的管理

地名材料的归档范围有：

（1）地名调查（包括普查、补查和资料更新）的原始记录、补充调查记录和收集的考证材料等；

（2）地名照片（含底片）等声像材料；

（3）地名普查成果表、地名卡片、地名文字概况、地名补查和资料更新成果表以及地名图的原始稿、审定稿、正本（成图）；

（4）《地名录》《地名志》《地名词典》及各种资料汇编的原始稿、审定稿、出版本和计算机软盘；

（5）本单位编印的地名刊物的审定稿和出版本；

（6）地名译写书刊的原始稿、审定稿和出版本；

（7）各种地名图的审定图和成图。

地名材料的归档要求是：

（1）地名材料应于每项工作告一段落或结束时整理归档；

（2）地名材料以县（市）、市辖区为整理单位，按照一名一卷的原则整理，并结合行政区划和地名类别排列；

（3）地名文字概况与地名表应装订成册，地名卡片应装入卡片柜或卡片箱、盒，地名图应采用图筒或专用柜等方法妥善保管；

（4）地名照片、音像带按照《照片档案管理规范》《磁性载体档案管理与保护规范》的要求管理；

（5）编译出版材料按照《出版社书稿档案管理办法》的要求整理归档；

（6）地名档案永久保管；

（7）地名普查成果、地名补查和资料更新成果应按《全国地名普查若干规定（试行）》和《全国地名补查和资料更新工作方案》的有关规定逐级上报。

案例分享

慈溪市市民政局“四借力”促进地名规范化管理

今年以来，市民政局通过“四借力”促进我市地名管理规范化、标准化、科学化。

一是借力规划先行做到未雨绸缪。完成《慈溪市中心城区地名规划（2021—2035年）》初稿编制，涉及地名通名规划、专名规划、分区规划、道路命名规划、地名标志规划、地名优化规划和地名文化保护规划等七大项内容，覆盖中心城区100平方千米，对规划新建的76条道路先行赋名，预防项目名称与标准地名不一致。

二是借力数字赋能确保精准管理。全面启动省区划地名综合管理平台，地名业务全部实行网上办理、内部流转和数据共享，实现全市各镇（街道）地名地址从命名到注销的全生命周期数字化管理。截至目前，我市地名数据库累计录入地名数据6 500条、地址数据32万余条，借助数字平台智能判定，有效杜绝“大洋怪重”地名的产生。

三是借力部门协同实现共管共享。协调市场监管、不动产中心、城管、矛调中心等部门，对全市不规范、非标准地名和地名标志实行协同管理。一方面在不动产和市场主体登记中提前介入，对涉及的地名进行标准化处理；另一方面借助智慧城管和网格化管理平台，对不规范或破损的地名标志实行动态监管。今年以来，办理门牌证明1 800余份，补更地名标志4 500余块。

四是借力专家智库优化地名命名。积极发挥市地名学会专家智库作用，参与地名命名的决策论证咨询，确定市环杭州湾创新中心以“文化商务”为主题、市滨海经济开发区以“历史文化”为主题、市现代农业区以“二十四气节”为主题的相关道路命名方案，使地名兼具时代创新与历史传承，今年以来共计新命名地名62条。

（案例来源：慈溪市人民政府网站，2021年12月6日）

技能实战

收集你家庭家乡附近有关马路、街道、村庄及建筑物等名称，结合地名管理知识，谈谈你对当地地名命名的看法。要求：理论联系实际，观点积极向上。

自我测试

1. 请回答为什么要进行地名管理？

2. 请说出地名命名原则和方法。

3. 请说出地名更名的原则和方法。

4. 请回答如何进行地名的科学化管理？

第五篇

社会组织管理体系

13 社会组织管理

引言

社会组织是伴随中国改革开放的逐步深化在行政管理工作中提出和使用的一个概念。随着我国社会经济、政治体制的改革，“小政府、大社会”目标模式的确立，社会组织取得了前所未有的发展机遇，在政治、经济、文化、教育、科技等社会各领域发挥了巨大的作用。加强社会组织管理、充分发挥社会组织在社会主义现代化建设的作用，是一项十分重要的工作，也是民政工作的重要内容之一。党中央、国务院高度重视社会组织管理工作，先后颁布了一系列政策、法律、法规，规范和加强了社会组织的管理工作，有力促进了我国社会组织的健康、有序发展。

学习目标

1. 了解社会组织的概念、类型和作用。
2. 了解我国社会组织的有关政策、法律、法规。
3. 掌握我国三类社会组织登记管理、年检制度的有关规定。

13.1 社会组织概述

13.1.1 社会组织的概念

2006 年 10 月，党的十六届六中全会审议通过的《中共中央关于构建社会主义和谐社会若干问题的重大决定》(以下简称《决定》)提出了社会组织的概念，并围绕社会组织的培育发展和管理监督进行了系统论述，使得社会组织作为一个重要的范畴得以确立。《决定》明确提出要“健全社会组织，增强服务社会功能，坚持培育发展和管理监督并重，完善培育扶持和依法管理社会组织的政策”，要“鼓励社会力量在教育、科技、文化、卫生、体育、社会福利等领域兴办民办非企业单位，发挥行业协会、学会、商会等社会团体的社会功能，为经济社会发展服务，发展和规范各类基金会，促进公益事业发展”。党的十七大进一步确认了“社会组织”这一概念，首次将社会组织作为“发展基层民主，保障人民享有更多更切实的民主权利”的重要内容，提出“发挥社会组织在扩大群众参与、反映群众诉求方面的积极作用，增强社会自治功能”。自此以后，党和政府的政策和文件中，都用“社会组织”代替了“民间组织”。

结合中国的实际情况，社会组织是以公共服务为使命、不以营利为目的、组织盈余不分配给内部成员、具有民间独立性质的组织。在中国，主要包括被冠以“学会”“研究会”“协会”“商会”“促进会”“联合会”等名称的会员制组织，以及包括基金会和各种民办学校、民办医院、民办社会福利机构等社会服务实体在内的非会员制组织。社会组织具有以下基本属性。

1. 非营利性

非营利性是社会组织的第一个基本特征，是区别于企业的根本属性。在市场经济中，企业千差万别，但都以获取利润即营利为目的，不存在非营利的企业。作为非营利的社会组织，社会组织的非营利性主要体现在三个方面。

一是不以营利为目的。企业的宗旨尽管表述各不相同，但都离不开营利这一本质，所以营利是企业的根本宗旨。作为社会组织来说，其宗旨也可以有不同的表述，但不以营利为目的则是一切社会组织的根本宗旨。即社会组织的宗旨不是为了获取利润并在此基础上谋求组织自身的发展壮大，而是为了实现整个社会或一定范围内的公共利益。

二是不能进行剩余收入（利润）的分配（分红）。社会组织可以开展一定形式的经营性业务，在这些业务中往往会产生一定的超出经营总成本的剩余收入，如重庆慧灵智障人士社区援助中心开展的手工艺品义卖活动。所不同的是，企业高于经营成本的剩余收入当然地被作为利润在投资者之间进行分红，而社会组织则不能将经营所得的剩余收入作为利润在成员之间进行分配（分红），只能用于组织所开展的各种社会活动及自身发展。

三是不得将组织的资产以任何形式转变为私人财产。企业的资产归企业所有者所有，其产权界定是明确的。社会组织的资产严格说不属于组织所有，也不属于捐赠者所有，它们一定意义上说是“公益或互益资产”，属于社会。如果社会组织解散或破产了，它们的剩余资产不能像企业那样在成员之间分配，而只能转交给其他公共部门（政府或其他的社会组织）。

2. 非政府性

非政府性是社会组织区别于政府的根本属性。相对企业来说，它们和政府都属于社会公共部门，但社会组织和政府不同的是，它们不是政府机构或其附属部分，而是非政府的社会组织。这种属性主要体现在三个方面。

一是独立自治的组织。政府作为统一完整的国家政权，它的各个部门与机构只有相对的独立性，而不是完全独立，否则就难以行使国家的职能。而每个社会组织间彼此是相互独立的自治组织，它们即不属于政府，也不属于企业，是一个个独立的社会组织，有独立的判断、决策和行为的机制与能力。

二是自下而上的民间组织。政府作为国家政权的组织形式，其基本的组建原则和权力行使方式是自上而下的，形成的是大大小小的金字塔结构。非政府组织依靠的是广大的公民，通过横向的网络联系与坚实的民众基础动员社会资源，形成自下而上的民间社会组织。

三是属于竞争性的公共部门。政府作为以政权为基础的公共部门，无论资源的获取还是公共物品的提供，其基本方式都是垄断性的。社会组织则不同，它们不能操纵政权的力量，只能采取各种竞争性手段，来获取各种必要的社会资源并提供竞争性的公共物品。

3. 志愿公益性或互益性

志愿公益性或互益性是社会组织最具有特征的一个属性，即社会组织的内在驱动力不是利润动机，也不是权力原则，而是以志愿精神为背景的利他主义和互助主义，像企业是组织化的资本、政府是组织化的权力一样，社会组织是组织化的志愿精神。这种属性主要体现在以下三个方面。

一是志愿者和社会捐赠是社会组织的重要社会资源。企业以资本的形式获取社会资源，政府通过税收的形式集中社会资源，而社会组织主要依靠志愿者的捐赠来获得社会资源。这种社会捐赠也是志愿精神货币化或物质化的一种表现。

二是社会组织的活动具有社会公开性和透明性。企业作为独立的实体，其活动具有一定的内部性或排他性，政府则不可避免地要面临安全和保密等问题。但社会组织使用的是社会资源，提供的是公共服务或社会公共物品，所以其运作过程和开展的各种活动都要向社会公开，保持透明，并接受监督。

三是社会组织提供两种类型的竞争性的公共物品。企业提供的是私人物品，政府提供的是垄断性的公共物品，而社会组织提供的是竞争性的公共物品，其中包括：公益性公共物品——提供给整个社会不特定的多数成员，比如植树绿化、公害治理（国际环保组织）；互益性公共物品——提供给特定的某些社会成员，比如行业互助、会员福利（国家青少年基金会）。

13.1.2 社会组织的类型

对于社会组织，主要有两种基本的分类方法，一是按组织性质和构成分类，二是按活动领域分类。

按组织性质，社会组织可分为公益类和互益类。这一分类标准在国际上通常与税收优惠的条件紧密相关。公益性组织的目的主要是提供公共服务，他们的受益群体是社会上不特定多数人群，因此享受较高的税收优惠；互益性组织的服务对象主要是组织成员，因而享受有限的税收优惠。按照这种构成，社会组织可分为会员制和非会员制两类。

按活动领域，美国约翰·霍普金斯大学提出了“非营利组织的国际分类体系”，根据该分类体系，社会组织划分为 12 个大类、26 个小类，其中 12 个大类分别是：文化娱乐，教育和研究，卫生保健，社会服务，环境，发展和住宅，法律、倡导和政治，慈善中介和志愿促进，国际，宗教，商业和职业协会、工会，其他组织。

在我国，根据登记管理的形式通常分为社会团体、民办非企业单位和基金会三大类别，然后在三类社会组织中，再具体划分相应的类型。社会团体是由公民或企事业单位志愿组成、按章程开展活动的组织，包括学术性、行业性、专业性和联合性 4 种类型；民办非企业单位是由企事业单位、社会团体或其他社会力量以及公民个人利用非国家资产举办的、从事社会服务活动的社会组织，分为教育、卫生、文化、科技、体育、劳动、民政、社会中介服务业、法律服务业、其他等 10 种类型；基金会是利用捐赠财产从事公益事业的社会组织，包括公募基金会和非公募基金会两种类型。

近年来，为了规范和统一社会组织的统计管理，民政部借鉴和参考联合国推荐的国际社会组织统计分类体系，并结合我国社会组织发展特点，于 2006 年底提出了新的分类体系，并用于三类社会组织的年度检查工作。2007 年底，根据新的年检分类体系，民政部将以往按登记注册的形式区分为社会团体、基金会和民办非企业单位的各类社会组织，根据各自的活动领域，划分为科技与研究、生态环境、教育、卫生、社会服务、文化、体育、法律、工商业服务、宗教、农业及农村发展、职业及从业人员、国际及涉外组织、其他等 14 个类别。①

13.1.3 社会组织的作用

改革开放以来，我国社会组织稳步发展，整体素质提高。社会组织作为与政府、企业并列

① 王名：《中国民间组织 30 年——走向公民社会》，北京，社会科学文献出版社，2008。

的第三部门，近年来在激发社会活力、促进社会公平、倡导互助友爱、舒缓就业压力、反映公众诉求、推进公益事业、化解社会矛盾、解决贸易纠纷、促进科教兴国等方面发挥了很好的作用。实践证明，社会组织已经成为党和政府联系人民群众的桥梁和纽带，成为推进国家现代化建设的一支重要力量。党的十六届四中全会强调，要发挥社团、行业组织和社会中介组织提供服务、反映诉求、规范行为的作用，形成社会管理和社会服务的合力。

13.1.3.1 提供服务

提供服务主要指社会组织能够对其成员、对社会提供满足一定公众要求的服务。任何一个社会组织的产生，都是部分公民、组织为了满足其他共同的服务需要或服务愿望而自愿组成的。能否提供特定的服务，也是社会组织能否生存、发展的基本依据。按照宗旨、章程要求，提供相应的公共性、非营利性服务，是现代社会对社会组织的基本要求。社会组织必须以服务为天职，切实代表和维护好特定群体、会员的合法权益和共同利益。同时，社会组织可以利用自身在机制、资源、人才等方面的优势，在公共服务的提供上对政府、市场机制发挥拾遗补缺的作用，在政府和市场所不能或不愿做的领域提供社会服务，积极参与市场解决不了、政府力不从心的一些社会问题的解决。在建设社会主义和谐社会的进程中，我国政府逐步向公共服务型政府转变，社会组织还可以通过接受委托、参与招标等方式承接一些社会管理和社会服务职能。实践证明，社会组织在满足特殊群体、弱势群体的需求以及解决社会问题方面具有独特的优势，发挥他们的作用对解决社会问题、保护弱势群体、缓解政府压力、促进社会公平、构建和谐社会至关重要。

13.1.3.2 反映诉求

反映诉求主要是指社会组织能够实事求是地通过合法渠道反映特定群体的利益和诉求。社会组织是以组织成员的共同利益为存在基础，维护组织的共同利益从而达到维护成员利益的目的，是制度化反映利益诉求的重要组织形式。社会组织在日常工作中，紧密联系公众，了解社会各阶层的不同需求，并将来自民间单个的资源与能量汇聚起来，成为一种团体的诉求：一方面，通过有组织、有目的地进行社会动员，整合和影响组织成员的价值观及利益表达方式，维护自身的合法权益，实现有序的政治参与；另一方面，为人们的利益表达提供了多种渠道与合法的表达方式，进一步保障公民利益表达的畅通。此外，社会组织还具有智囊团、思想库的功能，积极与政府有关部门沟通协调，参与涉及相关领域的决策、立法的论证咨询，为政府关乎国计民生的宏观决策与微观政策提供必要的智力支持和事实依据。社会组织透过合法渠道规范化表达利益诉求，在有秩序的前提条件下参与社会问题的解决，将减少公众自发行动给社会带来的对立、排斥、冲突，整个社会将更加成熟、理性。通过社会组织，民众参与社会生活的范围和深度能够进一步扩大，有利于政府与民众之间的相互沟通、协调和融合，有利于增强社会的稳定性、和谐度。

13.1.3.3 规范行为

规范行为主要指通过加强自律、倡导诚信等，引导公平竞争，促使公众按照正确的政治方向、遵守国家法律法规实施自身经济社会行为，参与到社会和谐建设中去。一方面，社会组织可以以桥梁纽带身份把党和政府的方针政策上情下达，能进行不同群体的利益协调和对话，通过行业自律、公共道德等方式规范、约束公众行为；另一方面，社会组织可以通过对志愿精神、非营利原则的践行，引导、推动公民主动参与社会公益和志愿者的活动，倡导合作、信任、互惠、公民参与以及社会福利的公民意识和公民道德，宣传对社会要肩负起码的道德责任并自助、互助和助他，成为一个公民学习和接受和谐、民主文化的重要课堂，为社会主义精神文明建设注入新的活力，为构建社会主义和谐社会，实现国家的长治久安奠定良好的精神基础。

社会组织提供服务、反映诉求、规范行为三项职能作用是有机统一体，提供服务是前提，反映诉求是基础，规范行为是根本。只有三个方面的职能作用有机结合，社会组织才能在推进社会建设和管理体制创新、构建和谐社会中发挥积极作用。

当前我国社会组织总体上仍处于发展的初级阶段，总量和结构与我国经济社会发展的需要还有很大差距，质量较低，发挥作用有限，存在着不少亟待解决的问题和困难。从民间社会组织自身情况看，主要是行为不规范，开展社会管理和社会服务能力还不强，作用发挥不明显。相当一部分行业协会行政化倾向严重，党政机关干部在社团中兼职，"官办、官管、官运作"，政社不分。少数民间社会组织从事营利性活动，乱收费、乱评比、乱分钱物，缺乏应有的社会公信力。从管理监督看，管理体制不完善，政策不配套，法制不健全，管理力量薄弱，监管不到位。特别值得注意的是，当前境外非政府组织在华开展活动和设立机构的要求日益增多，也出现了通过境外非政府组织对我进行思想、文化、宗教渗透的现象。因此，坚持培育发展和监督管理并重的方针、加强和改进对社会组织管理已成为当前政府行政管理的突出任务。

小资料

用国家治理理念谋划社会组织改革发展①

党的十八届三中全会是在我国全面建成小康社会和全面深化改革开放的重要阶段召开的一次具有里程碑意义的会议。全会通过的《中共中央关于全面深化改革若干重大问题的决定》（以下简称《决定》），从系统性、整体性、协同性出发，提出了1个总目标、1个重点、3个解放、4个坚持、6个紧紧围绕和15个方面重大改革任务，合理布局了全面深化改革的战略重点、优先顺序、主攻方向、工作机制、推进方式和时间表、路线图，是全面深化改革的又一次总部署、总动员，必将对推进中国特色社会主义事业发展产生重大而深远的影响。

《决定》指出："全面深化改革的总目标是完善和发展中国特色社会主义制度，推进国家治理体系和治理能力现代化。"把"推进国家治理体系和治理能力现代化"与"完善和发展中国特色社会主义制度"并列为全面深化改革的总目标，引人瞩目、内涵深刻，既体现了我们党不走封闭僵化的老路，不走改旗易帜的邪路，坚定走中国特色社会主义道路的信心，又反映了我们党自觉总结国内成功做法，借鉴国外有益经验，坚持解放思想、与时俱进，不断提升国家治理水平的高度自信。国家治理体系和治理能力是国家制度和制度执行能力的集中体现。"国家治理"一词首入党的纲领性文件，是一个重大突破，标志着中国特色社会主义事业一个新时代的开始。

---

① 王建军：《用国家治理理念谋划社会组织改革发展》，载《中国非营利评论》，2014（1）。

在国家治理的理念下,《决定》围绕"创新社会治理体制"的新命题,对社会组织改革发展进行专章部署,除在48条中重点提出了"五句话"的总要求外,同时还在经济、政治、社会、文化、党建等方面12次提及"社会组织"的内容,对社会组织的地位给予空前清晰界定,对社会组织的作用发挥寄予从未有过的厚望。《决定》明确指出,要"激发社会组织活力,正确处理政府和社会关系,加快政社分开,推进社会组织明确责权、依法自治、发挥作用",这是对社会组织改革发展的总要求、总基调、总目标。"适合由社会组织提供的公共服务和解决的事项,交由社会组织承担","推进有条件的事业单位转为企业或社会组织",这与转变职能、下放权力的行政体制改革重点相呼应,明确了社会组织在承接政府转移职能、参与社会事务管理、提供公共服务中的优势地位。在经济建设上,强调市场的决定性作用,注重行业协会、商会在建立开放型市场体系中的地位,发挥社会组织在社会主义新农村建设中的积极作用。在民主政治建设上,强调人民主体地位,要求拓宽包括社会组织在内的协商民主渠道。在社会建设上,强调重视社会力量,要求"完善慈善捐助减免税制度,支持慈善事业发挥扶贫济困积极作用","支持和发展志愿服务组织",积极支持社会组织发挥在教育评估和社会办学办医等方面的作用。在文化建设上,强调文化开放水平,通过培育发展非营利组织,发挥其在中外文化交流中的特殊作用。在党的建设中,"要坚持党的群众路线,建立社会参与机制","完善并严格执行领导干部亲属担任社会组织职务"。

13.2 社会组织管理制度

改革开放以来,党和政府历来十分重视社会组织的发展和管理工作。从1988年开始针对社会组织开展法规建设,经过二十多年时间,初步形成了一个体系。这个体系主要包括:1998年公布的《社会团体登记管理条例》(以下简称《条例》)和《民办非企业单位登记管理暂行条例》(以下简称《暂行条例》),2004年公布的《基金会管理条例》,这些法规对各种不同类型的社会组织作了分门别类的管理规定。

13.2.1 社会团体管理制度

在我国,社会团体只有依法登记,才能取得法人资格,依法享有在国家法律、法规规定的范围内参加社会活动的权利,才能享有通过正当途径筹集资金的权利,才能行使依法取得的名称、荣誉、财产、知识产权等权益,受国家法律的保护。根据《条例》规定,社会团体是指中国公民自愿组成,为实现会员共同意愿,按照其章程开展活动的非营利性社会组织。国家保护社会团体依照法律、法规及其章程开展活动,任何组织和个人不得非法干涉。

13.2.1.1 社会团体登记管理

成立社会团体,发起人先要取得业务主管单位的批准文件,登记管理机关在审查业务主管单位批准文件和发起人的一定条件后,才决定是否给予登记注册。因此,我国社会团体成立登记采用的是审批登记制。

(1)社会团体成立登记。根据《条例》,社会团体申请成立登记,首先要由该社会团体的发起人正式提出申请,经其业务主管单位审查同意并出具批准文件后,再到相应的登记管理机关办理申请成立登记。登记管理机关审核登记的程序包括受理、审查、核准、发证、公告。申请筹备成立,发起人应向登记管理机关提交:筹备申请书;业务主管单位的批准文件;验资报告、场所使用权证明;发起人和拟任负责人的基本情况、身份证明;章程草案等文件。登记管理机关应当自收到全部有效文件之日起 60 日内,作出批准或者不批准筹备的决定;不批准的,应当向发起人说明理由。

(2)社会团体变更登记。根据《条例》,社会团体的名称、住所、宗旨、业务范围和活动领域、法定代表人或单位负责人、活动资金、业务主管单位、章程等事项发生变化后,应进行变更登记。这些事项需要变更时,应当自业务主管单位审查同意之日起 30 日内,向登记管理机关申请。社会团体修改章程,应当自业务主管单位审查同意之日起 30 日内,报登记管理机关核准。从程序来看,社会团体变更登记需要经过业务主管单位审查、登记管理机关的审核批准。业务主管单位审查就是对申请变更登记的社会团体进行审定、查实,对符合条件的,出具同意变更的文件;对不符合条件的,出具不同意的文件。登记管理机关对社会团体提交的变更申请及相关材料进行审核后,作出准予或者不准变更的决定。准予变更的,由登记管理机关重新制发新的《社会团体法人登记证书》;对不予变更的,应当将不予登记的决定通知申请人。

(3)社会团体注销登记。注销登记是社会团体因故需要终止时所履行的法定程序。根据《条例》规定,社会团体有下列情形之一的,应当在业务主管单位审查同意后,向登记管理机关申请注销登记:完成社会团体章程规定的宗旨的;自行解散的;分立、合并的;由于其他原因终止的。社会团体在办理注销登记前,应在业务主管单位及其有关机关的指导下,成立清算组织,完成清算工作。清算期间,社会团体不得开展清算以外的活动;社会团体应当自清算结束之日起 15 日内向登记管理机关办理注销登记,办理注销登记时,应当提交法定代表人签署的注销登记申请书、业务主管单位的审查文件和清算报告书。登记管理机关准予注销登记的,发给注销证明文件,收缴该社会团体的登记证书、印章和财务凭证。社会团体处分注销后的剩余财产,按照国家有关规定办理。社会团体注销的,其所属分支机构、代表机构同时注销。

13.2.1.2 社会团体年度检查制度

社会团体年度检查,是指业务主管单位与登记管理机关对已登记的社会团体开展业务活动和执行法律、法规、政策的情况,按照法定的内容和程序,进行监督检查,以确认社会团体是否具有继续开展活动的资格的行政执法行为。

根据《条例》规定,社会团体应于每年 3 月 31 日前向业务主管单位报送上一年度的工作报告,经业务主管单位初审同意后,于 5 月 31 日前报送登记管理机关,接受年度检查。社会团体提交的年度工作报告的内容主要包括:本社团遵守法律、法规和国家有关政策的情况,履行登记手续的情况,按照章程开展活动的情况,人员和机构变动的情况,财务管理和经费收支情况等。年度检查的结论分别为"合格""基本合格""不合格"三种。

小资料

行业协会商会与行政机关脱钩总体方案(摘选)

2015 年 7 月,中共中央办公厅、国务院办公厅印发了《行业协会商会与行政机关脱钩总体方案》(以下简称《方案》),要求各地区、各部门结合实际认真贯彻执行。《方案》中提出了总体要求:贯彻落实党的十八大和十八届二中、三中、四中全会精神,加快形成政社分开、权责明确、依法自治的现代社会组织体制,理清政府、市场、社会关系,积极稳妥推进行业协会、商会与行政机关脱钩,厘清行政机关与行业协会、商会的职能边界,加强综合监管和党建工作,促进行业协会、商会成为依法设立、自主办会、服务为本、治理规范、行为自律的社会组织。创新行业协会、商会管理体制和运行机制,激发内在活力和发展动力,提升行业服务功能,充分发挥行业协会、商会在经济发展新常态中的独特优势和应有作用。

《方案》明确了脱钩的主体与范围:脱钩的主体是各级行政机关与其主办、主管、联系、挂靠的行业协会、商会。其他依照和参照公务员法管理的单位与其主办、主管、联系、挂靠的行业协会、商会,参照本方案执行。同时具有以下特征的行业协会、商会纳入脱钩范围:会员主体为从事相同性质经济活动的单位、同业人员,或同地域的经济组织;名称以“行业协会”“协会”“商会”“同业公会”“联合会”“促进会”等字样为后缀;在民政部门登记为社会团体法人。个别承担特殊职能的全国性行业协会、商会,经中共中央办公厅、国务院办公厅批准,另行制定改革办法。

13.2.2 民办非企业管理制度

民办非企业单位是在改革开放的大背景下,适应社会主义市场经济体制的要求出现的一种新生事物。

13.2.2.1 民办非企业单位登记管理

在我国,民办非企业单位登记后方可取得合法身份。民办非企业单位登记包括成立登记、变更登记和注销登记。

(1)民办非企业单位成立登记。根据《暂行条例》规定,申请登记民办非企业单位应当具备下列条件:经业务主管单位审查同意;有规范的名称、必要的组织机构;有与其业务活动相适应的从业人员;有与其业务活动相适应的合法财产;有必要的场所。申请成立民办非企业单位的发起人,应在其业务主管单位的审查同意后,及时向登记管理机关申请登记,举办者应当向登记管理机关提交下列文件:登记申请书;业务主管单位的批准文件;场所使用权证明;验资报告;拟任负责人的基本情况、身份证明;章程草案。登记管理机关应当自收到成立登记申请的全部有效文件之日起 60 日内作出准予登记或者不予登记的决定。

(2)民办非企业单位变更登记。变更登记是指已准予登记的民办非企业单位,由于内部或外部的各种原因原登记事项发生变化时,应依法履行登记的法律程序。民办非企业单位变更的内容包括:名称的变更、住所的变更、宗旨和业务范围的变更、法定代表人或负责人的变更、开办资金的增减、业务主管单位的变更等。此外,民办非企业单位因分立、合并而出现登记事项发生变更时,也应办理变更登记。从程序来看,民办非企业单位申请变更登记事项时,首先要填写变更登记申请书以及其他有关文件上报业务主管单位,业务主管单位对申请变更的民办非企业单位所提交的材料进行审查,对符合变更条件的作出同意变更的决定,并签发同意的文件。登记管理机关应在收到民办非企业单位申请变更的全部有效文件之日起 60 日内,作出准予变更或不准予变更的决定,并书面通知民办非企业单位。对核准变更的民办非企业单位,由登记管理机关发布变更公告。变更登记公告的内容除变更事项外,还应包括名称、登记证号、变更时间。

（3）民办非企业单位注销登记。注销登记是指民办非企业单位因故出现解散、分立、合并等情况，使其自身活动实际上已终止时，所应履行登记的法定程序。根据《暂行条例》规定，民办非企业单位有下列情况之一的，必须申请注销登记：章程规定的解散事由出现；不再具备条例第八条规定条件的；宗旨发生根本变化的；由于其他变更原因，出现与原登记管理机关管辖范围不一致的；作为分立母体的民办非企业单位因分立而解散的；作为合并源的民办非企业单位因合并而解散的；民办非企业单位原业务主管单位不再担当其业务主管单位，且在90日内找不到新的业务主管单位的；有关行政管理机关根据法律、行政法规规定认为需要注销的；其他原因需要解散的。

民办非企业单位申请注销登记时，首先要在单位内部依照章程规定的程序，作出注销登记的决定，然后填写注销登记的申请书，报业务主管单位审查。与此同时，民办非企业单位要在业务主管单位和有关部门机关的指导下成立清算组织，完成清算工作。清算期间，民办非企业单位不得开展清算以外的活动。其次，民办非企业单位法定代表人或者负责人应当自完成清算之日起15日内，向登记管理机关办理注销登记。办理注销登记，须提交注销登记申请书、业务主管单位的审查文件和清算报告。最后，登记管理机关应在收到民办非企业单位申请注销登记的全部有效文件之日起30日内，作出准予注销或不准予注销的决定，并书面通知民办非企业单位。登记管理机关准予注销登记的，发给注销证明文件，收缴登记证书、印章和财务凭证。

13.2.2.2 民办非企业单位年检制度

根据《暂行条例》规定，民办非企业单位应于每年3月31日前向业务主管单位报送上一年度的工作报告，经业务主管单位初审同意后，于5月31日前报送登记管理机关，接受年度检查。民办非企业单位年检需要提供已填写并打印的《民办非企业单位年检报告书》《民办非企业单位登记证书》副本及财务会计报告、其他需要提交的材料。民办非企业单位年检的主要内容包括：遵守法律、法规和国家有关政策的情况，履行登记手续的情况，按照章程开展活动的情况，人员和机构变动的情况，财务管理和经费收支情况以及其他需要检查的情况等。年度检查的结论分别为"合格""基本合格""不合格"三种。年检"基本合格""不合格"的民办非企业单位应进行整改，整改期限为3个月。整改期结束，民办非企业单位应向登记管理机关报送整改报告，登记管理机关对整改结果进行评定并出具意见。此外，登记管理机关对连续两年不参加年检或连续两年"年检不合格"的民办非企业单位，予以撤销登记并公告。

小材料

《社会组织蓝皮书：中国社会组织评估发展报告（2017）》在京发布

2017年12月22日，民政部社会组织服务中心、上海交通大学、社会科学文献出版社和爱佑慈善基金会在京共同发布《社会组织蓝皮书：中国社会组织评估发展报告（2017）》。2007年，民政部正式启动社会组织评估工作，经过10年的发展，全国性社会组织评估的规范性、科学性、权威性、有序性和覆盖率均显著提升。

（一）2016年度社会组织第三方评估机制有序推进

2015年，《民政部关于探索建立社会组织第三方评估机制的指导意见》正式开启了评估工作的新时代。2016 年度,评估工作采用了更为有效的政社合作评估方式,第三方评估机制日渐成熟、规范和常态化。政社合作评估方式的有效性体现在:国家社会组织管理局、民政部社会组织服务中心的引领有助于保证评估的权威性和有序性,公开招标遴选的第三方评估机构及多领域评估专家的参与提升了评估的规范性和科学性。

(二)2016 年度社会组织评估首次采用在线申报系统

2016 年度,全国性社会组织评估首次采用在"社会组织评估申报系统"中进行网上填报,简化申报程序,加强信息公开,提高了评估效率和效益。按照《国家社会组织管理局关于开展 2016 年度全国性社会组织评估工作的通知》,计划参评并自评符合条件的社会组织可以在线申报,填写统一的《社会组织评估申报书》,并于 2016 年 10 月 31 日前报送民政部进行评估资格审核。在线申报系统进一步规范了社会组织的申报流程,为后续评估环节奠定良好的基础。

(三)社会组织评估的引导、识别和监督功能逐渐完善

社会组织评估的重要性日渐突出,特别是评估的引导、识别、监督三大功能逐渐完善:引导功能体现在评估对社会组织自身发展的激励上,通过第三方评估,优化社会组织的自我管理;识别功能体现在评估对政府和社会选择的影响上,通过相关政策的制定和实施对评估等级的应用,优化社会治理;监督功能体现在评估对社会组织传统监督方式的替代上,通过政府部门和公开招标遴选的第三方评估机构的合作,使评估成为事后监督的有效和有力手段。

(四)持续发挥社会组织评估在新时代社会治理中的作用

社会组织评估涉及民政部门、第三方评估机构、社会组织、公众等多方利益主体,由于利益诉求的差异,在评估过程中不可避免地存在多重问题。因此,需要持续完善社会组织评估的运作机制,加强对第三方评估机构的培育和监管,加强社会组织评估的激励约束机制,创新社会组织评估指标体系和评估流程。未来具体的发展方向包括:进一步强化合作,把第三方评估做实做强;提高评估结果与组织能力的动态匹配性,扩大评估的品牌效应;开发蓝皮书的互联网数据,使社会组织评估结果得到更好的推广和应用。

(资料来源:人民网,http://www.people.com.cn/。)

13.2.3 基金会管理制度

根据 2004 年修订的《基金会管理条例》(以下简称《条例》),基金会是指利用自然人、法人或者其他组织捐赠的财产,以从事公益事业为目的,按照本条例的规定成立的非营利性法人。基金会分为面向公众募捐的基金会和不得面向公众募捐的基金会。公募基金会按照募捐的地域范围,分为全国性公募基金会和地方性公募基金会。

13.2.3.1 基金会登记管理

国务院民政部门和省、自治区、直辖市人民政府民政部门是基金会的登记管理机关。国务院民政部门负责的登记对象范围包括:全国性公募基金会;拟由非内地居民担任法定代表人的基金会;原始基金超过 2 000 万元,发起人向国务院民政部门提出设立申请的非公募基金会;境外基金会在中国内地设立的代表机构。省、自治区、直辖市人民政府民政部门负责本行政区域内地方性公募基金会和不属于前款规定情况的非公募基金会的登记管理工作。国务院有关部门或者国务院授权的组织,是国务院民政部门登记的基金会、境外基金会代表机构的业务主管单位。省、自治区、直辖市人民政府有关部门或者省、自治区、直辖市人民政府授权的组织,

是省、自治区、直辖市人民政府民政部门登记的基金会的业务主管单位。

(1)基金会的设立登记。根据《条例》,设立基金会应当具备下列条件:为特定的公益目的而设立;全国性公募基金会的原始基金不低于800万元人民币,地方性公募基金会的原始基金不低于400万元人民币,非公募基金会的原始基金不低于200万元人民币;原始基金必须为到账货币资金;有规范的名称、章程、组织机构以及与其开展活动相适应的专职工作人员;有固定的住所;能够独立承担民事责任。

根据《条例》申请设立基金会,申请人应当向登记管理机关提交下列文件:申请书;章程草案;验资证明和住所证明;理事名单、身份证明以及拟任理事长、副理事长、秘书长简历;业务主管单位同意设立的文件。登记管理机关应当自收到全部有效文件之日起60日内,作出准予或者不予登记的决定。准予登记的,发给《基金会法人登记证书》;不予登记的,应当书面说明理由。基金会设立登记的事项包括名称、住所、类型、宗旨、公益活动的业务范围、原始基金数额和法定代表人。

(2)基金会的变更登记。根据《条例》,基金会、基金会分支机构、基金会代表机构和境外基金会代表机构的登记事项需要变更的,应当向登记管理机关申请变更登记。登记事项包括名称、住所、类型、宗旨、公益活动的业务范围、原始基金数额和法定代表人等。相比于社会团体,基金会增加了类型这一登记事项。

(3)基金会的注销登记。根据《条例》,基金会、境外基金会代表机构有下列情形之一的,应当向登记管理机关申请注销登记:按照章程规定终止的;无法按照章程规定的宗旨继续从事公益活动的;由于其他原因终止的。基金会在办理注销登记前,应当在登记管理机关、业务主管单位的指导下成立清算组织,完成清算工作。基金会应当自清算结束之日起15日内向登记管理机关办理注销登记;在清算期间不得开展清算以外的活动。基金会注销的,其分支机构、代表机构同时注销。

13.2.3.2 基金会年检制度

基金会年度检查,是指业务主管单位与登记管理机关对已登记的基金会开展业务活动和执行法律、法规、政策的情况按照法定的内容和程序进行监督检查,以确认基金会具有继续开展活动的资格的行政执法行为。根据《条例》规定,基金会应于每年3月31日前向业务主管单位报送上一年度的工作报告,经业务主管单位初审同意后,于5月31日前报送登记管理机关,接受年度检查。年度工作报告的内容应当包括:财务会计报告;注册会计师审计报告;开展募捐、提供资助等活动的情况;人员和机构变动的情况等。

小材料

慈善组织认定办法

(中华人民共和国民政部令第58号)

第一条 为了规范慈善组织认定工作,根据《中华人民共和国慈善法》(以下简称《慈善法》)的规定,制定本办法。

第二条 《慈善法》公布前已经设立的基金会、社会团体、社会服务机构等非营利性组织,申请认定为慈善组织,适用本办法。

第三条 县级以上人民政府民政部门对其登记的基金会、社会团体、社会服务机构进行慈善组织认定。

第四条　基金会、社会团体、社会服务机构申请认定为慈善组织，应当符合下列条件：

（一）申请时具备相应的社会组织法人登记条件；

（二）以开展慈善活动为宗旨，业务范围符合《慈善法》第三条的规定，申请时的上一年度慈善活动的年度支出和管理费用符合国务院民政部门关于慈善组织的规定；

（三）不以营利为目的，收益和营运结余全部用于章程规定的慈善目的，财产及其孳息没有在发起人、捐赠人或者本组织成员中分配，章程中有关于剩余财产转给目的相同或者相近的其他慈善组织的规定；

（四）有健全的财务制度和合理的薪酬制度；

（五）法律、行政法规规定的其他条件。

第五条　有下列情形之一的，不予认定为慈善组织：

（一）有法律法规和国家政策规定的不得担任慈善组织负责人的情形的；

（二）申请前二年内受过行政处罚的；

（三）申请时被民政部门列入异常名录的；

（四）有其他违反法律、法规、国家政策行为的。

第六条　申请认定为慈善组织，社会团体应当经会员（代表）大会表决通过，基金会、社会服务机构应当经理事会表决通过；有业务主管单位的，还应当经业务主管单位同意。

第七条　申请认定慈善组织的基金会，应当向民政部门提交下列材料：

（一）申请书；

（二）符合本办法第四条规定以及不存在第五条所列情形的书面承诺；

（三）按照本办法第六条规定召开会议形成的会议纪要。

申请认定为慈善组织的社会团体、社会服务机构，除前款规定的材料外，还应当向民政部门提交下列材料：

（一）关于申请理由、慈善宗旨、开展慈善活动等情况的说明；

（二）注册会计师出具的上一年度财务审计报告，含慈善活动年度支出和管理费用的专项审计。

有业务主管单位的，还应当提交业务主管单位同意的证明材料。

第八条　民政部门自收到全部有效材料后，应当依法进行审核。

情况复杂的，民政部门可以征求有关部门意见或者通过论证会、听证会等形式听取意见，也可以根据需要对该组织进行实地考察。

第九条　民政部门应当自受理申请之日起二十日内作出决定。符合慈善组织条件的，予以认定并向社会公告；不符合慈善组织条件的，不予认定并书面说明理由。

第十条　认定为慈善组织的基金会、社会团体、社会服务机构，由民政部门换发登记证书，标明慈善组织属性。

慈善组织符合税收法律法规规定条件的，依照税法规定享受税收优惠。

第十一条　基金会、社会团体、社会服务机构在申请时弄虚作假的，由民政部门撤销慈善组织的认定，将该组织及直接责任人纳入信用记录，并向社会公布。

对出具虚假审计报告的注册会计师及其所属的会计师事务所，由民政部门通报有关部门。

第十二条　本办法由民政部负责解释。

第十三条　本办法自 2016 年 9 月 1 日起施行。

案例分享

重庆积极动员引导社会组织参与乡村振兴工作

近日，重庆市民政局、市乡村振兴局联合印发《转发民政部国家乡村振兴局＜关于动员引导社会组织参与乡村振兴工作的通知＞的通知》（以下简称《通知》），动员全市各级社会组织按照党中央实施乡村振兴战略的决策部署，积极参与巩固拓展脱贫攻坚成果、助力乡村振兴。

《通知》要求，各区县民政部门、乡村振兴部门要按照“四个不摘”要求，实现巩固拓展脱贫攻坚成果同乡村振兴有效衔接。在中央设立的 5 年过渡期内，保持社会组织参与帮扶政策总体稳定，精准对接脱贫地区人民群众帮扶需求，推动社会组织工作重心从解决“两不愁三保障”逐步向助力乡村产业兴旺、生态宜居、乡风文明、治理有效、生活富裕转变。

《通知》强调，各区县乡村振兴部门要会同民政部门建立健全长效合作机制，将社会组织参与乡村振兴与定点帮扶、东西部协作等工作一体谋划、一体部署，围绕产业发展、人才培育、特殊群体关爱、乡村治理等领域重点任务落实，开展国家乡村振兴重点帮扶县结对帮扶行动、打造社会组织助力乡村振兴公益品牌行动和社会组织乡村行活动等专项行动。要建立沟通联系机制，积极开展社会组织参与乡村振兴的项目库建设，结合实际认真筛选、梳理需求和供给项目，合力推动帮扶工作靶向化、精准化、智能化发展。

《通知》要求，市民政局要会同市乡村振兴局筹备建设集中统一、开放共享的社会组织参与乡村振兴互联网服务平台。各区县民政部门要会同乡村振兴部门通过“五社联动”、加强帮扶地区社会组织能力建设、支持社会组织设立乡村振兴专项基金、加大政策激励力度等方式，积极组织和参与项目对接会、公益博览会、现场考察调研、慈善展览会等活动，多措并举建设社会组织参与乡村振兴支持体系。通过平台及时发布乡村振兴有关政策、项目信息，鼓励社会力量参与平台建设、加强共享合作，提高社会组织参与乡村振兴供需对接成功率。

《通知》强调，围绕“十四五”社会组织发展规划，引导和支持各级各类社会组织发挥在动员社会力量、链接各方资源、提供专业服务等方面的积极作用，推进社会组织服务大局、服务基层，积极参与乡村振兴、东西部协作。各级民政部门、乡村振兴部门要会同同级行政审批服务管理部门支持以服务乡村振兴为宗旨的社会组织依法登记，发挥社会组织在产业振兴科技助农、文化体育、环保生态、卫生健康、社会治理、民生保障方面的积极作用。大力培育服务性、公益性、互助性农村社会组织。支持高校毕业生、退役军人和返乡创业农民工等依法领办创办农村社区社会组织，参与乡村治理体系建设。

（案例来源：重庆市民政局社会组织管理局，2022 年 5 月 26 日）

技能实战

将全班分成三大组，在认真学习“社会组织管理”一章的基础上，分别绘制社会团体、民办非企业单位、基金会成立登记的程序示意图。要求：程序正确，清晰美观。

自我测试

1. 社会组织参与社会治理的路径与作用。

2. 社会组织成立登记的政策依据与特殊情况。

3. 社会组织评估的目的与程序。

4.《慈善组织法》的颁布对社会组织发展有何影响？

14 基层政权组织建设

引言

基层政权组织建设主要是基层政权及其派出机构根据《中华人民共和国城市居民委员会组织法》和《中华人民共和国城市村民委员会组织法》分别对居民委员会和村民委员会等群众自治组织予以指导和监督，加强基层民主建设，维护基层社会稳定。习近平总书记在党的二十大报告中指出："健全基层党组织领导的基层群众自治机制，加强基层组织建设，完善基层直接民主制度体系和工作体系，增强城乡社区群众自我管理、自我服务、自我教育、自我监督的实效。"基层政权组织建设作为民政工作的一个重要工作内容，在推进社会治理的今天，日益发挥着更加重要的作用。

学习目标

1. 了解街道办事处的性质、职能和构成。
2. 掌握居民委员会的性质、职能和构成。
3. 掌握村民委员会的性质、职能和构成。
4. 会制定居民委员会和村民委员会的选举流程。

14.1 街道办事处组织建设

14.1.1 街道办事处的性质

街道及街道管理自古有之，如唐朝时就设置了巡街之官，称为"街吏"。中华人民共和国成立后，为取代原有的反动保甲制度对城市基层的控制，人民政府在原有城市区划的基础上，设置了街道办事处，作为区人民政府和不设区的市人民政府的派出机构，负责街道工作，对街道企事业单位和居民群众进行管理与服务。1954 年 12 月 31 日，第一届全国人民代表大会第四次会议通过了《城市街道办事处组织条例》，正式以法律的形式确立了统一的街道办事处作为城市的基层行政管理机构。《城市街道办事处组织条例》规定：城市街道办事处是市辖区、不设区的市人民政府的派出机构，其设立是"为了加强城市的居民工作，密切政府和居民的联系"，其主要任务是：办理市辖区的人民政府有关居民工作的交办事项；指导居民委员会工作；反映居民的意见和要求。

2004 年 10 月 27 日第十届全国人民代表大会常务委员会第十二次会议修正的《中华人民共和国地方各级人民代表大会和地方各级人民政府组织法》第六十八条规定：市辖区、不设区的市的人民政府，经上一级人民政府批准，可以设立若干街道办事处，作为它的派出机关。这进一步以法律的形式明确了街道办事处的性质是市辖区、不设区的市的人民政府的派出机关。

小资料

《城市街道办事处组织条例》的出台和街道办事处的创立

1949 年 10 月 1 日，中华人民共和国成立。大陆各城市相继解放，军队陆续进城，接管了各城市的工作。党的工作重心随之由农村转到了城市。过去是“农村包围城市”，现在则需要“城市领导乡村”。我们党面临着一系列新的课题。城市解放，部队首先进城，大部分城市都实行了军事管制。国民党的保甲制度被废除，旧的统治体系土崩瓦解。当时的城市千疮百孔、百废待兴。但首要任务是在旧的废墟上建立一套全新的组织系统，确立新的政治秩序和法律体系，以便巩固新生的国家政权。

政权要巩固，首先要有稳固的根基。“大厦之构，起于基石”，古往今来，永远如此。新政权面临的第一项任务是实施对城市的管理和控制，把城市居民组织起来，这对长期经受战争蹂躏而且刚刚脱离战争苦海的国家来说，并不是一件容易的事情。1951 年国庆节，举行盛大的国庆典礼。北京市民组织的队伍整齐有序地走过天安门城楼。当毛泽东主席得知这是市民的队伍时，无限感慨地对当时站在身旁的彭真同志说，“还是把市民组织起来好”，并嘱彭真同志负责研究解决这一问题。

根据主席指示，彭真同志组织了一些人，搜集了各城市的材料和意见并加以研究后，于 1953 年 6 月 8 日专门给主席和中央写了报告，即《关于城市街道办事处、居民委员会组织和经费问题的报告》。在报告中明确建议：(1) 街道的居民委员会必须建立，它是群众自治组织，不是政权组织，也不是政权组织在下面的“腿”。(2) 城市街道不需要再建立一级政权，但为了把很多不属于工厂、企业、机关、学校的无组织的街道居民组织起来，为了减轻区政府和公安派出所的负担，还需要设立市或区人民政府的派出机关——街道办事处。毛泽东主席批复同意了彭真同志的意见。这个报告为我国城市基层政权体制的确立奠定了基础。1954 年 9 月，第一届全国人大召开，通过了《中华人民共和国宪法》和《地方组织法》之后，一些法律也相继出台。为了加强城市居民工作，密切党和政府同居民群众的联系，尽快把城市居民组织起来，1954 年 12 月，全国人大一届四次会议通过了《城市街道办事处组织条例》和《城市居民委员会组织条例》。这两个条例的出台，标志着我国城市居民管理工作走上了法制轨道。《条例》实施后，各城市依法对混乱的街道组织进行了整顿。城市街道组织——街道办事处和居民委员会从此建立起来。

（资料来源：中国村民自治信息网资料库，http://www.chinarural.org/newslist.asp?classid=ll。）

14.1.2 街道办事处的职能

街道办事处作为城市基层政权的派出机关，既是广大居民的组织者，又是广大居民的服务者。随着城市经济和各项事业的发展，街道办事处的职能已远远超出了《城市街道办事处组织条例》所规定的内容。从近几年来街道工作的实践看，街道办事处的职能主要有以下五个方面。

14.1.2.1 街道办事处的沟通职能

街道办事处作为城市基层人民政府的派出机关，起到了联系政府与居民的沟通纽带作用。一方面街道办事处向下宣传党的方针、政策，国家的法律、法规；另一方面向上反映居民群众对党和政府的一些方针、政策的意见和建议。街道办事处这种上传下达、承上启下的作用，沟通了人民政府与居民群众的感情，密切了党和政府与人民群众的联系，使街道办事处成为党和政府联系群众、服务群众、及时听取群众意见的最直接的桥梁和纽带。

14.1.2.2 街道办事处的管理职能

街道办事处在政府行政授权范围内，履行有关行政管理职能，主要是包括对市政、流动人口、计划生育、劳动力等一些有关地区性、社会性事务的管理，特别是城市的市政管理，如市容交通、环境保护、卫生绿化、防汛抗灾管理以及起草建筑、小区管理等，已离不开街道办事处的工作。街道办事处在这些工作中已发挥了其他组织所无法替代的作用，成为我国城市管理中的一个重要环节。

14.1.2.3 街道办事处的协调职能

街道辖区内有许多工厂、商店、机关、学校、医院及居民点等，还有公安派出所、房管所、粮管所、工商所、环卫所、菜场等等，它们从各个不同的方面，为居民、为社会提供服务。一方面他们在社会生活中相互联系、相互作用，另一方面又相互独立、互不干涉。为了使它们能和谐地工作和配合，避免扯皮和拆台，街道办事处需要从中协调，调节各方利益，保证辖区内各项工作按既定目标有机结合、和谐发展，共同为社会、为居民搞好服务。

14.1.2.4 街道办事处的服务功能

街道办事处直接面对居民群众，有为人民服务的好传统，街道办事处的任务很多，可以说千头万绪，但归结起来就是为居民群众服务，为企事业单位服务，为经济建设服务，一句话就是为人民服务。衡量街道办事处工作的一个重要标准，就是看它为社会、为居民提供服务的多少和好坏。为人民服务，这是街道办事处工作的出发点和归宿，也是街道办事处崇高而光荣的职责。这就要求街道干部既要有全心全意为人民服务的思想，又要有善于做群众工作的工作方法和工作作风。

14.1.2.5 街道办事处的指导职能

街道办事处的指导职能主要是指导居民委员会的工作。居民委员会是群众性自治组织，居民委员会工作是街道工作的基础。街道工作的好坏很大程度上取决于居委会工作如何。切实有效地指导好居委会工作，是街道办事处一项长期的经常性的重要任务。这项职能在当前形势下只能加强不能削弱。

14.1.3 街道办事处的构成

街道办事处是一种行政组织，与其相对应的党组织是街道工委。街道工委一般由办公室、纪工委、组织部、宣传部、武装部、团委、妇联等组成。街道办事处则由办公室、综合治理办公室、社会事务科（计划生育办公室）、社区建设科（民政科）、司法科（所）、城管科、文教科和社区服务中心等组成。

小资料

全国街道服务管理创新示范培训班在南京举办

2016 年 9 月 19—23 日，由民政部主办，江苏省民政厅、南京大学协办，南京市民政局、南京市栖霞区人民政府承办的全国街道服务管理创新示范培训班在南京市栖霞区举办，民政部副部长顾朝曦出席开班式并讲话。

顾朝曦指出，推进街道服务管理创新，健全基层服务管理平台，反映和协调人民群众各方面的利益诉求，是全面建成小康社会的迫切需求，是全面深化改革的重要举措，是全面依法治国的基础环节，是全面从严治党的必然要求。要把推进街道服务管理创新作为推进国家治理体系和治理能力现代化的基础工程,作为提高党的执政能力和巩固执政基础的重点工程,作为全面建成小康社会的配套工程,切实增强责任感和紧迫感。

顾朝曦指出,“十三五”时期是我国全面建成小康社会的决胜阶段,也是全面深化改革的关键期。要根据“五位一体”总体布局和“四个全面”战略布局,贯彻落实“创新、协调、绿色、开放、共享”的发展理念,以服务型政府建设为引领,重点在加快街道职能转变、完善街道社会治理结构、创新街道服务方式、激发群众参与热情、释放基层社会活力等方面创新探索,着力推动街道治理体系和治理能力现代化。

顾朝曦强调,推进街道服务管理创新,必须坚持党的领导、人民当家作主和依法治国的有机统一,使街道真正成为夯实党的执政基础的重要平台;必须与全面深化改革、本地区的中心工作结合起来,因地制宜,分类指导,循序渐进,试点先行,做到长远目标与阶段性目标相结合、全面推进与分类改革相结合,切实增强工作的系统性、整体性、协同性;必须以维护群众切身利益为导向,解决存在的突出问题,建立健全长效机制,以制度建设带动街道服务管理整体水平的提升,切实增强基层群众的获得感和幸福感。

(资料来源:中国民政部网站,内容有删减,http://www.mca.gov.cn/article/yw/jczqhsqjs/xzjs/gzdt/201609/20160900001892.shtml.)

14.2 居民委员会组织建设

14.2.1 居民委员会的性质

居民委员会作为城市居民的自治组织,在城市基层组织管理中发挥着重大的作用。《中华人民共和国宪法》第 111 条明确规定:“城市和农村按居民居住地区设立的居民委员会或者村民委员会是基层群众性自治组织。”《中华人民共和国城市居民委员会组织法》第三条也规定“居民委员会是居民自我管理、自我教育、自我服务的基层群众性自治组织”,这从法律上明确了居民委员会的性质。不设区的市、市辖区的人民政府或者它的派出机关对居民委员会的工作给予指导、支持和帮助。居民委员会协助不设区的市、市辖区的人民政府或者它的派出机关开展工作。

小资料

居民委员会的历史沿革

中华人民共和国成立后,在彻底摧毁国民党在城市中的保甲组织的基础上,建立起了人民当家作主的城市各级政权。1949 年底至 1950 年初,在一些城市中出现了由群众自己组织起来的防护队、防盗队和居民组等名称各异的群众性自治组织。最早以居民委员会命名群众性组织的是天津市。1950 年 3 月,天津市按照居民居住状况建立了居民委员会。同期,武汉市的部分街道开始建立了居民代表委员会和居民小组。1950 年秋,四川省成都市也建立了居委会。但这时的居民群众组织很不统一。有些城市成立了大型居民委员会;有些城市成立了小型居民委员会,有些城市仅有居民小组,有些城市在居民小组之上还设有中心小组。此外,各种固定的或临时的工作委员会很多,名称既不统一,工作也很混乱。

1953 年 6 月 8 日彭真同志给毛主席和其他领导同志专门写了一个报告,即《关于城市街道办事处、居民委员会组织和经费问题的报告》,在报告中指出,城市街道居民委员会的组织是需要建立的。它的性质是群众自治组织,不是政权组织。它的任务,主要是把工厂、商店、机关、学校以外的街道居民组织起来,在居民自愿的原则下,办理有关居民的公共福利事项,宣传政府的政策法令,发动居民响应政府的号召和向基层政权反映居民的意见。居民委员会应由居民小组选举产生,在城市基层政权或派出机关的统一指导下进行工作。但它在组织上并不是基层政权的“腿”,不应交付很多事情给它办。毛主席和中央其他领导同志同意了这个报告。从此以后,各城市都陆续建立了居民委员会组织,名称也逐渐趋向统一,性质都是群众性自治组织。

1954 年 12 月召开的第一届全国人民代表大会常务委员会第四次会议制定并颁布了《城市居民委员会组织条例》,第一次用法律的形式肯定了居民委员会的性质、地位和作用。到 1956 年底,居民委员会在全国各个城市普遍建立起来。

1980 年 1 月,全国人大常委会重新公布了《城市居民委员会组织条例》《人民调解委员会暂行组织通则》《治安保卫委员会暂行组织条例》。总结我们国家三十多年来实行群众自治的经验和教训,在 1982 年重新修订颁布的新宪法中,首次以根本大法的形式明确了居民委员会的性质、任务和作用。全国各地根据新宪法的规定,对居民委员会普遍进行了全面的组织整顿和改造,建立健全了居民委员会的组织机构和各项规章制度。1986 年 12 月,民政部在河北省石家庄市召开了建国以来第一次全国性的城市街道居民委员会工作座谈会,总结和交流了居民委员会建设和工作的经验,明确了居民委员会在我国新的历史时期的地位、作用和主要任务,并认真研究和制定了解决居民委员会工作中存在的实际困难和问题的措施、办法。1987 年 6 月,国务院以国发 [1987]56 号文件批转了《民政部关于加强城市街道居民委员会工作的报告》。为了进一步加强城市居民委员会建设,充分发挥它在两个文明建设中的作用,经过多年的调查研究和在原居委会条例的基础上,第七届全国人大常委会第十一次会议于 1989 年 12 月 26 日通过并颁布了《中华人民共和国城市居民委员会组织法》,标志着我国城市居民委员会的建设和发展进入了一个新的全面发展的时期。

(资料来源:中国村民自治信息网资料库,http://www.chinarural.org/newslist.asp?classid=ll。)

14.2.2 居民委员会的任务

根据《中华人民共和国城市居民委员会组织法》的规定,居民委员会的任务有:宣传宪法、法律、法规和国家的政策,维护居民的合法权益,教育居民履行依法应尽的义务,爱护公共财产,开展多种形式的社会主义精神文明建设活动;办理本居住地区居民的公共事务和公益事业;调解民间纠纷;协助维护社会治安;协助人民政府或者它的派出机关做好与居民利益有关的公共卫生、计划生育、优抚救济、青少年教育等项工作;向人民政府或者它的派出机关反映居民的意见、要求和提出建议。居民委员会应当开展便民利民的社区服务活动。

14.2.3 居民委员会的构成

根据《中华人民共和国城市居民委员会组织法》的规定,居民委员会由主任、副主任和委员共五至九人组成。多民族居住地区,居民委员会中应当有人数较少的民族的成员。在具体工作中,居委会还根据工作需要设有人民调解、治安保卫、计划生育、民政、社会保障等委员会,居民委员会成员可以兼任下属的委员会的成员。居民较少的居民委员会可以不设下属委员会,由居民委员会的成员分工负责有关工作。居民委员会可以分设若干居民小组,小组长由居民小组推选。

14.2.4 居民委员会的选举

居民委员会主任、副主任和委员，由本居住地区全体有选举权的居民或者由每户派代表选举产生；根据居民意见，也可以由每个居民小组选举代表二至三人选举产生。居民委员会每届任期三年，其成员可以连选连任。年满十八周岁的本居住地区居民，不分民族、种族、性别、职业、家庭出身、宗教信仰、教育程度、财产状况、居住期限，都有选举权和被选举权；但是，依照法律被剥夺政治权利的人除外。居民会议由十八周岁以上的居民组成。居民会议可以由全体十八周岁以上的居民或者每户派代表参加，也可以由每个居民小组选举代表二至三人参加。居民会议必须有全体十八周岁以上的居民、户的代表或者居民小组选举的代表的过半数出席，才能举行。会议的决定，由出席人的过半数通过。居民委员会向居民会议负责并报告工作。居民会议由居民委员会召集和主持。有五分之一以上的十八周岁以上的居民、五分之一以上的户或者三分之一以上的居民小组提议，应当召集居民会议。涉及全本居民利益的重要问题，居民委员会必须提请居民会议讨论决定。居民会议有权撤换和补选居民委员会成员。居民委员会决定问题，采取少数服从多数的原则。居民委员会进行工作，应当采取民主的方法，不得强迫命令。

14.3 村民委员会组织建设

14.3.1 村民委员会的性质

根据《中华人民共和国村民委员会组织法》的规定：村民委员会是村民自我管理、自我教育、自我服务的基层群众性自治组织，实行民主选举、民主决策、民主管理、民主监督。

14.3.2 村民委员会的设立与组成

根据《中华人民共和国村民委员会组织法》的规定，村民委员会根据村民居住状况、人口多少，按照便于群众自治、有利于经济发展和社会管理的原则设立。

村民委员会的设立、撤销、范围调整，由乡、民族乡、镇的人民政府提出，经村民会议讨论同意，报县级人民政府批准。

村民委员会可以根据村民居住状况、集体土地所有权关系等分设若干村民小组。

村民委员会由主任、副主任和委员共三至七人组成。

村民委员会成员中，应当有妇女成员，多民族村民居住的村应当有人数较少的民族的成员。

村民委员会根据需要设人民调解、治安保卫、公共卫生与计划生育等委员会。村民委员会成员可以兼任下属委员会的成员。人口少的村的村民委员会可以不设下属委员会，由村民委员会成员分工负责人民调解、治安保卫、公共卫生与计划生育等工作。

14.3.3 村民委员会的任务

根据《中华人民共和国村民委员会组织法》的规定，村民委员会有如下任务。

14.3.3.1 村民委员会的管理任务

村民委员会依照法律规定，管理本村属于村农民集体所有的土地和其他财产，引导村民合理利用自然资源，保护和改善生态环境。

村民委员会办理本村的公共事务和公益事业，调解民间纠纷，协助维护社会治安，向人民政府反映村民的意见、要求和提出建议。

14.3.3.2 村民委员会的经济任务

村民委员会应当支持和组织村民依法发展各种形式的合作经济和其他经济，承担本村生产的服务和协调工作，促进农村生产建设和经济发展。

村民委员会应当尊重并支持集体经济组织依法独立进行经济活动的自主权，维护以家庭承包经营为基础、统分结合的双层经营体制，保障集体经济组织和村民、承包经营户、联户或者合伙的合法财产权和其他合法权益。

村民委员会应当支持服务性、公益性、互助性社会组织依法开展活动，推动农村社区建设。

14.3.3.3 村民委员会的宣传任务

村民委员会应当宣传宪法、法律、法规和国家的政策，教育和推动村民履行法律规定的义务、爱护公共财产，维护村民的合法权益，发展文化教育，普及科技知识，促进男女平等及村与村之间的团结、互助，开展多种形式的社会主义精神文明建设活动

14.3.3.4 村民委员会的民族团结任务

多民族村民居住的村，村民委员会应当教育和引导村民加强民族团结、互相尊重、互相帮助。

14.3.4 村民自治

14.3.4.1 民主选举

民主选举是指人民根据自己的意愿，按照法定形式，选定国家各级代表机关的代表和某些国家公职人员的行为，有直接选举和间接选举两种，是人民行使和实现其基本政治权利的一种方式。有关村民委员会选举的知识将在下一节内容中详细阐述。

14.3.4.2 民主决策

1. 民主决策的原则

（1）必须坚持党领导的原则。

（2）必须坚持与党的政策、路线、方针和国家的法律法规相一致的原则。

（3）必须坚持公开、公平、公正的原则。

（4）必须坚持少数服从多数的原则。

2. 民主决策的形式

村民会议或村民代表会议。村民会议由本村十八周岁以上的村民组成。召开村民会议，应当有本村十八周岁以上的村民的过半数参加，或者有本村三分之二以上的户代表参加，所作决定应当经到会人员的过半数通过。人数较多或者居住分散的村，可以设立村民代表会议，讨论决定村民会议授权的事项。村民代表会议由村民委员会成员和村民代表组成，村民代表应当占村民代表会议组成人员的五分之四以上，妇女村民代表应当占村民代表会议组成人员的三分之一以上。村民代表由村民按每五户至十五户推选一人，或者由各村民小组推选若干人。村民代表的任期与村民委员会的任期相同。村民代表可以连选连任。

3. 民主决策的内容

涉及村民利益的下列事项，经村民会议讨论决定方可办理：

（1）本村享受误工补贴的人员及补贴标准；

(2)从村集体经济所得收益的使用；

(3)本村公益事业的兴办和筹资筹劳方案及建设承包方案；

(4)土地承包经营方案；

(5)村集体经济项目的立项、承包方案；

(6)宅基地的使用方案；

(7)征地补偿费的使用、分配方案；

(8)以借贷、租赁或者其他方式处分村集体财产；

(9)村民会议认为应当由村民会议讨论决定的涉及村民利益的其他事项。

4. 民主决策的程序

(1)提出方案。一般由村“两委”、村集体经济组织提出，也可以由十分之一以上村民或三分之一以上村民代表提出。

(2)民主决策。方案提出后，经村“两委”会议研究，按照村民会议、村民代表会议决策的职权范围，确定需提交哪一种形式进行民主决策。

(3)做好会议记录。内容包括：参加会议的人数、主持人、记录人，会议的议题；会议讨论时的主要意见、表决情况和形式的决定、决议。会议结束后，记录人对会议的资料进行整理，并立卷存档。

(4)公布决策结果。利用村务公开栏等形式向全体村民公布。

(5)依法组织实施。方案通过后，由村委会依法组织实施。涉及工程项目，如基建、荒坡地开发、水利工程建设以及山地、企业、鱼塘、铺位等村集体资产的承包项目及其续期的承包项目、新增(附设)的项目工程，均实行公开招标。

(6)依法管理和监督。在实施过程中，村委会要加强管理，村务公开(民主理财)监督小组要参与全程的监督，并自觉听取群众意见，强化群众监督，减少村务管理工作的失误。

(7)公布执行和落实情况。及时将执行和落实情况通过公开栏等形式向全体村民公布，让村民知晓。

14.3.4.3 民主管理

1. 进一步做好村务公开和民主管理工作的重大意义

当前，我国正处在全面建设小康社会、加快推进社会主义现代化的新的发展阶段，农村改革、发展和稳定的任务十分繁重。实行村务公开和民主管理，是维护农民群众根本利益的具体体现，是完善村民自治、发展社会主义民主的重要内容，是顺利推进农村改革和发展、加快农村全面建设小康社会进程的必然要求，是促进农村党风廉政建设、密切党群干群关系的有效途径。近年来，全国各地推行村务公开和民主管理取得了积极成果，但我们也应清醒地看到，一些地方在村务公开和民主管理中还存在着重形式、轻实效，制度不健全、决策不民主等问题，这与农村改革发展稳定的新形势、新任务不相适应，在一定程度上影响了农村经济和社会的发展。为了把党在农村的各项政策落到实处，切实解决好“三农”问题，必须进一步健全和完善村务公开和民主管理制度，扎实推进村务公开和民主管理工作。各级党委和政府要增强推进村务公开和民主管理的自觉性和紧迫感，真正把这一关系亿万农民切身利益的大事抓紧抓好、抓出成效，实现好、维护好、发展好广大农民群众的根本利益。

2. 村务公开的内容

村务公开的内容如下：

（1）《中华人民共和国村民委员会组织法》第二十三条、第二十四条规定的由村民会议、村民代表会议讨论决定的事项及其实施情况；

（2）国家计划生育政策的落实方案；

（3）政府拨付和接受社会捐赠的救灾救助、补贴补助等资金、物资的管理使用情况；

（4）村民委员会协助人民政府开展工作的情况；

（5）涉及本村村民利益、村民普遍关心的其他事项。

3. 村务公开的形式、时间和基本程序

各地农村应坚持实际、实用、实效的原则，在便于群众观看的地方设立固定的村务公开栏，同时还可以通过广播、电视、网络、"明白纸"、民主听证会等其他有效形式公开。一般的村务事项至少每季度公开一次，涉及农民利益的重大问题以及群众关心的事项要及时公开。集体财务往来较多的村，财务收支情况应每月公布一次。要推进村务事项从办理结果的公开，向事前、事中、事后全过程公开延伸。要充分利用现代科学技术，不断创新村务公开的有效形式和手段。村务公开的基本程序是：村民委员会根据本村的实际情况，依照法规和政策的有关要求提出公开的具体方案；村务公开监督小组对方案进行审查、补充、完善后，提交村党组织和村民委员会联席会议讨论确定；村民委员会通过村务公开栏等形式及时公布。

14.3.4.4 民主监督

1. 民主监督的形式

在村民自治过程中，民主监督主要是对村务公开实行民主监督，其主要形式是设立村务公开监督小组。村务公开监督小组成员经村民会议或村民代表会议在村民代表中推选产生，负责监督村务公开制度的落实。村干部及其配偶、直系亲属不得担任村务公开监督小组成员。村务公开监督小组及其成员应当热爱集体，公道正派，有一定的议事能力，其中应有具备财会知识的成员。村务公开监督小组要依法履行职责，认真审查村务公开各项内容是否全面、真实，公开时间是否及时，公开形式是否科学，公开程序是否规范，并及时向村民会议或村民代表会议报告监督情况。对不履行职责的成员，村民会议或村民代表会议有权罢免其资格。

2. 强化村务管理的监督制约机制，保障农民群众的监督权

（1）加强对农村集体财务的审计监督。村民委员会成员实行任期和离任经济责任审计。审计事项包括：本村财务收支情况；本村债权债务情况；政府拨付和接受社会捐赠的资金、物资管理使用情况；本村生产经营和建设项目的发包管理以及公益事业建设项目招标投标情况；本村资金管理使用以及本村集体资产、资源的承包、租赁、担保、出让情况，征地补偿费的使用、分配情况；本村五分之一以上的村民要求审计的其他事项。村民委员会成员的任期和离任经济责任审计，由县级人民政府农业部门、财政部门或者乡、民族乡、镇的人民政府负责组织，审计结果应当公布，其中离任经济责任审计结果应当在下一届村民委员会选举之前公布。

（2）推行民主评议村干部工作制度。民主评议对象为村党组织班子成员、村民委员会班子成员、村集体经济组织班子成员、村民小组长以及享受由村民或集体承担误工补贴（工资）的其他村务管理人员。民主评议由乡级党委、政府具体组织，通过村民会议、村民代表会议或与村民座谈等形式进行。民主评议一般每年进行一次，要把群众满意与否作为衡量村干部是否合格的标准，评议结果要与村干部的使用和补贴（工资）标准直接挂钩。对连续两次被评为不合格的村干部，是村党组织成员的，按党内有关规定处理；是村民委员会班子成员或村集体经济组织班子成员的，应责令其辞职，不辞职的应启动罢免程序；其他村务管理人员，由村民委员会召开村民会议或村民代表会议作出处理决定。

（3）建立和完善村干部的激励约束制度。要大力宣传、鼓励和表彰积极推行村务公开和民主管理的干部，切实维护和保障村干部的合法权益。对在村级重大事务决策和管理中违反程序、独断专行以及因工作失误造成重大损失，或村务公开不及时、不全面、弄虚作假、侵犯农民民主权利的干部，村民会议或村民代表会议有权提出批评并要求限期改正；对拒不改正的，是村党组织班子成员的，按党内有关规定给予相应的党纪处分，是村民委员会班子成员的，依法予以罢免。

14.4 村民委员会选举

14.4.1 村民委员会选举的含义

根据《中华人民共和国村民委员会组织法》的规定，村民选举实行直接民主选举，也就是由村民直接选举村委会主任、副主任和委员，任何组织和个人都不得指定、委派村委会成员。民主选举是农村基层民主政治建设的一个核心内容，是实现村民自治的前提。实行民主选举，有利于把村民信任和拥护的遵纪守法、办事公道、廉洁奉公、具有一定文化水平、热心为村民服务的选民选进村民委员会班子，从而有利于农村的三个文明建设，特别是农村政治文明建设。

14.4.2 村民委员会选举的原则

14.4.2.1 选举权的普遍性原则

《中华人民共和国村民委员会组织法》第十三条第一款明确规定：“年满十八周岁的村民，不分民族、种族、性别、职业、家庭出身、宗教信仰、教育程度、财产状况、居住期限，都有选举权和被选举权；但是，依照法律被剥夺政治权利的人除外。”

14.4.2.2 选举权的平等性原则

选举权的平等性是指每个选民在每次选举中只能在一个地方投票并且只能享有一个投票权。具体体现在：村民委员会成员的选举中没有“复票资格”，实行的是“一人一票”的原则；年满十八周岁以上的村民都在平等的基础上参加选举，没有性别、民族、财产、宗教信仰等方面的限制，任何人不得享有特权；各地依照《中华人民共和国村民委员会组织法》的规定，在选举村民委员会成员中，注意保留妇女的名额，在多民族村民居住的村注意保留人数较少的民族成员的名额。

14.4.2.3 无记名投票原则

《中华人民共和国村民委员会组织法》第十五条第三款已明确规定：“选举实行无记名投票、公开计票的方法，选举结果应当当场公布。选举时，设立秘密写票处。”

14.4.3 村民委员会选举的基本程序

14.4.3.1 推选村民选举委员会

村民选举委员会由主任和委员组成，由村民会议、村民代表会议或者村民小组会议推选产生,实行少数服从多数的议事原则。

村民选举委员会的人数应当根据村民居住状况、参加选举村民的多少决定,不少于三人,以奇数为宜。村民之间有近亲属关系的,不宜同时担任村民选举委员会成员。

村民委员会应当及时公布选举委员会主任和委员名单,并报乡级人民政府或者乡级村民委员会选举工作指导机构备案。

14.4.3.2 开展选举宣传

村民选举委员会应当就以下内容开展宣传:宪法有关内容,《中华人民共和国村民委员会组织法》,本省(自治区、直辖市)有关村民委员会选举的法规;中央和地方有关村民委员会选举的政策和规定;村民委员会选举中村民的权利与义务;县、乡两级政府村民委员会选举的工作方案;本村选举工作方案;其他有关选举事项。

村民选举委员会可以采取广播、电视、宣传栏、宣传车、宣传单、标语、口号等方式进行选举宣传。

14.4.3.3 进行选民登记

村民委员会选举前,应当对下列人员进行登记,列入参加选举的村民名单:户籍在本村并且在本村居住的村民;户籍在本村,不在本村居住,本人表示参加选举的村民;户籍不在本村,在本村居住一年以上,本人申请参加选举,并且经村民会议或者村民代表会议同意参加选举的公民。

已在户籍所在村或者居住村登记参加选举的村民,不得再参加其他地方村民委员会的选举。经村民选举委员会告知,本人书面表示不参加选举的,不列入参加选举的村民名单。

依照法律被剥夺政治权利的人,不得参加村民委员会的选举。

14.4.3.4 公布选民名单

村民选举委员会应当对登记参加选举的村民名单进行审核确认,并在选举日的二十日前公布。

对登记参加选举的村民名单有异议的,应当自名单公布之日起五日内向村民选举委员会申诉,村民选举委员会应当自收到申诉之日起三日内作出处理决定,并公布处理结果。

登记参加选举的村民名单出现变动的,村民选举委员会应当及时公布。

14.4.3.5 发放参选证

选举日前,村民选举委员会应当根据登记参加选举的村民名单填写、发放参选证,并由村民签收。投票选举时,村民凭参选证领取选票。

14.4.3.6 投票选举

选民在选举日凭参选证参加选举。

14.4.4 候选人的提名与确定

村民会议或者村民代表会议拟定村民委员会的职位和职数,村民选举委员会应当及时公布,并报乡级人民政府或者乡级村民委员会选举工作指导机构备案。

村民选举委员会应当根据村民委员会主任、副主任、委员的职数,分别拟定候选人名额。候选人名额应当多于应选名额。

村民委员会成员候选人,应当由登记参加选举的村民直接提名,根据拟定的候选人名额,按照得票多少确定。每一村民提名人数不得超过拟定的候选人名额。无行为能力或者被判处刑罚的,不得提名为候选人。

候选人中应当有适当的妇女名额,没有产生妇女候选人的,以得票最多的妇女为候选人。

14.4.5 选举竞争

村民选举委员会应当组织候选人与村民见面,由候选人介绍履职设想,回答村民提问。选举竞争应当在村民选举委员会的主持和监督下,公开、公平、公正地进行。村民选举委员会应当对候选人的选举竞争材料进行审核把关。

选举竞争活动一般在选举日前进行。候选人在选举日可进行竞职陈述,其他选举竞争活动不宜在当日开展。确有需要的,由村民选举委员会决定并统一组织。

14.4.6 投票选举的具体操作程序

14.4.6.1 确定投票方式

村民委员会投票选举,可采取以下两种方式:召开选举大会;设立投票站。

采取选举大会方式的,可以组织全体登记参加选举的村民集中统一投票;也可以设立中心选举会场,辅之以分会场分别投票。采取投票站方式的,不再召开选举大会,村民在投票站选举日开放时间内自由投票。

选举大会可以设置流动票箱,但应当严格控制流动票箱的使用。

具体投票方式,流动票箱的使用对象和行走路线,由村民代表会议讨论决定。

14.4.6.2 公布选举日、投票方式、投票时间和投票地点

村民选举委员会应当及时公布选举日、投票方式、投票时间和投票地点。

选举日和投票的方式、时间、地点一经公布,任何组织和个人不得随意变动和更改。如因不可抗力或者无法产生候选人等因素,需要变更的,应当报乡级人民政府或者乡级村民委员会选举工作指导机构批准并及时公布。

14.4.6.3 办理委托投票

登记参加选举的村民,选举期间外出不能参加投票的,可以委托本村有选举权的近亲属代为投票。每一登记参加选举的村民接受委托投票不得超过三人。提名为村民委员会候选人的,不得接受委托。

委托投票应当办理书面委托手续。村民选举委员会应当及时公布委托人和受委托人的名单。

受委托人在选举日凭书面委托凭证和委托人的参选证,领取选票并参加投票。受委托人不得再委托他人。

14.4.6.4 设计和印制选票

选票设计应当遵循明白易懂、科学合理和便于操作、便于统计的原则。县级民政部门可以统一设计选票样式。

村民选举委员会应当在乡级人民政府或者乡级村民委员会选举工作指导机构的指导下,根据选票样式,印制符合本村实际的选票。

选票印制后应当加盖公章并签封,选举日在选举大会或者投票站上由选举工作人员当众启封。

14.4.6.5 确定选举工作人员

村民选举委员会应当依法依规提名选举工作人员,经村民代表会议讨论通过。选举工作人员包括总监票员、验证发票员、唱票员、计票员、监票员、代书员,投票站工作人员,流动票箱

监票员等。

选举工作人员要有一定的文化水平和工作能力，遵纪守法、公道正派。候选人及其近亲属不得担任选举工作人员。

采取选举大会投票的，选举工作人员名单应当在选举日前公布，并在选举大会上宣布；采用投票站形式投票的，应当在选举日前公布。

选举工作人员确定后，村民选举委员会应当对其进行培训。

14.4.6.6 布置会场或者投票站

村民选举委员会应当在选举日前布置好投票会场或者投票站。

投票会场应当按选举流程设计好领票、写票、投票的循环路线，方便村民投票。投票站的设定应当根据村民居住的集中情况和自然村或者村民小组的分布情况决定，并且应当设立一个中心投票站。

14.4.6.7 投票选举

选举大会投票程序。采取选举大会进行选举的，由村民选举委员会召集，村民选举委员会主任主持。流程如下：

（1）宣布大会开始；

（2）奏国歌；

（3）报告本次选举工作进展情况；

（4）宣布投票办法和选举工作人员；

（5）候选人发表竞职陈述；

（6）检查票箱；

（7）启封、清点选票；

（8）讲解选票；

（9）根据需要派出流动票箱；

（10）验证发票；

（11）秘密写票、投票；

（12）销毁剩余选票；

（13）集中流动票箱，清点选票数；

（14）检验选票；

（15）公开唱票、计票；

（16）当场公布投票结果

（17）封存选票，填写选举结果报告单；

（18）宣布当选名单。

投票结束后，应当将所有票箱集中，将选票混在一起，由选举工作人员逐张检验、清点选票总数后，统一唱票、计票。难以确认的选票应当由监票人在公开唱计票前提交村民选举委员会讨论决定。

投票站投票程序。采取投票站方式选举的，由村民选举委员会主持。流程如下：

（1）同时开放全部投票站；

（2）各投票站工作人员当众检查票箱，并启封、清点选票；

（3）验证发票；

（4）村民秘密写票、投票；

（5）关闭投票站，销毁剩余选票并密封票箱；

（6）集中票箱，清点选票数；

（7）公开验票、唱票、计票；

（8）当场公布选举结果；

（9）封存选票，填写选举结果报告单；

（10）宣布当选名单。

14.4.6.8　选举有效性确认

选举村民委员会，有登记参加选举的村民过半数投票，选举有效。参加投票的村民人数，以从票箱收回的选票数为准。

有下列情形之一的，选举无效：

（1）村民选举委员会未按照法定程序产生的；

（2）候选人的产生不符合法律规定的；

（3）参加投票的村民人数未过登记参加选举的村民半数的；

（4）违反差额选举原则，采取等额选举的；

（5）收回的选票多于发出选票的；

（6）没有公开唱票、计票的；

（7）没有当场公布选举结果的；

（8）其他违反法律、法规有关选举程序规定的。

因村民选举委员会未按照法定程序产生而造成选举无效的，乡级村民委员会选举指导机构应当指导组织重新选举。因其他原因认定选举无效的，由村民选举委员会重新组织选举，时间由村民代表会议确定。

14.4.6.9　确认当选

候选人获得参加投票的村民过半数的选票，始得当选。获得过半数选票的人数超过应选名额时，以得票多的当选；如遇票数相等不能确定当选人时，应当就票数相等的人进行再次投票，以得票多的当选。

村民委员会主任、副主任的当选人中没有妇女，但委员的候选人中有妇女获得过半数选票的，应当首先确定得票最多的妇女当选委员，其他当选人按照得票多少的顺序确定；如果委员的候选人中没有妇女获得过半数选票的，应当从应选名额中确定一个名额另行选举妇女委员，直到选出为止，其他当选人按照得票多少的顺序确定。

选举结果经村民选举委员会确认有效后，须当场宣布，同时应当公布所有候选人和被选人所得票数。以暴力、威胁、欺骗、贿赂、伪造选票、虚报选举票数等不正当手段当选的，当选无效。

村民选举委员会应当在投票选举当日或者次日，公布当选的村民委员会成员名单，并报乡级人民政府备案。村民选举委员会无正当理由不公布选举结果的，乡级人民政府或者乡级村民委员会选举工作指导机构应当予以批评教育，督促其改正。

14.4.6.10　颁发当选证书

县级人民政府主管部门或者乡级人民政府，应当自新一届村民委员会产生之日起十日内向新当选的成员颁发统一印制的当选证书。

14.4.6.11　另行选举

村民委员会当选人不足应选名额的，不足的名额另行选举。另行选举可以在选举日当日举行，也可以在选举日后十日内进行，具体时间由村民选举委员会确定。

另行选举的，第一次投票未当选的人员得票多的为候选人，候选人以得票多的当选，但得票数不得少于已投选票数的三分之一。

另行选举的程序与第一次选举相同。参加选举的村民以第一次登记的名单为准，不重新进行选民登记。原委托关系继续有效，但被委托人成为候选人的委托关系自行终止，原委托人可以重新办理委托手续。

经另行选举，应选职位仍未选足，但村民委员会成员已选足三人的，不足职位可以空缺。主任未选出的，由副主任主持工作；主任、副主任都未选出的，由村民代表会议在当选的委员中推选一人主持工作。

附件：村民委员会选举常用文书样式

一、村民选举委员会成员名单公告样式

××村村民选举委员会成员名单公告

××选字第×号

根据《中华人民共和国村民委员会组织法》和《××省（区、市）村民委员会选举办法》，经本村村民会议（村民代表会议、各村民小组会议）推选，产生了本村村民选举委员会成员，现将名单公布如下。

主　任：

副主任：

成　员：

村民对选举委员会成员名单如有不同意见，可在名单公布之日起5日内向村民委员会提出。

××村民委员会（公章）

××××年×月×日

二、选民登记公告样式

××村第×届村民委员会换届选举选民登记通知

××选字第×号

根据《中华人民共和国村民委员会组织法》和《××省（区、市）村民委员会选举办法》，经村民代表会议商议，本村第×届村民委员会换届选民登记时间定为××××年×月×日至××××年×月×日。以下人员将被纳入选民登记范围：

1. 户籍在本村且在本村居住的村民；

2. 户籍在本村，不在本村居住，本人表示参加选举的村民；

3. 户籍不在本村，在本村居住一年以上，本人申请参加选举，并经村民会议或者村民代表会议同意参加选举的公民。

选民登记的地点设在村民委员会或各村民小组组长处，对于偏远的地方，我们也将派工作人员入户进行登记。请村民相互转告，积极参加选民登记，行使选举权利。

××村村民选举委员会（公章）

××××年×月×日

三、选民名单公告样式

××村第×届村民委员会换届选举选民名单公告

××选字第×号

根据《中华人民共和国村民委员会组织法》和《××省(区、市)村民委员会选举办法》的规定,现将本村登记的选民名单公布如下。:

第一村民小组:

×××、×××、×××;×××、×××、×××;

……

第二村民小组:

×××、×××、×××;×××、×××、×××;

……

如有遗漏,或对公布的选民名单有不同意见,请于××××年×月×日前向村民选举委员会提出。

××村村民选举委员会(公章)

××××年×月×日

四、参选证样式

××村第×届村民委员会选举参选证

编号:(　)

姓　名:	性　别:
年　龄:	所在村组:
投票时间:	投票地点:

注意事项:

(1)凭本证领取选票;

(2)此证只限本人使用;

(3)未经盖章无效。

××村村民选举委员会(公章)

发证日期:××××年×月×日

五、正式候选人公告样式

××村第×届村民委员会换届选举正式候选人名单公告

××选字第×号

根据《中华人民共和国村民委员会组织法》和《××省(区、市)村民委员会选举办法》的规定,经本村选民提名,现将本届村民委员会换届选举正式候选人名单公告如下。

主任候选人:×××、×××

副主任候选人:×××、×××

委员候选人:×××、×××

选民如对名单公布的候选人有不同意见,可在×日前向村民选举委员会反映。

××村村民选举委员会(公章)

××××年×月×日

六、选票样式

	主　任			副主任			委　员				
姓名	× × ×	× × ×		× × ×	× × ×		× × ×	× × ×	× × ×	× × ×	
符　号											

说明：
1. 应选主任 1 名、副主任 1 名，委员 3 名。等于或少于应选名额的选票有效；多于应选名额的选票无效。
2. 同意的请在候选人姓名栏下方符号栏内画“○”，不同意的画“×”；不同意选票上的候选人，可在姓名空格栏内另写上另选其他人的姓名，并在其姓名下方符号栏内画“○”。
3. 不许画同一候选人担任两种或两种以上职务，如画同一候选人两种或两种以上职务，该选项作废，其他画对的职务视为有效。
4. 任何符号不画的，视为弃权票，胡写乱画而无法辨认的选票视为废票。

七、委托投票证样式

选民姓名	
被委托人姓名	
委托理由	
村民选举委员会意见	（公章） ×××× 年 × 月 × 日

说明：此证由选民填写，经村民选举委员会批准盖章有效。被委托人凭此证领取选票。

八、疑难选票认定表样式

选票编号	简述选票认定缘由	表决情况		
		同意	反对	弃权

村民选举委员会成员签字：

×××× 年 × 月 × 日

案例分享

旬邑县民政局多措并举加强基层自治组织建设

今年以来，县民政局坚持把加强基层自治组织建设作为抓好乡村振兴的有力抓手，高点开局、科学谋划、重点部署、统筹协调，以一种夙夜在公、时不我待、只争朝夕的精气神，努力实现群众获得感、幸福感、安全感。

加强组织学习，提升理论水平。通过举办培训班、组织精干人员深入乡村等形式，组织全县新任村、社区干部认真学习习近平系列讲话精神，学习党史、新中国史、改革开放史、社会主义发展史，组织观看远程教育，进行知识测试。利用“主题党日”“三会一课”加强基层党员干部教育培训，进一步提高思想素质，提升为民服务水平。

实行村务公开，监管小微权力。制定下发了村务公开办法，进一步明确村务公开时间、内容、程序和方法，进一步明确监督委员会职责。强化镇政府（街道办）检查指导村务公开工作。同时，坚持对村务公开工作进行不定期检查，确保村务公开民主管理各项规定落到实处。

完善村规民约，发挥德治功能。组织人员对各镇办各村村规民约制定情况进行全面摸底，对村规民约是否体现社会主义核心价值观、是否广泛征求群众意见、充分民主协商、是否召开村民代表会议修订、是否进行广泛宣传等情况进行全面检查，确保村规民约能在“鼓励激励、和谐友善、文明新风、行为规范”等方面发挥德治功能。截至目前，村规民约在婚丧嫁娶方面发挥了一定的道德教化作用。

（案例来源：旬邑县民政局，2021 年 9 月 8 日，作者 崔鹏飞）

技能实战

在认真学习“村民委员会选举”一节的基础上，召开村民委员会选举模拟大会。要求：程序正确，材料准备充分，过程合理合法。

自我测试

1. 简述街道办事处的主要职能。
2. 理论联系实际，谈谈村民委员会的任务有哪些？
3. 试述村民委员会的选举程序。

15 社区建设

引言

社区是社会的基本单元，是居民群众休憩的港湾、安居的乐园，社区建设的成效关系着居民群众的切身利益。在我国，社区建设是一项新的工作，大力推进社区建设，是我国经济和社会发展到一定阶段的必然要求，是新时代我国现代化建设的重要途径。

学习目标

1. 了解社区建设的背景。
2. 掌握社区建设的概念、特点、原则、目标与内容。
3. 掌握和谐社区的概念、特点与构建原则。
4. 会利用先进社区建设模式的有关经验开展社区建设工作。
5. 会起草有关开展社区建设的文件。

【案例】

山西省阳泉市城区召开2017年实验区工作专题部署会

1月18日，山西省阳泉市城区社区建设管理局召开专题会议，部署2017年全国社区治理和服务创新实验区工作。会上强调，切实做好2017年6月实验区中期评估及2018年6月实验区结项验收工作，着力抓好“13211”工程。

一是抓好一个载体。以创建全国社区治理和服务创新实验区为引领，以“三社联动”为基础，充分激发街道、社区、政府部门（单位）、社会组织、驻区单位、业主委员会、物业公司、社区居民等多元主体的活力，在全区广泛开展全国社区治理和服务创新实验区之“实验街道”“实验社区”“实验部门（单位）”“实验社会组织”“实验驻区单位”“实验业主委员会”“实验物业公司”创建活动，开展星级评定，推动实验区工作形成多层次、多角度、百花齐放、百花争艳的良好态势。

二是找准三个突破口。要加强社区基础设施建设。紧紧抓住省民政厅“到2020年末，力争使全省每个城市社区的活动场所和公益性服务设施总面积都达到500平方米以上。重点提升活动场所面积低于500平方米的城市社区，改扩建后面积达到500平方米以上；集中打造一批面积达到1 000平方米以上的城市示范社区”的契机，积极争取省、市扶持补助资金，推动全区社区建设基础设施提档升级。要切实做好社区协商。年内拟召开全区社区协商现场会，尽快出经验、树品牌，提高社区居民自治水平。要加强政府购买社区社会组织服务力度。完善政策支持体系，推动社区社会组织健康有序发展。

三是运用好两种方式。要用足、用好“创新创优”“推陈出新”两种方式做好实验区工作，使社区治理活力充分涌流。

四是抓好一支队伍。圆满完成第六届社区“两委”换届选举工作，优化社区工作人员结构，推动社区人才队伍提档升级。

五是达到一个预期目标。推动全国社区治理和服务创新实验区创建活动亮点纷呈、精彩频显，实现“多元主体，共同参与”的预期目标，努力探索中西部欠发达地区社区治理和服务创新的新路子。

（资料来源：民政部门户网站，2017-01-20，http：//www.mca.gov.cn/article/yw/jczqhsqjs/cx-syq/201701/20170100003022.shtml。）

15.1 社区建设概述

15.1.1 社区建设的含义

15.1.1.1 社区建设的概念

社区（community）是进行一定的社会活动、具有某种互动关系和共同文化维系力的人类群体及其活动区域。根据社区的结构及其综合表现，社区可分为城市社区和农村社区。正因如此，社区建设也就有城市社区建设和农村社区建设之分。关于城市社区建设的概念，民政部《关于在全国推进城市社区建设的意见》作了如下界定：“社区建设是指在党和政府的领导下，依靠社区力量，利用社区资源，强化社区功能，解决社区问题，促进社区政治、经济、文化、环境协调和健康发展，不断提高社区成员生活水平和生活质量的过程。”这是目前我国最具权威性的定义，此外，还有不少其他定义。不管怎么定义，社区建设的实质就是社区资源和社区力量的整合过程，即将社区中所有的资源、所有的力量拧成一股绳，形成合力来共同建设社区。

农村社区建设是社区建设的一个重要组成部分，它是指在村党支部和村委会的领导下，在自然村落建立社区组织，开展社区公益事业服务，发展社区生产，不断增加农村收入，繁荣社区文体活动，美化社区环境，调解社区民间纠纷，倡导社区互助精神，树立社区良好社会风气，建立和谐的人际关系，把广大农村建设成为管理民主、治安良好、环境优美、文明祥和的新农村。由此可见，农村社区建设的本质仍然是促进村民的自我管理、自我教育、自我服务、自我监督，在很大程度上，它是村民自治制度建设的拓展和深化。农村社区建设具有能切实解决农村社区的各种问题、缩小城乡差距、促进农村经济社会发展的功能。因此，只要我们不断增强农村社区建设的创新意识和前瞻意识，扎扎实实地开展工作，农村社区建设就会充满生机和活力，就会拥有广阔的发展前景，尤其是在加快推进社会主义新农村建设的今天，定会发挥越来越明显的作用。

15.1.1.2 社区建设的意义

在阐述社区建设的概念时，我们将社区建设分为城市社区建设和农村社区建设，因此，在讨论社区建设的意义时，我们也同样分两个部分来阐述。

1. 城市社区建设的意义

（1）推进城市社区建设是改革开放和社会主义现代化建设的迫切要求。

在新的形势下，社会成员固定地从属于一定社会组织的管理体制已被打破，大量“单位人”转为“社会人”。同时,大量农村人口涌入城市,社会流动人口增加,加上教育、管理工作存在一些薄弱环节,致使城市社会人口的管理相对滞后,迫切需要建立一种新的社区式管理模式。随着我国城市数量的不断增加和城市化进程的加快,基础设施日趋完善,现有城市的管理和服务不相配套,尤其是城市基层社会管理比较薄弱,大力加强和完善城市管理水平、提高居民素质和文明程度显得十分紧迫;国有企业深化改革、转换经营机制和政府机构改革、转变职能,企业剥离的社会职能和政府转移出来的服务职能,大部分要由城市社区来承接;建立一个独立于企业事业单位之外的社会保障体系和社会化服务网络,也需要城市社区发挥作用。同时,随着人民群众生活水平的不断提高和住房、医疗、养老、就业等各项制度改革的深入,城市居民与所在社会的关系愈来愈密切。他们不仅关注社区的发展,参与社区的活动,而且对社区的服务和管理、居住环境、文化娱乐、医疗卫生等方面提出多层次、多样化的要求。推动社区建设,拓展社区服务,提高生活质量,已成为广大城市居民的迫切要求。

(2)推进城市社区建设是繁荣基层文化生活、加强社会主义精神文明建设的有效措施。

改革开放以来,以社区建设为载体,活跃基层文化生活和加强社会主义精神文明建设的工作呈现出扎实推进、持续发展的良好态势。随着创建文明社区活动的深入开展,社区面貌明显改观,社区风气逐步好转,文明楼院、文明小区数量不断增多,对促进改革、发展、稳定发挥了积极作用。实践证明,大力开展社区建设,能引导居民爱祖国、爱城市、爱社区,可以形成崇尚先进、团结互助、扶正祛邪、积极向上的社区道德风尚;经常组织具有社区特色的群众性文体活动,丰富居民精神文化生活,可以增强社区的凝聚力,形成科学文明健康的生活方式;紧紧抓住社区居民关心的热点、难点问题,有针对性地开展思想政治工作,并坚持把解决思想问题同解决实际问题结合起来,加强社区服务与管理,可以进一步密切党同人民群众的联系,广泛调动社区居民“讲文明树新风、共建美好家园”的积极性。

(3)推进城市社区建设是巩固城市基层政权和加强社会主义民主政治建设的重要途径。

长期以来,受计划经济体制的影响,城市居民委员会不同程度地存在行政化管理的现象,居民参与社区建设的程度还不太高。随着改革的深化和居民对社会事务的日益关注,城市居民委员会原有管理方式很难适应形势发展的需要。面对流动人口、下岗职工、老龄工作、社会治安、计划生育等各种问题,城市居民委员会在管理和服务上力不从心,存在着责权利不统一、职责任务不明确、管辖范围过小、人员老化、工作条件差等问题。推进社区建设,发挥社区居民自治组织的作用,保证社区居民依法管理自己的事情,是解决上述问题的有效办法。

2. 农村社区建设的意义

农村社区建设的意义突出表现在推进新农村建设方面。《中共中央关于制定国民经济和社会发展第十一个五年规划的建议》把“建设社会主义新农村”摆在了十分突出的位置,并把建设社会主义新农村的目标要求概括为:生产发展、生活宽裕、乡风文明、村容整洁、管理民主。虽说只有二十个字,但含义深刻,它全面体现了新形势下农村经济、政治、文化和社会发展的总要求。农村社区建设与建设社会主义新农村之间关系密切,是建设社会主义新农村的有效途径。

(1)农村社区经济建设能促进建设社会主义新农村中“生产发展、生活宽裕”目标的实现。

社区经济是社区建设的重要内容。对于经济相对落后的农村社区来说,开展农村社区经济建设显得尤为重要。至于什么是社区经济,理论界还存在较大分歧,有的把它界定为社区内的经济,有的则把它界定为服务于社区的经济。但不论从何种角度来界定社区经济,社区经济的本质属性是服务性,这一点是毋庸置疑的。社区经济的服务性主要表现在三个方面:一是在构成上,社区经济一般多以商业、生活服务业等第三产业为主;二是在性质上,体现了现代经济的服务社会化;三是在目标上,为社区居民更好地生活和发展提供服务。由此可见,社区经济的本质属性决定了它具有促进建设社会主义新农村中"生产发展、生活宽裕"目标实现的功能。农村社区经济建设能促进"生产发展、生活宽裕"目标的实现主要体现在如下几个方面:首先,发展农村社区经济能方便村民生活,真正体现"以人为本"的科学发展观。党的十六届三中全会提出了"以人为本"的科学发展观,科学发展观的提出是我党执政理念的重大转变,它表明我国正在进入经济发展和社会发展并重的阶段,也为我国社区建设工作指明了方向。社区经济以广大村民为服务对象,把为村民更好地生活和发展提供服务作为发展目标,能真正体现"以人为本"的理念。其次,发展农村社区经济,能为农村发展提供经济支持和物质保障。农村社区发展需要一定的经济基础,即要有资金作后盾。我国是一个发展中国家,国家财政比较困难,社区建设不能像西方国家一样主要依靠政府的财政投入,而必须靠社区本身发展社区经济,并在此基础上建立起良性的社区经济运行机制,以保证社区建设的持续发展,从而促进农村社会"生产发展"目标的实现。最后,开展农村社区经济建设能促进就业,增加农民收入,提高农民的生活水平,实现"生活宽裕"的目标。

(2)农村社区服务、农村社区治安与农村社区文化建设能促进建设社会主义新农村中"乡风文明"目标的实现。

农村社区服务以社区社会互助救助站(所)为主要载体,为本自然村的弱势群体(主要包括孤寡老人、残疾人、贫困人员)开展的以扶贫帮困、互助互济和生活扶助为主要内容的服务活动。通过开展农村社区服务,能在村民群众中形成良好的互助风气,真正形成"人人为我,我为人人"的农村社区新风尚。农村社区治安建设是以社区民间纠纷调解站(所)为主要载体,通过组织开展经常性、群众性的法制教育,调解民间纠纷,化解群众矛盾,制止打架斗殴、非法宗教、偷窃、赌博等不良行为和违法行为的过程。通过农村社区治安建设,能及时化解农村各种矛盾与冲突;能弘扬正义,有效地打击各种违法犯罪活动,减少各种刑事案件的发生,维护农村稳定。农村社区文化建设是以社区文体活动联络站(所)为主要载体,通过开办图书室、文体活动室、学习园地等形式,宣传党的路线、方针、政策和国家的法律法规,提高村民的文化、道德水平,从而达到加强农村社区精神文明建设目标的过程。通过开展农村社区文化建设,能倡导科学、文明、健康的生活方式;能丰富村民的业余生活,陶冶村民情操;能形成健康向上、文明和谐的社区文化气氛。由此可见,农村社区服务、农村社区治安与农村社区文化建设能促进社区建立起和谐互助的人际关系,能提升村民的生活质量和文化生活品位。一句话,农村社区建设能促进"乡风文明"目标的实现,

(3)农村社区卫生建设能促进建设社会主义新农村中"村容整洁"目标的实现。

农村社区卫生建设要以社区环境卫生监督站(所)为主要载体,主要通过大力发展农村社区的卫生事业,教育村民树立卫生环境意识,培养村民讲卫生的良好习惯,逐步改变农村脏、乱、差的局面,达到有效预防疾病的目的。现在,我国大部分地区的农村环境卫生状况差,村民爱护环境、保护环境的意识淡薄;大部分村民缺乏一般的卫生知识及身体保健知识,预防疾病

的能力较差。通过农村社区卫生建设,能有效地整治农村社区环境卫生,建设环境优美的新型农村社区,达到建设社会主义新农村中"村容整洁"的目标。

(4)农村社区组织建设能促进建设社会主义新农村中"管理民主"目标的实现。

农村社区组织是指服务农民并以农民为主要组成成员的组织。目前农村社区组织主要包括三大类:一是农村党组织,农村党组织在农村各类组织中处于领导核心地位,这是由中国共产党的政治优势和崇高威望所决定的。正因如此,农村各类组织都应自觉服从农村党组织的领导。二是各类自治性组织。自治性组织主要有村民委员会、村民代表会、村民议事会、村民治安调解委员会、村民计划生育协会等。村民委员会是村民自治的主体,为搞好村民自治工作,应充分发挥村民委员会的自治功能,要防止村民委员会出现"行政化"或"准行政化"现象。三是各类中介组织。中介组织又可分为三类:首先是各种合作经济组织。随着我国社会主义市场经济体制的建立与不断完善,作为农民进入市场重要组织形式的农村专业经济协会也应运而生,如各种专业协会、经济联合体等。其次是各种维权组织,这种组织是以维护农民的各种合法权益为宗旨而自发成立的组织,如各种减负协会、打工者组织等。最后是社会性服务组织,如老年协会、扶贫协会、红白喜事理事协会、合作医疗组织等。各类农村社区组织是由广大农民组成的组织,是农民自己的组织,它们最接近农民群众,最能代表广大农民群众的愿望与要求,所以这些组织最适合充当密切党和政府同人民群众联系的桥梁与纽带。由此可见,加强农村社区的各类组织建设,不仅能进一步深化我国的村民自治制度,促进"四个民主",即民主选举、民主决策、民主管理、民主监督的实现,还能推动"公共权力社会化、民主化、公开化、廉洁化,使政府成为一个能够全面回应人民诉求和接受人民监督的政府"。所以,加强农村社区组织建设的过程,实际上也就是一个促进"管理民主"目标的实现的过程;加强农村社区组织建设就是在推进"管理民主"目标的实现。

15.1.1.3 社区建设的特征

1. 地域性

社区是一种地域性的社会实体,因而具有明显的地域性特征,与此相对应,社区建设也具有明显的地域性特征。从内容上看,社区建设主要是根据本社区成员的需求和愿望,解决本社区问题,为本社区成员提供多样化服务;从主体上看,社区建设的组织者和参与者主要是本社区内的居民(村民)、单位和群体、组织;从活动范围上看,社区建设的活动范围主要局限于本社区之内,并在一定程度上受本社区自然环境条件的制约。由此可见,地域性特征是社区建设最基本的特征。

2. 社会性

社区建设既不是一种单纯的政府行为,也不是一种单纯的民间活动,而是各类社区主体、各种社区力量共同参与的过程。具体表现为党政组织发挥着领导或主导作用;居民(村民)委员会和各种社会团体发挥着骨干或中介作用;广大居民(村民)和辖区企事业单位发挥着基础或支持作用。也就是说社区建设的主体包括了各类社会群体和社会组织,包括了社会各方面的力量。从这个意义上说,社区建设具有明显的社会性特征。

3. 综合性

社区建设是整个社区的全方位建设,而不是特指某一方面的建设,它包括社区服务、社区环境、社区治安、社区秩序、社区民主、社区法制、社区文化教育和社区体育、社区卫生和社区组织等方面的建设，具有较强的综合性。同时，社区建设的方法和手段有经济手段、行政手段与法律手段等，也具有较强的综合性。

4. 计划性

要系统有序地开展社区建设工作，各级党政组织必须从社区实际情况出发，制定切实可行的发展规划和工作计划，并严格按计划开展活动。因此，计划性是社区建设的又一个主要特征。

15.1.1.4 社区建设的目标

1. 城市社区建设的目标

（1）适应城市现代化的要求，加强社区党组织和社区居民自治组织建设，建立起以地域性为特征、以认同感为纽带的新型社区，构建新的社区组织体系。

（2）以拓展社区服务为龙头，不断丰富社区建设的内容，增加服务的发展项目，促进社区服务网络化和产业化，努力提高居民生活质量，不断满足人民群众日益增长的物质文化需求。

（3）加强社区管理，理顺社区关系，完善社区功能，改革城市基层管理体制，建立与社会主义市场经济体制相适应的社区管理体制和运行机制。

（4）坚持政府指导和社会共同参与相结合，充分发挥社区力量，合理配置社区资源，大力发展社区事业，不断提高居民的素质和整个社区的文明程度，努力建设管理有序、服务完善、环境优美、治安良好、生活便利、人际关系和谐的新型现代化社区。

2. 农村社区建设的目标

适应社会主义新农村建设的要求，加强农村社区基层党组织和村（居）民自治组织建设，健全民主管理制度，完善村（居）党组织领导的充满活力的村（居）民自治机制；全面推进农村社区基础设施建设、各类组织建设、社会保障体系建设、文化教育建设、平安建设，加强和改进农村社区服务，努力建成村（居）民自治、管理有序、服务完善、治安良好、环境优美、文明祥和的新型农村社区。

15.1.2 社区建设的背景

15.1.2.1 城市社区建设的背景

（1）城市居民的经济生活和社会生活社区化，社会管理的"单位体制"正在转化，要求社区发挥社会整合功能。"单位体制"在计划经济条件下能够有效地实现对城市居民的管理，但它所表现出来的"企业办社会、机关办社会"的状况，是以经济的低效率、社会的迟滞性发展为代价的。随着市场经济的发展，"单位体制"正在瓦解，企业办社会格局正在被打破，城市居民正在从"单位人"转化为"社会人"，单位对城市居民的社会整合作用正在弱化，城市居民的经济、社会与文化生活越来越多地与其所在社区产生紧密的联系，社区开始成为对城市居民进行社会整合的重要组织。

（2）城市人口的结构性变化，客观上要求社区发挥全方位管理功能。目前城市人口结构正出现四个明显的变化：一是我国已步入老龄社会，老年人口比例显著上升。二是体制外人员增多，主要是自由职业者、个体工商户、私营企业主，他们从原来的阶层分离出来，迅速增长。三是下岗、失业人员增多。在经济转型、结构调整时期，下岗、失业现象成为重要的衍生物，而且在短时期内很难完全消除。四是外来流动人口增多。外来流动人口多为从农村土地上分离出来的剩余劳动力，他们往来频繁、变动不定，在为城市经济繁荣作出积极贡献的同时，也给城市的卫生环境、治安秩序、人口管理、就业安置等带来新的压力。上述四方面社会群体，在从其原有的社会归属体分化出来以后，正在寻找一种有效的被社会接纳的方式。社区对本区域内的综合管理，整合了现代城市经济社会现象的复杂性，体现了越来越突出的优越性和必要性。

（3）城市居民居住空间的变化和城市家庭结构功能的变迁，对社区服务功能和管理功能提出了更高的要求。随着城市基础设施的不断完善和旧城的不断改造，出现了越来越多的通过成片开发建设的居民小区。居民小区打破了城市居民原有的世代居住的胡同、小巷、弄堂的格局，代之以新型的现代化的生活空间。而且随着住房制度改革的深入，居民在住房的供暖、修缮、维护等方面由完全的对单位依赖变为在社区系统管理基础上的自我解决。在城市居民居住空间变化的同时，城市家庭的结构功能也发生了较大的变化，传统的四世同堂的大家庭逐渐减少，单身家庭、“空巢家庭”“丁克家庭”越来越多，家庭原有的经济功能、养老功能、托幼功能、娱乐功能、教育功能、维系功能开始弱化，并逐渐转移到社区中去。随着居住小区化和家庭小型化，社区接受由单位和家庭转移来的多项社会功能并加以系统化、完美化，使本身的服务体系不断丰富、壮大，服务功能逐渐达到“老有所养、幼有所托、孤有所扶、学有所教、残有所助、贫有所济、难有所帮、需有所供”的新境界。

15.1.2.2 农村社区建设的背景

当前，我国各地的村委会除了完成村级发展规划的任务外，大部分的精力还得放在完成乡镇政府交办的行政任务上，这在一定程度上弱化了群众性自治组织的性质，现阶段村委会作为乡镇政府的“腿”的现象，在我国广大农村暂时很难避免。这样，村民自治的作用不能得到充分体现，农村基层管理和社会公共服务也就很难得到有效承接。在这种背景下，就像城市基层管理和公共服务的职能需要城市社区来承接一样，农村基层管理和公共服务同样需要相应的组织来承接，农村社区恰恰能弥补这一不足。首先，从农村社区建设的内容看，都是为了满足村民在社会服务、公益事业、文化生活、互助救济等方面的需求，贴近了农民的实际，可以有效解决农村目前在管理服务方面普遍存在的、政府又没有精力解决的问题。其次，从农村社区建设的效果看，农村社区建设既是完善村民自治、强化村务公开民主管理的坚实基础，又是关注农村、服务农民、支持农业的有效手段。可以说，建设农村社区是为了实现与村民自治的有效对接，促进民主选举、民主决策、民主管理和民主监督的落实，使村民自治制度能顺利延伸、拓展和深化。村民自治制度的推行，需要农村社区建设的支撑，农村社区建设的开展，又提升了村民自治制度的质量和水平。这就是我们要建设农村社区的出发点与背景。

15.1.3 社区建设的基本原则

15.1.3.1 城市社区建设的基本原则

1. 以人为本、服务居民

城市社区建设必须坚持以不断满足社区居民的社会需求、提高居民生活质量和文明程度为宗旨，把服务社区居民作为社区建设的根本出发点和归宿。

2. 资源共享、共驻共建

城市社区建设必须充分调动社区内机关、团体、部队、企业事业组织等一切力量广泛参与社区建设,最大限度地实现社区资源的共有、共享,营造共驻社区、共建社区的良好氛围。

3. 责权统一、管理有序

城市社区建设必须改革城市基层社会管理体制,建立健全社区组织,明确社区组织的职责和权利,改进社区的管理与服务,寓管理于服务之中,增强社区的凝聚力。

4. 扩大民主、居民自治

城市社区建设必须坚持按地域性、认同感等社区构成要素科学合理地划分社区;在社区内实行民主选举、民主决策、民主管理、民主监督,逐步实现社区居民自我管理、自我教育、自我服务、自我监督。

5. 因地制宜、循序渐进

城市社区建设必须坚持实事求是,一切从实际出发,突出地方特色,从居民群众迫切要求解决和热切关注的问题入手,有计划、有步骤地实现社区建设的发展目标。

15.1.3.2　农村社区建设的基本原则

1. 以人为本、服务农民

推进农村社区建设必须以服务农民为宗旨,把满足农村发展和农民物质文化需求、改善农民生产生活条件和提高农村文明水平作为根本出发点和落脚点。

2. 社区为主、政府推动、社会支持

必须充分发挥农民的积极性,开展"住在社区建设社区"活动。必须加大政府支持力度,实现财政向农村倾斜。必须调动社会力量,广泛参与农村社区建设,形成有效的共建机制。

3. 群众自愿、量力而行

必须充分尊重群众意愿,考虑村集体和村民的经济承受能力,按照"一事一议"的要求确定农村社区建设项目,不搞行政命令"一刀切"。

4. 村民自治、管理有序

必须加强农村社区组织建设,明确村级组织的职责和权利,改进农村社区管理与服务,增强农村社区的凝聚力。在农村社区实行民主选举、民主决策、民主管理、民主监督,逐步实现社区村(居)民自我管理、自我教育、自我服务、自我监督,建立起农村社区党组织领导的、充满活力的村(居)民自治机制。

5. 城乡一体、统筹互动

推进农村社区建设必须注重城乡社区一体化建设,使社区建设工作由城市向农村延伸,村(居)民自治工作由村务管理向为民服务延伸,促进农村向城市、农民向市民、村庄向社区转变。

6. 因地制宜、循序渐进

必须坚持实事求是,注重实效,突出本地特色,从解决群众关注的热点、难点问题入手,有计划、有步骤地实现农村社区建设的发展目标。

15.1.4　社区建设的主要内容

15.1.4.1　城市社区建设的主要内容

1. 加强城市社区组织建设

一要加强社区党组织建设。要按照《中国共产党章程》的有关规定,结合社区党员的分布情况，及时建立健全社区党组织，开展党的工作。社区党组织是社区组织的领导核心，在街道党组织的领导下开展工作。其主要职责是：宣传贯彻党的路线、方针、政策和国家的法律法规，团结、组织党支部成员和居民群众完成本社区所担负的各项任务；支持和保证社区居民委员会依法自治，履行职责；加强党组织的自身建设，做好思想政治工作，发挥党员在社区建设中的先锋模范作用。二要加强社区居民自治组织建设。加强社区居民自治组织建设的前提是科学合理地划分社区。要以改革创新精神，按照便于服务管理、便于开发社区资源、便于社区居民自治的原则，并考虑地域性、认同感等社区构成要素，对原街道办事处、居民委员会所辖区域作适当调整，以调整后的居民委员会辖区作为社区地域，并冠名社区。在此基础上，建立社区居民自治组织。社区居民委员会的成员经民主选举产生，负责社区日常事务的管理。社区居民委员会的根本性质是党领导下的社区居民实行自我管理、自我教育、自我服务、自我监督的群众性自治组织。三要加强社区中介组织建设。社区中介服务组织是指社区内居民群众为满足物质、文化的需求，自愿建立的各类组织，包括：维权类组织，如老年协会、残疾人协会、计划生育协会等；娱乐类组织，如书画队、合唱队、腰鼓队、太极拳队等；服务类组织，包括非企业中介服务机构，如居民之家、社工站、互助社、社区卫生服务站、劳动保障服务站、老年公寓等。社区中介组织是社区管理和社区服务的重要力量，对加强社区内的专项服务、增强社区凝聚力、提高居民参与意识起着重要作用。

2. 拓展社区服务

在大中城市，要重点抓好城区、街道办事处社区服务中心和社区居委会社区服务站的建设与管理。社区服务主要是开展面向老年人、儿童、残疾人、社会贫困户、优抚对象的社会救助和福利服务，面向社区居民的便民利民服务，面向社区单位的社会化服务，面向下岗职工的再就业服务和社会保障社会化服务。社区服务是社区建设重点发展的项目，具有广阔的前景，要坚持社会化、产业化的发展方向。各地区要继续贯彻落实国家对发展社区服务的各项扶持政策，统筹规划，规范行业管理。要不断提高社区服务质量和社区管理水平，使社区服务在改善居民生活、扩大就业机会、建立社会保障社会化服务体系、大力发展服务业等方面发挥更积极的作用。

3. 发展社区卫生

要把城市卫生工作的重点放到社区，积极发展社区卫生。加强社区卫生服务站点的建设，积极开展以疾病预防、医疗、保健、康复、健康教育和计划生育技术服务等为主要内容的社区卫生服务，方便群众就医，不断改善社区居民的卫生条件。

4. 繁荣社区文化

积极发展社区文化事业，加强思想文化阵地建设，不断完善公益性群众文化设施。要充分利用街道文化站、社区服务活动室、社区广场等现有文化活动设施，组织开展丰富多彩、健康有益的文化、体育、科普、教育、娱乐等活动；利用社区内的各种专栏、板报宣传社会主义精神文明，倡导科学、文明、健康的生活方式；加强对社区成员的社会主义教育、政治思想教育和科学文化教育，形成健康向上、文明和谐的社区文化氛围。

5. 美化社区环境

要大力整治社区环境，净化、绿化、美化社区；要提高社区居民的环境保护意识，赋予社区居民对社区环境的知情权；要努力搞好社区环境卫生，建设干净、整洁的美好社区。

6. 加强社区治安

建立社会治安综合治理网络，有条件的地方，要根据社区规模的调整，按照“一区（社区）一警”的模式调整民警责任区，设立社区警务室，健全社会治安防范体系，实行群防群治。组织开展经常性、群众性的法制教育和法律咨询、民事调解工作，加强对刑满释放、解除劳教人员的安置帮教工作和流动人口的管理，消除各种社会不稳定因素。

7. 增强社区经济

社区经济以各种社区服务业为主体，主要包括社区商业和社区服务业，是一种新型的服务经济。发展社区经济能方便社区居民生活，真正体现“以人为本”的科学发展观；能为社区发展提供经济支撑；同时还能扩大就业，发挥稳定社会的作用。

8. 优化社区工作者队伍

社区建设需要大批专业的社区工作者。要采取向社会公开招聘、民主选举、竞争上岗等办法，选聘社区居委会干部，努力建设一支专业化、高素质的社区工作者队伍，尤其要从下岗职工和大中专毕业生中选聘政治素质好、文化程度高、工作能力强、热爱社区工作的优秀人才，经过法定程序，充实到社区工作者队伍中去。要切实改善社区党组织和居民自治组织的工作条件和社区工作人员的生活条件；积极发展志愿者队伍，广泛动员社会力量参与社区建设。

15.1.4.2　农村社区建设的主要内容

1. 搞好农村社区基础设施建设

一是搞好农村社区生产基础设施建设。立足当地实际，因地制宜，确定生产基础设施建设项目，突出抓好农田水利设施和道路建设。二是加快农村现代流通服务网络建设。结合社会主义新农村建设，在镇驻地和中心村社区建设农业生产资料和日用品消费连锁超市。三是加快农村医疗卫生设施建设。开展镇卫生院标准化建设工程，使镇卫生院建设达到省（直辖市、自治区）规定标准，农村社区建设社区卫生服务站。四是加快文化设施建设。镇建设综合文化活动站，农村社区建设文化活动室。五是加快人口和计划生育基础设施建设。确保“两室一校”阵地齐全、设施完备。六是加快邻里中心建设。在有条件的农村社区建设一批集社区党建、文明创建、村（居）民自治、双拥工作、便民服务、文化教育、健身娱乐于一体的社区邻里中心。七是搞好农村社区生活基础设施建设。积极推进小城镇、农村社区规划编制工作。

2. 提升农村社区民主政治建设水平

一是加强农村社区基层党组织建设。构建以党组织为核心，功能健全、运转有序的农村社区组织体系，不断扩大党的基层工作覆盖面。按照一社区一支部（党委、党总支）的原则设立党的社区基层组织，充分发挥党对农村社区建设工作的领导和战斗堡垒作用。二是加强农村社区自治组织建设。依法选举成立社区村（居）民委员会等自治机构，引导村（居）民真正把“双高双强”的优秀人才选举为农村社区自治组织成员。三是加强农村社区民间组织建设。大力发展农村经济合作组织，为农民提供产前、产中、产后服务，带动农民增收。指导成立志愿者、老年人、妇女、关心下一代、计划生育协会等民间组织，支持参与发展社会文化事业。四是加强农村社区群团组织建设，充分发挥在农村社区建设中的作用。五是加强农村社区民主管理制度建设。围绕提高村民自治水平，全面推行并不断完善以“村党组织实施决策组织权、村民会议或村民代表会议实施决策表决权、村民委员会实施决策执行权、村民监督委员会实施决策监督权”为主要内容的村级组织“四权”决策机制，逐步建立起村党组织领导的充满活力的村民自治机制。

3. 发展农村社区文化教育事业

坚持以人为本，以树立社会主义荣辱观为重点，加强精神文明建设，不断提高村（居）民的整体素质。一是发展农村社区教育事业。加大教育投入力度，将中小学生公用经费全额纳入财政预算，改善农村办学条件。二是发展农村社区文化体育事业。按照中央《关于进一步加强农村文化建设的意见》要求，在农村社区建设社区文化活动室，逐步完善“一室一场”，深入开展农村社区图书室援建和社区读书活动，满足村（居）民多层次、多方面的精神文化需求。

4. 改进农村社区服务工作

以全面推行便民服务直通车制度为重点，服务群众，方便群众。面向全体村（居）民提供便民利民生活服务，面向社会老年人、儿童和社会困难群体提供社会福利和社会救助服务，面向驻村（居）单位、经济组织和个人提供系列化生产服务。加强劳动保障服务中心建设，完善城乡就业信息网络，及时为农村劳动力提供就业指导和信息服务。建成一批具有一定规模的实训基地，建立创业培训、信用社区建设、小额贷款贴息联动机制，为农民创业创造条件。建立健全以社区卫生服务中心为主体的社区卫生和计划生育服务网络，为社区居民提供预防、保健、健康教育、康复、计划生育咨询服务和一般常见病、多发病、慢性病诊疗服务。改进农村社区流动人口管理和服务，简化办事程序，减少相关税费，取消不合理收费，为流动人口提供优质服务。

5. 加强农村社区社会保障体系建设

一是建立实施被征地农民和成建制转非村（居）民社会养老保险制度，逐步在农村推行养老保险。二是完善社会救助体系。建立完善农村最低生活保障制度，实施阳光救助，做到“应保尽保”。建立低保标准自然增长机制，对低保家庭中的五保对象、残疾人、独生子女、孤儿、单亲家庭等实施分类救助。建立完善农村低保家庭医疗救助制度、农村大病医疗救助制度和农村独生女孩家庭母女大病医疗保险机制，解决农村低保对象以及其他困难群体治病难的问题。加快镇村敬老院建设、镇老年福利服务中心建设。继续实施农村社区贫困残疾人安居工程，实现居者有其屋。三是完善农村公共卫生网络体系。在农村社区建设社区卫生服务站，真正做到“小病在社区、大病进医院”。

6. 加强农村社区平安建设

推进社区警务建设，建立“巡勤警务”工作机制和“双向通报”制度，夯实平安建设基础。改革治安联防队伍组织管理模式，充分发挥民兵在农村社区平安建设中的作用。

15.2 社区建设实务

15.2.1 社区建设的主体

社区建设的真正主体是广大居民和村民。尽管政府在社区建设初期起着举足轻重的作用，但决不能包办代替，更不能实行垄断，政府充当的角色只能是组织者、倡导者、指导者和参加者。政府的主要职能是做好规划、组织协调、政策扶持、教育培训和资金引进等工作。所以，广大居民与村民应以主人翁的姿态积极投身于社区建设,为社区建设事业贡献自己的一分力量。总之,社区建设离不开社区成员的参与,否则,就失去群众基础。

15.2.2 社区建设的推进模式

15.2.2.1 城市社区建设的推进模式

在我国,开展城市社区建设的时间较长,成效显著。下面介绍两个成功的城市社区建设模式。

1. 沈阳模式

从1998年下半年起,沈阳市在和平、沈河两区试点的基础上,开始在全市展开社区体制改革,重新调整了社区规模,理顺了条块关系,构建了新的社区管理组织体系和运行机制,形成了颇具特色的沈阳模式,在全国产生了广泛的影响。他们采取的主要措施如下。

(1)明确社区定位。由于原有的居委会规模过小,资源匮乏,如将社区定位在居委会则不利于社区功能的发挥。街道办事处是政府的派出机关,在街道层面上组建社区,则又影响社区的自治性质。为此,沈阳市将社区确定在街道与居委会之间的层面上,这样既可以避免上述两方面弊端的产生,又有利于社区资源的利用与功能的发挥。

(2)合理划分社区。沈阳市将社区主要分为4种类型:一是按照居民居住和单位的自然地域划分出来的"板块型社区";二是以封闭型的居民小区为单位的"小区型社区";三是以职工家属聚居区为主体的"单位型社区";四是根据区的不同功能特点划分的"功能型社区",如高科技开发区、金融商贸开发区、文化街、商业区等。

(3)建立新型的社区组织体系。这个组织体系由决策层、执行层、议事层和领导层构成。"决策层"为社区成员代表大会,由社区居民和社区单位代表组成,其职能是定期讨论决定社区重大事项。"执行层"为社区(管理)委员会,它与规模调整后的居委会试行一套班子、两块牌子,由招选人员、户籍民警、物业管理公司负责人组成,对社区成员代表大会负责并报告工作。其职能是教育、服务、管理和监督。"议事层"为社区协商议事委员会,由社区内人大代表、政协委员、知名人士、居民代表、单位代表等组成,在社区代表大会闭会期间行使对社区事务的协商、议事职能,并有权对社区管理委员会的工作进行监督。"领导层"为社区党组织,即根据党章规定,设立社区党委、总支和支部,党组织是社区建设的领导核心。

(4)坚持民主自治。沈阳市始终把社区居民民主自治作为社区建设的"主题工程",为此,他们首先建立健全社区组织体系,规范民主自治载体,使社区民主自治有组织保障、制度保障和运行保障;其次是进一步明晰社区职权,强化社区的自治职能;再次就是理顺社区管理,理顺民主自治环境;还有就是加强社区党建,保证社区民主自治方向。

(5)注重社区党建。从试点开始,沈阳市就提出了党的领导与社区自治的关系问题,他们始终把它作为社区建设能否健康发展的关键问题。同时,沈阳市还是提出"一手抓工程"较早的城市之一。随着社区建设的不断深入,沈阳市委又专门下发了《关于加强社区党建的工作意见》等多个文件,始终坚持和强调党对社区建设的领导,健全党组织、选好带头人,明确地位职责,发挥核心领导作用,把握大方向,支持社区组织依法自治,多方面、多途径、多形式加强和改善党的领导。

(6)立足社区服务居民。社区建设的根本宗旨在于服务居民,提高社区生活质量。沈阳市在狠抓社区体制改革过程中始终没有放松对居民的社区服务。相反,实施社区体制改革,进一步确立居民民主自治主体地位,以及理顺各种社区社会关系,归根结底恰恰是为了更好地服务居民,发展社区服务,不断满足广大居民日益增长的物质与文化生活的需求。

从上述“沈阳模式”的丰富内涵来看,“沈阳模式”具有4个鲜明的特点。

(1)规模适度。把社区定位在街道办事处辖区与居委会驻地之间,既小于街道办事处,又大于居委会驻地,规模适度,这是“沈阳模式”最显著的特点。

(2)以社区体制改革为突破口。对于社区建设的介入手法全国各地都不一样。我们现在已看到:上海的社区建设介入是从城市现代管理体制改革取得突破;青岛的社区建设介入是从以居委会为依托,培育和发展社区功能,升华社区服务走向全面的社区建设。在全国大部分城市的社区建设都是以社区服务为突破口,进而走向全面的社区建设。“沈阳模式”则创造了新的社区建设介入手法,即从社区体制改革与创新开始。

(3)以民主自治为“主体工程”。纵观“沈阳模式”的前因后果不难发现,整个社区建设基本上是围绕着构建“社区居民民主自治体制”展开的。

(4)鲜明的政治性。这也是“沈阳模式”的一个与众不同的地方。“沈阳模式”政治性的表现:一是仿照国家政体结构来构建社区自治框架,实行“一会两委”制度。二是提出了社区体制与人民代表大会制度相对接的设想、建议和探索。

2. 天津模式

天津市社区建设所取得的基本经验可以归纳如下几点。

(1)坚持“一切为了群众,一切依靠群众”的基本宗旨,是实施社区建设唯一正确的思想基础。在20世纪70年代,中共天津市委就明确提出:“人民城市人民建,人民城市人民管”的城市建设与群众路线发展模式。天津市的社区建设正是继承和发扬了这一优良传统,并把它贯穿到社区建设的方方面面及其全过程。“一切为了群众”,就是完全彻底地根据社区居民的需要进行社区建设,这是社区建设的出发点。“一切依靠群众”,就是完全彻底地依靠广大社区居民和驻区单位的能力和智慧来实现社区建设,这是社区建设的着力点。要做到这一点,首先要加强社区组织建设,构建社区建设行为主体的组织保障;其次是要加强社区民主自治建设,构成广大社区建设居民参与的法律保障;最后是要加强社区机构制度建设,能够真正得到广大社区居民的认可、支持和参与,能够真正从实际出发,解决现实问题,满足需要,能够使社区建设健康、顺利地向前发展。

(2)坚持以社区服务为龙头是实施社区建设切实可行的基本途径。天津市社区建设是从社区服务介入的。一方面,社区服务作为社区建设的基本内容之一,仍然要给予重点发展机会。另一方面,则以社区服务的深入发展“带动”社区建设的全面发展。从社区服务升华到社区建设,这是天津市社区建设的基本途径。

①以进一步加强社区服务志愿者队伍建设为契机,扩大队伍、健全组织、规范活动、提高作用。

②以进一步加强社区服务领导体系建设与改革为契机,调整和改革社区管理机制,为构建适应社区建设的新型社区管理机制及其运行机制提供良好的空间条件。

③以进一步加强社区服务项目建设为契机,以不断满足广大社区居民和驻区单位需要为

目标,促进社区文化、社区卫生、社区治安、社区文明诸方面的建设和发展。

④以加强社区服务网络化、信息化和产业化为契机,促进社区功能的扩展和提高,进而促进社区经济发展、社区社会互助体系建设、“低保”和社区再就业政策的贯彻落实。

⑤以加强社区服务硬件建设为契机,重点建设和发展社区服务救助中心、分中心站,形成区、街、社区三级网络,在此基础上构建社区及省卫生服务站、社区文化教育展、社区环境卫生管理站、社区“一区一警”。

(3)坚持和完善党的领导是实施社区建设的根本保证。社区建设必须坚持党的领导,这是全国一致的共识。天津市的实践经验是坚持社区党建先行。在社区建设初期首先坚持以党组织建设为核心,结合区划调整,建立健全街道工委、社区党组织、楼院党支部三级组织领导体系,以及社区党建工作联席会、协调会和社区精神文明建设指导委员会,自上而下构建社区党建工作组织网络,形成街道工委牵头、社区内各类组织共同参与的社区建设核心领导新格局,切实保证党对整个社区建设工作的全面领导;其次坚持在居民自治的体制框架内加强对社区工作的领导;最后坚持实现班子建设、社区干部素质建设及组织网络建设几个关键环节的有机结合。

(4)坚持共驻共建、资源共享,积极引入市场机制,调动一切积极因素,是实施社区建设的重要原则。社区建设具有综合性,是整个社区的全方位建设与全方位发展,而不是特指某一方面的社区工作;社区建设具有社会性,既不是单纯的政府行为,也不是一种单纯的民间活动,而是政府与各种社会主体、各种社会力量共同参与的过程;社区建设具有地域性,社区是一种地域性的社会实体或社会生活共同体,社区建设直接关系该地域的共同利益。社区建设实施共建原则既是必要的又是可能的。这样需要改革社区管理体制,建立一套有利于共建的社区建设运行机制。建立由“一把手”牵头的社区建设指导委员会,“三匹马拉一套车”,形成党和政府领导、民政协调、各部门配合、社区主办、社会支持和居民参与的社区建设整体合力。

根据天津市民政局对天津市社区建设模式的概括,“天津模式”的特点主要表现在 3 个“坚持”上。

(1)坚持群众路线。在 20 世纪 70 年代末,中共天津市委就针对改革开放的新时期,明确提出过“人民城市人民建,人民城市人们管”的口号,作为天津市建设和发展的指南。实践表明,天津市社区建设就是完全按照党的群众路线的要求运作和发展起来的。集中地表现在天津市社区建设坚持和强调“以社区服务为重点”这一基本做法上。这不仅仅是因为天津社区服务起步早、基础好,更为重要的是它直接表达了对社区基本理念的深刻认识上。社区服务作为一种社会福利服务工作,它最核心的理念是以人为本、为人民服务,就是利用、开发和整合社区资源,在政府的支持和指导下,解决社会问题,不断提升社区生活质量,不断满足社区广大居民的物质文化生活需求。

(2)坚持以社区服务为龙头。通过社区服务介入社区建设,以社区服务推动社区建设全面发展。这是天津市社区建设的基本经验和基本做法,也是“天津模式”的基本内容。坚持以社区服务为龙头之所以是“天津模式”的一个特点,首先,天津市的社区建设是以社区服务为突破口发展起来的;其次,天津市的社区建设是以社区服务为龙头“带动”起来的。所谓“以社区服务为龙头”,是说社区服务在社区建设诸项内容当中占据重要地位,是最根本的,社区建设必须首先抓好社区服务。

（3）坚持大力开展志愿者社会服务活动。天津市不仅仅是我国志愿者社会服务的发源地，而且至今仍然是我国开展志愿者社会服务活动的最好城市之一。首先，天津市有一支庞大的志愿者社区服务队伍；其次，天津市志愿者社会服务组织严谨，活动规范。不仅有社区、街道、区、市四级“志愿者社会服务协会”所形成的组织体系，而且有各种各样的“志愿者服务组织”相互配合与协作。实践证明，天津市创建的“设施服务与邻里志愿者互助服务相结合的社区服务工作模式”极大地深化了社区服务的社会保障功能，推动了社区民主自治建设。志愿者社会服务组织建设及其活动不仅推动了社区服务的大发展，而且极大地推动了天津市社区建设的深入发展。

15.2.2.2 农村社区建设的推进模式

在我国，推进农村社区建设的时间虽不太长，但成效显著，并涌现出许多先进的推进模式。下面介绍湖南的农村社区建设的推进模式。湖南农村社区建设模式的特点可简要表述为“一会一中心六站”。

“一会”：即把农村社区建在村上，实行村委会和农村社区合二为一，参照和仿效城市“居民委员会”改为“社区居民委员会”的做法，将原“村民委员会”改为“社区村民委员会”。

“一中心”：即在社区党组织和社区村委会之下设立“社区服务中心”。

“六站”：即在社区服务中心之下，设农业科技、扶贫帮困、文化教育、医疗卫生、法律、关心下一代等 6 个基本服务站。在服务站的设立上因村而异，其名称和数量不强求统一。在这 3 个实验县，有的农村社区的服务站多达 9 个，有的村设了“工业园区管理服务站”“居家养老服务站”等。

为了使社区服务中心、各服务站真正服务农民，3 个实验县的 19 个试点村均制定了一系列规章制度，如开福区 3 个试点村的规章制度就有：《社区服务中心工作制度》《社区服务中心工作人员服务规范》《农业科技服务站工作职责》《文化教育服务站工作职责》《扶贫帮困服务站工作职责》《医疗卫生服务站工作职责》《法律服务站工作职责》《关心下一代服务工作职责》等。

各村社区服务中心、各服务站工作人员的产生办法和待遇是：社区服务中心主任、副主任，在征得村民代表会议同意的基础上，分别由村党组织书记、社区村委会主任兼任，其原待遇不变。各服务站站长，一是由村两委成员兼任，原待遇不变；二是由村民代表会议推举、社区村委会聘请，聘请人员的待遇实行“义务为主，补贴为辅”的办法，其补贴标准视各村具体情况而定，每月 100 元至 800 元不等。各服务站一般工作人员设 3~4 名，实行村民化、义务化，均由社区群众组织的成员担任。

15.2.3 社区建设的运行机制

15.2.3.1 城市社区建设的运行机制

1. 政府主导

社区建设是一项系统工程，综合性、计划性、协调性很强。只有在政府主导下，才能把党委、政府的领导力量，民政部门的协调力量，驻地单位的协同力量，社区居委会的主办力量，居民群众的参与力量结合起来，形成合力，共同推进社区建设。政府主导社区建设应从以下几个方面着手。

（1）理顺体制关系。包括理顺政府与社区、社区与驻社区单位、党支部与居委会、社区与居民、社区与物业等方面的关系。

（2）提供政策、法律保障。政府出台相关的政策和法律，是社区建设健康持续推进的重要保障。

（3）建立健全组织体系。包括成立各级社区建设领导小组、社区成员代表大会、社区议事协商委员会与社区管理委员会。

2. 民政部门牵头

各级民政部门是社区建设的主管部门。在社区建设中，要在同级党委和政府的领导下，积极发挥职能作用，当好参谋助手，主动履行职责，把社区建设作为民政工作的重点积极推进。

3. 社会各方支持

社区建设涉及方方面面，各有关部门和单位要各司其职，各负其责，相互配合支持，按照各自的职能共同做好工作。同时，要充分发挥工会、共青团、妇联、残联、老龄及其他社会团体在推进社区建设中的重要作用。

4. 群众广泛参与

居民（村民）始终是社区建设的主体，是社区发展动力的源泉。要实现社区自治、民主与互助的目标，都离不开社区居民（村民）的广泛参与。同时，从社区建设发展目标和方向看，社区居民（村民）参与也是社区建设的重点问题，是社区建设形成长效机制的关键和生命力所在。目前，社区居民（村民）之所以参与程度不高、参与渠道不畅，都是因为社区居民（村民）的参与意识不强造成的。

15.2.3.2　农村社区建设的运行机制

1. 以村落为范围

将农村社区建设定位在自然村或以中心自然村带周边小村落为范围的村落社区，这是由农村村落自身的特点决定的。农村村落具有人口联系紧密、社会活动集中、组织结构简单、生活方式具有趋同性等特点。这样，就使在同一个村落社区里的村民具有极强的内聚力、向心力，这也使得村落成为了开展农村社区建设的最佳选择范围。

2. 以创新为动力

农村社区建设是一项全新的工作，要搞好这一项工作，必须有创新意识。创新包括建设内容的创新、建设模式的创新、管理机制的创新及规章制度的创新等。在农村社区建设的创新过程中，首先要体现“以人为本”的理念，要能充分调动农民群众的积极性；同时要有利于村民自治制度的进一步完善与深化。

3. 以村民自愿参与为前提

广大村民是开展农村社区建设的主体。开展农村社区建设必须发动农民群众广泛参与。没有农民群众的广泛参与，农村社区建设就失去了基础，就失去了可持续发展的“土壤”。但参与必须坚持自愿的原则，绝不能以行政命令的形式强迫村民参与。

4. 以服务村民为宗旨

农村社区建设必须坚持“以人为本”的原则，体现服务村民的宗旨。要实现这一宗旨，在农村社区建设中必须以不断满足农民群众的社会需求、提高农民群众生活质量和文明程度即服务村民为农村社区建设的出发点。农村社区建设不能搞形式主义，更不能以开展农村社区建设为由搞“形象工程”“政绩工程”，而要通过开展农村社区建设，让村民能得到一些真正的实惠。

5. 以促进农村发展为目的

目前，我国农村经济社会较城市落后得多，为此，我们必须大力开展农村社区建设，推动农村经济社会的发展。首先要以农村社区建设为切入点，促进农村经济的发展，要组织农民因地制宜，发挥比较优势，大力发展特色农业；并统一组织农民开展农资供应、技术咨询、产品销售、互帮互助等服务活动，从而让农民真正实现增产增收的目的。其次要大力推进农村公益事业的发展，在开展农村社区建设的过程中要顺应村情民意，办一些有益于群众的公益事业，改变农村公益事业落后的局面，推进农村的进步与发展。

15.2.4 社区治理和服务创新实验区建设

15.2.4.1 社区治理和服务创新实验区建设的背景

自中央作出加强和创新社会管理的重大决策以来，民政部先后确认了一批全国社区管理和服务创新实验区（以下简称实验区），围绕创新社区管理体制、丰富社区自治形式、完善社区服务制度、优化社区服务手段等领域进行了积极探索，在夯实基层、做实社区方面积累了初步经验，推动社区建设不断向深度和广度拓展。党的十八大作出了完善基层民主制度、加强基层社会管理和服务体系建设的战略部署，为深化社区管理体制改革和服务机制创新提供了发展机遇，为提升实验区的创新能力和示范作用提出了更高要求。为此，民政部于 2013 年 1 月出台了《关于加强全国社区管理和服务创新实验区工作的意见》（民发〔2013〕13 号）。习近平总书记在党的二十大报告中指出：“健全共建共治共享的社会治理制度，提升社会治理效能。”为我们进一步完善社会治理体系、创新社区治理和服务提供了基本遵循。

15.2.4.2 社区治理和服务创新实验区建设的基本原则

坚持创新引领、示范带动。准确把握加快社会体制改革的总体要求，积极借鉴国内外社区发展的科学经验，着力破除制约社区服务管理的认识误区和制度障碍，形成理论创新、实践创新和制度创新的示范成果。

坚持以人为本、问需于民。尊重社区居民的首创精神，从居民群众需求出发确定创新方向，以社区居民满意与否作为评价创新成效的根本标准，确保全体社区居民从创新实验中共同受益。

坚持统筹规划、重点突破。切实做好地区层面的整体规划和顶层设计，周密制定实验方案和配套政策，力争在社区服务管理的制度设计、体系支撑、政策创制、经费投入等难点问题上有所突破。

坚持因地制宜、形成特色。在深入研究论证的基础上，立足本地实际选择和实施实验项目，使社区服务管理与经济社会发展保持一致，并在条件具备的情况下适度超前，避免脱离实际、一哄而上和贪多求全。

15.2.4.3 社区治理和服务创新实验区建设的重点内容

提高社区治理水平。转变基层政府职能，加快服务型政府建设，推进基层管理体制改革，探索通过区直管社区或街道“中心制”等方式，实现人力、财力、物力向社区下沉。完善社区治理结构，形成社区党组织领导，社区居委会主导，社区公共服务机构、社区社会组织、业主组织、驻区单位和社区居民多元参与、共同治理的格局。推动"社区、社团、社工"三社联动，建立以社区为平台、社会组织为载体、专业社会工作人才队伍为支撑的运行机制。推行政府购买服务制度，建立公益创投机制，充分发挥社区社会组织作用，引导其他社会组织和专业社会工作人员进入社区。

增强社区自治功能。完善发展社区居民自治的具体制度，稳步提高社区居委会直接选举比例，构建农村进城务工人员融入社区、参与社区管理机制。发展院落（楼宇、门栋）自治、业主自治、社团自治等民主形式，拓宽社区媒体、互联网络、移动设备等参与渠道。加强议事协商，推进基层协商民主实践，健全民情恳谈、社区听证、社区论坛、社区评议等对话机制，建立党代表、人大代表、政协委员联系社区制度。强化权力监督，推进社区党风廉政建设，进一步完善社区党务、居务、财务、服务等信息公开制度，健全社区信息公开目录。

提升社区服务能力。认真落实《社区服务体系建设规划（2016-2020年）》，推进社区综合服务设施建设，扩大社区服务设施网络覆盖，提高社区服务设施使用效率。推动基本公共服务项目对社区居民和农村进城务工人员全覆盖，推进社区志愿服务制度化和社区便民利民服务多样化，建立行政机制、志愿机制和市场机制互联互补的社区服务供给方式。推进社区信息化建设，建立以区（县）管理信息系统为中心，街道和社区综合信息平台为辐射，社区自助终端、个人服务终端为节点的信息网络。实施社区信息化建设运营方式改革，强化政府支持，发挥社会组织作用，引进合格市场主体，建立社区信息化建设多元筹资机制。

创新社区党建工作。健全和优化社区党组织设置，发挥社区党组织的领导核心作用。建立社区党建工作联席会议制度，加大驻社区单位设施开放、人员交流和资金帮扶力度，整合发挥社区公共资源效能。逐步实行社区党组织领导成员直接选举，健全社区党员代表议事制度，探索党内基层民主的多种实现形式。完善社区"两委"议事协调机制，改进社区党组织的工作方式，有效发挥支持社区自治功能。加快推进学习型、服务型、创新型社区党组织建设，建立在职党员到社区报到机制，开展社区党员志愿服务、结对帮扶等活动。

拓展训练

贵阳市龙里县冠山街道"民情一点通"搭建为民服务"五个平台"

冠山街道自2014年3月12日成立以来，面临人口众多、地域广阔、民情信息不畅、管理和服务难度较大的困难。为此，街道出资10万元构思、设计、开发了"民情一点通"软件。通过"民情一点通"软件，搭建了信息互通、办公自动化、干部管理、便民利民、"大数据"等"五个平台"，极大提高了工作效率。

一、搭建信息互通平台。一是高效收集处理民情信息。明确街道干部职工、村组干部、党员和入党积极分子等413名为"民情信息员"，借鉴原龙山镇推出的"党员爱心服务网格化"思路，对民情信息员实行网格管理，在街道建立民情信息服务中心，在村（社区）组建民情信息服务站，按照区域划分，组建民情信息服务队，民情信息服务队不定期组织民情信息员，实时收集上传安全事故、受灾情况、群众诉求等相关照片或视频到服务平台，街道指挥中心及时分流转办，为行政决策提供直观、具体的第一手信息，牢牢掌握处置突发情况的主动权，从而达到信息互通作用，提高解决群众诉求的办事效率。二是快速完成代办事项。认真梳理不需要群众本人到现场办理的事项，由民情信息员手机拍摄收集申办人的相关证件资料上传服务平台快速进行分流办理。在“金秋助学”活动中，民情信息员用手机将考生的《录取通知书》、户口簿等拍摄上传到服务平台，指挥中心打印并转送相关部门办理后，考生仅需到办事处签字确认即可完成助学贷款发放。

二、搭建办公自动化平台。一是“民情一点通”软件具有语音留言、直通书记、直通主任等功能，同时下级可以随时上报信息、数据、电子表格、word 文档、照片视频等，上级也可以对每位民情信息员发送指令。比起“移动办公软件”只能被动接收和阅读文件，“民情一点通”软件极大提高了办公自动化、智能化水平。二是街道领导利用“民情一点通”软件，无论在车上、出差，都可以随时随地办公，一方面节约纸张的不必要浪费，另一方面极大节省层层上报处理问题的时间。三是对于街道民情信息员和快递干部在走访民情，上门代办安全生产、计生证明、助学贷款等事件的过程中，只需打开“民情一点通”手机软件，将代办事项所需提供的资料拍照上传到民情指挥中心，民情指挥中心管理员便可将照片打印作为印证资料，特事特办，提高了办事效率，节约了办事成本。

三、搭建干部管理平台。一是随机抽查工作作风。充分利用“民情一点通”网络定位功能，防止因辖区扩大后部分干部为官不为现象。制定完善《冠山街道干部管理制度》，实行在岗履职情况随机抽查制度，每次在 183 名街道干部及 30 个村（社区）干部中随机抽取 10 名干部，要求未在岗干部按时上传工作现场照片，纪工委根据定位信息确定干部履职情况。二是动态督办抓落实。通过查看平台上民情信息，了解和掌握项目、安监工作推进落实情况及干部职工工作动态，增强跟踪督办的主动性和针对性，突出督办重点，及时对滞后工作进行调度指导，确保各项工作目标任务及时、高效地落到实处。

四、搭建便民利民平台。一是畅通信访诉求表达渠道。对群众举报事项、信访诉求、重大社情舆情等不宜公开的内容，依托服务平台的“语音留言、书记信箱、主任信箱”等功能畅通反映和上报渠道，由党政主要领导直接批办，确保群众合法诉求及时解决、不合法诉求及时解释到位、矛盾纠纷和群体性事件隐患及时排查、化解，为经济社会发展保驾护航。二是畅通紧急突发情况处置渠道。发生重大紧急情况时，民情信息员第一时间通过“直通书记、直通主任”功能将相关信息直报党政一把手，确保突发情况得到及时、有效处置，切实维护集体和群众利益。

五、搭建街道“大数据”平台。一是规范管理统计数据。借助“民情一点通”大数据分析功能，明确各村（社区）、站办所等统计的经济社会发展相关指标数据必须上传民情指挥中心转送街道相关领导审定后分类存储，供街道各工作集团、干部职工查询引用，形成统一的官方数据档案，为科学决策提供参考依据。二是实行特殊人群“一户一档”。“民情信息员”结合入户走访，及时采集上传困难群众、涉军涉稳人员等特殊人群的基本信息，民情指挥中心按照“一户一档”的要求进行整理分类、汇总，建立健全特殊人群“一户一档”民情档案供系统内部查询，为困难群体帮扶救助、矛盾纠纷排查化解等提供数字化信息服务，切实提高服务效率。

（资料来源：民政部门户网站，2016-05-09，http://www.mca.gov.cn/article/yw/jczqhsqjs/xzjs/sjts/201605/20160500000232.shtml。）

仔细阅读以上资料，回答以下问题：

1. 搭建“大数据”平台对加强社区治理有何重要性？

2. 创新基层治理的路径有哪些？谈谈你的看法。

15.2.5 深入推进农村社区建设试点工作

15.2.5.1 深化农村社区建设试点的重要意义

农村社区是农村社会服务管理的基本单元。随着中国特色新型工业化、信息化、城镇化、农业现代化进程加快，我国农村社会正在发生深刻变化，农村基层社会治理面临许多新情况、新问题：农村人口结构加剧变化，部分地区非户籍居民大幅增加，非户籍居民的社会融入问题凸显，部分地区存在村庄空心化现象，农村“三留守”群体持续扩大；农村利益主体日趋多元，农村居民服务需求更加多样，农村社会事业发展明显滞后，社会管理和公共服务能力难以适应；村民自治机制和法律制度仍需进一步完善等。加强农村社区建设，有利于推动户籍居民和非户籍居民和谐相处，有利于促进政府行政管理、公共服务与农村居民自我管理、自我服务更好地衔接互动，有利于增强农村社区自治和服务功能，为农民幸福安康、农业可持续发展、农村和谐稳定奠定坚实基础。

中央高度重视农村基层社会管理和服务工作，对推进农村社区建设提出明确要求。农村社区建设要在党和政府的领导下，在行政村范围内，依靠全体居民，整合各类资源，强化社区自治和服务功能，促进农村社区经济、政治、文化、社会、生态全面协调可持续发展，不断提升农村居民生活质量和文明素养，努力构建新型乡村治理体制机制。近年来，各地区、各有关部门认真贯彻中央决策部署，组织开展农村社区建设试点工作，取得了一定成效。实践证明，农村社区建设是社会主义新农村建设的重要内容，是推进新型城镇化的配套工程，是夯实党的执政基础、巩固基层政权的重要举措。

15.2.5.2 深入推进农村社区建设试点的基本原则

以人为本，完善自治。坚持和完善村党组织领导的充满活力的村民自治制度，尊重农村居民的主体地位，切实维护好、保障好农村居民的民主政治权利以及合法经济利益和社会生活权益，让农村居民从农村社区建设中得到更多实惠。

党政主导，社会协同。落实党委和政府的组织领导、统筹协调、规划建设、政策引导、资源投入等职责，发挥农村基层党组织核心作用和自治组织基础作用，调动农村集体经济组织、农民合作经济组织、农村群团组织和社会组织等各类主体的积极性、主动性和创造性。

城乡衔接，突出特色。加强农村社区建设与新型城镇化建设的配套衔接，强化农村社区建设对新农村建设的有效支撑，既注意以城带乡、以乡促城、优势互补、共同提高，又重视乡土味道，体现农村特点，保留乡村风貌。

科学谋划，分类施策。把握农村经济社会发展规律，做好农村社区建设的顶层设计和整体谋划，提高试点工作的科学性、前瞻性和可行性、有效性。加强分类指导，统筹考虑各地农村社区的经济发展条件、人口状况及变动趋势、自然地理状况、历史文化传统等因素，合理确定试点目标和工作重点，因地制宜开展试点探索。

改革创新，依法治理。坚持和发展农村社会治理有效方式，发挥农村居民首创精神，积极推进农村基层社会治理的理论创新、实践创新和制度创新。深化农村基层组织依法治理，发挥村规民约的积极作用，推进农村社区治理法治化、规范化。

15.2.5.3 深入推进农村社区建设试点的主要任务

完善在村党组织领导下、以村民自治为基础的农村社区治理机制。农村社区建设坚持村党组织领导、村民委员会牵头,以村民自治为根本途径和有效手段,发动农村居民参与,同时不改变村民自治机制,不增加农村基层管理层级。推进农村基层服务型党组织建设,增强乡镇、村党组织服务功能。以农村基层党组织建设带动农村自治组织、群众组织、经济社会服务组织建设,健全完善农村基层党组织引领农村社区建设的领导机制和工作机制。依法确定乡镇政府与村民委员会的权责边界,促进基层政府与基层群众自治组织有效衔接、良性互动。认真贯彻实施村民委员会组织法,加强村民委员会和村务监督机构建设,完善农村社区建设重大问题的民主决策、民主监督制度。依托村民会议、村民代表会议等载体,广泛开展形式多样的农村社区协商,探索村民议事会、村民理事会等协商形式,探索村民小组协商和管理的有效方式,逐步实现基层协商经常化、规范化、制度化。

促进流动人口有效参与农村社区服务管理。依法保障符合条件的非本村户籍居民参加村民委员会选举和享有农村社区基本公共服务的权利。吸纳非户籍居民参与农村社区公共事务和公益事业的协商,建立户籍居民和非户籍居民共同参与的农村社区协调议事机制。在保障农村集体经济组织成员合法权益的前提下,探索通过分担筹资筹劳、投资集体经济等方式,引导非户籍居民更广泛地参与民主决策。健全利益相关方参与决策机制,采取会议表决、代表议事、远程咨询等决策方式,维护外出务工居民在户籍所在地农村社区的权利。健全农村"三留守"人员关爱服务体系,重点发展学前教育和养老服务,培育青年志愿组织和妇女互助组织,建立农村社区"三留守"人员动态信息库,扩大呼叫终端、远程监控等信息技术应用,切实提高对农村留守儿童、留守妇女、留守老人的服务能力和服务水平。

畅通多元主体参与农村社区建设渠道。建立县级以上机关党员、干部到农村社区挂职任职、驻点包户制度。建立和完善党代表、人大代表、政协委员联系农村居民、支持农村社区发展机制。鼓励驻村机关、团体、部队、企事业单位支持、参与农村社区建设。拓宽外出发展人员和退休回乡人员参与农村社区建设渠道。依法确定村民委员会和农村集体经济组织以及各类经营主体的关系,保障农村集体经济组织独立开展经济活动的自主权,增强村集体经济组织支持农村社区建设的能力。推动发展新型农村合作金融组织、新型农民合作经济组织和社会组织,通过购买服务、直接资助、以奖代补、公益创投等方式,支持社区社会组织参与社区公共事务和公益事业,支持专业化社会服务组织到农村社区开展服务。

推进农村社区法治建设。加强农村社区司法行政工作室等法治机构建设,指导农村社区开展各项法治工作,探索整合农村社区层面的法治力量,加强农村社区法律援助工作,推动法治工作网络、机制和人员向农村社区延伸,推进覆盖农村居民的公共法律服务体系建设。完善人民调解、行政调解、司法调解联动工作体系,建立调处化解农村矛盾纠纷综合机制,及时了解掌握和回应不同利益主体的关切和诉求,有效预防和就地化解矛盾纠纷。建立健全农村社区公共安全体系,创新农村立体化社会治安防控体系,加强和创新农村社区平安建设,建立覆盖农村全部实有人口的动态管理机制,做好社区禁毒和特殊人群帮教工作。加强农村社区警务、警务辅助力量和群防群治队伍建设,对符合任职年限条件的农村警务室民警落实职级待遇。加强农村社区普法宣传教育,提高基层党员、干部法治思维和依法办事能力,引导农村居民依法反映诉求、解决矛盾纠纷。指导完善村民自治章程和村规民约，支持农村居民自我约束和自我管理，提高农村社区治理的法治化水平。

提升农村社区公共服务供给水平。健全农村社区服务设施和服务体系，整合利用村级组织活动场所、文化室、卫生室、计划生育服务室、农民体育健身工程等现有场地、设施和资源，推进农村基层综合性公共服务设施建设，提升农村基层公共服务信息化水平，逐步构建县（市、区）、乡（镇）、村三级联动互补的基本公共服务网络。积极推动基本公共服务项目向农村社区延伸，探索建立公共服务事项全程委托代理机制，促进城乡基本公共服务均等化。加强农村社区教育，鼓励各级各类学校教育资源向周边农村居民开放，用好县级职教中心、乡（镇）成人文化技术学校和农村社区教育教学点。改善农村社区医疗卫生条件，加大对乡（镇）、村卫生和计划生育服务机构设施改造、设备更新、人员培训等方面的支持力度。做好农村社区扶贫、社会救助、社会福利和优抚安置服务，推进农村社区养老、助残服务，组织引导农村居民积极参加城乡居民养老保险，全面实施城乡居民大病保险制度和“救急难”工作试点。

推动农村社区公益性服务、市场化服务创新发展。广泛动员党政机关、企事业单位、各类社会组织和居民群众参加农村社区志愿服务，切实发挥党员先锋模范作用。完善农村社区志愿服务站点布局，搭建社区志愿者、服务对象和服务项目对接平台，开展丰富多彩的社区志愿互助活动。根据农村社区发展特点和居民需求，分类推进社会工作服务，发挥社会工作专业人才引领社区志愿者服务作用。鼓励企业和供销合作社完善农村社区商业网点和物流布局，引导经营性服务组织在农村社区开展连锁经营，采取购买服务等方式，支持社会力量在农村兴办养老助残、扶贫济困等各类社会事业。

强化农村社区文化认同。以培育和践行社会主义核心价值观为根本，发展各具特色的农村社区文化，丰富农村居民文化生活，增强农村居民的归属感和认同感。深入开展和谐社区等精神文明创建活动，树立良好家风，弘扬公序良俗，创新和发展乡贤文化，形成健康向上、开放包容、创新进取的社会风尚。健全农村社区现代公共文化服务体系，整合宣传文化、党员教育、科学普及、体育健身等服务功能，形成综合性文化服务中心，开辟群众文体活动广场，增强农村文化惠民工程实效。引导城市文化机构、团体到农村社区拓展服务，支持农民兴办演出团体和其他文化团体。发现和培养乡土文化能人、民族民间文化传承人等各类文化人才，广泛开展具有浓郁乡土气息的农村社区文化体育活动，凝聚有利于农村社区发展的内在动力和创新活力。

改善农村社区人居环境。强化农村居民节约意识、环保意识和生态意识，形成爱护环境、节约资源的生活习惯、生产方式和良好风气。发动农村居民和社会力量开展形式多样的农村社区公共空间、公共设施、公共绿化管护行动。完善农村社区基础设施，建立健全农村供电、供排水、道路交通安全、消防安全、地名标志、通信网络等公用设施的建设、运行、管护和综合利用机制，提高对自然灾害、事故灾难、公共卫生事件、社会安全事件的预防和处置能力。分级建立污水、垃圾收集处理网络，健全日常管理维护，促进农村废弃物循环利用，重点解决污水乱排、垃圾乱扔、秸秆随意抛弃和焚烧等脏乱差问题。加快改水、改厨、改厕、改圈，改善农村社区卫生条件。积极推进“美丽乡村”和村镇生态文明建设，保持农村社区乡土特色和田园风光。

15.3 社区治理职业技能等级证书

15.3.1 社区治理职业技能等级证书概述

为贯彻《国务院关于印发国家职业教育改革实施方案的通知》(国发〔2019〕4号)和教育部等四部门印发《关于在院校实施"学历证书＋若干职业技能等级证书"制度试点方案》的通知(职教成〔2019〕6号)精神,北京中民福祉教育科技有限责任公司牵头开发了失智老年人照护、老年康体指导、社区治理、婚礼策划、殡仪服务、遗体防腐整容等1+X证书。该证书适用高等职业学校现代物业管理、社会工作、党务工作、社区管理与服务、公益慈善事业管理、民政服务与管理、人力资源管理、劳动与社会保障、公共事务管理、行政管理、现代家政服务与管理、智慧健康养老服务与管理等专业。该证书面向的职业岗位(群)包括但不限于社区工作者(社区事务员)、社会工作者、城市管理网格员、社团会员管理员等。

15.3.2 社区治理职业技能等级划分

社区治理职业技能等级分为三个等级:初级、中级、高级,三个级别依次递进,高级别涵盖低级别职业技能要求。高等职业学校学生一般报考中级。

15.3.3 社区治理职业技能等级(中级)要求描述

熟悉相关政策法规和服务规范,能开展政策咨询、材料审核、数据分析、社区会议召开与组织、服务活动实施、社区信息公开、组织孵化备案、志愿服务管理、便民服务组织和资源拓展的深入性工作,应满足表15.1的要求。

表15.1 社区治理职业技能等级要求(中级)

工作领域	工作任务	职业技能要求
1. 政务管理	1.1 政情咨询与宣传	1.1.1 熟悉相关政务规定和知识,能开展知识普及与普法宣传工作; 1.1.2 熟悉法律、社会保险、困难群体、社会治安、权益保护等政策,能开展政策咨询工作; 1.1.3 熟悉国家大政方针和党、政决策部署,能开展政策动员工作; 1.1.4 熟悉疑难问题,能为居民向政府部门咨询政策建议和办事手续。
	1.2 政务办理与协调	1.2.1 熟悉相关政策和工作流程,能根据政策规定和实际情况(社情民意),审核材料,作出结论; 1.2.2 熟悉重点人群办事需求,能提供政务代理或上门服务; 1.2.3 熟悉政策衔接与变化,能解释说明政策执行差异,为后续事务持续提供跟踪帮助支持; 1.2.4 培养积极的工作作风,保有高度的政治站位,能主动搜集、发现突出问题,并做分析认定。
	1.3 政信搜集与上报	1.3.1 熟悉群众工作方法,能入户调查摸排,采集可信度更高的信息与数据; 1.3.2 熟悉社会统计方法,能建立起日常社区数据库和材料台账,并分析归纳,提出报告; 1.3.3 熟悉社区综合信息系统,能使用社区公共服务综合信息平台处理数据,获得社区基本状况; 1.3.4 熟悉信息上报规范和流程管理,能与相关部门保持密切联系。

续表

2. 居(村)务治理	2.1 民主选举	2.1.1 熟悉相关选举制度,能全面介绍选举事宜; 2.1.2 熟悉选举程序,能开展选举的全面性工作; 2.1.3 熟悉选举常见问题,能进行全面解答; 2.1.4 熟悉选举工作,能进行工作团队管理。
	2.2 议事决策	2.2.1 熟悉居(村)民(代表)会议等的相关要求,能讲解其全面内容; 2.2.2 熟悉居(村)民(代表)会议等的流程,能依次开展会议的各项具体工作; 2.2.3 熟悉居(村)民(代表)会议等的常见问题,能进行全面解答; 2.2.4 熟悉居(村)民(代表)会议等的主要方法,能解决会议中的常见问题。
	2.3 服务开展	2.3.1 熟悉需求调研的规范要求,能分析社区及其居(村)民服务需求; 2.3.2 熟悉服务方案的框架结构,能设计出重要性服务方案; 2.3.3 熟悉需求和方案相结合的专业方法,能开展相关服务活动; 2.3.4 熟悉管理要求,能进行全面性居(村)务管理; 2.3.5 熟悉成效评估知识,能开展效果评估。
	2.4 居(村)务公开	2.4.1 熟悉居(村)务公开的工作要求,能进行一般居(村)务公示; 2.4.2 熟悉居(村)务公开的内容,能撰写一般居(村)务公告; 2.4.3 熟悉居(村)务公开的渠道方法,能使用现代化方法进行居(村)务公开; 2.4.4 熟悉居(村)务公开意见反馈的相关办法,能处理一般性问题。
	2.5 组织培育	2.5.1 熟悉城乡社区社会组织政策,能解答一般性政策问题; 2.5.2 熟悉社区居(村)民情况,能挖掘培育出居(村)民骨干; 2.5.3 熟悉组织孵化过程,能催生孵化社区社会组织; 2.5.4 熟悉组织孵化的基本流程,能催生孵化社区社会组织。
3. 社区服务	3.1 志愿服务	3.1.1 熟悉志愿服务相关知识,能动员社区居民加入志愿服务队伍; 3.1.2 熟悉志愿服务登记系统,能组织开展社区志愿者注册; 3.1.3 熟悉社区需求,能统筹管理社区志愿服务; 3.1.4 熟悉社区资源与需求,能策划邻里互助服务项目。
	3.2 便民利民服务	3.2.1 熟悉特殊群体的需求,能面向低保对象、老人、残疾人等人群组织开展便民服务; 3.2.2 熟悉社区资源,能组织企业和机构开展社区居民日常生活便利服务; 3.2.3 熟悉社区需求,能进行需求评估,提出在社区设置便民服务点的建议; 3.2.4 熟悉相关政策,能宣传引导社会力量兴办社区生活服务类企业、社会组织。
	3.3 资源链接	3.3.1 熟悉社区资源挖掘的方法,能倡导驻社区单位为社区困难群体开展捐赠、帮助; 3.3.2 熟悉社区资源创新的方法,能引导社区内或周边单位向社区居民开放文化、教育、体育等活动设施; 3.3.3 熟悉社区资源整合的方法,能协调利用社区内的学校、培训机构、幼儿园、文物古迹等开展社区教育活动; 3.3.4 熟悉社区资源管理的方法,能推动驻社区机关企事业单位参与社区服务。

案例分享

黑龙江深入推进智慧社区建设

近日,黑龙江省民政厅、省委政法委、省委网信办等 10 部门联合印发《关于深入推进智慧社区建设的若干措施》(以下简称《措施》),提出通过夯实智慧社区建设基础、增强智慧社区服务能力、强化智慧社区建设保障,力争到 2025 年,基本构建起网格化管理、精细化服务、信息化支撑、智能化安防、开放共享的智慧社区服务平台,助力基层治理智慧化水平进一步提升。

《措施》提出,各地要将乡镇(街道)、村(社区)纳入信息化、数字化建设规划,统筹推进智慧社区基础设施、系统平台和应用终端建设,充分依托已建成的智慧城市、智慧社区、数字政务、网格服务管理等信息平台，因地制宜推进智慧社区综合信息平台建设，面向社区提供一体化管理和服务。依托智慧社区综合信息平台建立健全民情反馈、风险研判、应急响应、舆情应对机制，做好网上社情民意信息监测，提升社区全周期管理水平，拓展智慧社区治理场景；推动更多高频政务服务事项“掌上办”“指尖办”，创新社区购物消费、居家生活、公共文化生活、休闲娱乐、交通出行等各类生活场景数字化服务方式，构筑社区数字生活新图景；加强社区数据资源有序汇集、关联分析、高效处理，为社区各类服务开展提供精准匹配、精准反馈，提高服务效率和服务质量，加强大数据在社区的应用。

《措施》要求，各地要切实履行好推进智慧社区建设的领导责任和主体责任，统筹编制本地智慧社区建设规划，加大相关资金渠道统筹力度，支持智慧社区相关建设项目，强化保障支持；强化队伍建设，选拔高校毕业生等有一定信息化知识的优秀人才充实社区工作者队伍，加强对社区工作者信息化技能培训；面向城乡社区居民开展智慧社区综合信息平台相关知识普及和培训，提高智慧社区应用水平。

（案例来源：《中国社会报》，2022 年 8 月 26 日）

技能实战

将全班分成两个小组，在认真学习“社区建设”一章的基础上，以社区“一老一小”为服务对象，分别撰写社区为老服务与社区儿童服务活动方案各一个，并进行评析。要求：理论联系实际，方案切实可行。

自我测试

1. 理论联系实际，分别论述城市社区建设与农村社区建设的基本原则。

2. 理论联系实际，论述深入开展农村社区建设的意义。

3. 为 ×× 市民政局起草一个《×× 市关于加强社区建设的意见》的公文。

要求：

（1）公文格式正确；

（2）公文内容完整；

（3）会运用相关的社区建设理论，并能联系实际。

16 行政区划管理

引言

行政区划制度作为一种国家结构体系，对于国家的统一、政权的稳定、社会的进步以至经济的发展，都有重要影响。了解行政区划基本原理和中国行政区划演变规律以及中国行政区划变更的依据、原则、方法、途径、动力机制、影响因素、程序等，掌握规范化、科学化的行政区划管理手段，对我们做好民政工作起着十分重要的作用。

学习目标

1. 了解行政区划的概念、要素、特点以及我国行政区划的基本结构。
2 了解行政区划变更的概念、原因及其影响因素。
3. 掌握行政区划变更的基本原则和内容。
4. 掌握行政区划变更的审批权限。

16.1 行政区划管理概述

16.1.1 行政区划的概念

中国是世界上历史最悠久的文明古国之一，有几千年光辉灿烂的文明史，行政区划的历史也十分久远，其萌芽始于原始社会向奴隶社会过渡的夏朝。

夏朝的地方行政区划单位，是在原始公社部落基础上形成的“方国”或“小邦”。商和西周的行政区划实行以血缘关系为基础、按地域划分的分封制。总的来说，夏、商、西周是行政区划的萌芽阶段，行政区域的划分尚未从根本上冲破氏族制度遗留下来的血缘联系。

春秋时期，先后产生了县制和郡制，这就在一个诸侯国内有了现代意义的行政区划，第一次实现了对人民的管理主要按地域而不是按血缘来划分。

战国时期初步奠定了郡县制的基础。公元前 221 年，秦始皇统一中国，全面推行郡县制，至此，在全国范围内确立了体系完整、结构严密、层次分明的行政区划。

自汉至清，以至民国时期，不同历史时期的行政区划存在一些差异，但以郡县制或省县制为主的行政区划基本未变。

简单地说，行政区划就是国家对行政区域的划分。具体地说，就是根据国家行政管理和政治统治的需要，按法定权限和程序，充分考虑领土面积、自然地理条件、政治经济状况、民族关系、人口密度、历史传统、风俗习惯、地区差异和国防建设等多种客观因素，实行行政区域的分级划分，将国家的国土划分为大小不一、层次不同的行政区域体系，并在各个区域设置相应的地方国家权力机关和行政机关，建立政府公共管理网络，为社会生活和社会交往明确空间定位。

行政区划是社会发展到一定阶段,国家取代了旧的氏族组织,要求按地区来划分国民的必然结果。国家产生后,“由血缘关系形成和连接起来的旧的氏族公社已经很不够了,因此,按地区来划分就被作为出发点,允许国民在他们居住的地方实现他们的公共权利和义务,不管他们属于哪一部族或哪一部落”。可见,行政区划是人为而非自然形成的,是一个国家权力再分配的主要形式,也是国家统治集团意志及政治、经济、民族、习俗等各种要素在地域空间上的客观反映。广义的行政区划还包括对已有行政区域的调整(变更)。

16.1.2 行政区划的要素

16.1.2.1 行政管辖的人口

一定数量的人口及其构成是行政区划设置的基本前提,也是行政区划设置的主要依据。市镇的设置要依据一定数量的城镇人口,而且还要看其聚集程度;民族地区建制要依据人口的民族成分进行设置。

行政区划层级从上到下,一定系列的行政区所含人口数呈递减趋势;横向排列的行政区理论上所含人数应相当,但由于地形地貌、经济发展水平等因素的综合作用,导致人数往往出现较大差距。现代社会人口变动更加频繁,人口的不确定因素越来越大。人是生产力发展的决定性因素,现代社会已从“科技是第一生产力”发展到“人力资源是第一生产力”,现代管理更强调以人为本的理念。因此,行政区划将更加关注人的因素。

16.1.2.2 一定地域范围的行政区域

行政区域就是行政区划单位的地域范围,是国家为分级管理而划分的行政管辖区域。地域实体是行政区域的基础,是行政管理的客观对象。与其他经济区相比,行政区域有明确的区域界线。影响行政区域划分的因素较多,如人口、历史传统、自然地理条件、民族成分、地方经济社会发展水平、行政管理、国家政治形势等,都会对行政区域的划分产生影响。

16.1.2.3 行政建制

行政建制是划分行政区类型的一种单位,是行政区划单位的通名,用于区别不同类型的地域,以便对地域实施分类管理。

机关有处、科等建制,军队有师、团等建制,行政区划也有其专门的建制。我国行政区划的建制有省、自治区、市、县、乡、镇等。国家除对国土实行分级管理之外,还要实行分类管理。行政建制既有级别的含意,也有地域类型的区别。根据不同的地域情况,设置相应的行政建制;按照不同的行政建制,设置相应的行政机关。因为地域客观情况在不断变化,所以反映地域实体的行政建制也应与之相适应,如县演变为市,乡演变为镇。

小资料

我国目前行政区划建制

我国目前行政区划建制一般分为:

1. 普通建制——传统的、一般地域设置的建制,如省、县、乡;
2. 城市建制——城市地域设置的建制,如直辖市、地级市、县级市、市辖区;
3. 民族建制——在少数民族地区设置的建制,如自治区、自治州、自治县、民族乡;
4. 特别建制——在特别地区设置的建制,如为实行“一国两制”而设立的香港特别行政区，为保护、开发和利用地方资源而设立的林区（湖北神农架林区）、特区（贵州万山特区）；

5. 准建制——为政府派出机构和基层群众性自治组织设置的建制，如地区、街道办事处、区（公所）、村（居）民委员会。按照结构不同，行政建制可分为上层建制、中层建制、基层建制，还有综合分类等等。

16.1.2.4 行政机关及其驻地

行政机关就是行政区划单位内设置的地方国家行政机关。

狭义的地方国家行政机关是指地方人民政府（也可包括地方人民政府的派出机构），不包括各类经济企业性质的管理机关，也不含法院、检察院等审判机关与法律监察机关。一般情况下，行政机关的设置往往伴随着其他国家机构的产生，而且还要设置一定的政党、人民群众与社会团体等方面的组织机构。根据宪法规定，国务院即中央人民政府是最高国家权力机关的执行机关，是最高国家行政机关，统一领导全国地方各级国家行政机关的工作，规定中央和省、自治区、直辖市的国家行政机关的职权的具体划分。省、直辖市、县、市、市辖区、乡、民族乡、镇设立人民代表大会和人民政府。

行政机关有如下多种分类。

（1）按行政建制分类有：省、县、乡等普遍建制的行政机关；市、镇、市辖区等城镇建制的行政机关；自治区、自治州、自治县、自治旗等民族建制的行政机关；林区、特区等特别建制的行政机关；地区、街道办事处等准建制的行政机关。

（2）按行政级别分类有：乡、镇等基层行政机关；县（市）等中层行政机关；省、自治区、直辖市等高层行政机关；最高行政机关是国务院。

行政机关驻地称为行政中心，行政中心在行政区域内的相对位置直接影响到行政机关职能作用的发挥，关系到行政机关能否对行政区域实施有效的管理。因此，行政机关驻地的确定便成为行政区划的一项重要工作。

16.1.2.5 行政级别

行政级别就是行政区划单位的行政地位。行政级别或者说行政地位的高低，是根据行政区域内各项政治、经济、社会管理的需要由国家依法确定的。

目前我国实际现行的行政区划一般分为 4 级：

1. 省级——包括省、自治区、直辖市、特别行政区；
2. 地级——包括自治州、（地级）市、地区、盟；
3. 县级——包括县、自治县、（县级）市、（市辖）区、旗、自治旗等；
4. 乡级——包括乡、民族乡、镇等。

不同级别的行政区划单位依法享有一定的行政权力，该行政权力实质上赋予行政机关。行政区划单位的行政级别与行政机关的级别原则上一致，此为普遍性；也有不一致的方面，如有的计划单列市，其行政机关的级别比法定行政区高出半格。一般讲，行政建制基本上反映了行政级别，如省、县、乡依次反映了省级、县级、乡级的含义。但有的行政建制也不能完全反映行政级别，如市就含有直辖市、地级市、县级市 3 个级别，另外还有副省级市，个别地方甚至有副地级市。

小资料

中国行政区划简称及省会

东部:辽宁省(辽)沈阳、北京市(京)北京、天津市(津)天津、河北省(冀)石家庄、山东省(鲁)济南、江苏省(苏)南京、上海市(沪)上海、浙江省(浙)杭州、福建省(闽)福州、广东省(粤)广州。

中部:黑龙江省(黑)哈尔滨、吉林省(吉)长春、内蒙古自治区(内蒙古)呼和浩特、山西省(晋)太原、陕西省(陕或秦)西安、河南省(豫)郑州、安徽省(皖)合肥、湖北省(鄂)武汉、湖南省(湘)长沙、江西省(赣)南昌、广西壮族自治区(桂)南宁、宁夏回族自治区(宁)银川。

西部:甘肃省(甘)兰州、新疆维吾尔自治区(新)乌鲁木齐、青海省(青)西宁、西藏自治区(藏)拉萨、四川省(川或蜀)成都、重庆市(渝)重庆、贵州省(贵)贵阳、云南省(云或滇)昆明。

其他:海南省(琼)海口、台湾省(台湾)台北、香港特别行政区(港)香港、澳门特别行政区(澳)澳门。

直辖市:北京、上海、天津、重庆。

副省级城市:广州、武汉、哈尔滨、沈阳、成都、南京、西安、长春、济南、杭州、大连、青岛、深圳、厦门、宁波。

16.1.2.6 行政隶属关系

行政隶属关系就是行政区划单位在整个行政区划体系中的地位,以及与上下行政区划单位之间的从属关系。行政隶属关系表现在两个方面:上指该行政单位与其所隶属的上级行政单位的关系,下指该行政单位与其所管辖的下级行政单位的关系。同级行政区划单位之间为平等关系,互不隶属;不同级行政区划单位之间也不一定存在隶属关系。因为一个国家的行政区划单位从上到下呈树枝状排列,反映了中央政府与地方政府、上级行政机关与下级行政机关之间管理权的分散与集中的关系。

16.1.2.7 行政区划名称

行政区划名称也称行政区域名称,即行政区划单位的名称,是国家在批准设立行政区划单位时所赋予的一种语言文字代号。行政区划名称是地名的一种,具有地名的指代性、社会性、区域性、继承性、排他性等共同特性,同时还具有行政区划的一些专门特点。行政区划名称由专名和通名构成,专名的选择具有较强的地方特色,变化形式繁多,一定范围内同级单位的各个专名一般都不相同。行政区划名称最忌讳同级单位专名的同名。行政区划名称的通名则不同,它就是行政建制的名称,只有法律规定的几种。

我国目前行政区划名称的通名主要有省、自治区、市、自治州、县、自治县、乡、镇等。行政区划单位是行政管辖人口、行政区域、行政建制、行政机关及其驻地、行政级别、行政隶属关系、行政区划名称的统一体,各要素密切相连,缺一不可。

小资料

湖北天门市的行政区划

湖北省天门市是一个行政区划单位,或者行政区,据2003年统计如下。

1. 行政管辖人口173万;

2. 行政区域是2 622平方公里的特定地域实体,并与仙桃市、潜江市、沙洋县、钟祥市、京山县、应城市、汉川市的行政区域交界；

3. 行政建制为市，表明天门市属城市地域；

4. 行政机关为市人民政府，属城市型政府，而且市政府驻在竟陵；

5. 行政级别为县级，尽管天门市主要领导是副地级待遇，但行政区划单位仍为县级；

6. 行政隶属关系为省直辖，天门市下辖 4 个街道办事处、20 个镇、1 个乡；

7. 行政区划名称为天门市，"天门"为专名，"市"为通名。

又如，县改市是行政建制变更，不能简单地说成是行政区划名称的变更。一般来讲，行政区划通名的变化属行政建制变更范畴，专名的变化属行政区划名称的变更范畴。另外，要注意分清行政隶属关系与行政级别的关系，有的比较规范，行政单位依次分级隶属，有的则是跨级隶属。同为湖北省省辖市的天门市与宜昌市，前者为县级市，后者为地级市。

16.1.3 行政区划的特点

根据对行政区划概念的理解，我们可以归纳出行政区划的几个基本特点。

16.1.3.1 行政区划的政治性

马克思、恩格斯曾认为"一切阶级斗争都是政治斗争"(《马克思恩格斯选集》，第 1 卷，第 260 页)。列宁指出"政治中最本质的东西即国家政权机构"(《列宁全集》，第 19 卷，第 107 页)。政治的实质是阶级关系，政治的核心是国家政权，政治的根源是经济，政治活动又是一种艺术。

行政区划的各个方面无不反映着国家政治意识。行政区划是国家为了统治与管理的需要，将领土划分为若干级别不同、大小各异的行政区域，并设置地方国家行政机关来进行管理。行政区划属国家政治及行政体制，为上层建筑范畴，反映了一定经济基础或生产关系，体现了国家政治意志。

新中国是人民民主专政的社会主义国家，采取单一制国家结构形式。我国宪法规定，中华人民共和国是全国各族人民共同缔造的统一的多民族国家，并强调在国家职权的划分下，首先要保证中央政府集中统一的领导，实行地方服从中央、下级服从上级的原则。鉴于我国幅员辽阔、人口众多，各地区政治、经济、文化发展不平衡，因此，宪法又规定，中央和地方国家机构职权的划分，遵循在中央统一领导下，充分发挥地方的主动性、积极性的原则。这样，在原则上解决了中央与地方职权划分的问题，有助于发挥中央和地方的两个积极性。

行政区域划分伴随着地方国家机构的设置，如何体现中央与地方的集中与分权的最佳状态，是行政区划追求的重要目标之一。新时代我国社会的主要矛盾是人民日益增长的美好生活需要和不平衡不充分的发展之间的矛盾。我国各地生产力发展不平衡，各地区各部门还存在着利益差别，行政区划的变更对各方面的利益还会产生一定影响。目前，我国经济发展过程中东西部差距较大，城乡差别依然存在，行政区划要适应国家政治宏观战略的需要。民族地区有许多自身特点，需要实行民族区域自治，建立民族自治地方。城乡地区经济结构不一样，文化生活差别较大，需要实行分类管理，在城乡分治与城乡合治的发展过程中，行政区划也随之不断变化。政治体制改革，对各级地方政府提出了精简机构、提高办事效率、实行政企分开的要求，行政区划要为政治体制改革服务，从而达到服务于经济建设这个中心任务的目的。因此，行政区划的政治性贯穿于行政区划的整个工作，离开了政治性，或者不讲政治性，行政区划工作必然陷入误区。

16.1.3.2 行政区划的地域性

地域或者区域，指的是地表空间。人类生活在地球上，政治与经济生活一时一刻都离不开地域环境，同样也离不开社会环境，而社会环境的形成与发展是人类同自然界长期斗争的结果，所以，一定区域环境是人们从事各种社会活动的依托。

行政区划在表现为较强政治性的同时，也受到不同地区环境的制约。行政区划不能随心所欲，既要考虑政治的需要，又不能离开各个地区所提供的区域条件的可能性，离开了区域条件就失去了存在的物质基础。行政区划作为地域空间上的社会现象，与一定的地理环境密切相关。行政区划各种基本要素必须落实到一定的地表空间上，这就是区域性。

许多部门的管理、活动虽然也与地域条件有某些联系，但不一定非与具体的地域条件结合不可，或者不是主要探求与地域条件的结合。而行政区划必须与地域条件相结合，注重地理现象的地域分布规律，这是行政区划的重要特性之一。不讲地域性，或地域性不强，实际上就失去了行政区划的科学性，或者说科学性不强。

行政区划的地域性，其核心问题是行政区划各要素在地域上的分布规律。行政区域是地理实体单元，是按照一定原则进行划分的，区划必须考虑到有利于在地域上进行行政管理和经济建设以及其他社会活动的开展；行政机关的设置要考虑到不同地域特点的需要，尤其是行政机关驻地的确定与地理环境有很大关系，由此对全域行政管理产生影响；行政建制从某种程度上讲就是按地域特点分类，如城市地区设市、市辖区，农村地区设县、乡；行政隶属关系一般应与区域经济或社区管理格局相适应，其变更要尽可能与地理环境相协调；行政区划名称也要充分体现地方特色。行政区划系统的各个方面都表现出极强的地域性特征。不同的国家及不同的地区，其地域条件的差异导致经济、人口、资源、文化等呈现不同的分布，这些因素直接作用于行政区划。因此，行政区划必须从各地具体地域条件出发，认真做好地域性分析。

16.1.3.3 行政区划的继承性

“人们自己创造自己的历史，但是他们并不是随心所欲地创造，并不是在他们自己选定的条件下创造，而是在直接碰到的、既定的、从过去承继来的条件下创造。”(《马克思恩格斯选集》，第 1 卷，第 603 页) 这在行政区划的演变中得到充分的验证。

行政区划的历史继承性，主要表现为行政区划在历史发展进程中的渐变性与相对稳定性的统一。例如，我国现行的一级行政区——省，基本上是沿用元、明、清几百年来传统区划，在此基础上不断调整。行政区划大都有个历史演变过程，尽管随着新的情况变化需不断作出调整，但是，历史因素是调整时必须认真予以考虑的。

自从国家产生并随之出现行政区划以来，行政区划就呈现出规律性的变化。一定的地域空间是相对稳定的，而地域空间上的社会历史却是不停地向前发展的。旧的国家机器被打破，新的国家形式产生，人类文明每向前迈进一步，都汲取了前人优秀的文明成果并加以发扬光大。同样，行政区划也是人类文明成果的一部分，行政区划的不断变化也是在历朝历代统治者汲取过去经验和教训的基础上，努力建立起的适合自身需要的行政区划体系。

关于行政区划的历史继承性，可以从行政区划体系结构及其各要素的变化中看到陈陈相因的一些特点。行政区域受历史地理影响较深，历史上形成的相对独立的地域经济体系成为行政区域稳定难变的重要因素。地方行政机关所形成的政治中心造就了一方地区特有的政治文化环境，人们的生活习惯、文化传统相近，世世代代生活在一起，这些因素逐渐转化为行政区划单位的凝聚力。例如：我国沿用至今的县制已有两千多年的历史，许多县的行政区域、名称、驻地等要素基本上保留原貌，由此可见行政区划的继承性之强。即便是社会制度发生了翻天覆地的变化，一些行政区域仍沿袭下来而相对稳定。行政区划层级也存在相对的稳定性与渐变性，例如：我国的省、县两级自元朝以来基本稳定；省、县之间的建制单位或实或虚，也有较强的继承性，现在许多地改市就是例证。

总的来讲，行政区划的历史继承性主要是政治、经济、文化三大因素影响的结果。长期政治生活的影响形成了特有的政治地域环境，政治地域环境又可分为自然环境、社会环境、内部环境、外部环境等多种类型，每一种环境又有各自的历史继承性，在各个时期都会打上历史的烙印。这些因素必然对新的政治生活产生作用，从而对行政区划产生系列影响。

16.1.3.4 行政区划的综合性

行政区划涉及面很广，制约因素众多，对国家政治、经济、文化等各个方面都会产生重大影响，既涉及国家政权的稳定大局，又关系到群众日常生产与生活，这种复杂性决定了行政区划的综合性。

首先，从行政区划的地位及自身结构来看，行政区划涉及中央与地方权力的分配，不同的行政区划单位形成网络覆盖全国，必然涉及上下左右各地区间复杂的行政关系与经济关系。经济基础是不断变化的，作为上层建筑的行政区划也要与之相适应。行政区划要为适应经济基础而进行不断的调整，这又存在局部与全局、近期与远期的关系。行政区划体系内部还有层次与幅度、行政建制之间如县与市等各种关系的处理问题。这一系列问题都有着密切的联系，往往牵一发而动全身。

其次，从影响行政区划的因素来看，它包括地理环境，人口条件，历史基础，文化传统，经济状况如工业、农业、交通、商贸等。任何一个因素都可能对行政区划产生影响，更多的时候是各因素的综合作用。只有综合各方面的因素来进行全面分析评价，才能避免顾此失彼，使行政区划的变更有利于行政管理、有利于经济发展、有利于安定团结与社会稳定，并经得起实践的检验。

16.1.4 我国行政区划的基本结构

行政区划的体系结构可分为纵、横两个方面。行政区划的横向结构反映了行政区划的幅度；行政区的纵向排列则形成了行政区划的层级。

16.1.4.1 行政区划的层级

行政区划层级包括层次与级别两层含义，层次与级别既联系密切，又相互区别。行政单位在国家总体行政区划体系结构中的行政地位，构成该行政单位的行政级别。

我国目前实际现行的行政区划结构分为省、地、县、乡 4 级。除市之外，行政级别基本上由行政建制就可以明确。如：省级行政单位有省、自治区；地级行政单位有自治州、盟、地区；县级行政单位有县、自治县、旗、自治旗；乡级行政单位有乡、民族乡、镇。

行政层次通过行政单位之间隶属关系而得到表现。从上到下，纵向依次辖几个级别的行政单位就谓之几层——即为行政层次。对于政府派出机构——地区行署、区公所、街道办事处而言，由于这些机关不是一级政权，所产生的层次又称准层次，实际上还是一个行政层次。

行政层次与行政级别的关系十分密切，层次与级别都是表示纵向单位的量词，且又都在反映行政区划单位的纵向秩序。但层次不能完全与级别划等号。行政层次的说法，主要从行政单位隶属关系方面考虑，撇开了行政单位本身的级别，指纵向各隶属单位的层次。当然，层次向上，单位级别越高。当行政单位不越级隶属时，层次与级数便相等。

因此，通常将两者统一起来，称之为层级。一般情况下，我国地方行政区划的层次为省、地、县、乡 4 级，第一层为省，第二层为地，第三层为县，第四层为乡。但也有不同情况，如海南省的行政区划结构为省、县、乡，第一层为省，处在第二层的则为县级。因此，层次不能完全反映级别。级别相对稳定，层次比较灵活。我国一些地方充分利用层次的灵活性，通过局部变更行政单位隶属关系或改变行政层次，以达到改善行政管理和促进经济发展的目的。因为行政单位级别的改变涉及机构和人员编制的变化，尤其是单位升格会导致增加国家财政负担等不利因素出现，所以级别应保持相对稳定。

16.1.4.2 行政区划的幅度

行政区的横向排列就形成了行政区划的幅度，即行政区划单位的管理幅度。它包括两方面的含义：一是指一定行政单位下辖行政单位的数量，如某县下辖 20 个乡（镇），则称该县的管理幅度为 20 个乡（镇）；二是广义的还指其行政区域的面积和人口，习惯上又称为行政单位的规模。有的将行政单位的管理幅度仅限于其下辖的单位数。

管理幅度问题的研究源远流长。最早的出处在圣经故事《出埃及记》中有记载：摩西带领以色列人走出埃及时，每天从早到晚忙于同他的人民商讨问题，而这些人为了同他商讨往往要等很长的时间。摩西的岳父见此情景，于是建议他每十人指令一名长老，这样百人中有十名长老，千人中有百名长老，以每十人构成一个管理层次，他自己就可以省出时间处理真正重要的问题了。管理幅度最佳方案的探索首先来自于军事组织的实践。英国将军汉密尔顿爵士曾依据军事组织的历史经验得出结论，认为管理幅度应在 3 至 6 人之间。他的理论影响甚大，直到目前为止，世界的军事组织几乎均遵守三排一连，三连一营，三营一团……的管理幅度。

行政区划管理幅度，不仅涉及上述问题，而且还要将政治、经济、社会等国家意志反映到特定的地域空间。因此，行政区划幅度与各种行政组织包括军事组织等幅度问题相比，具有自身特点。其他各种组织的幅度一般可以用具体数据作比较明确的规定，如军事组织的幅度就有极其严格的统一规定。但行政区划幅度从未出现过完全一致的规定，即便是对某建制的专门标准也十分粗略。

由于历史、地理、政治、经济、民族、人口等因素的综合影响，加上时间不同，各因素还会不断变化，行政区划的幅度难有统一标准。所辖单位数量与行政区域面积、人口规模呈多大比例合适，难以用数学模型进行精确计算。从干部编制和机构设置角度，可以对人口规模进行初步测算，由此确定管理幅度。但联系到具体地域空间、政治因素、经济状况、历史习惯等因素时，情况进一步复杂化，必须具体问题具体分析。

《礼记·王制》说："凡居民，量地以制邑，度地以居民。"这是对于政区必需有一定幅员，以及幅员与人口之间数量关系的最早论述。我国历史上县以上政区的幅员没有面积大小的明确规定，大致是以所辖县的数量作为大小的衡量标准。

关于县的大小，秦汉时就定下了一个基本原则：“县大率方百里，其民稠则减，稀则旷。”（《汉书·百官公卿表》）这里以百里见方的面积作为县的幅员基数，再以居民的数量作调节。人口稠密的地方，县的面积划得小些；人口稀少的地方，县的面积划得大些。此原则为以后历代所遵奉，所以县的建制逐步趋于稳定。同时，由于社会经济不断发展变化，导致县的面积、人口逐步拉开差距。

县级以下基层组织的管理幅度往往有一些比较具体的规定，如：

秦朝有十家为什，五家为一伍；

隋朝时有四家为一邻，五邻为一保，五保为一乡；

宋朝时有十户为一保，五保为一大保，十大保为一都保；

元朝有五十户为一社，二十户为一甲；

明朝有一百一十户为一里；

清朝有十户立一牌长，十牌立一甲头，十甲立一保长。

管理幅度究竟多大合适，取决于多方面的因素。管辖单位过多，会增加协调方面的困难；而且其下级行政区域相对较小，影响规模经济效益的发挥。反之，管辖单位过少，协调方面的任务相对较小，但又会增加下级行政单位的管理任务。

影响行政区划管理幅度大小的因素很多，如空间范围、政府职能、组织机构等等，不同地域空间的人口、经济、自然状况又各不一样，都在一定程度上影响着上级政府工作量的大小。一般来讲，空间范围越大，政府工作量越大，上级政区所能管辖的政区数量就越少，即管理幅度越小。政府职能又受制于经济体制，计划经济体制下政府承担着广泛的社会经济管理职能，其管理幅度不能太大；而在市场经济体制下，政府职能主要以宏观调控为主，其管理幅度可适当扩宽。组织机构人员较多，可以管辖较多行政单位；反之，管理幅度应较小。特别是社会交通、通信事业的发展，往往对管理幅度产生较大影响，发达的交通、通信适宜宽幅管理。因此，根据不同情况，通过合理划分管理幅度，能够提高行政管理的效益。

16.2 行政区划的变更

16.2.1 导致行政区划变更的主要因素

行政区划的影响因素是指直接或间接制约和影响行政区域划分的各种因素的总和，它主要包括自然环境因素和社会因素两大部分。影响行政区划的自然因素，主要是指对行政区划有可感受或有一定程度影响的自然因素。如国土面积、地形地貌、气候、自然资源等等。这些是人类社会活动的物质基础，也是行政区划的重要客观物质条件。影响行政区划的社会因素十分复杂，如：政治，包括社会制度、政治形式、民主程度等；经济，包括经济发展水平、经济制度、经济结构、经济组织、经济布局等；文化，包括历史背景、意识形态、权力关系、价值观念、民风民俗等；科技水平，包括机构设施、机器工具以及科技知识在社会经济中的作用等；教育，包括教育制度、教育设施、受教育程度等；法律，包括宪法和其他相关法律、法规等；人口，包括人口数量、民族分布、职业结构与分布等。此外，行政区划的影响因素还包括来自国际社会的影响。

虽然行政区划的影响因素众多,而且表现形式与作用方式十分复杂,但归纳起来看,这些影响因素主要分为政治、经济、自然环境、民族、社会文化等五大类。

16.2.1.1 政治因素

行政区划属政治及行政体制范畴,是一种不可缺少的重要的政治与行政活动,必然受到政治因素的影响。行政区域的划分,实质上体现了地方政府权力分配形式,其调整变更直接受到政治或行政管理活动的制约。从我国行政区划演变的历史来看,中央集权与地方分权的结果往往导致行政区划幅员的伸缩变化。一方面,地方政府不断巩固,强化自身势力范围,形成相对独立与完善的地方政权机构及区域经济体系;另一方面,中央政府不断集权中央,其手段之一就是分割或调整高层行政区,减小地方势力的威胁。

我国历史上的州、道、路、省等行政区,全都经历了由大变小的过程。新的行政建制的出现,主要是由于政治或军事方面的原因。唐代的道起初是偏重监察区性质,地方势力强化导致道变为一级政区;元初的行省制度主要为了代表中央政权在各地开展政治活动,也含有军事殖民的意图,随着统治的不断深入,地方行政管理事务日趋繁杂,逐步形成名副其实的行政区。

新中国成立后,政治因素对行政区划的影响也十分明显,而且更加系统化。中国共产党为政府制定路线、方针和政策,规定行政管理的总任务和总目标,同时对各级政府贯彻党和国家的路线、方针、政策的情况进行必要的监督和检查。一些行政区划体制的较大改革与变更大多是在各级党委直接领导和参与下进行的。因为政治体制是由国家政权机关、政党、人民团体和其他各种社会政治组织构成的体系,政府系统作为政治体制的一个组成部分,不能不与政治体制的其他部分发生关联而受其影响。例如,人大通过立法工作,加强对行政区划的法制化和制度化管理。不同时期的政治对行政区划有不同的影响,“文革”时期阶级斗争扩大化影响到社会的各个领域,行政区划工作受到全面冲击。改革开放以来,行政区划工作显示出蓬勃生机,一些重大的政治体制改革举措往往导致行政区划的较大变更与调整。

16.2.1.2 经济因素

因为行政区划是社会生产力发展的产物,所以在其产生、发展的过程中无时无刻不受到经济因素的影响。

行政区数量增长的主要原因之一就是经济发展的结果。经济不断发展,资源开发力量不断增强,导致管理事务增多,行政区域划分越来越细,按照区域经济学的观点,区域经济综合水平越高,所处梯度就越高;反之,所处梯度就越低。随着社会生产力的不断发展,区域经济梯度处于不停的变化之中,换而言之,经济梯度随着经济的发展会出现转移。

作为上层建筑范畴的行政区划要适应经济的发展。唐朝时,全国经济中心在黄河中下游地区,作为一级行政区的 10 道中,秦岭、淮河之南只占 4 个;明朝时全国经济中心却在南方,作为一级行政区的 13 省中,秦岭、淮河之南占 9 个。到了现代社会,经济因素的影响更为明显。城市经济与农村经济发展程度的不同,为市、镇及县、乡建制的设置提供了主要依据。农村经济工业化、乡村城镇化导致县制向市制和向建制镇的转化。经济梯度的转移导致区域经济格局的变化,对行政区域的划分提出新的要求。经济落后则客观上为权力集中提供了一定土壤,要求行政管理体制与之相适应,导致行政区划层次增多。所有制结构也会对行政区划产生影响。马克思指出:“随着经济基础的变更,全部庞大的上层建筑也或慢或快地发生变革。”社会主义社会的上层建筑与经济基础之间存在着既相适应又相矛盾的情况,但这种矛盾同旧社会上层建筑与经济基础之间的矛盾性质根本不同。当上层建筑的某些环节不能保护甚至损坏社会主义经济基础时,它能够通过社会主义制度本身的改革加以解决。新中国成立后,单纯的公有制结构下我国农村曾长期实行“一大二公”的人民公社体制,阻碍了农村经济的发展。改革开放之后,形成了公有制为主体的多种所有制并存的格局,行政区划上则实行政企分开,建立乡镇管理体制。随着社会主义市场经济体制的建立和城市化进程的加快,城市行政区划成为各方关注的热点,并成为行政区划工作的重点。因此,不管是经济发展水平,或者是经济体制方面的变化,都会对行政区划变更产生推动作用。尤其是在以经济建设为中心的当代中国,经济因素对行政区划的影响程度比以往任何时候更加明显。

16.2.1.3　自然因素

自然环境在行政区域的划分中起着极其重要的作用。我国历史上有关行政区划的记载不少出自地理方面的史料或著作,由此可见自然地理环境在行政区划中的地位。古代“九州”区划之说,相当程度上是一个地域概念。我国行政区划发展到今天,很多时候都围绕地理环境做文章。例如:综合自然地理单元往往是行政区划的基本依据,四川盆地构成四川省主体,珠江水系构成广东省的主体,鄱阳湖水系构成江西省的主体,内蒙古草原构成内蒙古自治区的主体。山脉、河流等自然界线也是行政区划的基本依据,南岭分湖南、江西与广东、广西,大别山分鄂、豫、皖三省,黄河中游东西分陕、晋两省,长江中下游南北分鄂、皖与赣三省。

行政区域的划分直接受到国土面积、地形地貌的影响,不同的地貌类型和自然资源条件,对一定经济基础的形成起着重要作用,由此对行政区划各要素产生深刻影响。自然环境诸因素本身就会对行政区划产生直接作用,如在行政区域范围确定方面,地理环境差异会导致区域范围的变化;尤其是区域界线的确定大多以自然地形的界线,如分水岭、河流线等为基本依据,力求使界线定位比较明确、合理。行政机关驻地的确定既要考虑到全域的相对位置,又要受到所在地形的制约,甚至还要受到地下地质情况的影响。水资源是人们生活的基本要素,也是人们从事各种生产建设与社会活动所不可缺少的基本要素,行政区划要有利于水资源的合理利用与保护,还要力求避免洪涝灾害的影响。

行政区划还要兼顾其他自然资源的保护与开发,这些自然资源还包括气候条件,它们直接作用于人们的政治、经济生活的各个方面,从而对行政区划产生系列影响。人类社会发展到今天,环境资源作为人类生存和发展的基本条件其地位日益重要。如果没有良好的生态环境和长期可利用的自然资源,人类将失去赖以生存和发展的基础,经济社会也难以长期持续发展。由此可见,自然环境对行政区划的影响将逐步具有更深层的意义。

16.2.1.4　民族因素

民族是指历史上形成的、处于不同社会发展阶段的各种人的共同体。这里所谓的民族,主要指具有共同语言、共同地域、共同经济生活以及表现于共同文化上的共同心理素质的人的共同体。我国行政区划中民族因素的影响,主要指少数民族的有关因素的影响。我国历史悠久,在社会发展过程中各民族相互融合,目前已形成汉民族为主体、各民族相互依存的大家庭。由于行政区划极强的历史继承性,各民族的社会活动对行政区划的影响也从未间断。奴隶制国家以分封的形式划分政区，世卿世禄，没有从根本上破除血缘关系，民族因素的成分十分浓厚。秦朝统一中国以来，我国疆域版图的伸缩演变很多时候与民族矛盾或民族因素相关。在各朝各代行政区域的划分中，少数民族地区往往设有专门的行政建制，以便实施分类行政管理。

唐初就在边远少数民族地区设都护府。辽代的行政区划实行南、北两种体制，北方契丹等少数民族地区实行契丹原来的官卫、行营、部族行政体制；而在南方汉区和渤海湾地区大多数仿唐制。明朝行政区划基本为省、府、县三级制，而在边远少数民族地区实行土司制度。清朝在蒙古族集居地区设有盟（部）、旗，在其他少数民族地区设有大量土司。新中国成立后，考虑到少数民族传统文化和民族经济发展的需要，以少数民族聚居区为基本依据，设置了一批民族自治地方，包括自治区、自治州、自治县、民族乡等，在内蒙古地区还保留了盟、旗等特有建制。民族因素对行政区划的影响极为深刻，历史上民族之间的战争直接导致国家版图的变化。我国目前自治区几乎均设在边疆地区，其设置合理与否事关国家稳定大局。少数民族聚居状况分布是设置民族自治单位的决定性因素。另外，少数民族群众的愿望与要求也是设置民族自治地方的主要因素之一。

16.2.1.5 社会文化因素

文化作为社会环境的一种深层力量，深刻地影响着人们的思想品格和行为方式。文化概念包括的范围很广，如政治思想、道德观念、社会心理、风俗习惯、教育卫生、文学艺术、科学技术、哲学、宗教等等。传统风俗习惯对行政区划的影响有时胜过经济因素。行政区划的调整方案从经济建设与发展方面来看是十分重要的，但因为传统习惯势力的影响而使区划变更方案难以实施。在经济区划与行政区划的关系上，有时两者本应尽可能一致，但由于传统习惯等因素的影响，行政区与经济区存在一些相互违背的现象。例如，在县级行政区划中，由于县制长期稳定不变，形成了独特的地域文化环境，并与地方宗族关系、血缘关系相联系，从而进一步巩固了区划的稳定性。迄今为止，有的县级区划已不太符合区域经济发展的客观要求，本应做适当调整，但因传统习惯势力的影响又难以变更。因此，只有更新观念，摒弃旧的习惯思想，大力提倡以经济建设为中心的思维方式，才能使行政区划更趋合理。县级以上行政区划如省，从元朝设置至今虽有过局部小调整，但大的格局一直未变动，一定程度上也是习惯势力作用的结果。随着区域经济格局的变化，从民国时期就议论划小省区的问题，由于种种原因，其中之一就是传统文化及思维的影响，划小省区至今未能成为现实。

社会文化因素的影响主要表现在行政区划一旦设立，其内的人们长期共存，相互影响，形成了社会的共同性和共同地方心理，成为难以分割的整体。因此，对社会文化因素的影响必须正确对待，既要承认其存在的合理性，又要根据政治、经济形势发展的客观要求，因势利导，切实做好行政区划的调整变更工作。

总之，行政区划的影响因素十分复杂，有时是客观因素起主导作用，有时是主观因素起主导作用，甚至领导者的个人思维方式与主观愿望也会对行政区划产生较大的影响。更多的时候是各种因素综合作用，从而影响行政区划的变更。行政区划影响因素的作用是全方位的、多方面的，在具体实践中必须认真研究各类因素及其对行政区划的影响作用，并通过合理调整行政区划，达到巩固国家政权、推动社会进步与经济发展的目的。

16.2.2 行政区划变更的内容

朝代的更迭,新的国家政权的诞生,一般都导致行政区划体系结构的大变更。一旦行政区划趋于相对稳定,其日常工作任务表现为行政区划的调整变更。行政区划变更的内容按具体情况可以分为以下 6 类。

①建制变更,包括增设、裁撤、改设(如县改为市)。

②行政区域界线变更,即行政区域扩大或缩小。

③行政机关驻地迁移,包括新增设行政区,确定新的行政中心。

④隶属关系变更。

⑤行政等级变更,包括升级和降级。

⑥更名和命名,更名指行政区专名改变,命名指给新设的行政区确定专名。

在实际工作中,一个地方行政区划的调整,可能只涉及上述 6 类中的一类,也可能涉及几类。

小资料

四川省 2016 年县级以上行政区划变更情况

2016 年 3 月 20 日,国务院关于同意四川省调整绵阳市部分行政区划的批复(国函〔2016〕57 号)

同意撤销安县,设立绵阳市安州区,以原安县的行政区域为安州区的行政区域,安州区人民政府驻花荄镇银河大道 8 号。

2016 年 5 月 3 日,国务院关于同意四川省变更县级简阳市代管关系的批复(国函〔2016〕78 号)

同意将资阳市代管的县级简阳市改由成都市代管。

2016 年 11 月 24 日,国务院关于同意四川省调整成都市部分行政区划的批复(国函[2016]186 号)

同意撤销郫县,设立成都市郫都区,以原郫县的行政区域为郫都区的行政区域,郫都区人民政府驻郫筒街道望丛中路 998 号。

(资料来源:http://xzqh.mca.gov.cn/ssdescription?dcps=51&dcpid=2016。)

16.2.3 行政区划变更的基本原则

16.2.3.1 行政区划原则概述

行政区划的划分不是随意的,工作中必须遵循一定的法则、标准或依据,即坚持行政区划的原则,这样才能保证行政区划规范、合理、有序。行政区划是动态的,不同类型的国家、不同历史时期的区划原则不尽相同。

行政区划最主要、最基本的原则是有利于国家统一管理,因为行政区划的主要目的是为了满足国家政治统治的需要。各朝代的统治者基于中央集权与地方分权的需要,按照不同地域实行分级管理,以尽可能适当的区划结构达到控制领土的目的。因此,行政区划的首要原则是有利于国家统一管理、有利于军事防卫、有利于各民族团结。

在不同时期国家所面对的形势各异,或者说面对的主要任务不同,区划原则也不一样。封建制度下各地存在地方割据的危险,区划原则强调中央集权统治,元代一些省界犬牙交错、人为打破自然地理单元就是该原则下的产物;当国家周边环境恶化,区划原则强调军事防卫,历史上在边疆地区就设置了不少带有军事性质的行政建制。有利于经济发展是一个十分重要的原则,因为生产力状况是国家赖以存在的基础,也是行政区划最主要的依据,随着历史的发展,生产力对行政区划的影响越来越大。在封建社会,区划原则还包括有利于皇族荣耀、有利于地方治安、有利于交通联系等等。这些原则都是在有利于国家统一管理及政权巩固的总体原则下派生而来。

行政区划是一个开放的、完整的系统,从系统本身来讲存在一些系统普遍原则,如整体优化原则、相关性原则、弹性原则、有序原则、动态平衡原则等等。只有充分遵循这些原则,才能保持系统的最佳状态。从系统的分解综合原则看,行政区划系统可分为若干子系统,要实现区划系统的整体优化,各子系统要分别实现相应的优化原则。城市型行政区划要有利于城市经济的发展,有利于生产力与人口的合理布局,有利于取得经济、社会、环境的最佳效益,有利于充分发挥中心城市的作用;民族型行政区划要有利于各民族团结、平等,有利于民族经济、社会发展。

行政区划各要素还有一些具体的原则,如政府驻地的确定要有利于对辖区的控制与管理,有利于城镇的合理布局与发展,有利于避免恶劣自然环境或自然灾害的影响;行政区划名称命名与更名的原则也比较严格,封建制度下必须遵循封建道德文化观,在社会主义制度下应有利于社会主义现代化建设,并实现地名标准化的各项具体规定。行政区划的基本原则与各要素的具体原则密切相关,甚至与一些具体标准和依据联系在一起。因此,必须用发展的、整体的认识观来看待区划原则,从而把握其实质,并用于行政区划的具体工作之中。

16.2.3.2 行政区划变更的原则

1. 相对稳定原则

前面已经提到,行政区划具有相对稳定性的特点,因此,行政区划变更必须遵循相对稳定的原则。一国的行政区划,尤其是某些特殊型行政区划,是该国在长期的社会环境和历史传承中逐步演变、发展形成的。正如著名的政区地理学家周振鹤教授指出的:“作为一种政治现象,政区由国家立法所创置和变更,有其可变的一面;但是另一方面,政区有继承性这一重要特征。政区一经划定,往往能长期稳定下去,甚至旧的国家机器被打碎了,原有的政区却保留下来。政区的这种长期延续性又在人们心理上形成强烈的地域观念,使之成为一种改变不易的社会文化现象。”行政区划变更是一项复杂的社会系统工程,涉及社会生活、人们心理、干部安置等各个方面,敏感性很强,如果随意变更或频繁变更,不仅影响社会发展,而且有可能影响政治安定。

2. 实事求是、因地制宜原则

中国是一个国土辽阔、人口众多、自然环境复杂多样、地区差异极大的多民族国家,行政区划的历史久远,现行的行政区划十分复杂。“以人口密度为例,东部沿海地区高达每平方千米五六百人甚至几千人。中国南北纵贯亚热带、暖温带、寒温带,东西横跨湿润带、干旱半干旱地带、干旱地带。”在进行行政区划变更时,必须根据各地区不同情况、条件、特点与问题,采取不同的态度,进行周密的调查研究,因地制宜,从实际出发,实事求是,正确处理好各方面的关系,合理地划分行政区域,采取不同的行政区划模式。例如,在大多数省区,特别是中西部地区,农村经济仍然占有很大比重,农业人口较多,经济水平相对落后,行政区划仍可保持传统的地域型模式;在东部较发达城市,城市化水平较高,城镇人口比重较大,可以有计划、有步骤地推行城市型行政区划模式;在少数民族地区,必须继续实行民族区域自治;在港澳地区则实行特殊类型的行政区划模式,即特别行政区。

3. 民主集中制原则

《中华人民共和国宪法》规定:“中华人民共和国的国家机构实行民主集中制原则。”所谓民主集中制原则,是在民主基础上的集中和集中指导下的民主,是民主和集中相结合的制度,作为国家行政管理重要组成部分的行政区划管理活动当然也要遵循这一原则。“按照这一原则,在中央国家机构和地方国家机构的关系上,既要有高度统一的中央集权,又要有适度的地方分权。即在中央集中统一领导的前提下,充分发挥中央和地方两个积极性。既要保证中央权威,使政令统一和畅通,又发挥地方的一定自主性、主动性和积极性,合理地确定中央国家机构和地方国家机构的设置,合理地划分二者的职权范围、管理权限,以发挥全部国家机构的整体效能。”民主集中制原则体现在行政区划改革中的主要表现有两个方面:一是我们的行政区划改革必须遵循下级服从上级、少数服从多数、行政机关接受权力机关领导和监督的原则,在行政区划的变更、决策过程中,实行集体领导和首长个人负责相结合的领导体制,既要广泛听取基层群众和专家的意见,又要服从上级的领导。二是通过有效的管理,使中国的行政区域划分既有利于中央对地方、上级对下级的领导,又有利于充分发挥地方尤其是基层群众的积极性。

4. 尊重民意原则

行政区划是一种社会文化现象,文化因素对其具有深层次的作用和影响,它总是处于一定的文化氛围之中。行政区域“一旦成型,就会使各政区里的居民在长期的历史发展中逐渐形成一种地域共同体意识或观念,表现为共同的风俗习惯、区域方言、宗教信仰、社会心理、情感方式等等,像当今社会中对祖籍的关注、对同乡的亲近、对地方剧种的复兴等都是例证”。不同的区域表现出不同的文化组合特征,如江浙的吴越文化、四川的巴蜀文化、湖南的湖湘文化、湖北的荆楚文化、山东的齐鲁文化、广东的岭南文化以及更小范围的种种区域性文化,这些区域文化形成之后,又会反过来对行政区划产生重大影响。另外,行政区划的变更也是政治体制改革的一项内容,而政治体制改革是建设和完善社会主义民主制度的根本动力与重要途径,从这个意义上说,我们在行政区划变更中必须充分发扬民主、体现民意。由于行政区划调整与变动涉及相关地区广大居民的切身利益,因此应采取合适的方式,如举行听证会等,广泛而直接地听取广大居民的意见和建议,充分考虑他们的心理承受能力和区域文化差异,调动广大居民参与社会公共事务管理的积极性。

5. 国家统一与民族团结原则

我国实行“一个国家,两种制度”,即在统一的中华人民共和国主权范围内,在大陆坚持社会主义制度的前提下,在香港、澳门乃至台湾设立实行资本主义制度的、享有高度自治权的特别行政区。这是从我国国情出发、尊重历史和现实、实事求是所制定的国策,不仅有利于我国经济的发展,更有利于祖国的统一。中国行政区划的变更必须遵循“一国两制”和国家统一的原则,并将其落实到实际工作中。中国是一个统一的多民族国家。在我国宪法中明确规定了实行民族区域自治的基本国策,创造性地确立了新型的民族型政区,从而保证了国家的统一和民族的团结,而"国家的统一,人民的团结,国内各民族的团结,这是我们的事业必定要胜利的基本保证"。行政区划变更必须根据民族分布情况,充分尊重少数民族的切身利益和传统习惯,尽可能满足各民族的合理要求,保证民族区域自治的实施,加强各民族的相互协作,巩固全国各族人民的大团结。目前,我国多数少数民族地区经济还比较落后,适当地进行行政区划变更不仅可以保证民族区域自治政策的切实贯彻实施,还可以为少数民族地区的经济发展创造良好的条件,缩小各民族在经济、文化水平等方面的差距,加速少数民族地区的经济发展步伐,实现各民族的繁荣和共同富裕。

16.2.4 行政区划变更的审批权限

随着经济、社会的发展变化,行政区划要进行必要的调整变更。由于行政区域是行政机关执行政务的基本依据或范围,而且各级行政区有严格的隶属关系,因此,行政区划的变更不是随意的,必须由国家权力机关或上层行政机关决定,当行政区划的变更不能按正常审批权限决定时,原因不外乎两种:一是地方滥政;二是分裂割据。这在中国历史上已屡见不鲜。历史上统治者对行政区划变更十分重视,最高统治者甚至对一些政区名称都亲自命名。行政区划是国家的一项大政,行政区划的合理与否直接关系到国家政权的巩固,而且对国家的政治、经济、文化、民族等方面都会产生重大的影响,是关系到国家长治久安的大事。行政区划的划分实质上反映了中央与地方、地方各级人民政府之间的行政权限的划分,所以行政区划变更必须严格审批权限,做到依法办事。我国地域辽阔、人口众多,地区情况千差万别,经济社会发展不平衡,这就从客观上要求正确处理好中央与地方的关系,适当分权给地方,所以我国行政区划变更的审批权实行分级管理。

行政区划变更的审批权限必须以国家法律为依据。因为国家法律也在不断地调整与完善,随意行政区划变更的审批权限会出现相应变化;在各个不同时期受国家政治形势的影响,行政区划变更权会随着国家权力集中与分散的变化而变化。例如:1952 年政务院规定,县级行政区域界线的变更和县人民政府驻地的迁移,由省人民政府审批即可;1985 年国务院规定,上述两项审批权限变为国务院掌握。同时,随着社会的进步,各项法律、法规制度不断完善,行政区划管理工作更加系统化、规范化。目前,根据我国宪法、地方各级人民代表大会和地方各级人民政府组织法、国务院关于行政区划管理的规定以及其他法律、法规和政策,我国各级行政区划变更的审批权限分别由全国人民代表大会、国务院、省级人民政府和县级人民政府掌握。

16.2.4.1 全国人民代表大会及各级行政机关的审批权限

1. 全国人民代表大会的审批权限

全国人民代表大会审核批准省、自治区、直辖市的设立、撤销、更名。决定特别行政区的设立及其制度。

2. 国务院的审批权限

(1)省、自治区、直辖市的行政区域界线的变更,省、自治区人民政府驻地的迁移。

(2)自治州、县、自治县、市、市辖区的设立、撤销、更名和隶属关系的变更,以及自治州、县、自治县、市人民政府驻地的迁移。

（3）自治州、自治县的行政区域界线的变更，县、市的行政区域界线的重大变更。

（4）凡涉及海岸线、海岛、边疆要地、重要资源地区及特殊情况地区的隶属关系或行政区域界线的变更。

（5）行政公署的设立、撤销、更名、驻地迁移。

3. 省级人民政府的审批权限

（1）县、市、市辖区的部分行政区域界线的变更。

（2）乡、民族乡、镇的设立、撤销、更名和行政区域界线的变更，乡、民族乡、镇人民政府驻地的迁移。

（3）区公所的设立、撤销、更名和驻地的迁移。

4. 县级人民政府的审批权限

市辖区、不设区的市的上一级人民政府审核批准其街道办事处的设立、撤销、更名和驻地的迁移，以及不涉及乡、镇的街道办事处行政区域界线的变更。

县（市）、市辖区人民政府审核批准村（居）民委员会的设立、撤销、变更、行政区域界线的变更、驻地的迁移。

16.2.4.2 有关其他变更情况的处理

上述规定基本上明确了目前我国各级行政区划变更的审批权限。此外，有些变更事项需参照上述规定执行，如盟的变更可参照地区行署、旗的变更可参照县，特区（非特别行政区）和林区等也可参照县的有关规定。有的变更事项还需要及时与行政区划管理部门沟通，以便准确界定审批权限。如市辖区人民政府驻地的迁移，以前不存在这方面的问题，因为原来城区相对集中，范围较小。随着城乡分治向城乡合治的转化，许多市辖区范围包含了大片农村地区，因此，合理确定市辖区人民政府驻地十分重要，这也需要由行政区划主管部门作出明确解释。又如：国务院规定，县、市、市辖区的部分行政区域界线的变更由省、自治区、直辖市人民政府审核批准。但“部分行政区域”是多大，实际工作中也不好掌握，导致一些地方随意变更县级行政区域界线。这方面的规定有待进一步细化，以便于操作。

案例分享

优化行政区划设置　为高质量发展注入强劲动力

行政区划调整是关系经济高质量发展、社会和谐稳定、民族安定团结、国家长治久安的重大战略举措。近年来，行政区划设置的科学性、规范性、有效性不断提升。国务院 2018 年 10 月 10 日颁布《行政区划管理条例》，于 2019 年 1 月 1 日起施行。《行政区划管理条例》强化了党对行政区划工作的领导，突出了加强顶层规划的要求，完善了行政区划管理原则方针，细化了行政区划管理程序，为优化行政区划设置提供了法治保障。2021 年，行政区划工作围绕立足新发展阶段、贯彻新发展理念、构建新发展格局，推动深化战略性、前瞻性研究，深入组织开展“优化行政区划设置深化研究年”活动，更好回应新形势下行政区划工作怎么看、怎么办、怎么干等重大课题。

党的十八大以来，适应新型城镇化和区域发展需要，优化行政区划设置稳妥有序开展。围绕优化城市布局和城镇化格局，有序增加城市建制，促进县域经济发展和城乡融合发展；围绕更好发挥中心城市和城市群带动作用，审慎优化设区市市辖区规模结构，提升辐射带动能力，促进区域协调均衡发展。2021 年,民政部大力加强行政区划工作规范化建设,指导各地制定出台设镇、设街道标准;强化行政区划调整综合论证,完善部门会商工作机制,严格申报审核工作程序,监督指导调整事项组织实施,加强调整效果跟踪评估,稳慎优化行政区划设置。

(案例来源:《中国社会报》,2021 年 12 月 23 日)

技能实战

收集你家乡所在县(市、区)所辖街道、乡(镇)等行政区划单位的名称,谈谈你对行政区划重要意义的认识。要求:理论联系实际,观点积极向上。

自我测试

1. 什么是行政区划?行政区划的基本要素有哪些?
2. 行政区划的特点有哪些?
3. 行政区划的结构如何?
4. 行政区划变更的内容有哪些?
5. 行政区划变更的原则有哪些?
6. 举例说明各级机关对行政区划审批的权限。

参考文献

[1] 金双秋,李少虹. 民政工作原理 [M]. 长沙:湖南人民出版社,2004.

[2] 金双秋. 民政政策法规析论 [M]. 北京:中国社会出版社,2004.

[3] 常宗虎. 民政工作研究 [M]. 北京:中国社会出版社,2006.

[4] 多吉才让. 民政工作研究与实践 [M]. 北京:中国社会出版社,2005.

[5] 民政部人事教育司. 民政理论与实务 [M]. 北京:中国社会出版社,2006.

[6] 民政部人事教育司. 民政理论与实务培训教材 [M]. 北京:中国社会出版社,2006.

[7] 王思斌. 社会工作概论 [M].2 版. 北京:高等教育出版社,2006.

[8] 孙炳耀,常宗虎. 中国社会福利概论 [M]. 北京:中国社会出版社,2002.

[9] 陶立群. 中国老年人社会福利 [M]. 北京:中国社会出版社,2002.

[10] 马洪路. 中国残疾人社会福利 [M]. 北京:中国社会出版社,2002.

[11] 郑功成. 中国社会保障制度变迁与评估 [M]. 北京:中国人民大学出版社,2002.

[12] 孙光德,董克用. 社会保障概论 [M]. 北京:中国人民大学出版社,2004.

[13] 廖益光. 社会救助概论 [M]. 北京:北京大学出版社,2009.

[14] 李凌峰. 我国农村最低生活保障制度研究 [M]. 武汉:华中师范大学出版社,2014.

[15] 米勇生. 社会救助 [M]. 北京:中国社会出版社,2009.

[16] 胡芳肖. 社会救助理论与实务 [M]. 西安:西安交通大学出版社,2014.

[17] 周良才. 中国社会福利 [M]. 北京:北京大学出版社,2008.

[18] 周良才,赵淑兰. 社会福利服务 [M]. 北京:北京大学出版社,2016.

[19] 陈群林. 彩票彩票 [M]. 北京:中国社会出版社,1996.

[20] 胡正明. 中国福利彩票营销理论前沿 [M]. 北京:经济科学出版社,2007.

[21] 民政部人事教育司. 民政理论与实务 [M]. 北京:中国社会出版社,2006.

[22] 王名. 社会组织管理概论 [M]. 北京:中国社会出版社,2010.

[23] 马庆钰. 社会组织能力建设 [M]. 北京:中国社会出版社,2011.

[24] 孙伟林. 社会组织管理 [M]. 北京:中国社会出版社,2009.

[25] 李飞虎. 非营利组织经营与管理 [M]. 北京:北京大学出版社,2016.

[26] 傅忠道. 社区工作基础知识 1000 答 [M],北京:中国青年出版社,2001.

[27] 孙平. 中国行政区划分析 [M]. 武汉:湖北人民出版社,2004.

[28] 云南省人民政府关于进一步加强新时期民政工作的意见 [Z]. 云政发 [2007]134 号.

[29] 民政事业发展第十三个五年规划 [Z].http://images3.mca.gov.cn/www/file/201607/1467789465298.pdf.

[30] 民政部社会工作人才队伍建设领导小组办公室. 中国社会工作理论与实践探索 [C]. 北京:中国社会出版社,2007.

[31] 游志斌. 当代国际救灾体系比较研究 [D]. 北京:中共中央党校,2006.